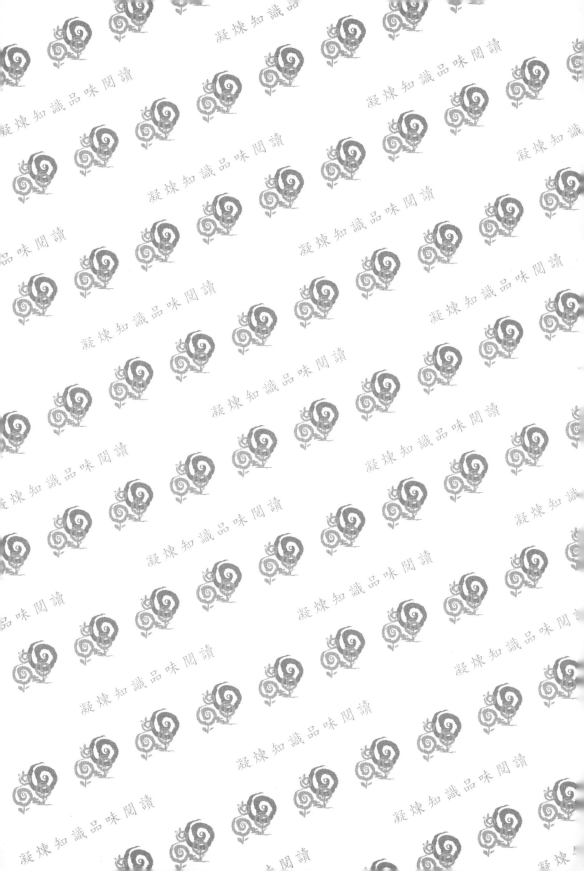

# 團體諮商
## 心理團體的理論與實務

何長珠 ——— 著

五南圖書出版公司 印行

# FORWARD PREFACE INTRODUCTION

by
**James P. Trotzer, Ph.D.**

In 1974-75 I had the opportunity and privilege to serve as a visiting professor in the Guidance department of Taiwan Provincial College of Education in Changhua (Now named the National Changhua University of Education). I had the additional good fortune of being assigned Ms. Pearl Ho as my assistant. The following year Ms. Ho received an assistantship from the University of Wisconsin-River Falls and subsequently also became my student earning her masters degree in Guidance and Counseling. Upon completion of her masters work she returned to Taiwan where in the course of her professional and scholarly efforts she translated the first edition of my textbook The Counselor and the Group: Integrating Theory, Training and Practice (1981). Now some 20 years later it is my honor and privilege to write a forward to her group text Group Counseling: The Theory and Practice of Psychological Groups.

Dr. Pearl Ho made a deep and lasting impression as my assistant, student and translator. She was an acute observer, purveyor and explicator of her own culture while at the same time expressing a serious and enthusiastic interest in western and American culture. She emanated a diligence and commitment as student to thoroughly understand and experience group dynamics and the group process. She also had a profound sense of determination and direction personally and professionally. All of these qualities are represented in the comprehensiveness and depth of her book which is a consummation of thirty years of teaching, training, leading and researching group work in a variety of educational settings.

Group dynamics are truly the common denominator of all human experiences, and group process contains the language of influence that pervades and reflects every racial, ethnic, cultural, socio-economic, political and psychological aspect of our humanity. Without group relationships there would be no individuality, no community, no intimacy and no wholeness. In other words, without relational connection there can be no humanness. Such is the basic premise which prompts the writing of a text on group work and commends its merit.

The content of Dr. Ho's book is based on an extensive review of literature that reflects the state of the art in group work and represents the cutting edge of research and practice as explicated in contemporary English and Chinese group texts and prfessional journals. In particular the book expresses the author's deep conviction that group dynamics integrated into the classroom as group guidance and group counseling are the best and most effective means of not only enhancing education and the learning process but also responding constructively to the world wide tendency of alienation that characterizes adolescents.

The format of the text presents a comprehensive consideration of group work integrating theoretical and applied aspects of group dynamics and process. It presents useful material for group practitioners that will guide and assist them in conducting effective groups. The scope of the book is eminently prachcal and utilitarian.

A careful review of the table of contents reveals that meticulous care was taken to organize a text that provides the group leader with a clearly delineated focus, a solid theoretical and conceptual foundation and a distinctly practical process for the conduct of group work. In addition, the pragmatic parameters for organizing, evaluation and researching group work are included which make the text a veritable handbook for group practice.

Therefore, it is with a great sense of pride and professional respect that I recommend this book to you and commend its author.

#  序

　　目前市面上有關介紹團體的書，已有好幾本。而且每位作（譯）者，亦無不自其特殊的專長或興趣，來描述團體的真相。如團體輔導、團體諮商、團體動力等等不一而足。這些不同觀點的切入和闡釋，對團體的學習者而言，自然是極有裨益的。

　　屈指算來，本作者任教團體諮商及實習有關的課目，也有將近三十年的時光了。在每年的教與學中，不少的體會就這麼累積起來。因此會愈來愈感覺到，理論與實務互相配合出現的必要性（如此學生才能有更真實的學習），而且這實務還應該是「本土的」，是由實際去做中所得到的經驗之分享，這是這本書所以會產生的源起。

　　因此這本書的特色有兩點：其一是在多方蒐集中外相關可能文獻的基礎上，對所討論的主題做一個列舉式之呈現，並附以作者統整後的一種解說。其二是儘量列入相當篇幅的實例說明。前者的例子，如第 1、2、3、4、11 章，尤以第 4 章領導力訓練模式部分之資料，最能代表此種努力。後者之例子，則可自 5、6、7、8、9、10 章的資料，略窺其詳。第 12 章則為本書中，最與團體輔導有關的部分，也可視為一個團體工作者，統整理論應用於班級實務的一種企圖。

　　對一般學生階段的學習者來說，這本書經過整理所呈現的解說，或可協助其對心理團體這方面資料的一個較完整理念之獲得；而對正在帶團體實務的人來說，可能是從而得到啟發或體會的一本工具書；最後對想從事這方面研究的工作者而言，書中對某些論題的整理，應可催化有關的一些思考。

　　出版這本書完成了作者的二大心願。一是對個人多年專業生涯的一個回饋；三十年前彭駕騂主任使我有了教這門課的機會；隨後去美國 Wisconsin-River Falls 讀輔導碩士的階段，又有機緣翻譯了 Dr. J. Trotzer 的

《諮商員與團體》一書（台灣民國80年代前相關科系的工作者，很多人是自此書入門團體諮商之領域的），更讓我覺得在歷史的傳承上，自己似乎也應該交出一棒。另外一個刺激，則是發生在去大英圖書館，看到聖經真跡後的心靈震盪，在今生此世，留下一份用心用意得到的資料，雖然在浩瀚的知識之海中，只是一點蛛絲馬跡，卻也具有無人能夠抹殺的存在之價值！

再版時，基本上是全書整個再加入相關的新資料，特別是第1章；並在附錄部分，增添不少過去5年來的新資訊。

關於表格部分之更新，特別要謝謝本系91級畢業的校友吳欣謙幾個月來的辛勤整理，使這本書的再版更具有時效上的意義。也謝謝五南多年來的支持，使本人和讀者，都同蒙專業分享及成長之惠良多！！

何長珠

民國92年8月於八卦山居

# 著者簡歷

## 何長珠
國立政治大學學士、碩士、博士
美國威斯康辛輔導碩士
美國南加大哲學博士（諮商心理學）
彰化師大輔導與諮商系講師、副教授、教授

## 任教科目及專業興趣：
　　諮商心理學之個諮與團諮實習；改變歷程中之認知與情緒（意識與潛意識）之機轉；理情治療；遊戲治療；沙遊治療；投射性繪畫。

## 工作坊主題（天之門客）：
1. 個別諮商及團體諮商之個別或團體督導（以小時計）。
2. 投射性繪畫測驗工作坊；沙遊工作坊；情緒與壓力管理；隱喻說故事工作坊等。

## 聯絡方式（E-mail）：
Pearlho@Yahoo.com.tw

# 目 次

FORWARD PREFACE INTRODUCTION

序

第 1 章　團體緒論──定義、特質、目標、模式、區分與
　　　　歷史流變 ························································ 1

　　第一節　團體的定義／特質與目標 ······················· 3
　　第二節　三種心理團體（團體輔導、團體諮商與團體治療）
　　　　　　之比較 ···················································· 5
　　第三節　團體之模式 ··············································· 9
　　第四節　團體的歷史流變 ········································· 14
　　第五節　團體工作的趨勢 ········································· 19

第 2 章　團體動力 ··················································· 31

　　第一節　團體動力之定義 ········································· 33
　　第二節　團體動力的影響變項 ··································· 35
　　第三節　團體動力的歷史發展 ··································· 38
　　第四節　團體動力之內容 ········································· 40

第 3 章　團體輔導、諮商與治療的理論基礎 ··············· 53

　　緒　　論 ······························································ 55
　　第一節　團體的文化脈絡 ········································· 55
　　第二節　團體的社會理論 ········································· 60

第三節　團體的心理學基礎 ················································ 64

第四節　諮商心理學的理論對團體之貢獻 ·························· 68

第五節　不同類型的心理團體 ·········································· 72

結　論 ······················································· 81

## 第4章　團體的領導者 ·································· 83

緒　論 ······················································· 85

第一節　領導力之定義 ···················································· 85

第二節　領導者之功能與角色 ·········································· 89

第三節　團體領導者技巧 ················································ 96

第四節　領導者之類型 ···················································· 100

第五節　領導力訓練模式 ················································ 103

## 第5章　團體成員 ································· 121

第一節　成員之重要性 ···················································· 123

第二節　團體成員的性質 ················································ 124

第三節　團體成員的角色 ················································ 128

第四節　團體成員之角色類型 ·········································· 130

第五節　成員在團體中的問題 ·········································· 136

第六節　有效成員與無效成員 ·········································· 140

第七節　參與團體的心理準備 ·········································· 141

結　語 ······················································· 145

## 第6章　團體的過程（階段）與問題處理 ·············· 147

前　言 ······················································· 149

第一節　團體過程的定義內容及重要性 ·························· 149

第二節　團體階段發展之理論 ·········································· 151

第三節　團體階段 ·························································· 158

第四節　團體階段之問題診斷與處理之統整⋯⋯⋯⋯⋯⋯⋯ 159

第五節　團體階段之問題舉例與各理論學派之處理方式⋯⋯⋯ 163

## 第 7 章　團體諮商領導力的督導⋯⋯⋯⋯⋯⋯⋯⋯ 173

前　言⋯⋯⋯⋯⋯⋯⋯⋯⋯⋯⋯⋯⋯⋯⋯⋯⋯⋯⋯⋯⋯⋯ 175

第一節　諮商督導的基本概念⋯⋯⋯⋯⋯⋯⋯⋯⋯⋯⋯⋯⋯ 175

第二節　團體諮商之督導⋯⋯⋯⋯⋯⋯⋯⋯⋯⋯⋯⋯⋯⋯⋯ 179

第三節　團體督導與團體階段⋯⋯⋯⋯⋯⋯⋯⋯⋯⋯⋯⋯⋯ 181

第四節　一個團體督導的實例⋯⋯⋯⋯⋯⋯⋯⋯⋯⋯⋯⋯⋯ 185

第五節　團體督導問題舉例及回饋⋯⋯⋯⋯⋯⋯⋯⋯⋯⋯⋯ 189

結　論⋯⋯⋯⋯⋯⋯⋯⋯⋯⋯⋯⋯⋯⋯⋯⋯⋯⋯⋯⋯⋯⋯ 196

## 第 8 章　組成團體的結構與團體聚會之始末⋯⋯⋯⋯ 197

前　言⋯⋯⋯⋯⋯⋯⋯⋯⋯⋯⋯⋯⋯⋯⋯⋯⋯⋯⋯⋯⋯⋯ 199

第一節　團體組成的需要⋯⋯⋯⋯⋯⋯⋯⋯⋯⋯⋯⋯⋯⋯⋯ 199

第二節　組成團體的考慮架構⋯⋯⋯⋯⋯⋯⋯⋯⋯⋯⋯⋯⋯ 201

第三節　團體組成的一個實例⋯⋯⋯⋯⋯⋯⋯⋯⋯⋯⋯⋯⋯ 215

第四節　團體之「始」──第 1 次聚會的最初 15 分鐘⋯⋯⋯ 218

第五節　如何使團體有效的結束⋯⋯⋯⋯⋯⋯⋯⋯⋯⋯⋯⋯ 222

## 第 9 章　團體的評估⋯⋯⋯⋯⋯⋯⋯⋯⋯⋯⋯⋯⋯⋯ 227

前　言⋯⋯⋯⋯⋯⋯⋯⋯⋯⋯⋯⋯⋯⋯⋯⋯⋯⋯⋯⋯⋯⋯ 229

第一節　評估之定義、目的及內容⋯⋯⋯⋯⋯⋯⋯⋯⋯⋯⋯ 229

第二節　評估之方式與觀察⋯⋯⋯⋯⋯⋯⋯⋯⋯⋯⋯⋯⋯⋯ 231

第三節　評估之原則與注意事項⋯⋯⋯⋯⋯⋯⋯⋯⋯⋯⋯⋯ 233

第四節　評估之模式⋯⋯⋯⋯⋯⋯⋯⋯⋯⋯⋯⋯⋯⋯⋯⋯⋯ 235

第五節　評估之向度⋯⋯⋯⋯⋯⋯⋯⋯⋯⋯⋯⋯⋯⋯⋯⋯⋯ 235

第六節　評估之實例⋯⋯⋯⋯⋯⋯⋯⋯⋯⋯⋯⋯⋯⋯⋯⋯⋯ 245

## 第 10 章　團體諮商的研究 ·············· 249

前　言·············· 251

第一節　團體諮商研究的內容架構·············· 251

第二節　團諮研究的歷史發展·············· 253

第三節　國內團諮研究之內容與特質·············· 263

第四節　未來國內團諮研究上的注意事項·············· 292

## 第 11 章　團體諮商的方案設計 ·············· 297

前　言·············· 299

第一節　方案設計·············· 299

第二節　方案內容與理論應有架構間不一致之例·············· 299

第三節　同一處理主題的不同活動設計之選擇·············· 309

第四節　有效團諮方案設計之舉例──憤怒控制團諮方案
　　　　之設計·············· 315

第五節　溝通活動（暖身）之選擇與配合·············· 316

## 第 12 章　動力性的班級團體輔導 ·············· 319

前　言·············· 321

第一節　班級教學與團體輔導結合之可能·············· 322

第二節　問題背景·············· 323

第三節　理論架構與名詞界定·············· 326

第四節　影響教室學習有關因素之探討㈠──教師領導·········· 328

第五節　影響教室學習有關因素之探討㈡──合作性學習······ 344

第六節　班級團體輔導方案之相關研究·············· 349

第七節　班級團體輔導方案之實施步驟·············· 353

第八節　班級團體輔導方案之設計·············· 357

第九節　實施時的注意事項·············· 359

第十節　班級團體輔導方案舉隅 ⋯⋯⋯⋯⋯⋯⋯⋯⋯ 360

# 附　錄 ⋯⋯⋯⋯⋯⋯⋯⋯⋯⋯⋯⋯⋯⋯⋯⋯⋯⋯⋯⋯⋯ 363

附錄 A　國內各大學開設之團體課程 ⋯⋯⋯⋯⋯⋯⋯⋯ 365

附錄 B　社交技巧量表 ⋯⋯⋯⋯⋯⋯⋯⋯⋯⋯⋯⋯⋯⋯ 370

附錄 C　團體過程記錄 ⋯⋯⋯⋯⋯⋯⋯⋯⋯⋯⋯⋯⋯⋯ 373

附錄 C1　團體領導者自我評估與反思記錄表（由領導者填寫）
⋯⋯⋯⋯⋯⋯⋯⋯⋯⋯⋯⋯⋯⋯⋯⋯⋯⋯⋯⋯⋯ 375

附錄 C2　同儕督導團體過程記錄表（由同儕填寫）⋯⋯⋯ 376

附錄 D　團體滿意度量表 ⋯⋯⋯⋯⋯⋯⋯⋯⋯⋯⋯⋯⋯ 378

附錄 E　團體感受卡 ⋯⋯⋯⋯⋯⋯⋯⋯⋯⋯⋯⋯⋯⋯⋯ 379

附錄 F　團體領導技巧登錄表 ⋯⋯⋯⋯⋯⋯⋯⋯⋯⋯⋯ 381

附錄 G1　Hills 互動矩陣 ⋯⋯⋯⋯⋯⋯⋯⋯⋯⋯⋯⋯⋯ 382

附錄 G2　團體互動登錄表 ⋯⋯⋯⋯⋯⋯⋯⋯⋯⋯⋯⋯ 383

附錄 H　團體督導記錄表 ⋯⋯⋯⋯⋯⋯⋯⋯⋯⋯⋯⋯⋯ 384

附錄 I　憤怒控制技巧之團諮訓練方案 A ⋯⋯⋯⋯⋯⋯ 385

附錄 J　憤怒控制技巧之團諮訓練方案 B ⋯⋯⋯⋯⋯⋯ 401

附錄 K　憤怒控制技巧之團諮訓練方案 C ⋯⋯⋯⋯⋯⋯ 411

附錄 L　心理團體領導者之倫理檢核表 ⋯⋯⋯⋯⋯⋯⋯ 427

附錄 M　焦點解決團體諮商研究碩、博士（*）論文摘要一覽 ⋯ 432

附錄 N　認知團體諮商研究碩、博士（*）論文摘要一覽 ⋯⋯ 435

‧中文參考書目‧ ⋯⋯⋯⋯⋯⋯⋯⋯⋯⋯⋯⋯⋯⋯⋯⋯ 451

‧英文參考書目‧ ⋯⋯⋯⋯⋯⋯⋯⋯⋯⋯⋯⋯⋯⋯⋯⋯ 465

‧作者索引（中文）‧ ⋯⋯⋯⋯⋯⋯⋯⋯⋯⋯⋯⋯⋯⋯ 471

‧作者索引（英文）‧ ⋯⋯⋯⋯⋯⋯⋯⋯⋯⋯⋯⋯⋯⋯ 473

・關鍵字索引（中文）・…………………………………… 477

・關鍵字索引（英文）・…………………………………… 482

# 圖表目次

圖 1−1　團體輔導、團體諮商與團體心理治療之比較　………　7

圖 1−2　團輔模式立體圖　………………………………………　10

圖 1−3　團諮模式立體圖　………………………………………　11

圖 2−1　團體中人際行為世界的建構歷程　……………………　34

圖 2−2　人際信任發展模式　……………………………………　47

圖 3−1　團體的心理學模式　……………………………………　65

圖 4−1　（Gough, 1957）　………………………………………　101

圖 5−1　團體成員反應的卡通素描　……………………………　131

圖 5−2　人格的人際向度　………………………………………　132

圖 6−1　心理分析的兩個主要人格概念　………………………　154

圖 7−1　督導的理論架構　………………………………………　176

圖 9−1　方案評估的基模模式　…………………………………　236

圖 9−2　PPBS　……………………………………………………　237

圖 12−1　學習輔導介入策略之綜合模式　……………………　352

圖 12−2　動力性班級座位之安排　……………………………　356

表 1−1　團體輔導、團體諮商與團體心理治療三種心理團體
　　　　之區分　………………………………………………　8

表 1−2　心理團體之任務、關係、目標與接觸模式　…………　12

表 1−3　心理團體的歷史發展　…………………………………　14

表 1−4　團體討論的六種形式　…………………………………　22

表 1−5　團體發展理論中有關領導者資料之取向　……………　25

表 2−1　團體動力的歷史發展　…………………………………　38

表 2−2　與成員狀態有關的非語言行為　………………………　49

表 2−3　影響心理團體動力的變項　……………………………　50

表 3-1 自主性趨勢與融合性趨勢在不同社會中之可能組合 … 57

表 3-2 三種社會關係中之不同人際對待原則、方式、互依型態及互動效果 … 59

表 3-3 認知─感受結構表（MBTI） … 68

表 3-4 諮商心理學之理論對心理團體之貢獻 … 69

表 3-5 心性發展階段之特徵與團體之處理焦點 … 73

表 4-1 領導力行為的兩個基本向度 … 87

表 4-2 團體領導者技巧總觀 … 96

表 4-3 心理團體領導者訓練方案一覽表 … 105

表 5-1 團體成員之角色及其對團體動力之影響 … 133

表 5-2 團體的效果與相對應的五種成員結果 … 142

表 6-1 影響團體互動的有關因素 … 150

表 6-2 心理分析學派觀點的團體角色與人格情緒之關係 … 155

表 6-3 心理分析學派（團體治療）團體階段發展之摘要表 156

表 6-4 團體中之問題與各學派處理模式之比較──
(1)團體初期的沈默 … 164

表 6-5 團體中之問題與各學派處理模式之比較──
(2)團體對領導者之攻擊 … 166

表 6-6 團體中之問題與各學派處理模式之比較──
(3)持續保持距離之成員 … 168

表 6-7 團體中之問題與各學派處理模式之比較──
(4)某一成員選擇離開團體時 … 170

表 7-1 團體督導模式之分類 … 180

表 7-2 團體過程與督導 … 181

表 7-3 團體督導概要表 … 183

表 9-1 彰化區國小輔導評估之內容(一) … 239

表 9-2 彰化區國小輔導評估之內容(二) … 240

表 9-3 團體目標測定量表之因素分析 … 242

表 10-1　民國 67～91 年間團體諮商論文（雜誌、學報）一覽表

　　　　　‥‥‥‥‥‥‥‥‥‥‥‥‥‥‥‥‥‥‥‥‥‥‥ 255

表 10-2　民國 70～92 年國諮研究碩、博士論文摘要一覽表

　　　　　‥‥‥‥‥‥‥‥‥‥‥‥‥‥‥‥‥‥‥‥‥‥‥ 265

表 11-1　民國 71～92 年團諮碩士、博士（＊）論文方案設計分

　　　　　類摘要表 ‥‥‥‥‥‥‥‥‥‥‥‥‥‥‥‥‥‥ 300

表 11-2　團體輔導活動方案設計大綱（A2 之方案設計）‥‥‥ 305

表 11-3　認知—行為的憤怒控制訓練模式（Feindler & Gunman,

　　　　　1994）‥‥‥‥‥‥‥‥‥‥‥‥‥‥‥‥‥‥‥‥ 308

表 11-4　B4 的溝通分析團體方案設計‥‥‥‥‥‥‥‥‥‥‥ 309

表 11-5　B5 的溝通分析實驗課程之設計‥‥‥‥‥‥‥‥‥‥ 311

表 12-1　1940～1985 年間國內外有關有效教師領導方式研究

　　　　　之摘要表 ‥‥‥‥‥‥‥‥‥‥‥‥‥‥‥‥‥‥ 329

表 12-2　民國 81～92 年有關班級輔導、班級經營研究碩、博士

　　　　　（＊）論文摘要一覽表 ‥‥‥‥‥‥‥‥‥‥‥‥ 331

表 12-3　成績、社交關係交叉後的九種學生類型 ‥‥‥‥‥‥ 355

表 12-4　九種學生類型之登錄 ‥‥‥‥‥‥‥‥‥‥‥‥‥‥ 355

表 12-5　班級團輔之例——有效學習策略 ‥‥‥‥‥‥‥‥‥ 361

第 **1** 章

團體緒論——
定義、特質、目標、模式、
區分與歷史流變

# 第一節　心理團體的定義／特質與目標

## 一、團體的定義

要介紹心理團體之前，不妨先瞭解學者對團體所下的定義。

Cartwright & Zander（1968, p. 46）說，團體是個人的集合，彼此以不同程度的相互依賴的方式，產生關係。

Shaw（1981, p. 454）則認為團體是兩個以上的人，以影響和被影響的方式／交互作用的過程。因之所謂的心理團體乃指的是——對成員有心理上顯著意義之團體。於其中，成員間以各自之主觀知覺，進行社會比較、規範獲得等影響個人態度和行為的心理過程，並因此而完成其成員之角色與任務者（Turner, 1987, pp. 1-2）。

## 二、團體的特質

依 Forsyth（1990）之看法，可分類如下：

*1. 交互作用*：團體生命一個最重要的特質，便是交互作用。姑不論其性質是正面或負面、清楚或隱微、持續或間斷的。在團體中每一成員的行為，潛在地都一定會影響到其他人（Stogdill, 1959）。

*2. 結構*：團體的結構包括三個主要部分，即角色、地位和吸引力關係（即正式領導和非正式領導之概念）。依結構的形式而有不同類型的團體決策方式出現。

*3. 團體大小*：團體的組成最少須包括兩個人（Hare, 1976）。視團體之類型，而可擴充至不同人數，不過大多數學者同意以 2～7 人為平均狀況。

*4. 團體之目標*：有解決問題、產生創造、溝通知識和價值、設定標準、得到樂趣或參與歸屬感（安全感）等多項。

5.和諧（凝聚力）：Fcstinger（1950）在美國芝加哥大學社會研究機構之研究發現，凝聚力有兩個層次，即個人層次和團體層次。於前者，其吸引力之基礎是喜歡、尊敬和信任；於後者，其基礎是「一體感」（we-feeling）。一個愈和諧、凝聚之團體，愈容易達到滿意、合作之結果。

6.暫時的（temporal）改變：團體本身，典型上來說，是一直在改變的，團體動力的學者提出兩種看法（Shambaugh, 1978）。一種看法主張在團體的交互作用中，會持續出現一些重要的主題（如工作的需要對情緒表達之需要）。此主題會隨著團體的週期而沈或浮。另外一種看法則認為團體是一個持續發展變遷的階段，如 Tuckman（1965）的五階段論（定向、衝突、規範、生產、整合），不同的階段，團體有不同的重點出現。

綜合來說，本作者的定義是：人的生存離不開團體（如家庭、學校、工作、社會），但當這團體以心理性的資料（如意見、價值、感受、情結）為主體，來結構和組織，並設定目標為增加資訊、解決個人或人際之困擾或處理人格上較長期的問題時，則此團體可稱之為心理團體（團體輔導、團體諮商與團體治療）。

## 三、心理團體之目標

依 Corey（1985）的看法，可分一般性目標和過程目標兩種（黃月霞，民 80，頁 14）。前者指的是建立一種心理環境，以完成個人目標，後者則在協助參與的成員建立正確的溝通技巧（適當的自我開放，表達關懷，面質）。由於它很重要，此處特列出 Corey 的十點一般性目標以供參考：

1.學習如何去信任自己和他人。

2.促進自我認識並發展獨特的認同感。

3.認可參與者共同的問題和心情。

4.增進自我接納、自信／自尊，而對自己產生新的觀點。

5.找到處理問題及處理衝突的可行辦法。

6.為改變某些行為，做出具體計畫並付諸努力實踐。

7.學習更多的有效的社會技巧。

8.對他人之需求能更敏銳。

9.學習如何以關心、誠實、直接、不傷人的方式去對待他人。

10.澄清個人之價值，並決定是否需要或如何去修正之。

# 第二節　三種心理團體（團體輔導、團體諮商與團體治療）之比較

## 一、心理團體的範圍

　　心理團體包括三種形式，那就是團體輔導（group guidance）、團體諮商（group counseling）以及團體治療（group psychotherapy）。此三種團體的定義，基本上也是大同小異的，茲各舉一些說法如下：

### 1.團體輔導的定義

　　朱秉欣（民 67）認為團體輔導是藉著團員的互動作用，來傳授個體與其切身相關之知識。

　　劉焜輝（民 71）認為團體輔導是在輔導員的帶領下，各學生在有班級組織或非組織的情境中，提供個人意見或經驗的輔導活動。

　　本作者的定義是：在班級為主的情境中，以小團體的方式（4～8 人之分組），就某一選定之主題（學業、職業、心理、行為）進行資訊分享（小演講、錄音／影或文字閱讀）、意見交流（討論、辯論），以達認知學習（價值澄清）之目的的一種心理教育活動。

### 2.團體諮商的定義

　　Vanderkolk（1985, p. 7）的定義是——團體諮商乃指的是一群人以面對面的方式交互作用所產生的集結，以達成某種目標。在團體中彼此的

心理需要，得到滿足的機會。由於每一團體中的個人需要、行動及因此集結的整體都是不同的，因此，每一團體都是獨特的（角色、規範亦然）。所以團體應依目標來組成，某一類型／數量的成員，配合上適當的動機和目的，經歷過幾個階段的發展（包括時間的考量），以達成解決問題、促進成長之目標。

Gazda, Duncan Meadows（1967，引自黃月霞，民 80，頁 17）對團諮的定義則是這樣的：團體諮商是一種動力的人際關係，其重點在於意識、思想和行為。在團體內是具有一種容納的、現實取向的、發洩情緒、互相信任、關心、瞭解及支持的氣氛。這些具有治療功能的氣氛是經由小團體及輔導員彼此分享私人性問題而被孕育出來。成員基本上是正常個體，都有自己關心之事，以及這些問題不必要求積極性的人格改變。成員利用互動以增進瞭解、接納每個人之價值、目標，並去除某些態度或行為。

本作者之定義：所謂的團體諮商，乃指的是一群（8～12 人左右）有心理成長興趣或需要的人（學校或社區），在受過訓練的領導者（或沒有領導者的情況）帶領之下，於安靜的環境中，以結構（有主題及暖身活動設計者）或非結構（無主題及活動設計者）的方式，經歷一個為期 8～20 次（每次時間通常是 1.5 小時）的團體過程。於其中經由個人特質、領導者類型等交互作用，形成特殊的團體（角色、規範、溝通）歷程，因而達到不同程度的個人（自我瞭解、接納、肯定、改變）與團體（滿意度與生產力）之收穫。

## 二、心理團體的區分

由上述的簡介可知，三種團體在本質上都是提供一種與心理資料有關的服務，只不過因為參與者的心理問題之程度，領導者專業訓練的背景深淺上有所不同，而導致其在對象、人數、目標、功能、重點、動力過程、方法、方式和領導者訓練及介入上亦有所分別。茲以圖表的方式介紹如下：

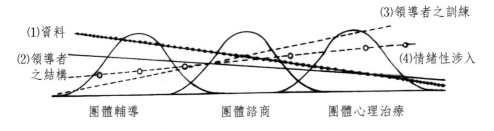

(1)資料
(2)領導者之結構
(3)領導者之訓練
(4)情緒性涉入

團體輔導　　　　團體諮商　　　　團體心理治療

**圖 1-1　團體輔導、團體諮商與團體心理治療之比較**

　　國內介紹心理團體之區分時，最常用的一個圖表，乃是引自 Trotzer（1980, 1999，何長珠譯），原作者為 Goldman（1962）的一個圖表（見圖 1-1）。此表自：(1)資料；(2)領導者結構；(3)領導者訓練及；(4)情緒性涉入等四個向度之多少來比較三種團體之不同。但因尚未包括所有的向度，故本作者特參考劉焜輝、汪慧瑜（民71）、吳秀碧（民89）、黃月霞（民90）及黃惠惠（民82）等四位國內作者之資料，統整如表 1-1 所示。

　　*1.* 這三種團體在某種程度上是不能截然劃分的。因為隨著進行的深度不同，團體有向右或向左方移動之事實。譬如說，團體諮商有時候會深入到人格、情結部分之處理（Corey, 1982），而團體心理治療很多時候也在做同理、關係、支持的工作。

　　*2.* 再者，有些學派慣稱自己為治療學派。最有名的例子，便是 Ellis 的理情行為治療學派（Rational-Emotive-Therapy, RET，1980 年後更名為理情行為治療學派，REBT）。

　　*3.* 「團輔」和「團諮」兩個名詞，習慣上有混用之趨勢。在國外的例子，如 1931 年第一個提出團體諮商的 Allen；在台灣則因「輔導」的名稱先於「諮商」被引入（陳禹，民68）。因此多年來（民40～80年

表1-1 團體輔導、團體諮商與團體心理治療三種心理團體之區分

| 向度 \ 團體 | 團體輔導 | 團體諮商 | 團體心理治療 |
|---|---|---|---|
| 1.心理教育之方向 | 預防性 | 發展性（成長的） | 治療性（矯治的） |
| 2.對象 | 正常人口 | 正常人口（有困擾時） | 心理症或精神病人口（深度精神或情緒困擾者） |
| 3.人數（團體大小） | 40-50 人左右（班級型態最多） | 8-12 人左右 | 15-20 人左右 |
| 4.實施場所 | 學校或社區教室 | 學校或社區之諮商輔導室 | 醫院或社區精神醫療單位 |
| 5.時數 | 以小時為單位，每次一個主題 | 以90分鐘1次最常見，持續 8 次或更多（30次） | 同左，唯次數上持續可達一年或更久 |
| 6.處理的焦點 | 認知學習／資訊的（意見，態度） | 情意學習／心理的（想法，情緒） | 人格動力之深度處理／包括潛意識（情緒） |
| 7.帶領方式 | 領導者導引的價值澄清過程 | 領導者催化成員的交互作用為主的過程 | 領導者依參與者的需要而導引 |
| 8.時間導向 | 未來的準備 | 現在導向 | 包括過去的歷史 |
| 9.結構的方式 | 結構式、有主題的 | 半結構，常以暖身活動來催化互動 | 非結構，依當時情境來引發 |
| 10.領導技巧 | 演講、小組討論（辯論） | 同理、支持、澄清、連結、具體化 | 立即性、對質、解說 |
| 11.領導者專業訓練 | 大學相關科系畢業之教師 | 輔導（諮商）相關科系畢業（諮商師） | 精神醫師及社工師 |
| 12.團體名稱 | 生活技能、社會技能團體 | 敏感團體（T-團體，會心團體）及各式結構團體 | 治療性團體 |

代）慣以「輔導老師」、「輔導系」等稱呼取代諮商工作之實際。不過
嚴格的說，「輔導」應代表較初級的心理教育範圍，而諮商是發展性心
理教育工作之主體。故正名的工作實刻不容緩（牛格正，民 84），所幸
時至今日（民 92），已有愈來愈多的系所，以「諮商」為其主要名稱。

# 第三節　團體之模式

　　劉焜輝和汪慧瑜於團體輔導模式初探一文中，（見輔導論文精選，
民 71，頁 458-459）提出一個團體輔導和團體諮商模式的立體圖。以比
較其異同，特列出以供參考。

　　理論上，這個模式有 384 個因子（$6 \times 8 \times 8 = 384$），即有 384 個組
合，如：

　　*1.* 在各科教學活動中，使用演講法（專題演講、教師講述、即席演
講等），做資訊的交流。

　　*2.* 在輔導活動課程中，應用角色扮演，探討人際關係問題。

　　*3.* 在正式的小團體中（如融融社、欣欣社等）中，以團體諮商方式，
協助個人解決考試的焦慮。當然，有的因子似乎很難在實際情境出現，
如：(1)在學校集會情境中，實施團體諮商，以解除個人內在困擾；(2)在
班（級）會中，進行參觀訪問，以解除個人特殊恐懼。

　　到底哪些是可行的，有待進一步實驗研究。

　　這一模式的因子，理論上有 96 個（$6 \times 4 \times 4 = 96$），例如：

　　*1.* 以領導者中心並強調歷程的方式（如心理分析式），在工作階段
處理特殊恐懼或焦慮之問題。

　　*2.* 以領導者中心並強調成果的方式（如理情治療法），在起始階段，
立即處理人際關係問題。

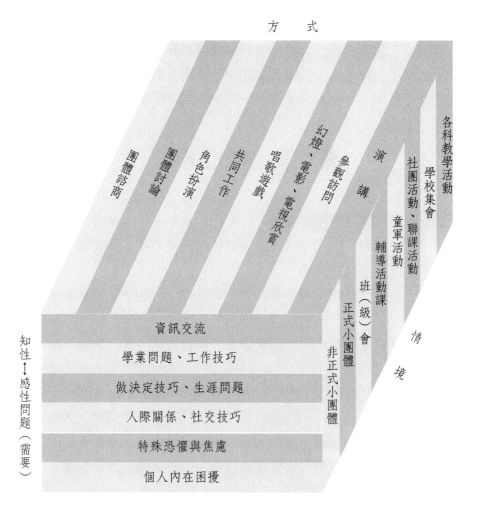

方　式

知性↔感性問題（需要）

團體諮商　團體討論　角色扮演　共同工作　唱歌遊戲　幻燈、電影、電視欣賞　參觀訪問　演　講　社團活動、聯課活動　學校集會　各科教學活動　童軍活動　輔導活動課　班（級）會　正式小團體　非正式小團體

情　境

資訊交流

學業問題、工作技巧

做決定技巧、生涯問題

人際關係、社交技巧

特殊恐懼與焦慮

個人內在困擾

**圖 1-2　團輔模式立體圖**

　　3.以成員中心並強調歷程的方式（如會心團體），在轉換階段，談論個人內在困擾問題。

　　同樣的，有些組合在實際情況裡似乎不太可能發生，如：以心理分析方式做資訊交流，以會心團體方式在一開始就討論個人內在困擾問題等。

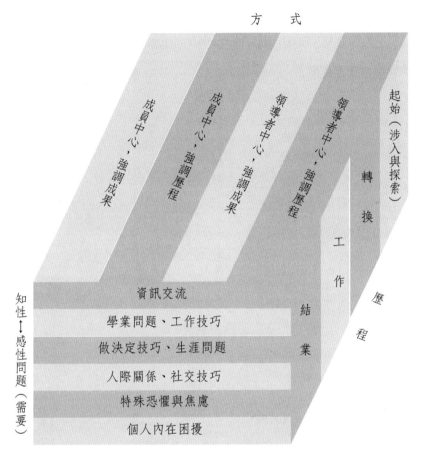

圖 1-3　團諮模式立體圖

　　Gladding（1991）提出一個 TRAC（Tasking、Relating、Acquiring、Contacting）模式，自任務、關係、獲得學習和交互作用以獲得個人成長之四個向度，來分類不同焦點側重的團體，如表 1-2。

　　與此模式相關的較重要之團體因之包括：

　　*1. 訓練團體*（T-group）：其重點在團體動力之掌握，包括別人如何看待自己，如何給以回饋或支持，基本上屬於非結構性的設計。領導者的任務在創造一種開放的氣氛，開放成員之瞭解，覺察個人對自己的看法。

## 表 1-2 心理團體之任務、關係、目標與接觸模式

（TRAC-Tasking, Relating, Acquiring, Contacting）

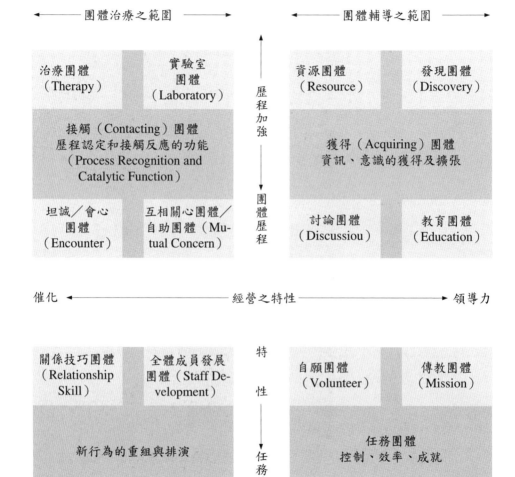

(引自 Gladding, 1991, p. 12，原文見：Saltmarsh, Fenkine, & Fisher, 1986, p. 32)

*2.*坦誠（會心）團體（Encounter group）：由 C. Rogers 依其個人中心、自我潛能開發之觀點延展而來。強調的是對個人內在及人際關係之覺察和發展。此類團體與上類之 T-團體常被視為敏感團體（Sensitivity group）之同義詞。

*3.*心理劇團體（Psychodrama group）：其方式為由團體共同演出團體關心之主題，成員藉開放自己的重要經驗和觀點，在演劇（包括空椅、角色互換、角色替代、角色預演）中經歷宣洩（淨化，Catharsis）的過程，以回復情緒之平衡並得到第三者較客觀之回饋，從而得到心理上之成長。領導者之角色類同於導演，擔任催化和引導方向之角色。

*4.*自助團體（Self-helped group）：是基於某一特殊問題的需要（如酒癮、吸煙、單親、癌症病患）而組成的心理團體（有專業組織來擔任組織及結構的工作）。最早源自 1950～70 年代，在美國興起的黑人民權等民權運動，逐漸成為半專業團體的主要形式（如國內的張老師、生命線、晚晴等單位所引發之團體）。其主要特徵為成員間的支持系統網路之建立與領導者之經驗為重點（自己曾經歷過類似的問題並成功克服者）。

*5.*馬拉松團體（Marathon group）：自 1964 年的 G. Bad & G. Strollen 所引發。其假設為在一個安排的時段（24～48 小時）中，因疲倦減弱自我防衛系統所出現的人與人之間更真實及更真誠的相處（交互作用）之材料，將可促成個人的自我成長。

*6.*任務團體（Task group）：內容包括四種，即自願（volunteer）團體、傳教（mission）團體、目標（goal）團體及工作（working）團體。它強調的是控制、效率、合作、表現和目標完成。影響因素主要有二，即領導力與工作的複雜程度。

# 第四節 團體的歷史流變

Gladding（1991）在其《團體工作》（*Group Work*）一書中，對心理團體的發展曾做了詳盡的介紹（pp. 4-11），此處特整理表列如下，以便瞭解。

表 1-3 心理團體的歷史發展

| 年代＼內容 | 內容 | 備 註 |
|---|---|---|
| 1. 1900 年以前 | 1. 此時團體的人數很多，工作強調資訊的傳布及行為的矯正，對象多為移民、窮人及心理健康者。<br>2. 1800 年代中期之英格蘭，有將心理病人安置於鄉下者，以新鮮空氣、藝術及人道關懷為處方之「道德治療」（Gladding, 1988b）。<br>3. J. Adams 於芝加哥的 Hull House 處，以討論衛生營養學的方式，協助移民及窮人，進行人際間的互動以提昇其決策能力與自我價值（Pottick, 1988, p. 24）。<br>4. 團體動力運動的發展，始自 19 世紀晚期，包括來自心理、社會、哲學及教育的貢獻（Bonner, 1959）。 | 這可被視為是社會團體工作的起始，團體動力運動之開始 |
| 2. 1900～1910 | 5. J. H. Pratt 自 1905 年開始，在波士頓的麻州醫院，以支持和啟發的團體治療之方式，協助肺結核的門診病人。此一方式被證明是省時有效的，同時也可被視為團體心理治療的濫觴（Apply & Winder, 1973）。<br>6. 1907 年 J. B. Davis 以職業及道德的輔導內容來教授英文課。 | 團體心理治療之開始<br><br>最早的團體輔導 |
| 3. 1910～1930 | 7. 1914 年 J. L. Moreno 出版了一篇有關團體方法的重要報告（Millman & Goldman, 1974），1921 | |

| 年代＼內容 | | 備　註 |
|---|---|---|
| | 年，又提出創造性劇場（心理劇前身）的做法。其觀點影響 F. Perls 的完形理論及 W. Schutz 的坦誠技術（Shaffer & Galinsky, 1989, p. 9）。 | |
| | *8.* 1920 年代時期的重要發展是社會科學家（如 Lewin）所做的小團體互動型態的基模及個體所受團體影響的研究（Allport, 1924）。 | |
| | *9.* 也約在這個時代，Adler 開始以「集體（Collective）諮商」之方式，輔導犯人與兒童（Gazda, 1989）。 | |
| 4. 1930～1940 | *10.* 團體輔導在學校裡，屬於家政教室的上課範圍，而老師的責任則在建立友善關係，發現能力／須要並發展正確的價值觀（McKnown, 1934, p. 53；Strange, 1935, p. 116）。此種形式，大體上維持到 1950 年代左右。 | |
| | *11.* R. D. Allen（1931）首先提出團體諮商的名稱，不過其工作內容主要仍在團體輔導的過程部分。 | 團體諮商名稱之出現 |
| | *12.* Moreno 正式提出團體治療（或團體心理治療）之名稱，並設計出一種最早的團體處理的形式——心理劇（1945），此種概念影響團體諮商有各種理論的引發。 | 心理劇之始 |
| | *13.* 匿名戒酒團體（AA）之類的自助團體，亦自 1930 年代出現。 | |
| | *14.* 1930 年代心理分析團體的三位領袖及貢獻是——T. Burrow 研究影響團體的社會與心理原則；L. Wender（1936）建立使用至今的團體心理分析模式，而 P. Schilder（1939）之工作則在分析個別成員間的交互作用。 | |
| 5. 1940～1950 | *15.* 二次大戰後是現代團體工作的開始時代。此時之兩大成就分別是 K. Lewin 和 W. Bion 在理論與實務上的探討。Lewin 的「場地論」（field theory）（1940）強調人與環境間的交互作用，具有相互依賴性，但也具有部分／整體間的關係。 | 現代團體工作之始 |

| 年代　　內容 | | 備註 |
| --- | --- | --- |
| | 其對團體動力研究的另一項貢獻是於 1946 年在美國緬因州成立了「國家訓練研究室」（NTL）和基本技巧訓練團體（即日後的 T-團體）。 | |
| | *16.* Lewin 的方式側重此時─此刻，他認為「解凍」和「結凍」過程影響團體行為的改變，同時他也是第一位把回饋的概念帶入團體中者。W. Bion 來自英國的 Tavistock 人類關係機構。他不同意心理分析派把團體視為家庭擴大的觀點（Macklen & Strauss, 1981）。他重視的是引發團體進步或退後的凝聚力或其他勢力。Bion 分團體為兩種──工作的（其特質為信任、支持、真誠、責任）和不工作者的（其特質為疏離、攻擊、過於和諧）。而不工作的團體之動力又可分為配對（pairing）、戰爭─逃避（fight-flight）兩類。 | |
| | *17.* 1941、1942 年 Moreno 成立美國心理治療與心理劇會社，美國團體心理治療協會（AGPA）亦經由 S. R. Slavson 於 1943 年成立。兩份重要的雜誌「Society」（1947）後改為「Group Psychotherapy」（1949）（由 Moreno 創立）以及國際團體心理治療（International Journal of Group Psychotherapy）（1949）（由 S. R. Slavsor 創立）均於此時創刊。 | 美國團體心理治療協會成立 |
| *6.* 1950～1969 | *18.* Bales（1950）列出影響團體固定型態的各種反應類型（如凝固、敵對）。 | |
| | *19.* K. Horney, H. S. Sullivan, & C. Rogers 亦分別在此期間發展出為不同問題不同輔導場所所適用的理論上之觀點（Yalom, 1985）。 | |
| | *20.* 家族諮商的工作亦於此時發芽（Nichols, 1984），先鋒人物包括 R. Dreikurs（1959）等的父母團體，J. Bell（1951）的家庭團體治療及 V. Satir（1964）的心理分析導向的家庭團體治療。 | 團體家族治療萌芽 |
| | *21.* 「發展性團體」的概念由 R. Blake & J. Mouton | |

| 年代 ＼ 內容 | | 備註 |
|---|---|---|
| | 所引入（Gazda, 1989）。 | |
| | 22. 第一本團體工作參考書於 1958 年出版（H. I. Driven, Counseling and learning through Small-group Discussion）。 | 第一本團體工作的參考書出版 |
| | 23. 團體輔導的名稱在 1950 年代後期逐漸被團體諮商所取代，作為教育性場所改變行為的主要模式（Gazda, 1989）。 | 團體輔導漸被團體諮商所取代 |
| 7. 1960～1970 | 24. 1960 年代是團體諮商及治療的燦爛輝煌時期，許多團體工作上最有創造性的工作者，都在此期間所有表現（無怪乎美國紐約時代雜誌定 1968 年為團體年）。同時隨著團體之普及，濫用非專業（或專業不足）的情況也出現。導致 1960 年代的末期，這方面的工作備受批評而萎縮其發展。但另一方面，好的和重要的團體理論／實務亦隨之發展，特別是人本、存在取向的立場，以下摘介幾位代表性人物的貢獻。 | 蓬勃至於浮濫的時代 |
| | 25. －F. Perls 在加州 Esalen 機構實施無數的完形工作坊團體，但他不承認這是團體工作，他認為這是人以團體中其他人為背景來做表現的方式（Frew, 1983）。<br>－E. Berne（1964, 1966）則自父母—成人—小孩的人際溝通概念來帶領團體。<br>－W. C. Schutz（1967）描述團體中個人被接納、控制和情感三項向度，並首創非語言溝通的重要（Appley & Winder, 1973）。<br>－J. Gibb（1961）研究團體中競爭對合作的行為。<br>－G. Bach（1967）首先提出馬拉松團體之需要以及在團體中，如何學習以公平鬥爭的方式，解決婚姻衝突。－C. Rogers 部分由於其把個人中心的觀點，淋漓盡致應用於坦誠團體，而把 T－團體的概念發揚光大。部分則由於當時地區 | 人本—存在取向團體之發展 |

| 年代 內容 | | 備註 |
|---|---|---|
| | （加州）及社會（反戰）的背景，正好呼應 R 氏的理論與實務，遂造就了心理團體工作的黃金時代之來臨。 | |
| 8. 1970〜1980 | 26.可視為對前階段過度發展的一個反思期。其中 Jan- is（1971）提出「團體思考」（Group Think），亦即大家一致的服從，可能會妨害問題的解決（創造力）。Lifton（1972）更進而批判坦誠團體可能的反道德傾向。這些質疑反映出領導力訓練及過濾成員兩件事上的重要省思。 | 團體諮商之反挫 |
| | 27.部分是回應上面的呼求，團體工作的家庭協會（ASGW）於 1973 年成立，成為美國人事和輔導協會（APGA 現改為 AACD）中的一支。其主要功能在提昇並確保領導者的資格（Carrol & Levo, 1985）。 | |
| | 28. Yalom 是團體研究上的一位重要人物，他不但於 1970 年分析提出團體中的十一項治療性因素（如注入希望、利他主義），他和 Liberman（1971）的工作更確認領導力上的三種類型──攻擊的、權威的、和對質的，對團體的氣氛和生產力均為最不利。 | Yalom 的「治療性因素」與「不利團體之領導類型」之提出 |
| | 29. Gazda（1978）對團體之研究，則導致日後的團體諮商的理論架構之確立。 | |
| 9. 1980〜2002 | 30.隨著團體工作的修改、成長，自助團體的勢力亦日見擴充。舉例來說 1988 年全美便有 2,000 到 3,000 個團體在進行（這還不包由專業所帶領的團體）。而由 G. Gazda（1989）等專業人士所探討的發展性團體之應用（對更多人口教導基本的生活技巧，如人際溝通），亦持續前進。團體有關的研究在 1970 年中期，已占當年刊物內容的 20%（比 1950 年代的 5% 增加了 4 倍）（Stocken & Morran, 1982）。與此同時，團體倫理及帶領者訓練之標準亦紛紛設立／出現（ASGW）。 | 團體工作再度更形普及與深入 |

| 內容<br>年代 | | 備註 |
|---|---|---|
| | 1985 年，美國曾作過團體輔導專業方案調查，對象係 200 多位，Counseling Education & Supervision 雜誌和 ASGW 機構之專家。<br>—其中有專業諮商員、學校諮商員或老師。<br>—他們之工作對象有青年成人及中年人，訓練範疇及課程包括領導力，團體領導技巧，團體模式理論，團體動力及個人成長經驗。<br>—而在代表之學派理論上，以折衷學派為大多數，少部分自認屬於心理動力學派及行為學派。<br>—所使用之教學法有：1.演講、討論、觀察錄影帶或特殊技巧之演練；2.回饋、錄音；3.參與團體所得到之個人成長、帶領（合作帶領）、被督導、自己帶外面團體的經驗。<br>—在評估方面，有自我的報告（80%）、督導之判斷（41%）及同儕（39%）回饋三種方式。 | |

# 第五節　團體工作的趨勢

　　Klein（1985）指出，美國的團體工作和其他的訓練活動一樣，是文化和重要歷史的反映，且深受社會、宗教、及切身問題所影響（例如職業的選擇）。某篇在「團體工作專家」期刊裡的發表指出，領導專家預言，在 2001 年時，團體工作將有五個要點：

　　1.強調綜合性的設計。

　　2.更具消費導向的（更專業及時效性）。

　　3.增加社會資源的利用（自助及家庭網絡團體）。

　　4.增加團體工作的使用，以促進系統性的社會改變。

5.繼續長期的諮商團體,強調成員治療性的重建。

作者搜尋 1996～2002 年間的心理團體論文,亦發現與上述資料相呼應之發展事實。舉例來說,在理論與技巧導向部分,除了原有的人本、現實或折表取向外,有以特殊模式(認知行為)來回應特殊問題(家庭暴力之加害者與受害者之處理)之趨勢(Norton, 1997)。而短期模式以 12-20 小時為原則來進行團體與焦點問題之解決模式(Cot, 2000;Newsom, 2002),亦符合第 2 點「更具消費導向」趨勢之說明。至於第 3 點增加社會資源之使用,則可以對「移民」、「老人」等特殊人口之服務為例(Hoang, 1996;Capps, 1998)。前者發現新移民團體之需要比較多在學業與生涯諮商,而後者之研究則發現老人團體(65 歲以後)之團體經驗,雖可增加其相互的支持感而減低憂鬱,但卻並不會因此增加其自我的價值感。相形之下,第 4 點和第 5 點的趨勢預測,在此段期間的博碩士論文資料中,似乎並未得到印證。

除此之外,團體工作的現今與未來趨勢將著重團體效能的研究,及提昇團體領導者的訓練。此處,本節將簡要介紹以下六點:

*1.*生活技能團體。

*2.*消費導向團體。

*3.*促進社會系統改變的團體工作(如工商業之團體)。

*4.*虐待及被虐待團體。

*5.*團體效能的研究。

*6.*訓練有效的團體領導者。

## 一、生活技能團體

生活技能團體(Life-Skill)的觀念在 1970 年代開始萌芽。當時,Lvey(1973), Hopson & Hough(1976)這些理論學家開始使用一些像「心理教育」、「人類及社會的教育」的名詞。到了 1980 年代,這個研究的動力從 Gazda 所提倡的社會技能及生活技能訓練方法,得到更多的刺激。Gazda(1985)指出,生活技能訓練的重點在對現在的作補救,乃

對未來的作預防。其訓練是發展性的，重點適用於在學校、家庭、工作環境及其他自然團體的個人。因為團體是個人產生困擾情境的所在，故亦是處理問題的最佳地方。

Zimpfer（1984）指出，「成長的過程進行得更加舒適，更易觀察，且給予促成改變的因素更明確的注意」。Alpert & Rosenfield（1981）認為，經由生活技能的訓練，人們知道如何預防問題的發生。並當困難產生的時候，知道在行為及認知層面如何採取處理的方式。

Johnson & Johnson（1987）提出，有關生活技能學習的步驟如下：

*1.* 明瞭技巧的重要性，及其對自己的價值。

*2.* 明白這是什麼「技巧」，在使用此技巧時，個人須有什麼樣的行為。

*3.* 找出可以練習此技巧的地點。

*4.* 使用此技巧時，請一個人在旁觀看，並告知你使用的情形。

*5.* 不斷的練習。

*6.* 使練習變為成功。

*7.* 請朋友鼓勵你用此技巧。

*8.* 不斷的練習直到真實的感覺出現。

Gazda（1989）指出，在團體的階段中，示範、角色扮演、模仿及家庭作業是最常被運用的技巧。

## 二、消費導向團體

消費導向團體因基本需要形成，且視處理的事務而有短期及長期的分別。長期性的事務如：環境保護、公民權。短期性的如：特殊地點的公路安全、社區裡的學區限制等。一般而言，短期性的消費團體著重切身的事務。相較於長期性的消費團體，短期消費團體通常是自發性的形成，且較無階層組織。消費團體依 Tuckman & Jensen（1977）所描述的要點，而有以下五種團體型態：形成、衝突（storming）、常規（norming）、表現及結束。但他們不同於典型的治療導向團體及工作導向團

體。成功的消費團體兼具嚴謹（即有結構的、有計畫的行動）及凝聚力（即成員之間的溝通及接觸）兩種特質。Wilson & Hanna（1986）指出，有六種可能會減損或增進團體任務的安排方式，必須視其被使用的情形而定（見表1-4）。消費團體的領導者應覺察到會議建立的目標及意向，如此，方能增強時間及相關資源的運用。

### 表1-4　團體討論的六種形式

| 規劃名稱 | 安排形式 | 使用理由 | 方　　法 |
|---|---|---|---|
| 1.圓桌會議 | 提昇平等的感覺，使全體成員的分享達到最高限度。 | 團體討論問題和解決方法，目的是做一個好的決定或分享資訊。 |
| 2.座談會 | 以簡短的演說方式，呈現不同的觀點。 | 主持者介紹講員，提供議題資料。每個發言者交互發言，結束時對議題做一簡短摘要。 |
| 3.小組討論 | 引導一個主題的討論。 | 主持者介紹陪審員及問題，並保持討論的順暢。常有互動，成員對議事的觀點及議程的控制有反應。 |
| 4.公開討論會（論壇） | 鼓勵聽眾參與主題的討論。 | 主持者介紹內容及演說者。呈現簡短敘述並與聽眾互動，鼓勵聽眾參與。 |
| 5.辯論會 | 透過計畫問題的使用，使聽眾獲得資訊，並獲得參與者的反應。 | 主持者介紹演說者及質問者，並控制順序和時間。有時做摘要及澄清，主持者並不參與討論。 |
| 6.全體做決定 | 去辯論一個主題，然後決定使用適當的選舉方式。 | 主持者調整討論與辯論，企圖從雙方獲得最大輸入，使成員能投票選舉。 |

## 三、促進社會系統變遷的團體工作

這可以分成幾部分來討論：

### (一)少數民族（Minorities）

對少數族群的團體工作必須考慮其特殊集體歷史（collective history）。對某些人來講，他們的集體歷史可能對他們有很深的影響，然而對其他人則影響極少。舉例來說，Vander Kolk（1985）認為有一些文化團體，像很多亞裔美人，無法對團體過程做出明顯反應。因為他們的文化教他們不要公開分享個人問題及面對他人。而 Higgina Warner（1975）；Mowhirter Mowhirter（1988）的研究則發現，有些文化團體像非裔美人和西班牙裔美人，在美國的團體環境中則能適應良好。因此，對團體領導者來講，在與當事人接觸前去瞭解他們的文化背景是必須的。因為，假如領導者對少數民族的成員有偏見，會妨害他們真正去和成員溝通的能力。因此，在引導包括少數民族成員的團體時，領導者必須敏感於文化變數和他們的背景。只有如此，團體的成員在團體的發展中才會有平等的價值。Axelson（1985）預測未來隨著美國人口多樣性的增加，對於他人專業及個人的敏感度需求，將會是持續增加的趨勢。因此，團體工作者需要增加他們關於非裔美人、西裔美人、亞裔美人和本土美人（Native Americans）的文化變項知識（因為這些是美國境內四個最大的族群）。團體領導者去瞭解不同的文化背景是重要的。

舉例來說，Hoang（1996）研究東南亞移民美國之高中生之諮商態度時，展現主流文化學生有較高意願在諮商中工作（解決其問題），但新移民學生則更關注輔導與學業上之問題，而非情緒上的自我開放。

### (二)工商業（Business）

Kormanski（1988, p. 41）認為在商業和工業團體中，團體發展理論對有效的經營者和領導者而言是一個準則，他們使用這個準則去改善生產和工作生活的品質。自從 1970 年以來，對團體發展理論和工、商業內

團體的重視就一直快速增加。因此，領導者能否認知到工作者的道德和心理健康才是他們事業成功與否的主要因素。至於工作場所的團隊（teams），是為了在商業環境中個人化的目標而產生的基本團體（basic groups）。有四個主要方面的不同：

1. 他們分享目標，此點與大多數團體中的個人目標不同。
2. 他們強調對工作而非對團體的互相依賴。
3. 他們要求成員對團隊的努力有所承諾。
4. 他們應對組織（organization）負責更甚於團體。

W. Edwards Deming 是一個工業專家。在二次大戰後，Deming 的理念在日本以品管圈的概念創於美國，在 1974 年由 Hockheed 飛彈公司和 Honeywell 公司發起。Napier Gershenfeld（1989, p. 526）指出品管圈是建立在參與者經營的理念上。它通常由經理人員發起，但參與的每個人都會受益，因為它強調團體成員間彼此的合作與互賴。其團體做法為由相同工作領域的工作者組成，每週至少聚會 1 小時，來討論並試著解決與工作相關的問題（Johnson Johnson, 1987）。在某些方面，他們與學習團體類似，就像很多的學習團體，品管圈的參與者都是為某一特殊目的結合的自願者。他們投入時間，討論的報酬是對他們工作領域知識的增加和內在及人際關係的提昇。Brockner Hess（1986）認為大體上，成員的自尊和團體的成功之間顯現了直接的相關。此外，Kormanski（1988）也指出，一個在工作場所有效的經營應該不同於商業環境的團體，它透過由 Tuckman & Jensen（1977）所概述的五個發展階段向前進展。其形式主要是領導形式由指導變得更民主並滿足更高的需求。領導者透過改變他們的領導形式來幫助工作者，他們自己和團體的建立。基本上，這種形式是從較低的記錄、議事（transactional）技巧轉型到一個較高的思考轉換（transformational）技巧。（見表 1–5）

Kormanski（1988, p. 41）認為經由這種方式，團體的權力基礎將由職位權力變成個人權力。未來可預見的是，團隊和團體發展理論的使用將會增加。因為在一個大的團體裡，若沒有引發成長的介入，疏離感和

社會疏遠就會發生。

　　在這兩個練習的途徑中所用的觀念和方法，包含了一個有效的團體領導者之基本要件。根據 Trotzer（1989）的定義，其基本要件有：(1)關於團體過程的認知知識；(2)在團體互動中主動的參與；(3)領導者的能力和技巧；(4)領導者的領導經驗。根據 Yalom（1985）的說法：成熟的治療者是一個不斷進步的治療者，而且把每個參與者和每個團體看做是一個學習的經驗。

### 表 1-5　團體發展理論中有關領導者資料之取向

| 團隊發展階段 | 1.管理模式 | 2.需求層次 | 3A.議事技巧 | 3B.(T. A.)轉換技巧 | 4.團隊成果 | 5.力量之基礎 |
|---|---|---|---|---|---|---|
| 形成階段 | 高工作性 低關係性 | 生理的安全感 | 認識目標 建立組織化 | 價值澄清 觀察 經由虛構故事 或隱喻溝通 | 接受承諾 | 強制性的連結 |
| 衝突階段 | 高工作性 高關係性 | 社會的歸屬感 | 主動傾聽建立 信心衝突控制 | 彈性 創造性 全方位思考 | 澄清歸屬感 | 連結 獎賞 合法化 |
| 常規階段 | 低工作性 高關係性 | 認識和尊重 | 溝通 回饋 親和 | 趣味和幽默 企業精神和網絡系統 | 相關支持 | 合法化 對象 資訊 |
| 表現階段 | 低工作性 低關係性 | 成就與自我實現 | 做決定 解決問題 獎賞 | 多種文化的變遷 未來性之檢查及監控 | 成就榮耀 | 資訊 對象 |
| 遷移階段 | 低工作性 高關係性 | | 評鑑 回饋 | 慶祝及技巧 | 認同滿足 | 對象 資訊 |

（Kormanski, 1988, p. 40.引自 Gladding, 1991, p. 334）

### ㈢罪犯處理團體

與犯罪群體（加害、受害、受刑人、高危險群）有關之團體介入，應算是過去 10 年來發展較多的一個範疇。舉凡有效處理策略之介入（如認知行為、焦點短期、現實或行為治療模式等），特殊相關因素之影響（如依附、父母管教態度、ADHD 新學制方案之設計），均成為文獻探討之主題。舉例來說，Hubbard（2000）即嘗試以 12 週的團體，協助中度至嚴重程度之罪犯，減除其暴力傾向，並肯定認知行為模式介入之效用。

Miller（1999）則以 10 週的社會學習理論融入個人中心式的團體諮商模式，處理約會暴力的問題。結果顯示，在約會關係，人際關係與個人內在適應三向度上，實驗組的 21 名志願個案有顯著改變的個人內在適應與焦慮減除現象。Moyses（1982）則嘗試比較現實治療模式的團體諮商、跑步訓練對 72 位女性志願犯人「內控」能力之影響（為期 10 次，15 小時），雖然結果並無顯著性改善，但卻發現女性犯罪者之心理動力是與男性罪犯不同，因此是不能等同處理的。

### ㈣高危險群（At-risk）學生團體

與上段資料相關聯的，是高危險群學生（不論其問題表現為自傷、憂鬱、化學依賴抑是對他人之威脅、恐嚇行為）在校期間（特別是小學與國中階段），介入性方案之實施。除了有 Mar（1994）所提出的 SMIE（A school-based early intervention for at-risk youth）方案，試圖連結校內外之資源（臨床心理學、社工、學校諮商員）與方案（如團體諮商、個別諮商、教師諮商及家庭聯絡等），並發現「性別」與「種族文化之特徵」，兩項因素為介入前項先加以處理之特質外，Palmen（1996）亦曾針對 32 項研究，進行後設分析之研究，發現糾正性方案之做法真是五花八門。包括團諮（團治）、個諮（個治）、家庭介入、職業訓練與僱用、認知行為模式、生活技巧、多模式、社區與機構模式等可說並沒有一個共通理定之做法。

Stone（1998）亦企圖以個案訪談之方式，整理出 13～14 歲中學企圖自殺女生，內在被污染（Contagion）對話的發表歷程。結果討論中，包括肯定生命教育課程化之意義（因為這個群體，可能並非臨床個案）以及以團體方式介入之有效性。

最近，Newsome（2002）則以一個 8 週的焦點解決短期治療模式（SEBT, Berg, 1991；de Shager, 1985）來協助 26 位實驗組的中學生。結果顯示後例和追蹤從測，自評與他評（家長、教師）之結果，實驗組均比控制組有較好的社交和學習分數之增進（只是尚未達到顯著性）。

### ㈤團體效能之研究

除了前面所介紹的高危險群學生之介入及多元文化之分化外，團諮效能研究中，過去二十年來頗多之篇幅是放在與領導力訓練及督導此二主題上的，詳細資料將放在下一部分來討論。另一主題是各級學校中諮商員角色之探討與比較。

*1.* Sovrell（1988）深度訪談 9 位參與過團諮經驗的青少年，在個人內在、人際關係部分所經歷的正向改變，結果發現團體之效用，可自四部分來解說，即「團體氣氛」、「人際互動」、「自我瞭解」以及「團體的教導」。

*2.* Nearpass 在其 1989 年之博士論文中，曾針對北美地區 77 份研究文獻作後設分析。在 281 個有效效果之評量中，發現**採用個別諮商及介入性方案之研究，均顯現較高之效果。而團體諮商**（小團體、大團體及班級團輔）**則通常只具有中度之效用**。另外，中學高年級學生肯定團諮效果的情況，是優於較低年級的中學生。比較有點驚訝的發現是電腦輔助方案介入的有效性並不是很高。

*3.*另外，最後 Stewart（1999）對青少年學校諮商介入模式（認知行為，短期）之研究結果亦發現，不論高中或初中，介入都是有效的。只不過其趨勢是隨年級之升高而增加輔導之內容。換句話說，也就是預防發展性之團諮任務，有與時俱增之趨勢。

Shecter（1997）對 736 位美國印弟安那州諮商員之調查研究中，亦展現學校系統中，小團體諮商之介入，的確是一個正向有效的因素。不過大多數的工作者亦有更進一步接受訓練之需求。而 Welch 在 2000 年的研究，比較學校中個別諮商與團體諮商之不同效果時，亦發現：**害羞—焦慮與學習困難之行為是以個別諮商之幫助較大，而破壞性行為與挫折忍受力，則以團體諮商之效果為佳**。此外，新移民個案亦較易自個別諮商中得益。可見團諮與個諮，是最好能配搭使用，效果才最為顯著。

## 四、團體工作的未來

團體工作雖已有一段很長的正式歷史，但對於未來團體工作是否能建全發展且普及整個社會還是有點疑惑，主要的問題在於這種趨勢將如何產生。如 Zimpfeer（1984, p. 207）所言：團體工作的趨勢是朝向更具體與更有結構的處理，以達到更正確的診斷。在參與和治療者的選擇上，則傾向於更理想的團體參與者。（亦即將參與者視為治療中的合作者，而不是被動的接受者或只為自己的改變負責的個體。）

團體工作在未來上最大的挑戰之一是：能比現在更完全地使用團體的力量（Glassman Wright, 1983）。目前，大部分的團體領導者都致力於處理團體中的個體，因此他們把注意力集中於特定的成員而不把團體視為一個整體。當團體能夠更建設性的控制存在於其中現有的資源，一個新的時代將會浮現。在這樣的時代中，團體領導者必須是受過較高等的教育且是較精熟世故的。這個重要性的優點是：團體成員和團體工作者之間，在促進改變和促成支持方面有更深入的瞭解。因此，團體經驗建立在彼此更瞭解的基礎上，並且提供了參與者一個達到他們理想和目標的更好方法。

而落實這個理想必須參酌時代的脈動，Combs（1994）曾針對 21 世紀的學校教育，提出幾點建議：(1)課程設計應兼顧共通性與多樣性；(2)目標在培養有能力解決問題的人；(3)過程導向；(4)終身學習；(5)以人為本質；(6)注重社會互動與責任；(7)視學校為社會縮影。吳秀碧（民 91）

在其《團體輔導的理論與實務》一書中亦提出對團體輔導的期望，分別是：(1)納入為中小學課程之一部分；(2)養成訓練須兼顧「諮商」與「教育」二範疇；(3)訓練方案以預防性為主；(4)與其他學門的合作配搭；(5)重視多元文化問題解決與現實需求；(6)強化評鑑功能。

第 **2** 章

團體動力

# 第一節　團體動力之定義

潘正德（民 77, 88）認為團體動力（Group Dynamics）的定義有三：

*1.*任何時間內發生於團體中，覺察或未覺察到的一些現象及各種勢力（force）互動所出現的運作改變及反應。

*2.*社會科學（社會心理、臨床心理學、人類學、教育學）主要是利用科學的方法（假設、觀察、研究、一套應用知識或理論）來蒐集團體的現象，並整理而成為理論。

*3.*由過去的研究累積而成的團體行為的一套基本公式。

而夏林清（民 83，頁 7）在其《大團體動力》一書中，則認為對團體動力的定義，須立基於下面三點觀念來理解，即：

*1.*任何團體一定包含一個「人、我對待的行動世界」。

*2.*任一「人、我對待的行動世界」，是建基在互動的對方或多方如何認定外界現象與訊息的歷程上。

*3.*任一團體均是嵌屬於一特定的社會脈絡中。

而團體動力便是一門探討下列基本問題之學問：

*1.*個體在團體中之感覺、認知及行動。

*2.*當各個體產生相互關聯時，團體這一個體的集合體是如何運作著？

*3.*團體作為一個整體，它和外界的環境產生著怎樣的一種聯繫及作用呢？

如果統整成一個圖表，其表示方式如圖 2–1。

Bion（1959）& Yalom（1985）的看法則認為團體是一個直接或間接產生影響的動力性整體。於其中，某一個人的出現可能會增加或抑制另一個人的表現（Zajonc, 1989）。

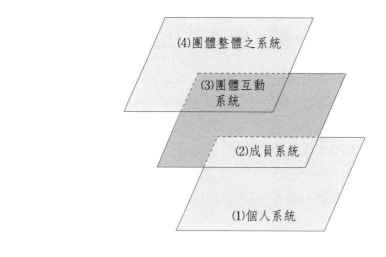

圖 2-1　團體中人際行為世界的建構歷程

（夏林清，民 83，頁 20）

　　個人一方面既有須要融入某一團體以獲得認同；另一方面，受限於既有性格或行為特質，一個人往往也花很多時間來打破某些團體的影響（Trotzer, 1989）。

　　在團體動力研究上，最著名的里程碑是 Mayo（1945）於西方電力公司所作的霍桑效應影響（研究照明度對工作生產力的影響），這就是後來有名的霍桑效應（Hawthorne effect，即團體間競爭所產生的士氣效應之影響大於客觀照明程度之影響）。而此一名詞最早被使用，則是 K. Lewin（1948）的貢獻。

　　本作者也嘗試給予一定義：團體動力乃指的是團體一旦開始運作後，所產生並持續改變的一種影響力量。它通常經由領導者的特質、經驗，表現成為一種氣氛或感受。而接收到此訊息的成員們，又再度以個人的

特質、經驗所形成的期望、動機、反應（表現、行為）反過來影響團體運作中的角色、規範、溝通、參與等向度。這兩種主要的變項（即領導者對成員及成員對團體）再加上其他因素（如自願對強迫、時間長短、地點適合與否等）之總合，便構成一個團體獨特的現象場。此獨特性的有效與否，往往會影響團體的兩大產出，即士氣（凝聚力）與工作（生產力）。

　　Hansen & Warner（1980）認為「團體動力者」所要仔細觀察的是對成員造成影響的強力團體趨勢。這些趨勢有時是缺乏信任感、缺乏承諾、玩弄權力、成員彼此間的衝突、成員間強烈的聯盟以及攫取他人注意力的行為等。如果某些成員以前曾參加過團體，則他們對團體期待會影響團體動力，他們對團體中應有的行為的瞭解程度可能成為影響團體動力發展的因素。

# 第二節　團體動力的影響變項

　　與團體動力相關的，還有其他概念，像是團體的十一點改變（治療性）因素（Yalom, 1985）以及團體生產性的十二項因素（Jacobs et al., 1987, p. 24）。此處僅舉 Jacobs 之例（Gladding, 1991, pp. 132-133）以為讀者之參考。

　　Jacobs 等之研究指出，下列十二項因素會影響到團體之產出：

　　*1. 團體之大小*：以不超過 12 人為宜，否則會導致更多的小團體的出現。

　　*2. 聚會的長度*：由於多數的團體須花費約三分之一的時間來暖身及三分之一的時間來準備作結束，因此每次聚會的時間 90 到 120 分鐘為宜。

　　*3. 場所*：大小宜適當並且安靜，如 8 人的團體以 10 坪左右為宜。

　　*4. 成員組成的同質性或異質性*：一般性目標之團體以異質性組成較有收穫，但特殊目標之團體（如乳癌患者）則不在此限。

*5.* 好意的程度（level of goodwill）：**當成員具有中度的動機時，最能催化團體中的互動。**

*6.* 承諾的程度：領導者應協助成員設立團體中之個人目標，以為個人努力之方向。

*7.* 信任的程度：能對自己和別人開放，是催化信任和鼓勵冒險最重要之因素。領導者在團體初期之任務，亦在於此（創造一個開放、接納的氣氛）。

*8.* 成員對彼此之態度：與上項相關，通常愈正向之態度能產生愈多之連結。

*9.* 成員對領導者之態度：領導者愈被視為是正向的，就愈可能引發跟隨和模仿。

*10.* 領導者對成員之態度：當領導者能傳達一種開放的感受，給所有成員時，能促進團體的一體感。

*11.* 成員與領導者交互作用之類型：各成員間的交互作用愈多，其所具有之歸屬感與責任感也愈高。

*12.* 團體的階段：每個團體都最少經歷過三個以上階段的發展過程，而每一階段的交互作用之狀況亦是不同的。

Ohlslen. Home & Lawe（1988）提出幾種幾乎在任何團體中都會呈現的力量，成員們會希望：(1)感到被團體接納；(2)知道別人對他們的期望；(3)感到有歸屬感；(4)感到安全。當團體缺乏這些力量時，成員會傾向負面、敵意、退縮與無動於衷。領導者要常注意到這些力量，對大部分（而不是全部）的成員來說，是否是正向的，所以他必須注意負向動力產生。領導者思考以下問題將有助於調整團體動力：

*1.* 每位成員對參加團體有什麼感覺？

*2.* 成員們是否瞭解團體期望？

*3.* 是否每位成員都清楚他們為何要參加團體？

*4.* 每位成員如何面對團體情境？

*5.* 成員們是否喜歡彼此？

*6.*成員們相處時是否感到舒服？

*7.*成員們對團體是否有歸屬感？

*8.*成員們對領導者是否感到舒服？

*9.*領導者的角色可運作哪些權力？

以上問題將有助於領導者瞭解成員對團體與對領導者的感受。

Yalom（1985）以「在團體中的治療因素」這個角度來討論團體動力，他提到十一種不同的因素：

*1.*利他主義（對其他成員所付出）。

*2.*團體凝聚力（感到與其他成員有所連結）。

*3.*人際間的學習（從其他成員身上學到東西）。

*4.* 輔導（得到幫助與忠告）。

*5.*淨化作用（釋放一些感覺與情緒）。

*6.*認同（仿效其他成員或領導者）。

*7.*家庭角色的重現（讓人感覺好像處在一個家庭中，並從這種經驗中學到東西）。

*8.*自我瞭解（獲得一些個人內在的洞察）。

*9.*希望的灌輸（對個人的生活感到有希望）。

*10.*共通性（感到自己是並不孤單的）。

*11.*存在的因素（能瞭解生命究竟是怎麼一回事——瞭解生命的盛衰）。

Yalom（1985）所提的因素對檢視治療團體與支持團體特別有用，當所有的治療性因素都能在團體中呈現時，這個團體對成員的幫助會比較大。反之，當團體欠缺大部分的因素時，則這個團體成功的機率很小，或根本就是不成功的。

# 第三節　團體動力的歷史發展

　　團體動力的歷史發展在某種程度，當然與第一章所介紹的心理團體之發展有關。不過，仍有某些特殊資料，與前者有所分野，是值得特別列出來，供為參考的。請看表 2−1：

表 2−1　團體動力的歷史發展

| 年代 | 發展內容 | 備註 |
|---|---|---|
| 17 世紀 | 1. Hobbes, Locke, Smith 等人開始關切社會本質及人與群體之關係，後來形成對抗專制的革命思潮及運動。 | |
| 19 世紀 | 2. Count, Spencer 致力於對群眾運動之習性行為之研究，並以 Emile Durkheun 對互動歷程之研究為代表，認為個人的心路歷程，不能完全解釋團體產生的現象。 | |
| 20 世紀 | 3. Mead, Cooley 研究小團體中的社會性控制因素，其他的例子包括：<br>(1) Tripplet（1898）對團體催化效果研究。<br>(2) Terman（1904）對兒童團體做領導的心理學與教育學之研究。<br>(3) Lindeman（1920）質疑對團體採社會學的研究方式，他建議改為實證研究（如調查法）。同時代，Follet 從社會工作福利的實務工作中，體驗以功能性領導來取代職位／人格領導之必要。Freud 亦於此時提出團體中的「凝聚」與「控制」之觀點，並認為團體領導及形成等感情因素更重於意識層面的組織因素。<br>(4)二次大戰期間，亦有許多重要的事件發生，如：<br>　　a.Lewin 以「場地論」為理論基礎所進行的整體的，對各變項做分析的實驗研究。<br>　　b.Cattell 以統計上因素分析之觀點來說明團體之現 | ─團體動力實驗研究之祖。<br><br>─以上這些自心理學角度完成之研究，為早期的團體動力之研究樹立良好的典範。 |

| 年代 | 發展內容 | 備註 |
|---|---|---|
| | 象及領導者之特質。 | |

c. Moreno & Jennings 所創立的社交測量法。

d. Bales 等於哈佛以單面鏡錄音／影之方式，來研究
互動分析。

e. 社會團體工作之方式，由敘述式進入為行動式
（action-research）。

(5) 二次大戰後的 10 年間之主要發展，則為由 Lewin 等
人所推動的「國家訓練實驗室」（NTL）。其所設
立的「專業實驗室」遍布全國，形成一個網絡影響
全（美）國的人際關係訓練運動。同時期，在英國
則有 Tavistock 機構擔綱此一角色。另一方面，有關
期刊書籍也大量出籠：如 Bales（1950）的「互動分
析」，Cartwright & Zander（1953）的「團體動力研
究與理論」等。

(6) 1960～1970 年代之發展特色：

a. 形形色色的機構及專業都介入此一問題之研究。
其代表方向為由顯微（Micro）團體（如小團體）
之觀點，走向鉅觀（Macro）團體之研究。

b. 在專業論文之數量上，Raven 之統計是 1965 年有
3,137 篇而到了 1975 年便增加到 5,156 篇。期刊並
於 1972 年時多達 43 種。

c. 大眾傳播通俗雜誌書籍的熱門排行版中，均出現
此類與人際關係訓練有關之主題。基督教會之領
導力訓練設計中，並溶入此種模式。

d. 團體的名稱及內容更為豐富，如 T－團體、會心團
體、馬拉松團體、完形（gestalt）團體、人類潛能
訓練、組織發展課程及 AA（匿名戒酒）團體等
等，不一而足。

# 第四節 團體動力之內容

Vander Kolk（1985, pp. 139-185）於《團體諮商與團體心理治療緒論》一書中，指出團體動力所包括的內容可自角色、規範、凝聚（和諧）、溝通及非口語行為四大方向來討論。

## 一、角色（Role）

依 Biddle（1979）的定義，角色是「在脈絡（文化、家庭、經驗、組織形式）內的個人特質」（它可以是特質，也可以是情境的，如一個害羞的人在團體中通常較少發言，但當其擔任主席時，就必須多發言）。由於「角色」的概念，源自戲劇，故亦可視為是一套可以裝上卸下的行為，或口語的表現方式（例如，每個團體中都自然包含有工作要求者和情感要求者，當某一擔任工作要求角色之成員離開時，自然會另有一個成員出來，負擔此一角色之任務）（Slater, 1955）。團體中有另一個重要因素在影響團體中的角色狀況，那就是領導者的特質及其所扮演的角色方式。由於團體任務本身常在工作和情感兩個向度中交織前進。某一特定團體的成員，配合以特殊取向特質之領導者之後，常會形成不同的交互作用及團體歷程。Bales（1970, 1980）於此方面的研究最著盛名。他的分析發現團體的交互作用有三個向度，即：支配／服從、友善／不友善，以及工具性控制（instrumental controlled）／情緒表達。而這三個向度依個人所具有程度是其中之一種、兩種或三種，共可構成二十六種不同的角色。

團體中的角色，依 Vander Kolk 的分類。因之，有如下三種方向，試分述如下。

1. *催化者*：如引發訊息／意見之徵詢和給予、闡釋解說、協調、導引、評估、記錄。

　　*2.激勵和維持者之角色*：如鼓勵、和事佬、協調者、督促、標準設定、團體之觀察者、跟隨者。

　　*3.反團體之角色*：如攻擊者（阻斷）、惹人注目者、遊戲人間者、訴苦認罪者、拯救者、以及只有自己最對的道德完人、永遠追求正確答案的人、支配操縱者、依賴者、為反對而反對者／慎思者、退縮、不參與、沈默者。

## 二、規範（Norms）

　　此部分之討論，可自定義、特質及類型三方面來處理：

　　「團體動力的定義中另一項有力量的變項乃是規範」。規範指的是「一系列預期的行為標準」。它可包括外在的規定（如準時出席、生病請假等，這是較無例外的）或內在的期望（意識或潛意識的需要，可因人而異的）。其形成是在團體發展的過程中（通常是團體開始一些時間之後），逐漸經由成員信念和行為模式之互動而形成的。而這一種由外在約定形成之規範，到後來則有可能內化成為人格和信念的一部分（Tuckman, 1961）。而團體成員對規範之反應，亦可分為服從、反服從及獨立三種類型。前者可視為是人格上的場地─依賴型（field-dependent），後者則可視為是自恃（self-reliant）或內控型。

　　Forsyth（1983）曾精妙地描繪出規範的六項重要特質：

　　*1.*規範是描述可行／不可行之行為規則。

　　*2.*規範常包括一種評估之過程。

　　*3.*規範不是自團體外所生出，而是在團體中逐漸形成。

　　*4.*規範常被其團體成員行而不察，直到有人打破某一規範。

　　*5.*規範成為個人內化之價值時，個人便不再是受逼於壓力而遵從之。反之，是為了個人的滿足而遵行之。

　　*6.*違犯規範雖然會得到負結果（或懲罰），唯適當範圍的偏離，仍是在許可範圍之內。

　　至於規範的類型，雖然因學者之觀點而有異。唯大體上來說，比較

重要的，仍是與獎懲有關的規範，可歸納為如下幾點：

*1. 公平原則*：即參與貢獻愈多者，理論上也享有較多酬勞（多種多收之意）（Walster, Walster, & Berseheid, 1978）。

*2. 權力（power）與需要之規範*：即一個團體中，有較高職位者，通常擁有較多做決策之權力。同時，在資源分配時，需要的程度（或能力的程度）也往往形成行使公平原則時之依據。如有能力者常被期望要付出較多，以扶助弱小等。雖然，在這種情況下，利他原則似乎是與互惠原則有所衝突的。

Liberman, Yalom, & Miles（1973）於其《*Encounter groups: Firs Fact*》一書中曾提出五點團體規範的因素分析（p. 272）：

*1. 強烈情緒之表達（占所有變異數的 27%）*：身體、溫暖的接觸、哭泣、求助、要求給予個人回饋，焦點放在對團體進行的事情的意見表達，且說很多話，但不包括顯示感受。

*2. 開放的程度（疆界）（表達外在和個人性的資料，17%）*：常開玩笑，常把團體以外的主題帶入團體，開放與本團體有關的外在資料，拒絕遵守團體規則，帶朋友到團體中，描述個人私人的白日夢。

*3. 作對及批判式的對質（11%）*：批判某人的行為應如何改變，反對領導者所下的意見，繼續探討已表示不想再談的成員的看法，談論有關於自殺之類的話題，貶低某些剛開放某些資料的成員，憤怒的對某成員說話，打斷別人正進行的談話，教導、建議別人該如何做，試圖說服別人某事的對錯，坦白告訴某人對其之想法。

*4. 反轉移及依賴（9%）*：認為領導者應對團體的計畫及活動有最大之責任，支持、討好領導者，在大多數聚會中，認為團體應對計畫及活動有最大之責任，極少發言。

*5. 同儕控制（7%）*：企圖取得團體的領導權，或操縱團體走向個人想要的方向，支配團體的討論超過一次以上，在大多數聚會中極少發言，對別人以冷漠的方式表現，常缺席，一筆勾消某個成員之價值，認為其不在乎。

# 三、凝聚力（和諧，Cohesion）

## ㈠凝聚力之定義

　　凝聚力的最簡單定義乃是與他人有關係、並為他人所接受之一種心理需要（Festinger, 1950）。這種「關係」與「接納」不僅在成員部分，可增加其自我的價值感，減低焦慮（Fiedler, 1993）、覺得有希望，從而提高參與之動機與程度。在成員之間，亦因此增加彼此合作的可能與互依（互惠）之事實（包括比較不計較、比較容忍對方之缺點）。而使得 Liberman, Yalom, & Miles 在 1973 年對 26 個小團體的研究之後，語重心長的結論說：凝聚力是使成員在團體經驗中，有所收穫的必要條件。最後，在團體本身，則更是使健康關係建立（如信任、真誠）、團體維持（不流失或失去功能）及達成目標（有效解決問題並得到學習）均不二法門。

　　由於參加心理團體者，常是心理或生理上正在遇到困難的人，通常當一個人缺少適當均自我價值感時，他／她傾向於在團體中退縮或逃避。而當一個人缺少的是自我接納時，他／她會比較感覺到的是「被拒絕」。只有在團體中的氣氛或感受能經營到放鬆、信任、喜歡，一個人才能增加勇氣去開放、發問並回饋個人之真實我。因之，團體的研究者常可藉由此點來觀察／定義團體之是否健康並用以判斷團體所在的階段。

## ㈡凝聚力之指標

　　Johnson & Johnson（1982）曾整理列出個人與團體的若干項指標，來作為判斷是否到達凝聚力的基礎。其中，個人部分有六點，團體部分亦有六點。

　　個人的指標為：

　　*1.* 承諾認同團體之目標。

　　*2.* 容易接受指定的任務和角色。

　　*3.* 較容易服從團體規範。

4.施壓或否定不從團體規範者。

5.對團體更忠誠。

6.對團體的任務能更有動機、更堅持。

團體的指標則為：

1.當規範具有生產力時，凝聚性團體能更有生產力。

2.交互作用更友善、更民主。

3.決策時更能影響彼此。

4.更能接受並傾聽他人的意見。（彼此能以平等而非公平的立場進行合作，Sattler, 1991）

5.為了團體的利益較能忍受痛苦及挫折。

6.協力對抗對團體之批評或攻擊。

### ㈢測量凝聚力之方法

1.多向度研究：Burlingame 等人（1984）建議，以多向度研究之方式研討之（multi-dimensional approach），其主要向度有人、事、策略及時間四部分。

(1)「誰」（Who）：

人 ── 領導者
　　── 成員
　　── 次團體（少有研究）
　　── 團體研究

(2)「什麼」（What）：變項間的關係可以包括：

前置變項 ＋ 反應變項
過程變項 ＋ 結果變項

（質的研究）（量的研究）

如果以圖形表示，也就是：

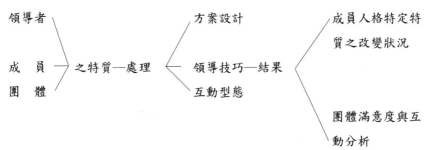

(3)測量策略（How）：

身體姿勢、表情、距離、動作、出席情況（Piper et al., 1984）。

口語溝通性質：反應、澄清、發問、面質、沈默

與團體階段（試探、信任、責任……）之關係。

(4)時間（When）：

總時數以 30 小時為宜。每次聚會 2 小時，但根據作者經驗：聚會次數與時間上，可依團體階段而有不同組合，由此效果最好，如：

階段 ── 團體初期：聚會次數宜多、時間宜少（如 1 個禮拜 2 次，1 次 2 小時）

團體中期：次數正常、（1 個禮拜 1 次），時間宜長（如 3 小時）

團體末期：次數少，時間少（2 個禮拜 1 次，1 次 1 小時）

追蹤評估的時間　1.5 個月

3 個月

6 個月

*2.* 語意分析法：以研究言語內涵上的關係為目的，如下面的五種向度。

(1)指示：代名詞、說明、比較。

(2)連接：附和的、附加的、反義的、表示原因的。

(3)代替的：所以……、然後。

(4)省略的：點頭、笑。

(5)語句的凝聚力：重複字、句、意思。

*3.隱喻分析法：*

(1)談話的，如：假定為真，感覺到，聞起來……。

(2)視覺的，如：好燦爛的主意！就好像小時候坐火車……。

最後，在影響凝聚力的因素上，提出如下幾點中外的研究，供為參考：

Hintz認為當成員相似性高、分享性高及相互認同高時，凝聚力會增加。

Englander（1989）認為領導者在團體組成前（第一次團體時），如果能提供一份清楚完整的契約（包括費用之討論，成員之選擇開放時間的自由等），將可有助於該次凝聚力之提昇。

Rubenstein（1987）的研究建議，在團體的初次聚會中，如能採行一種漸進式的鬆弛活動，將可有助於初次聚會時凝聚力之增加。

### ㈣與凝聚力有關的文化脈絡

*1.中國人的哲學與人際關係之要素：*黃曬莉（民83）研究中國人的和諧觀與衝突觀，自歷史的資料整理中，顯示出中國人的生命哲學是強調和諧的（天人合一、陰陽並濟）。因此在人際的交接中，重視的是中庸、節制和調節。但這種約束的價值觀的強化或濫用，亦有可能成為「僵硬」的「面子」文化（過份的道德，不接納真實，也不容許衝突的存在）。在人情交換的傳統運作方式下，使得聲望、共同歸屬關係（如同鄉、校友）及一般化的社會制度（如契約），這三種人際關係信任之基礎（Zucker, 1986）常偏重於前兩者，而輕忽第三項（楊中芳，民83）。這種行為習慣也就使得中國人的人際交往常形成「自己人─外人」的兩種劃分。換句話，也就說明了為什麼中國人與陌生人之間的防衛和信任，

變得格外難以突破和建立。

　　2.楊中芳於其「人際信任的初步探討」一文中（民 83），曾自西方的觀點說明，西方人人際信任發展的動力機制。首先是要減低不確定性／焦慮性，這便須要蒐集對方之背景資訊。此時可採用自我顯露、檢核對方言行之可行度（所謂的 pereception detection）及結構環境（environmental structuring）三種策略。來使人與人之間的疆界關防，藉著各自開放表面的公共區域之資料，探索性地進行情感交換（使成為熟人），然後才能進入充分情感交流（開放隱私而不後悔）和關係互賴的凝聚力（信任）狀態（Gudykunst & Kim, 1992）。

　　此部分之概念，亦可整理為如下之圖表（圖 2－2），以助瞭解。

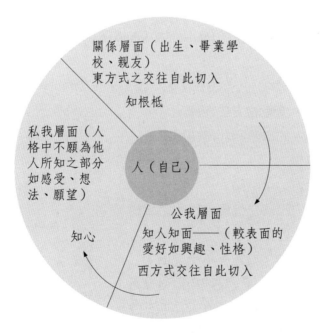

**圖 2－2　人際信任發展模式**

備註：由於中國社會強調的倫理道德，使吾人之「公我」有迎合「大我」之需要，以致與「自我」間有較大之距離。又因受到文化之影響，有「利益一體（愛面子）」之要求，使人品的重要性更形重要。而當然在自我開放時，會構成微妙的壓力和困難。

## 四、溝通

語言學者 Birdwhistle（1970）曾發現，在一次溝通中，文字所構成之因素，可能只占 30～35%，其餘的 65-70%則靠非語言之訊息來完成表達。因此在介紹溝通時，就不宜只包括口語部分，還應該介紹非口語部分的訊息。同時，由於溝通固有賴於一方之表達，但也同時有賴於另一方之回應（回饋）。因此在介紹溝通時，表達與回饋都是同樣重要的架構。

就語言訊息此點來說，Johnson & Johnson（1982, p. 85）提供八點表達要訣：

1. 用第一人稱的方式來表達（如「我」、「我的」……）個人訊息。
2. 以完整、具體的方式表達。
3. 統整個人的口語和非口語訊息。
4. 稍做重複。
5. 要求對方給予回饋。
6. 配合對方瞭解之程度或接受之架構。
7. 以名字、行動及圖形來描述感受。
8. 對他人行為之描述，不予評價。

而在接收時，也有幾點技巧值得參考：

1. **主動傾聽**：這可表現在非語言的部分，如坐姿、視線、表情、點頭。但更重要的是，傾聽時不在內心進行評價。這就連結到第 2 點，如下。

2. 以摘述之方式，來確定個人之瞭解是否合於對方的真意。因此有時候，光是內容摘述尚且不夠，尚須加入感受摘述，這也就是同理心的

技巧。

　　3.意義的溝通，常是最難的，因為它一定會牽涉到當事人的價值判斷。所以，此時最好以同理加上解說之方式進行。（如某成員因宿舍不能養貓而被迫放棄一隻小貓，以致心情很壞。此時大部分的人恐怕都會有點覺得她小題大作，但問題是她真的很傷心！此時，你該怎麼辦呢？）

　　4.延續上點而來的，便是自我開放的問題了。自我開放的原則，一般來說，最適合的做法是比當時已建立的兩人間的開放層次再稍深入一點為最適當。（如果成員在敘述個人失戀經驗時，見另一成員一直閉著眼睛，因而使此人的敘述愈來愈不起勁，他會以為對方沒興趣聽。此時，如果要做一個自我開放，該如何做呢？）

　　上述閉眼誤會的例子，正是非語言溝通的一個好例子。Gazda（1989）曾列出一表，試述如下：

表 2-2　與成員狀態有關的非語言行為

| 感官表情 情緒 | 頭 | 臉 | 嘴 | 視線接觸 | 手 | 姿勢 |
|---|---|---|---|---|---|---|
| 1.失望 | 低 | 眉尾下垂 | 往下撇 | 很少接觸 | 自閉性行為 | 胎兒蜷縮之姿 |
| 2.幸福 | 有韻律的動 | 生動 | 笑（開口） | 到處迎接別人的目光 | 擴張性動作 | 常改變，誘惑性的 |
| 3.焦慮／害怕 | 不安的動著 | 緊張 | 磨嘴 | 窺視（迴避視線直接的接觸） | 緊握，流汗 | 不安的律動，聳頸抖肩 |
| 4.反對 | 頭與下巴向前聳起 | 眉心打結 | 唇前撅 | 防衛的 | 緊握空拳 | 坐在椅子邊緣 |
| 5.依賴或被某人吸引 | 頭微低，但保持視線接觸 | 輕微的表達 | 帶著微笑 | 多 | 接近之動作 | 有點求婚的樣子 |
| 6.抗拒學習 | 轉過身 | 嚴肅 | 緊 | 逃避 | 看錶 | 四肢緊、硬 |

（R. P. Walters：團體諮商中之非口語溝通，摘自 Gazda，團體諮商：一個發展模式，1989，Allyn & Bacon）

　　總結來說，團體動力是一群人交互作用時，所產生的角色（一方面是固定的，一方面又受到交互作用之對象影響而有不同）、規範（有正式的，非明文規定的，團體特有的某一類型領導者所特有的等）、凝聚力（又牽涉到信任、開放、衝突、生產力等變項）及溝通（語言、非語言、同理、有效表達與接收）的總匯。說它是萬紫千紅或經緯萬端可能都不足以描繪全貌。此處試統整為表 2–3，以供參考：

表 2–3　影響心理團體動力的變項

一、團體初期（1～3／8 次為例）

　　1. 結構（Jacobs et al., 1988）：

　　　(1)團體的大小：① 6～12 人。

　　　　　　　　　　② 9 人以上，互動減少；17 人以上更少。

　　　　　　　　　　③ 14 人以上發展次團體，凝聚及滿意度漸少。（Munich & Astrachan）。

　　　(2)時間長度：前 10～15 分鐘暖身開始，後 10～15 分鐘暖身結束。

　　　　　　　　　　所以通常以 90～120 分鐘為理想。

　　　(3)場地：不受打擾，不要太大，圍圓圈坐。

　　　(4)成員組成同質或異質，以常態分配最理想。

　　2. 成員：

　　　(1)心理態度：①學習性、希望。

　　　　　　　　　　②信任（開放）。

　　　　　　　　　　③善意（助人、利他）。

　　　　　　　　　　④成員對領導者及領導者對成員（正面、接納）。

　　3. 領導者：

　　　(1)個人特質（認知性或感受性偏重）。

　　　(2)專業程度：①訓練之多少。

　　　　　　　　　　②實務（經驗）之多少。

　　　　　　　　　　③理論取向（學派）——認知、感受、行為。

　　　　　　　　　　　　　　　　　　　導引、非導引。

　　　　　　　　　　　　　　　　　（Corey, 1985, p. 454）

二、團體中期（4～6／8 次）：此期間影響滿意（凝聚）與生產力的有三種變項：即規範、角色與權力。

　　1. 規範（norms）（Forsyth, 1983；Gazda, 1989；Ohlsen et al., 1988）：

(1)該做及不該做的行為（如溝通的方式）── a：視為當然。

b：可內化的（認同）。

（Kelman, 1961）

c：權力愈大，某種程度之違抗愈可被接受。

舉「公平」的規範為例，它受到幾件事的影響：如投入與輸出之比例，互惠原則，及權力的大小。當這些都具備時，便會形成滿意（凝聚力）之結果。

(2)在團體經歷形成期及風暴期後出現（是發展而來的一種現象）。

　（Jackman & Jensen, 1977）

(3)有外在（每個人遵守的）和內在（有個別差異）之分（Vander Kolk, p. 147）。

2. 角色（role）（Gladdings, 1991, p. 130）：

(1)有四種困難：

　①角色混淆（團體內外對你之期望不同）。

　②角色不稱（如做領導者之能力）。

　③角色困擾（不能確定個人之定位，如非結構團體）。

　④角色的轉換（不同團體階段之有效角色不同）。

(2)團體的角色亦有三種：

　①1～3／8次建立此時之目標，應讓成員產生歸屬、認同──團體彼此交互作用。

　②4～5／8次是維持期，也是團體的衝突期。此時團體的角色在開放正、負感受，學習正面處理衝突的新模式。

　③達到目標之工作（定義目標，建立優先順序）多數團體在求取兩者間的平衡。

(3)成員個人角色：攻擊，阻斷，認知，笑鬧者，壟斷者，管家，退縮者（Shaffer & Galmok, 1989, p. 25）。

3. 權力（power）會導致競爭（fight）與衝突，而衝突的結果有三：即服從、抗拒與操縱，其性質亦包括有三種來源，即：

　①資訊的（消息，資料）。

　②威權性的（職位）。

　③影響力的（魅力）。

其表達方式為直接之威脅或間接之說服；以及理性之邏輯或非理性之感情。

4. 團體之文化：基於上述三向度因素所形成的該團體的特質，分別可表現在活動、結構、價值及標準等事項上。

5. 團體之情緒：不同文化團體所具有之情緒狀態，如與奮的、嬉玩的、冷漠的、生氣的。

第 **3** 章

團體輔導、諮商與治療的理論基礎

# 緒　論

心理團體的理論基礎為何？是研究團體動力者不可不瞭解之主題。國內外既往之文獻，多自局部之角度來申論（Corey, 1985；Gazda, 1989；潘正德，民 77；黃月霞，民 80；曾華源、滕青芬，民 77, 78；夏林清，民 83）。本文特綜合各家的觀點，另補充以文化傳統和社會學的資料，以及作者教授團諮課二十餘年經驗之心得，呈現如下。

# 第一節　團體的文化脈絡

在團體的互動現象中，文化傳統所造成的價值規範是其中重要的經緯，或顯或隱的操縱著成員彼此間的刺激和反應。因此，本節將自文化造成的中國人之性格特徵、中國人的社會取向及中國人的利他行為三種角度，來略做探討。

## 一、中國人之性格特徵

燕國材（民 82）在其論「中國傳統文化與中國人的性格」一文中，曾就其對古書（如老子、孟子、荀子、莊子、管子、傳習錄、漢書、尚書）今論（如魯迅、成中英、李亦園、楊國樞）之閱讀，整理出中國傳統文化影響下的中國人之心理特徵為：既智慧（科學發明）又愚昧（迷信）；善綜合而欠分析（以和諧、整體觀取代）；情緒尚含蓄（喜、怒、哀、樂之未發，謂之中）但又熱情奔放（怒髮衝冠憑欄處）；重視情操（留取丹心照汗青）卻也追名逐利（學而優則仕）；勇敢（臨大節而不可奪）然怯儒（明哲保身、知足常樂）；獨立（三軍可奪帥也、匹夫不可奪志也）並順從（逆來順受，安分守己）的一種複雜組合。

在這種複雜組合之下，中國人的行為方式，又是如何呢？燕氏決定自行為方式的四種角度來觀察之，此處僅舉二例。

### ㈠外控性與內控性

中國人在幾千年來的統一、專制風氣之薰陶中所形成的行為模式，主要是集體的、外控的（如上文所出現，人人可自然而吟詠出的行為俗諺，及因此而產生的不自覺的反應依據）。但相對於此，也有少數具有獨立思考能力的逆子、獨夫，敢於控訴「吃人禮教」或「不言道、不信仙、釋」而為之從容就義（指王陽明，最後在 76 歲高齡，為衛道而死於獄中）。

### ㈡求同性與求異性

延續上一理念，中國人在思考或行為上，自然也傾向於以大多數人的意見為意見。過份求同的結果，不但變成了表面文章的虛假流俗；相對之下敢於表達異議者，往往先被投射以負面的假設，並常招致大眾團體為反對而反對的阻力。

綜合而論，中國**傳統所影響下的中國人之性格與行為傾向**，大致上來說是理想的、道德的、外鑠的、齊一的、常常有個第三隻眼在窺視、批判的；換句話說，是**一種「理想我」超過「眞實我」的存在方式**。

## 二、中國人的社會取向

楊國樞（民 82）在「中國人的社會取向」一文中，取法 Angyal（1941）的分類觀點，認為在一個「生物圈」（bio-sphere）中，每個人與其環境互為主／客體，也就是在開放與半開放系統中，不斷形成動力性的互動。這種人與環境間的拉與拒，就形成緊張（壓力或不平衡）的來源。而這種拉、拒的勢力，用另外一個名詞來說，就是自主趨勢（autonomous trend）和融合趨勢（homonomous trend）（或 Piajet 所稱的同化與調適）。這種機體論（organismic theory）更可進而依強、弱兩種分類，組合成四種人的行為趨勢（見表 3-1）。這種行為趨勢的分類，不

表 3-1　自主性趨勢與融合性趨勢在不同社會中之可能組合

| | | 自主性趨勢 | |
| | | 強 | 弱 |
|---|---|---|---|
| 融合性趨勢 | 強 | (1)強勢均衡型 | (3)人際融合型<br>（社會取向） |
| | 弱 | (2)個體支配型<br>（個我取向） | (4)弱勢均衡型 |

（楊國樞，民 82，頁 91）

但隨個人的特質而有異，甚至我們可以預測，它也隨著所在社會的不同，而有不同的比例。

　　由表 3-1 可知，最符合中國傳統取向的，應是第(3)類的社會取向（人際融合取向）。雖然，隨著現代化的程度日深，中國人的個體支配取向（第(2)類），也有愈來愈浮出台面的事實。

　　在這種社會取向下，有什麼特徵呢？楊氏的分類是這樣的。

### ㈠家族取向

　　根據葉明華（1990）之分析，中國人的家族主義對家族的認知、情感及意願方面，造成如下之影響。像家族認知部分的強調家族和諧、團結、富足、榮譽及延續；家族情感部分的一體感、歸屬感、榮譽感、責任感及安全感；家族意願部分的繁衍子孫、崇拜祖先、相互依賴、忍耐抑制、謙讓順同、長幼有序及內外有別等。引申此種理念，現實生活中，才會出現「家和萬事興」、「聯婚」等做法，來鞏固或建立家族（也就是一己之延伸）的地盤。

### ㈡關係取向

　　由於在一個家族之內，要完成上述諸多任務和角色，自然而然的，「關係」的重要性，便更形凸顯。這種對關係的注重，是基於對待的彼此間的互利（互惠或公平）性而存在的。舉例來說，父慈——子孝，兄友——弟恭，朋友——信義，夫妻——恩報。此外，這種互惠，也未必

只侷限於物質性、精神性、情緒性甚或行為性的內容均包括於其中。其本質是互補共生，而不是平等的。另外一個原則是給受的兩方，總應達到某種程度的平衡，關係才能持續。困難的是主觀一方所認為的平衡，未必等於另一方主觀認為的客觀上的平衡，這兩者間的差距，便是悲傷、怨恨、譏讒、不公等人際紛爭與苦痛之來源。

關係取向中的另一個困難是「人情」與「面子」的壓力。基於中國傳統文化中的重和諧（面子）及公平互惠（人情）兩種立場，使中國人某種程度具有「恐衝突症」（conflict-phobia，本書作者之定義）。因此，儘管再不滿意，中國人的折衝之道，也不是「弄個水落石出，還它清白公道」，而是「打圓場，活稀泥」的調解做法。

說來好笑，中國人的不願衝突之特質，不僅用在人己之間的糾紛處理上，甚至也運用到了對待自己時的做法上。譬如說：宿命觀與緣的因果論，都是在加強「順、受」的功夫。

楊氏更根據這些討論，列出了中國社會主要的三種關係中的互動資料（表 3-2），由於極具參考價值，特介紹如附。

### ⒀權威取向

在家族取向與關係取向之外，另一項中國人的重要社會取向，當推權威取向了。由於以農立國的歷史，父權家長制長久以來，已藉著經濟、思想、家規和尊卑等級之運作，控制了中國的社會長達幾千年之久。而這種一家之主的威權體系，更泛化到學校、地方、乃至於國家（中央），使得「父為子綱、官為民綱、君為臣綱」，造成馮天瑜等人所描述的「家國同構」的社會型態。在這種情況下，權威與權力成為同義詞，乃成不爭之事實。這就無怪乎中國人普遍具有對權威敏感（一見面先交換名片，以便確定尊卑，從而決定態度和角色），權威崇拜（容易聽信、接受有權威人士的意見，想不到要反對）乃至於要依賴權威感（如在權威面前，渾然忘我或過份恭順，失去個人原有的立場或甚至變得毫無主張等）等權威情結了。推而至於在心理團體中，對領導者的領導力不敢挑戰，因

表 3-2　三種社會關係中之不同人際對待原則、方式、互依型態及互動效果

| 關係類別 | 對待原則 | 對待方式 | 互依型態 | 互動效果 | | |
| --- | --- | --- | --- | --- | --- | --- |
| | | | | 正向情緒（良好互動） | 負向情緒（不良互動） | 因應或防衛方式 |
| 家人關係 | 講責任（低回報性） | 全力保護（高特殊主義） | 無條件互相依賴 | 無條件信任親愛之情 | 罪惡感 沮喪 憤怒、敵意 | 壓抑、否認 怨尤 反向行為 身心症 |
| 熟人關係 | 講人性（中回報性） | 設法通融（低特殊主義） | 有條件互相依賴 | 有條件信任喜好之情 | 恥感 焦慮 憤怒、敵意 | 合理化 自衛性投射 |
| 生人關係 | 講利害（高回報性） | 便宜行事（非特殊主義） | 無任何互相依賴 | 有緣之感投好之情 | 恥感 憤怒、敵意 | 合理化 自衛性投射 直接發洩 |

（楊國樞，民 82，頁 107）

之也無從產生自我開放等現象，都可視為是這類情況的應用。

#### ㈣他人取向

前面也說過，中國文化是一種有第三隻眼在窺視的文化，這裡的第三隻眼，精確的說就是「他人」（世人、別人、大家、家人）。「他人」的看法，固可影響升遷或考評，也可形成可能的貴人或冤家。在此種競競業業的心態下，中國人是比較不可能與別人建立平等的關係的。因為在交流之前，已有太多的期望、利益、好處、算盤等在上下其手了。因此，他人取向的內涵常常就是顧慮他人、順從眾意、關注規範以及重視榮譽。也因此，才會出現重德不重才的領導文化，和表裡不一的個人心理狀態。

總結這部分的資料，我們可以說，由於個人是生活在歷史、文化、社會環境，三者交叉而成的意義系統之中，而這套意義系統本身又是在不斷改變中的。因此個人在處理日常生活的過程中（包括上課、參與團體），其自我（或其性格）也就有繼續社會化（包括成長）的可能。因此對於此部分所介紹的中國人的社會取向之內容，比較客觀的立場，是參照的思考，不必全盤接受或否定。

## 第二節　團體的社會理論

### 一、社會性認知

在鄭瑞澤（民71）的社會心理學中，曾詳細介紹「社會性認知」所包括的範圍，計有：

1. 語言部分的語意內容和聲音特徵（強弱、高低、快慢、悅耳與否）。

2. 視線上的接觸習慣（直視、瞥視、柔和的目光、敵意的眼神等）。

3.臉部表情加上身體姿勢所顯示出來的情緒（厭惡、決斷、幸福、恐懼等）。

4.相貌、體態、穿著所造成的整體印象（如乾淨平實的穿著或圓臉、小嘴、小眼睛、圓腹所造成的形相）等四種主要的向度。

另外，基於認知過程之習慣性所造成的錯誤狀態，人的認知偏差更是不可避免的。這些認知偏差有(1)月暈效應：即根據部分線索來推論其他屬性的相同特性，「以偏概全」即屬一例；(2)過度類化的傾向；(3)主觀效應：即「愛之欲其生，惡之欲其死」、「狗咀吐不出象牙來」的例子；(4)視暫時為永遠，如撞上某人正生氣時，推論此人脾氣不好；(5)並列（parataxis），如見某人之風采與自己所熟悉之某人極相似，因而不自覺會把此人的其他特徵也作類同的猜想，此又可稱做「刻板印象」；(6)投射：即把自己的特質投射到對方身上之做法。

上述之社會性認知與認知偏差，在來源上，受到個人身體特性（容貌、體型、年齡）、心理特質（能力、人格、態度）、生理狀態（疲勞程度、飢餓程度）、心理狀態（注意力方向、情緒好壞）及表現（行為之習慣）之影響，而每個人在上述諸向度上之資料又都是不同的，再配合上團體資料（如領導特質、成員間的人際關係、團體規範、士氣）之介入。吾人就可以想見「社會性認知」是何等的複雜且又容易發生誤差了。

鄭氏更進而闡述，不但上述人格的社會性認知會影響人的社會行為。人與他人所形成的更為複雜的人群關係網絡之運作，更牽動個人產生壓力或導引其行動之方向。因此，對於此人際網路的覺察，乃成為團體研究中的人際（關係）知覺（interpersonal perception）之開始。

## 二、人際知覺

Tagiuri（1952）認為在團體中，喜不喜歡（選擇和拒斥）其他成員，將直接影響團體的互動。因此他修正社會計量之範圍，而提出所謂「關係分析」（relational analysis）的研究。Tagiuri 及其同僚（1953,

1958）請十個互不相識者組成團體，從事討論，並根據事後調查，求取出三種量度。分別是：

1. *正確性*：意指受試知覺別人對其感受的正確程度。

2. *相互性*：意指受試對其他成員的感情與其他成員對此受試之感情相互一致的程度。

3. *相合性*（congruency）：意指受試對其他成員之感情與其個人所知覺的其他成員對受試者之感情，其間一致之程度。

上述三點，在團體中視個人的特質及團體的階段而有不同。譬如說第一種相關的是當事人的自知之明，第二種是知人之明。而第三種是需要以團體為舞台，所發展出的互動脈絡，才能產生的社會知覺──個人發射出去的，以及所接受到的。也因為二者之間常會有許多差距，「認知的失調」以及「認知的平衡」之恢復，遂成為團體互動中的重要內容。

在同一向度內，另有兩個與團體有關的子題，值得一談。

第一個所謂的「同理」（empathy）能力之問題。

Grossman（1951）認為所謂的同理，意指「能從別人的參照架構中去正確的知覺外界」，也就是站在別人的立場，來感受、思考、行動和知覺外界之能力。一個人愈具有同理擬情別人的能力，通常也就愈容易產生正確的溝通。對以互動為主體的團體而言，其重要性更是不言可喻。Dymond（1948）以操作同理概念所作的研究發現：同理能力高者，比較容易被同理。在智力分數上（WIS），同理能力低者較缺乏處理具體情境之能力。在羅夏克投射測驗中顯示，同理能力低者較有僵固之性格、內向、自發性低。

第二個是社會貢獻之研究。

Riecken（1958）的研究想要瞭解團體如何決定成員的貢獻，結果發現發言多者，有被團體高估其貢獻程度之傾向（即成員有一假設，「常發言者提供最佳主意，雖然事實未必如此」）。如果此一發現是大致正確的，那麼反過來，對於團體中的沈默、退縮者，如何做才能增加其貢獻呢？Hayes 以及 Melzer 的實驗設計是使這些成員得到私下的回饋（如

領導者告知此人，團體認為他的意見極有貢獻），自鼓勵中出發。

## 三、自我與他人之關係

在人的一生中，不外就是自己這個我與外界無數個他我連續不斷互動影響的過程。於其中，自我概念與社會我的重複往返修正，便成就展現了這場互動關係。因此在談互動時，也必須對「社會我」做個探討。

社會我的核心，一般說來，便是個人對真實自己形象的認知，一般稱做自我意象，或自我概念。它可分開來，自智力、體力、家庭關係、社會技巧等七個項目來代表（如田納西自我概念測驗的內容），也可以合約為一個統整的意象，也就是「好」或「不好」的一種自我評估。

根據 Freud 的看法，人對自己總是相當欣賞的。欣賞的適當，我們叫「自愛」，欣賞的過了頭，我們會說，那個人是自戀狂。其實即使是自我概念不好者，他／她雖在表面上做出許多像是破壞（不好）的行為或事情來。荒謬的是，其所以如此做的目的，還是為了對抗自己不夠好的那個概念。因之，可以說其目的仍是在追求「自己是好的」的那個概念。因此我們可以說，**「人對他／她自己的自我概念總是好的」**。

這種「好的自我概念」才會產生自尊（自我價值感），供其一生作為追求成長、交換生存的條件。但不幸的是，對人類中的有一部分人來說，他／她從小到大的「周圍人」（重要他人）所回饋、供應的卻未必是正的或好的訊息，這使得其自我概念及通常的自我價值，均受到很大的傷害。對一個自我概念愈不好、自我價值感愈差的人來說，其真實我與理想我之間的距離會愈大，是可以斷言的。而這種大差距，好的一面來說，固然催化他／她更努力或更成功；但在壞的一面則可能使其終身都不得真正休息（心靈上的自若、平衡狀態）。並且，他／她還會把這種未必正確的知覺（如總是覺得做得不夠好，或認為別人欠他），在人際交往中，以不知不覺的投射方式，投射到所接觸的關係中去。繼續生成新的負環境，回到其個人的接收環境中，再度輪迴，增強其「不夠好」的概念。

就此而言，追根究柢，自我概念仍是禍首，或者說，要解決「社會我」的問題，正本清源之道，還是在增加自我概念的正面意象。

# 第三節　團體的心理學基礎

團體的心理學基礎，可包括自我概念的（如容格的 MBTI 之分類方式），人生的目的／價值的（如 Tillich 分類的愛、權力與公平），人的需要層次論（如 Maslow 的五種層次論），人生發展階段論（如 Gazda 引申 Erikson 的階段任務而來的發展性模式）以及人際關係模式論（如 Johari Window）。最後，還可自認知、感受、行為三種觀點的側重不同來剖析諮商理論。本文試將其統合歸納為一種模式，如圖 3-1，並試作說明。

## 一、人的價值

Tillich（1954）曾以下列的說法嘗試對愛下一個定義。他說：愛是對分離者的再結合，它是一種宇宙一致性的需要，是關係的核心。它是只能經由感受而覺察，而非可由外在觀察得到的。愛的本質就是分享。他又說：愛可以給它四個定義。它是人類一致性的需要，它是一種對欲望歡樂的追求滿足，它可以增加生命之價值，它也就是友誼。Patterson（1985）更補充說；由於愛的這四種屬性——給予、被包含、連結和相互性，它也就成為引發改變和達到治療（成長）的重要條件。

不幸的是，愛的缺乏似乎比愛的充足更容易遇到。舉例來說，Kohout（1971）認為，從小沒經歷過愛的人會缺少自我的價值感，會比較覺得情緒上的空乏。結果呢，Maslow（1962）說，為了適應這種被剝奪的情緒經驗，人往往只好發展出**「有缺陷的愛」**的方式（deficiency love），像**不信任或攻擊**（Agazarion, 1992），**抗拒、防衛**（Gains, 1989），**投射性的批判別人**（Unger, 1990）**或巧取豪奪**（Perls）。人類社會或團體生活中，種種的負相，可說皆與此點有著直接或間接的關係。而心理治療

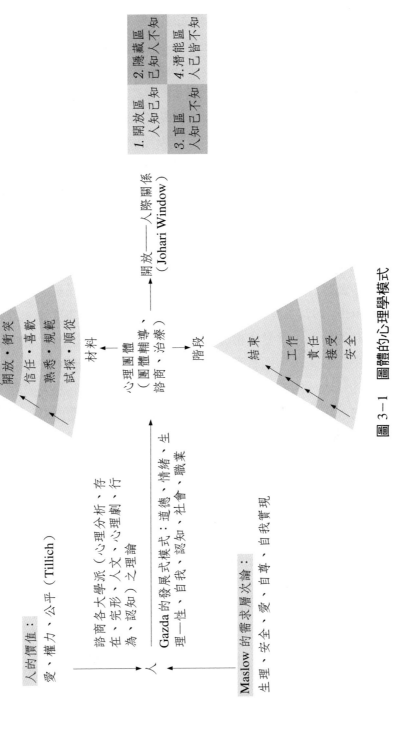

圖 3-1　團體的心理學模式

工作中的兩項主題——移情與未完成事件的處理，也正是針對此點而來。就移情而言，不管它是發生在成員身上或領導者身上（反移情），通常都代表著當事人的過去情結，因此處理的焦點可以是過去的（Wolf & Schwartz, 1962），而未完成事件則代表當事人的過去在現在正在經歷，因此，處理上可以用此時此刻的焦點（Leszcz, 1992）。

　　一個心理團體如果能藉由示範表達同理，有可能割斷當事人對過去所（只）擁有的負向經驗。在新產生的正向經驗中，每個人生而具有的愛的能力（being-love，這是一個哲學的觀點）得到釋放。在被開放和接納中，學到對自己以及後來的對他人之開放與接納；而這種正的新學習，可預見的將為其帶來源源不絕的滾雪球效應。這種新的存在方式，就是心理團體的奇妙效果之一。而發覺到自己可以改變自己，可以經歷美好之事的覺察，更可為此人之存在，帶來新的力量——成長的能量的信心。Bugental（1978）認為這是人恢復心理健康的第一步要訣：體會自己能有所控制的力量。當愛與權力能平衡的結合時，它是溫暖的、關照的；但當它失去平衡時，則有可能是強迫、操縱的，從而使接受者產生避開或抗拒的反應。由於權力或力量的存在，本質上是促使人成就、有所表現的動力，因之適當的表現本無不可，而且此時團體作為一種「社會顯微鏡」（social microcosm）的功能更可發揮——在覺察與回饋的過程中，團體中不當的或過份的勢力，得到一種檢核，以確保個人或團體，都能有更客觀的、更公平的，也就是更有效率的一種運作內容呈現。

## 二、其他自心理學立場出發的理論

　　除了上述的 Tillich 等人的價值外（哲學觀點），自心理學資料出發的理論，還包括 Maslow 的需求層次論，容格的 MBTI 認知—感受結構，Gazda 自 Erikson 發展觀點所提出的生活技能訓練的團諮觀點以及傑哈瑞窗戶（Johari Window）的人-我開放四象度。由於這些資料，國內的心理學書籍中已介紹甚詳，因此此處不擬詳述，而僅就其重要內容（參考圖3-1），來作一闡述。

　　人在這個世界的存在，首先當然要考慮的是生理上的安全或需求的滿足，接著便需要在與人的互動中（家庭、工作、社會），經歷愛與被愛，公平的而且能控制的人際關係。在這種過程中，一個人逐漸瞭解自己的價值之所在（長處與短處），從而才能再做更進一步的自我實現（美、藝術、道德、宗教）之追求。在這整場的過程中，存在心理教導我們發問人的價值，心理分析重視早年的經驗，完形心理使人重新統整自己之未完成，認知心理檢核非理性的自動信念（這些在後面，會再介紹）。凡此種種均無疑的有助於吾人對人（包括自己和他人）的問題之瞭解。

　　而當心理團體的歷程一旦開始，它除了階段發展的本身須經歷過安全─接受─責任─工作─結束這五種心理過程（Trotzer, 1989, 1999）。並且隨著這過程，人類的心理狀況會經歷過試探、順從；熟悉、規範；信任、喜歡；開放、衝突；協調、成長等對應的心理現象外。最後一個要連結的，便是人際開放的歷程（Johari Window），這部分也是要經過三階段的交互作用──即團體初期進行最表面的交互作用；隨著熟悉感之增加，人開始顯露一些特殊的喜好厭惡等個人性的資料（這部分可以以自我表露或給予回饋的方式出現），使得瞭解別人和使別人瞭解自己的部分均大有擴充。同時，也惟有藉著這樣較深入的（進入私我部分的）交互作用，人的潛能才有機會更進一步的挖掘出來（第三階段）。

　　另外值得一提的是源自容格內外控觀念，發展而來的測量人認知─感受特徵的一個量表──MBTI（Myers-Briggs Type Indicator, Tindall & Salmon, 1993, p. 20）。這份量表自能量來源（I、E）、接收訊息（N、S）、過程訊息（F、T）、和生命計畫（P、J）的四個向度，區分人在認知及感受上的屬性之不同的組合。如表 3-3：

表 3-3　認知─感受結構表（MBTI）

| 向度 | 參照及簡稱 | |
| --- | --- | --- |
| 能量來源 | I（內向的，參照個人之反思）<br>含蓄、保守的 | E（外向的，參照別人之意見）<br>合群、實做的 |
| 接收訊息 | N（本能的，參照第六感）<br>比擬的、抽象的 | S（感官的，記憶精確有系統）<br>部分的、無統整觀 |
| 過程訊息 | F（感官的、同理的）考慮他人 | T（分析的，理性的）客觀性強 |
| 生命計畫 | P（受納的，彈性的）自發性強 | J（批判的、準確的）決定性的 |

　　由於每種人的特質組合均是不同的。因之，在團體中即使同一訊息，也有被解讀為不同意義之可能。因此，在處理團體中的溝通時，須對個別成員之特質需求，加以參考。舉例來說，對 I 型者，可指定事前作閱讀，並給予考慮之時間；對 E 型者應提供與他人共同工作、討論之機會。對 N 型者，宜呈現完整資料、設定當日的達成目標和提供腦力激盪的機會；S 型則需要的是系統和具體（如媒體）之指示；F 型需要的是找出個人價值、減低競爭並增加個人性之反應；T 型須準備大綱、敘述目標、發展合乎邏輯的學習效標，並給予即回饋之機會；最後，對 P 型宜示範創造性，給予自發、移動及身體接觸之機會；而對 J 型，則宜提供常規及指引守則、注意時間控制之精確性。

# 第四節　諮商心理學的理論對團體之貢獻

　　對團體理論的影響因素除了文化、社會及心理學上的資料外，還有一個很重要的方向，就是諮商心理學的內容。但由於限定在一節的篇幅，因此此處擬以表格的方式，做摘要式之介紹。

表 3-4　諮商心理學之理論對心理團體之貢獻

| 主要內容　對團體之貢獻　學派名稱 | 重要理論內容 | 團體之貢獻（作者的詮釋） |
|---|---|---|
| 存在心理學派 | 1. 肯定人存在的四種本質——死亡、孤獨、焦慮、意義。<br>2. 強調真誠對待（authentic encounter）及此時此刻之覺察之重要。<br>3. 強調選擇之自由與責任。 | 1. 團體在危機時反而較易開放和凝結。<br>2. 領導者須能示範真誠對待（如自我開放或承認個人錯誤）的。<br>3. 平衡團體中開放成員對不開放者之可能攻擊。以解說和資料分享的方式，讓團體瞭解如何開放，才能導致生產性的效果。 |
| 人本（個人中心）學派 | 4. 肯定每人都有自我成長之潛能。<br>5. 強調用無條件的真實、接納、瞭解、愛來協助人的重要性。 | 4. 特別有利於那些本質上較不屬於此類向度的領導者及成員。<br>5. 同理的大量使用，因之是值得推薦的。 |
| 心理分析學派 | 6. 提出潛意識，生—死本能，早年經驗之重要影響及超我—自我—本我之人格結構說。<br>7. 視團內的互動擬同於家庭（移情及反移情）。<br>8. 引發對夢及催眠等之運用。 | 6. 團體永遠在兩個層面上運行——看得見和看不見。後者往往是領導者更須用心去體會的，團體內容至少應包括一次以過去為主的設計與分享。<br>7. 領導者與協同領導的性別，因之最好是不同的。<br>8. 這部分引申可發展為繪畫、沙箱、舞蹈治療法。 |
| 心理動力學派 | 9. 延續修正心理分析學派之觀點，提出「焦點性衝突」（focal conflict）（喜歡卻抗拒、討厭卻 | 9. 因之團體經歷過緊張後，下一次的聚會往往會出現平靜、合作等的氣氛；另一方面，當表面的和諧維持不下去時，一觸 |

| 主要內容 / 對團體之貢獻 / 學派名稱 | 重要理論內容 | 團體之貢獻（作者的詮釋） |
|---|---|---|
| | 接受），在個人與團體中之處理。 | 即發（突然爆炸）的團體動力，也是自然、正常的。 |
| | 10.認為團體對應此點，有其心理週期而並沒有固定的階段。 | 10.團體雖有一般性的起承轉合之過程，過程中突發的狀況之處理，卻往往是決定這團體收穫的最大關鍵。 |
| 人際溝通分析 | 11.承續心理分析學派的人格結構觀點，自父母─成人─小孩的不同比例，來討論人的問題及改變。 | 11.這個理念結構，對團體的實際是很符合的。舉例來說，團體初期的緊張、抑制是 Ac（順應小孩）的代表。此時須以親切、友善、主動觀點的 Np（撫育性父母）來呼應之。以下類推。 |
| | 12.在團體中發揮有效功能的條件是自我平衡，協調超我與本我之狀態。心理遊戲與腳本之概念。 | 12.成熟統整兼顧理性與感性、個人與環境需求的人格狀態，不但是領導者，同時也是成員及團體共同需要的動作特質。因此有效「自我」之人格狀態是團體自始至終，不可或失的成功指標。 |
| 完形心理學派與心理劇 | 13.重視人各部分統整所產的完形狀態之恢復。 | 13.「分裂」是每個人常可經歷的狀態，不論其形式是人己的或內外的。而也惟有藉著這持續的分化和統整，更完整的境界，才有可能得到。因此在團體中要教導的，不是避免衝突（這個外面的世界已做了太多了），而是如何面對和處理之。 |

| 主要內容　對團體之貢獻　學派名稱 | 重要理論內容 | 團體之貢獻（作者的詮釋） |
|---|---|---|
| | 14. 以演劇（表演個人故事）的方式，達到宣洩（淨化），恢復平衡和準備改變之成長任務。 | 14. 情緒的宣洩，不但有助於個人，甚至也有助於團體，去發洩敵意並產生凝聚力。因之領導者如何看待和反應，是決定此事為正或負的關鍵。 |
| 理情治療學派 | 15. 指出人的困擾與信念（思考情結）間之關係。<br>16. 教導人如何覺察、檢查自己正在進行的自傷性行為，停止、駁斥並代之以客觀或樂觀之內言。 | 15. 關於個人對團體及領導者及領導者本人，也有不少非理性信念之內含。其呈現方式常是非常隱微的（如成員的坐位常與領導者有一定距離），這些都是移情及反移情資料影響的結果。因之領導者之尋求督導是很重要的。 |
| 認知治療學派 | 17. 提出吾人皆有自動化思考（學而不察的意念）的事實。<br><br><br><br><br><br><br>18. 教導以找證據（邏輯的、數量的、客觀的）之方式來改變個人的認知困擾。<br>19. 以角色預演、正向自我、暗示（催眠）等方式來強固新行為之學習。 | 17. 這部分與理性治療的焦點，常可一併使用；不同的是，理情較常以面質和教導之方式來進行。而認知治療則傾向於邏輯式的追根究柢（蘇格拉底式問法）並與當事人維持平等的位置。<br>18. 認知學派的一支發展出問題解決模式，是社工團體常使用的做法。 |

| 主要 對團體之<br>內容 貢獻<br>學派名稱 | 重要理論內容 | 團體之貢獻（作者的詮釋） |
|---|---|---|
| 現學治療學派 | 20.認為每個人的行為動機都是善意的（是為了自我增進或達到控制）。<br>21.協助人檢查目標與行為間的不一致性。<br>22.以不否定但也不放棄的立場，協助當事人從事改變的學習。 | 20.此種價值觀，有助於人的自我開放。<br>21.客觀檢核、價值澄清等技巧，均可應用於此類問題之處理。<br>22.在學校或在家庭中，處理不情願或行為習慣不好的問題最為有效。 |
| 行為治療學派 | 23.強調行為不論好壞，都只是學習的結果。<br>24.重視改變過程的具體化和系統化。<br>25.認為改變是一連串練習重覆之結果，故家庭作業之指定極為重要。<br>26.提出以生理調節心理之可能和重要性。 | 23.此種重視習慣的觀點與國內柯永河的觀點有異曲同工之效。<br>24.具體化是團體中很有用的一種技巧。<br>25.家庭作業有助於凝固學習，也是一般諮商中最易輕忽者。<br>26.譬如說，不同的呼吸方式，可產生不同的思考狀態，從而影響到處理之效果等。 |

備註：本表右方欄位內之編號，主要為呼應左方欄位「重要理論內容」之編號而來。故有些編號從缺，如 16、19。

# 第五節　不同類型的心理團體

Gazda（1992）曾以整本書來介紹心理團體可能有的各種類型。此處將摘錄五種模式以為讀者之參考。

## 一、心理分析團體

| | |
|---|---|
| 歷史背景（近代） | —如 Alexander Wolf (1938),「Stresses Psychoanalysis in Groups」的研究。<br>—英國 Bion, Ezriel, Foulkes, & Pines 等學者的研究。<br>—美國 Balint, Fairbain, Guntrip-Klein, Winnicott 等人的相關研究。 |
| 目標 | 將潛意識意識化。因為團體代表最早之家庭及真實之社會，有各式各樣的移情產生（領導者扮演父母的角色），可藉此檢查成員的防衛機轉。 |
| 基本技巧 | —團體中進行的自由聯想。<br>—假設式的解說。<br>—頓悟之分享（Bion 之無領導式之領導），又分成依賴、逃離／爭鬥、配對等三種動力組型。<br>—夢的分析，在團體的早期鼓勵成員來做，使用解說及投射。 |
| 團體領導者之功能 | 是客觀，溫暖有距離的，隱形的（anomymity），積極，誠實，直接，簡單。 |
| 心性發展階段之特徵（Freud, Erikson）與團體工作之內容 | 見表 3−5。 |

### 表 3−5　心性發展階段之特徵與團體之處理焦點

| 0～1 歲 | 信任對不信任 | 不愛、不關懷、逃避愛 |
|---|---|---|
| 1～3 歲 | 自動（自主）對害羞、懷疑 | 依賴 |
| 3～6 歲 | 創發性對罪惡 | 對性（伴侶、父母）的態度 |
| 6～12 歲 | 勤勞對自卑 | 否定的自我觀、對批評防衛、怕挑戰 |
| 12～20 歲 | 認同對認同混淆 | 沒有人生的方向、依賴與獨立間的掙扎 |
| 20～35 歲 | 親密對疏離 | 照顧自己與別人間的平衡 |
| 35～60 歲 | 創發性與沈滯（工作、愛與遊戲） | 毀滅無望 |
| 60～ | 統整與絕望 | 與自己的最後融合 |

## 二、家庭團體諮商

| | |
|---|---|
| 源始 | —1920 年 Adler 親職教育講習會。<br>—1970 年行為改變技術及個人中心學派之影響。<br>—1968 年 Ginotts 訓練教師團體如何與學生從事反映（reflective）式溝通。<br>—Golden（1975）父母效能訓練方案（不敗之道—共同討論），每星期一次 3 小時，共進行 8 次。<br>—Glasser 之現實治療延伸來的父母參與方案（不接受藉口、不處罰，進行 18 小時）。<br>—由 Adler 之七單元加上 PET（父母效能訓練方案）而形成之整合式方案，每週一次 1.5～2 小時，共進行 9 週。以多媒體方式進行行為矯正方案（如增強、消弱、懲罰）。 |
| 離婚諮商 | —見郭美滿（民 78）、謝麗紅（民 79）、陳均姝（民 81）等人的研究。<br>—半數以上的人希望再婚（林蕙英，民 78）。<br>—調適階段：——否認（與親人死亡相似）<br>　　　　　　——憤怒或恨怨<br>　　　　　　——討價還價<br>　　　　　　——憂鬱<br>　　　　　　——接受<br>—主要影響：貶抑其自我概念及自尊，憂鬱（時間約需 2～5 年，女性）。<br>—離婚諮商（時間平均為 8 週）之理論基礎：<br>——Fisher（1975）團體前中後三段之處理的研究。<br>——Smoke（1980）有關情緒處理的研究。<br>——Worde（1982）的家庭危機（crisis）治療。<br>——Rice & Rice（1986）的教育支持性諮商。 |
| 家庭對兒童之影響 | —多為負面的影響（物理環境的改變、認知、情緒、人格發展、學習方式），在內外控及學習成績兩項上無顯著影響，但在性別角色及自我觀念上均較差。<br>—對策：以團體諮商最適合（Corey & Corey, 1987），但要考慮以下因素來組合團體：<br>＊背景相似者<br>＊發展困擾相似者<br>＊情緒反應相似者 |

—在小學進行時宜採具體方式（如布偶、繪畫），人數 6～7
　人，時間以 15～30 分鐘為準。
—方式：
　a.壓力因應模式（郭美滿，民 78），又分成生理回饋法和
　　認知—行為干預法。
　b.認知行為處理技巧（黃德祥，民 71；王秀英，民 75；范
　　美珠，民 76），但其研究結果多未達顯著性，建議加入
　　質的研究。
　c.多種模式諮商理論（謝麗紅，民 27）。

# 三、成人團體諮商

| | |
|---|---|
| 會心團體 | —定義：在安全氣氛下，能自由坦露，交換意見，促進自我瞭解與成長的團體。<br>—組成：考慮人數及結構。<br>—焦點：放在此時此地及交互作用上。<br>—目標：促進成長。<br>—效果：分成長期、短期、正面及負面等四個向度，見Liberman, Yalom, & Miles（1973）：Encounter Group, Basic。<br>—測驗：POI（個人取向量表）。 |
| 同儕團體 | 在同儕團體中，以心理輔導的應用最多，大一新生的最大問題是學習輔導，但人際適應會影響人格適應（自我概念）。 |
| 自我肯定訓練<br>（Wolpe, 1958） | —訓練方式：教導、回饋、示範教練、行為預演、增強、家庭作業。<br>—非自我肯定之特質：常勉強自己同意別人，覺得自己的意見不值得一提，由別人決定其行為及生活方式，不做別人不高興的事，只見自己的缺點，反對別人時感到罪惡。<br>—自我肯定行為之組成要素：身體姿勢、距離、手勢、面部表情、聲調變化及音量、流暢、時機、傾聽、內容／拒絕、請求、表達。<br>—成員之選擇：以同性及年齡為考慮。 |

人際訓練模式（一——協助歷程：探索、瞭解、行動（由領悟到行動）。
般人的晤談技巧）——教師的人際關係（同理心）訓練模式（Helping Skills, 1977a）

專注　反映　內在化　影響

探索　　瞭解　　行動

（教師之協助可催化學生學習之模式）

## 四、老年團體諮商

| | |
|---|---|
| 老年之定義 | 55～85 歲 |
| 歷史回顧 | 二次大戰後開始，但一直未有大發展。 |
| 代表人物 | —Lillian J. Martin, 1931 年開始，設立舊金山老人諮商中心。<br>—Lieff & Brown（1981）的多重特殊方案。<br>—Lawton（1980）物理環境方案。<br>—到目前為止，老年諮商教育方案仍很缺乏，如 Pfeiffer（1973）所言，其方向要不就是心理治療要不就是沒治療。 |
| 個案之特質 | —變異性（varialibity）大是其特徵。<br>—大多數人收入減少（70%之退休者有自己的房屋），教育程度亦較低。<br>—對心臟病、高血壓、中風、糖尿病等慢性病之罹患率大，對健康的需求日殷。<br>—智能功能通常不會降低很多，但因聽力、視力、協調力之漸弱，很多功能會退化（如外出之情況，擁有屋子之大小，食物之胃口等）。 |
| 生活滿意度 | —生活滿意度（憂鬱性）與有無共同依活的親人有關（Snow & Carpo, 1984）。<br>—內控人格較易有滿意的活動、自信及適應力。外控人格者兄弟姊妹較多者，適應較好。<br>—對普通關係而言，老人喜歡中年或年紀較大的人為伴，但對相互依賴的伴侶則無年齡偏好。<br>—沒有孩子的寡婦，滿意度最低，沒有孩子但有先生者則無差 |

| | |
|---|---|
| | 別。 |
| | ―中年孩子如何照顧其老年父母的問題漸成研究方向，例如：健康與態度的關係。 |
| | ―情緒連結是決定健康的重要因素（Snow, 1980），身體的活動力，社交的品質及社會支持力的強弱亦有影響。 |
| 老人的發展任務 | ―Erikson（1950, 1963）& Peck（1956）強調「統整」。 |
| | ―Havinghurst（1953, 1972）則認為發展任務有下列四項： |
| | ――以智慧代替體力。 |
| | ――社交性活動代替性行為。 |
| | ――具備淨化（昇華）的彈性（失去伴侶之調適）。 |
| | ――具備心智上的彈性。 |
| | ―Kohlberg（1973）強調社會的終極公益，重視別人的需求，健康的生活習慣及退休後之適應。 |
| 團體的組成 | ―6～8 人，有時可包括其他年紀者。 |
| | ―考慮場地及室溫。 |
| | ―主題。 |
| | ―下午三點開始，每次 1.5 小時，進行 6 週，中間有午茶時間。 |
| 常用模式 | ―對醫藥常識以認知性質之介入為佳，對憂鬱之處理，則認知或支持模式均可（Ladisk, 1993） |

## 五、藥物濫用的團體諮商

| | |
|---|---|
| 嚴重性 | ―Alcoholism, Jan, & Fel（1983）指出 33%受訪家庭承認，喝酒是其家庭問題。酒鬼之背景與遺傳有很大的影響，但家中之模式行為，亦有極大影響力。 |
| | ―化學性依賴與青少年之關係，海洛英依賴自 1960～1970 年間之使用者增加 7 倍（10～70 萬人），但自 60 年代之出生者長大後，使用型態有所改變。通常煙（tobaco）、酒（alcohol）及大麻（marijuana）的使用均自中學時代開始。 |
| | ―1987 年的資料顯示，大麻、鎮靜劑（LSD）之類的使用有消減之勢，但 cocaine（crack，快克）的使用則增加之勢。 |

| 青少年藥物濫用之預防方案 | ─由於青少年的活在現在之導向，所以宣導未來疾病之危險並無效用，強調定期檢查更實際些。<br>─20%的國一學生，開始抽煙，所以教導以健康、有效的生活方式是較有效之策略。<br>─13 份研究發現，團諮比個諮更有效，但須注意中途退出率（低社經地位者尤然）。 |
|---|---|
| 對化學性依賴者之生活技巧訓練團體（life skill training group） | ─一週一次或一週 2 次，成員 10～20 人。<br>─領導者為教師及高一年級之同儕催化者。<br>─人際關係成長團體（感受之覺察、角色扮演及團體參與）。<br>─課程亦可包括未來資料（健康之增進及維持，認同之發展，生命目標之探討等正學習）。<br>─倫理之探討。 |
| 藥物濫用非結構性晤談式之諮商團體 | ─組成之面談很重要，告之以規則及守密性之限制，並可採用儀式性的契約團體（如宣誓、為本團體取綽號、代號等）。<br>─12～17 歲，同性、異性均可，但人數不宜差別太多。<br>─時間為 1 小時，一星期一次，進行 10～12 次。<br>─領導者之角色為溫暖、堅定、一致，有時可以友誼性之社交為獎勵。<br>─成員以 8 人之組成為宜，考慮中途退出的因素，可加大至 12 人之等待團體（有 4 人可列為後補之意）。<br>─倫理之討論。 |
| 成人酒精患者之團體 | ─內容：戒毒、支持、諮商、酒精教育、生命技巧訓練生活、同性戀等。<br>─必要時，須要求先服用清醒性藥物（antiabuse）一段時間。<br>─成員以 35 歲以上的男人為多。<br>─每次約 45 分鐘，3～5～10 次之處理，5～6 人。<br>第二階段為 30 天到 6 週的住院處理方案，1 小時。<br>─非住院對像則採 90 天的團體會議（20 人），或 10～14 人的心理治療團體。如果團體目標為更多頓悟之獲得，則可組成 8 人（有 co-leader 時 12 人）的團體，1.5～2 小時。生命技巧訓練團體則為 12 人（有 co-leader 時 15 人）的團體，進行 6～12 週，每週 1.5～2 小時。<br>─倫理討論。 |

## 六、團體的種類

學者們對於團體的分類有不同的說法。Trotzer（1989, 1999）將團體分為六大類：輔導與生活技巧團體、諮商團體、心理治療團體、支持性與自助性團體、諮詢團體、及成長團體。Gladding（1991）則將團體分為團體輔導、團體諮商、團體心理治療以及一些其他種類的團體。以下引用 Ed E. Jacobs, Riley L. Harvill, Robert L. Masson（1995，劉安真譯，民84）根據每一團體不同的目標，將團體分成七大類，有些目標反映出他們希望成員由團體中所獲得的，有些則是希望成員在團體中去從事的。這七種團體是：⑴支持性團體；⑵教育團體；⑶討論團體；⑷任務團體；⑸成長性與經驗性團體；⑹治療團體；⑺自助性團體。

| 團體類型 | 內容 | 成員 | 領導者風格 |
|---|---|---|---|
| 一、支持性團體 | 成員分享自己的想法、感受，同時也傾聽別人的分享；如此成員不僅可檢視成員針對同一問題的不同看法，成員間也可發展出一種共通感。這種支持性團體使成員發現其他成員也為同樣的問題所困擾，並有相同的情緒與想法。 | 例如：<br>1. 監獄的犯人一起分享他們關心的問題（失去自由、即將出獄或是寂寞感）。<br>2. 天然災害的受難者可分享失去所愛的人、財產或無望等感受。<br>3. 父母離婚的孩子希望能談他們的經驗與適應問題。 | 主要在鼓勵成員作分享性的互動。理想的互動狀況是個人化且彼此直接交談的，這並不意謂著領導者是不講話的，他可以是主動的，並可分享自己的經驗。然而很重要的是，領導者必須謹記這團體的目標是彼此分享，因此若由領導者或任何一個成員來支配討論都將有害此目標之達成。 |
| 二、教育團體 | 專業助人者常會被要求對當事人提供不同主題的資訊。 | 例如：<br>1. 一個由復健者所組成的團體，學習如何使用輪椅。 | 領導者提供資訊，並引發來自成員的反應與建議。領導者有時為催化者，有時為教育者。 |

| 團體類型 | 內容 | 成員 | 領導者風格 |
|---|---|---|---|
| | | 2.屬於學生的學習技巧團體。 | |
| 三、任務團體 | 其組成是由於一個特殊任務要完成，如討論精神病房中一病患的病情。其目的是特定而清楚。團體通常只聚會幾次，甚至一次，任務完成時，團體就結束。 | 例如：<br>1.一組織中的成員要由審核名單中選出一個職員。<br>2.舍監要決定規範與政策。 | 有些任務團體沒有領導者，如此要有人負責監督是否偏離主題。 |
| 四、成長團體與經驗團體 | 是為了那些希望有團體經驗及那些想要更瞭解自己的人所設立的。 | 例如：敏感度團體、覺察團體。成員有機會探索發展個人目標；如生活方式的改變、促進人際的溝通、價值評量等。 | 成長團體中的一種形式是經驗團體，該團體的領導者為成員設計幾個經驗性的活動，涉入身體挑戰、冒險、以及成員間的合作。 |
| 五、討論團體 | 焦點常在主題或議題上而不是成員個人關切的問題上。主要目的在做成員有機會分享彼此的觀點，並交換資訊。 | 例如：<br>1.要不要有孩子。<br>2.核子戰爭的可能性。 | 領導者主要扮演的催化者的角色，其不需要比成員在討論的主題上擁有更多的知識。 |
| 六、治療團體 | 目標相似於成長團體與相互支持的團體，均是透過份享個人關心的焦點並聆聽他人關心的問題來促進成長。 | 例如：<br>1.情緒障礙的住院病人。<br>2.矯治機構中的不良少年。<br>3.酗酒與毒癮者。 | 之前所討論的團體，領導者的功能主要是教育者或催化者，企圖催化成員間口語的互動。其將領導者的角色限定於催化者的理由是基於相信「成員有足夠的能力與資源來協助自 |

| 團體類型 | 內容 | 成員 | 領導者風格 |
|---|---|---|---|
| | | | 己與別人」的這個假設。但，相反的，許多的治療團體中，成員無法解決他們自己的問題，也無法客觀的去幫助別人。 |
| 七、自助性團體 | 目前盛行的自助性團體（Corey, 1990；Gladding, 1991；Trotzer, 1989）這種團體常依循酗酒者匿名團體及十二步驟的模式進行。許多專業人士對這類團體有負面的感覺。雖然我們瞭解是不是每個人都適合這種團體，但卻的確有許多人由這個幫助且不收費的團體中得到益處。 | | 沒有常置性的領導者。 |

# 結　論

　　以上分別自中國文化之物質與精神組成（包括性格特徵、社會取向等歷史傳統之影響）、社會學的觀點（社會性認知之來源與不一致、人際知覺）、心理學的基礎（Maslow, Gazda, Johari Window）和諮商心理學之理論（存在、人本、心理分析、完形、認知、行為）來嘗試介紹心理團體之理論基礎。希望能對心理團體運作背後的因素，有個概括的瞭解，以便增加對心理團體的完形、統整能力。

第 **4** 章

團體的領導者

# 緒　論

　　任何一個團體中，自然或經由選舉安排，都會有領導者的出現或存在。而領導者對一個團體的影響，又往往被認為是最重要的一部分。因之，本章將自領導者的定義、角色、功能、類型、技巧等向度來探討一下心理團體中領導者之內涵。同時，由於領導力是以表現出來的行為為基礎，因此本章中也將針對團體過程中所需要的領導技巧，有所說明。最後，由於理想的領導技巧或特質，無論如何，都不是現成具備的；因此，如何在個人固有的特質及行為方式上，產生有意（有特定目標）的學習，便成為領導力訓練一事上，最須著重的範圍，本章亦將就此，有所說明。

# 第一節　領導力之定義

　　「領導者」一詞，自 1300 年起即有人使用，當年的領導者常指對社會大眾的統治者而言；「領導」一詞在 1800 年才見諸於西方社會；至於對領導者的科學研究，則在 1950 年才漸有出現。

　　領導者與領導的概念，諸多分歧。茲綜合各學者所持之觀點，將較具代表性者敘述於後（張月艮，民 72）。

## ㈠領導者方面（Gibb, 1964）

　　*1.領導者是實際對於別人具有影響力的人*：在社會上採取率先行動者、或擬定行動計畫者、或有組織能力者，即為領導者。

　　*2.領導者是對於團體性格（group syntality）具有影響力的人*：測量團體性格的先決條件，是分析團體內各個成員的特性。在團體成員中，當某人對於團體性格發生影響的時候，才具有領導的任務。

*3.領導者是團體的行為焦點*：此說重視領導者與團員間的情緒關係，認為領導是一種關係，而領導的類型便是表現不同種類的關係。

*4.領導者是持有特權者*：領導是在解決相互問題的過程中，與別人發生相互作用之有組織的活動。由此定義，領導權不是由一個人所獨占，乃為團員共同持有。

㈡**領導方面**（Hollander, 1978；Cartwright & Zander, 1968）

*1.領導為一種影響的過程*：領導為領導者與團員的雙向影響過程，主要目的在達成共同的目標，所以領導不是個人的工作，尚且需要團員的合作。

*2.領導為一種藝術*：領導是透過組織以達成團體之共同目標、做決定和督導決定的執行、促進團員間分工合作、溝通與互動等的一種藝術工作。

*3.領導為一種行動或行為*：指一種引導團體活動進行，並使團體成員產生預期行動表現之力量或作用。

*4.領導為一種說服他人的智能*：以說服、鼓舞與感化，取代對他人的命令、威脅與高壓手段。

*5.領導為一種影響力量*：在有效的領導之下，使得被領導者的態度與行為產生改變之作用。

*6.領導為促進團體互動的結果*：領導能造成團體之間的互動，使朝向共同目標合力推進，或共同謀求新目標，或改變。

*7.領導為團體中不同角色的扮演*：領導乃在組織關係中的角色扮演，使領導者與團員間互惠性的期待得予達成。

黃惠惠（民 82）也嘗引用 D. R. Forsyth（1990）的觀點，界定團體領導之定義為：團體領導是一個相互、交換及轉變的過程。於其中，有人被允許去影響、激勵他人，以促進團體及個人目標之達成。

其所以說是相互的（reciprocal），乃因領導者、成員與團體環境是相互流動、影響的過程。參與的情況、氣氛的好壞、乃至於領導者或成員的某一特殊行為，都不斷的影響整個團體的調整與適應（Cartwright &

Zander, 1968）。而交換（transactional）則與「社會交換」資料有關，意指付出時間、精力，來換取一種專業智能或金錢的行為形式。「轉換」（transformational）指的則是藉激勵成員之信心、動機，以引發價值澄清或觀念改變的過程（Bass, Avolio, & Goldheim, 1987）。

　　Forsyth（1983, 1990）繼續更自行為和認知的兩個觀點來探討領導力的兩個定義。

## 一、領導力的行為觀點

　　這部分的研究最早可回溯自 1950 年代，美國 Ohio 州立大學的領導力研究。他們以測量的方式，列出領導力的四個特質即：考慮周到、引發結構、強調生產性和感受敏銳（Halpin & Winer, 1952）。其結果並發現，前二點的重要性為大多數受評者認為是更重要的。這份量表的全名是「領導者行為描述問卷」（Leader Behavior Description Questionnaire，簡稱 LBDQ，Stogdill, 1974），其內容主要包括兩部分——關係領導與任務領導，詳見下表。

表 4-1　領導力行為的兩個基本向度

| 概念層次 | 定義 | 行為舉例 |
|---|---|---|
| 關係性領導 | | |
| —關係導向 | 包括能在團體中維持正向 | —傾聽別人傾訴之行為 |
| —社會性情緒 | 人際關係之行為，像相互 | —友善的、可接近的 |
| —支持的 | 之信任、友誼、開放及解 | —公平對待別人 |
| —關係的技巧 | 釋動機的意願 | —願做改變 |
| —團體維持 | | |
| 任務性領導 | | |
| —任務或目標導向 | 包括引發任務完成，制訂 | —指定任務 |
| —生產力（效果、成就）導向 | 規範，督導溝通及減除目標之曖昧性之行為 | —表明明確之態度 |
| —催化工作的能力 | | —批判不良之工作表現 |
| —行政管理之技巧 | | —重視團體之工作能力 |
| | | —協調 |

（引自 Halpin & Winer, 1952）

## 二、領導力的特質觀點

團體動力的研究資料中，發現領導力與下列各項特質間，具有微妙的關係。茲說明以供參考。

### ㈠身體上的吸引力

Stogdill（1974）調查 1948～1974 年間的領導者發現。與高度（身高）上的相關是.30，所以通常領導者是比較高的（雖然不顯著）；體重比較重的，而且年紀比較大的（尤其在商界和政界）。

### ㈡性　別

不論是在小團體或大社會，女性領導者的比例仍是寥寥可數（Bass, 1981）。而在女性居多的場合中，唯一的男性往往因此成為領導者，但女性則否（Crocker & Mc Graw, 1984）。即使對那些支配性、攻擊性較強的女性而言，在同性的團體中，也只有 37%的機會可以稱王，到了有混合兩性的團體中時則更下降為只有35%的機會，可以表現自己的支配、領導性（Nyguist & Spence, 1986）。

### ㈢智　力

Stogdill（1984, 1974）調查若干個小團體及管理公司，發現大多數的領導者，其智力是稍高於整體的平均數，見多識廣而且表達流利。但智力程度極優者，往往做不了領導者。因為會讓大多數人，感到「不夠相似」（廣義的，如興趣、見解）。

### ㈣人格特質

Stogdill 在 1970 年，回顧了 173 個研究後發現，領導者與追隨者之主要差別在具有較高的成就動機、適應力、精力、責任感、自信和社交能力。Lord 及其同僚（1986）回顧了 13 篇研究後的結論，也發現智力、男性／女性色彩（masculinity/femininity）和支配性是領導力的 3 個主要特質。

㈤工作能力

工作能力（包括經驗）在 Stogdill 一系列的領導力因素研究中，一直居於重要位置。

㈥**參與之程度**

Burke（1974）等之研究發現，在一個團體中，講話比例愈多的人，愈容易被接納為領導者；換句話說，也就是參與的量勝過於質（Sorrentino & Boutillier, 1975）。

Fisher A. B.（1980）有個有趣的建議，不妨作為此部分的結尾。他說，只要做到下列幾點（愈多愈好），保證沒人會選你做領導者。那就是——

*1.* 儘量缺席。

*2.* 儘量不介入交互作用。

*3.* 志願作記錄。

*4.* 表明願遵照大家意見行事之立場。

*5.* 在團體討論的初期，出現強烈的意見。

*6.* 扮演玩笑者的角色。

*7.* 儘量展現艱澀的專業智能。

*8.* 表現輕視領導力的態度。

綜合以上所說，Gibb（1954）的定義是：團體領導者，乃指的是一個人在社會性的立場上，採取主動，去計畫和組織，以引發個別成員間與團體整體上的一種合作關係之能力與技巧。

# 第二節　領導者之功能與角色

至於團體領導者的角色功能，由於 Trotzer（1977, 1999）的介紹，頗為清晰，此處特摘錄之。

# 一、團體領導者之功能

## ㈠增進交互作用

團體領導者的主要功能之一便在增進團體內的交互作用，經由交互作用，團體的統整才能有所達成，所以領導者必須致力為之。如果領導者傾向於獨斷、評估、教導，那麼團體諮商的情境可能會破壞交互作用。反過來，如果領導者都分享領導的責任，鼓勵成員相互支援，共同參與，導向治療性的方向邁進，那麼交互作用自然增加。此外，物理環境的安排也有影響。譬如說舒服的房間，圓形的圍坐法，就比方形或長條形的坐法易於引發交互作用。至於技巧方面，連接（linking）和私人性的分享（personal sharing）是兩種可用之道。總之，本功能的目的可說乃在創造一種氣氛，鼓勵成員間誠實、自動的討論作用之發生。

## ㈡引發交互作用

引發的功能來自領導者能主動建構團體中的交互作用，從而決定交互作用的重點乃進行方式。行動的技巧適用於此時。此外，領導者對團體過程的知識及專業能力，也都影響成功的程度。最後，本功能有助於減輕非結構團體情境中所造成的焦慮。

## ㈢催化交互作用

催化作用雖和引起交互作用，在性質上有很多相似之處，但仍有其特點。如 Lakin 所指出，一個團體領導者的基本功能乃在催化社會性的交互作用。所謂催化，意指採取行動以增加某些已發生的交互作用的質和量，所以它是一種反應的功能，有賴於團體提供刺激、導向行動。領導者的做法是建議某些方法，以便溝通變得更有效和更有意義。

## ㈣導引交互作用

團體領導者的導引功能被 Hulse（1950）描寫為團體治療的動力。他說：緊張可推動治療性團體的進行，焦慮則可讓它動得更快，而團體領

導者則為進行方向之舵手。

　　團體可以說，由於其潛在的毀滅性，是需要有個人來控制方向並推動交互作用走向有益的途徑。Dinkmeyer & Muro（1967）說這種導引的功能是「諮商員努力的總和，以有效利用團體的獨特性，導向個人成長的情境。」Lakin（1972）認為這可說是領導者從內面控制交互作用的角色。為達此目的，最常用到的技巧是交互作用，其次也可考慮使用調律或發問技巧。

　　許多學者強調導引的功能是領導技巧中最重要的，領導者的角色是所謂的「參與性觀察者」，只有在團體歪離正道時才涉足而入，一旦危機解除，又再度退回原位。Vorrath 的「積極性同儕文化團體」（positive peer culture groups）就使用此種模式。本功能需要領導者有能力控制涉入及發生交互作用的速度和深度，他必須要能鼓勵成員認知感情，走向較深層次而同時能調節步伐不致讓成員落後或吊在那兒。

### (五)調　停

　　調停（intervening）的功能可用來保護團體過程中的成員，以確保每人都有權力發言也同樣有權力保守隱私。因此，用調停來對抗團體過程中可能有的危機實屬必需。因為有的時候，當某成員需要支持時，團體並不一定會察覺；也有時候，團體會曲解事實，或造成一種無法控制的壓力。藉此狀況，領導者必須使用調停，以保護個人的受到傷害或毀壞團體的過程。Dinkmeyer & Muro（1971）舉出適用調停的幾種例子：

　　*1.*當個人被團體的力量所犧牲。

　　*2.*當團體為求一致性而產生過度的焦慮或壓力時。

　　*3.*敵對性被誤導時。

　　*4.*大多數人的意見未必是對時。

　　*5.*個人被強迫去接受團體的決定時。

　　*6.*當團體變得太舒服以致毫不採取行動以解決問題時。

### ㈥統　合

統合（consolidating 或稱統整性摘要）是領導者把事情連結成為團體份子所瞭解的關聯，或摘要一大堆的意見為簡明的概念。身為領導者，因此必須能正確瞭解眾意，以妥善行使此功能。同時也應該讓大家瞭解到意見的差異性就和意見的一致性是同等重要的。在這部分可用到的技巧是澄清、摘述和連接，主要目的在使團體份子對團體的過程和發展都能有類似的瞭解程度。

### ㈦規則的保持

規則的保持（rules-keeping）是一種很技術性，然而又很重要的功能，其基本內容在維護團體的交互作用於規定、適當的範圍內進行。領導者可在團體初開始時頒發規則，也可由大家合作來制訂，或在過程中發展出來。不管所用方式為何，領導者之重點在確保此規則之持續，並在可能偏向發展時，以領導者之地位預防之。本功能之實施不應出以權威，需要的是領導者的知識和敏感性。

### ㈧增加溝通

增加溝通之目的在使成員更詳盡地表達自己、瞭解別人。如果領導者能密切注意個人之需要、顯示真誠的關懷同時保持客觀，那麼，他便有希望把這點做好。

藉用這種方法，領導者可在團體中建立具有同理心的關係。

此外，主動傾聽和敏感性兩種反應能力也有助於溝通的增加。因為，很多時候，話語的傳達往往有兩層意義，領導者如能學會正確掌握發話當事人的外在和內在參考架構，溝通的增加勢必易如反掌。

同時，精密的觀察力也是不可或缺的。就如 Ohlsen（1974）所說：在探測發話人感覺，鼓勵他去行動並予以強化的當時，諮商員也必須能明白當事人行為對別人的影響及所受別人的影響。

只有這樣，領導者才可以在過程中兼顧表達、接受和反應而增加溝

通的影響力。

### (九)解決衝突

如果要在團體中找出一件永遠不錯的事的話，那恐怕就是「團體諮商的進行永遠不會一平如水」了。也就是說，在團體的過程中，衝突之發生實乃家常便飯。團體領導者之任務便在如何解決衝突，對團體發生有益而非有害的結果。要達到此目的，領導者需先瞭解衝突之來源，是個人需要的衝突呢？還是不同目標之衝突呢？是否與領導者之功能有關？然後才能進一步謀求對策。不過，不論所用策略為何，須存之於心的一個原則，乃是領導者應能坦白積極地面對衝突，並盡一切努力以期能建設性地協助團體的成長。

### (十)流通團體的資源

本功能比其他功能更能夠決定協助的效用性。這其實也正是團體諮商有別於個別諮商的一大特色。有效的團體領導者因此要能正確評估團體資源之來源並促動流通之效果。我們甚至可以說領導者成功的程度和其使用此資源的能力有關。凡是愈能成功者，就愈能不帶威脅地行使其團體中的專家角色。而一個團體愈能相互助益，就愈能經驗到自我的價值，在這種情況下，士氣的提高乃成必然之勢。

## 二、團體領導者之角色

由上可知，團體領導者之角色不僅是其所表現功能的綜合，而且也是其哲學基礎的產物。這角色主要是有關於領導者如何在團體中表現出交互作用的行為。實際上，領導者之角色乃領導者人格、哲學觀點和團體需要之凝合物，最常被用到的便是形成領導類型之特徵，而影響及於團體的過程。

領導者最普遍的一些次角色（sub-role）包括導引者、催化者、參與者、觀察者和專家。導引者主動決定團體交互作用的性質和焦點；催化者對團體中所發生的事做反應；參與者在討論時扮演與其他成員一樣的

角色；觀察者在情況需要時，置身於團體之外，評析互動之相關；而專家乃是知識和智慧之泉，協助成員增進團體之過程。當然，這些角色並非完全分立的，但在團體過程中，這些角色的特徵是非常可能一直存在的。下面將依次討論之。

導引的角色乃係藉著給與結構和方向而協助團體過程，這顯然是把責任放在領導者手中的一種做法。它使得領導者有所決斷，並使成員免於曖昧不明的苦境。這種角色的使用須能配合成員的需要，或能引起有益的交互作用。但過份偏重此角色，將會減低成員自為決斷的機會及團體的彈性。

催化者對團體而言好像是一個行動的刺激，藉著反應由團體中引起的方向或目標來促使團體過程的發展。這種角色中責任的重點在成員——成員們在交互作用上，享受了很多的自由；但仍有信心於必要時領導者會能給予建議。但是，過度的依賴此種角色可能會造成不當的壓力或挫折。Mahler（1969）說有些諮商員往往會把這點誤會成「寬容、允許」的意思。他指出「有些諮商員就好像是不下決定，沒有安全感的父母，他們希望這種寬容能導致青年人去發現自我。事實上，如果沒有一個目標或方向存之於心，能達成多少成就實在頗值懷疑」。

參與的角色對大多數團體的領導者來說是最難的。難在決定何時及如何參與進入成員之中。有時，成員們只有在需要幫助時，才希望有領導者參加；也有的時候，領導者自以為不過是參與同等地位的一份子，卻被成員看為是獨斷者。所以在這事上最重要的乃是決定參與的量及形式。Mahler（1969）指出參與性的領袖能對團體的士氣和感覺提供有效的影響。經由參與，成員們感覺領導者也是人類的一份子，並且不覺得被強迫去做某事。Dinkmeyer & Muro（1971）也指出有效的團體諮商員乃是被成員視為一體，而參與實為有效的達成目標之道。

觀察者的角色最為彈性，因為可與其他角色合併出現之故（像參與—觀察，導引—觀察）。就其最純粹的形式而言，領導者藉此角色，企圖表現一種客觀然而敏銳的察覺，並且使用其觀察作為仲裁的基礎。雖然

事實上觀察是領導者介入團體時一個必然會有的現象，有時卻會使成員因覺得自己被分析或監視而極不舒適，甚至造成不愉快的失和現象。不過，如果領導者能善用其觀察，發現有意義的意見，那麼領導者的觀察者之角色仍是可以得到擁護和維持的。

至於最後，專家者的角色，則可以是所有角色中最有害的或最有益的角色之一。領導者之患，可說便在患為專家了！因為如此，領導者有時陷於「給勸告」之沼澤而無法自拔。Mahler（1969）對那些太快使用自己專技的領導者的評語是：如果一個諮商員太急於給答案，而不懂得協助當事人自己發現和解決問題，那麼他就永遠不能瞭解行為改變的內幕。此時，在使用技巧和不用技巧之間的平衡真是一個高妙的藝術。一個可供參考的標準是行為的動機。如果這是個人或團體最有興趣的事，那麼效果很可能是積極的；但如果這樣做是自我滿足或諮商員角色的自我強化，那麼是否還需要如此做便值得好好考慮了。當然能結合兩種需要的滿足應是最好的。

角色的交互扮演深深影響團體的過程，因此領導者須仔細評估其功能和影響，以便能表現領導者最積極的態度和團體諮商員專業上的能力。

總結而言，團體領導到底是科學還是藝術呢？

在探討在協助解決心理和個人──社會問題時，到底需要的是科學或藝術？恐怕不是一個很好回答的問題。雖然事實上最好的做法是融合二者為一爐。Mahler 說領導為一種科學，因其方法和過程需要有一個客觀的評量。但領導也可以視為一種藝術，因其依賴諮商員有一直覺的敏感，去覺察何時適宜提供建議或資料；如何挑戰個案使走向行動，以及何時協助個案面對困擾。所以 Dinkmeyer & Muro 最後說成功的諮商員是專家和藝術家的結合。就專家而言，領導者須能隨時吸收新知，以實驗性的方法評估團體過程的影響；就藝術家來說，專技知能的使用必須能配合個案的需要，協助導引團體過程。就此而言，無論如何，一旦領導者失去個人觀點，而傾向於依標準原則來評定行為時，他可說就僵化而失去彈性了。而另一方面，如果領導者過份依賴個人人格來領導團體，

他們可能又失去了客觀性。因此，整個的解決之道仍然是協調藝術性和科學性求得其平衡。這樣才能善用二者之長，增加團體過程之效用。

# 第三節　團體領導者技巧

Corey, Corey, Callanan, & Russell（1988）的書中指出，團體領導者在團體生命中的不同時期，需要選擇並使用適當的技巧，以協助成員在團體過程中有所改變。領導者要自己決定什麼時候做什麼，以及如何使用。有鑑於此，對領導者而言，瞭解團體技巧就如同瞭解個諮所要表現的技巧一樣，都是很重要的。於此，Corey（1990）根據 Nolan 在 1978年的構想，設計了一個有關團體領導能力的表，表列如下：

表 4-2　團體領導者技巧總觀

| 編號 | 技巧 | 描述 | 目標及想要得到的結果 |
|---|---|---|---|
| 1 | 主動傾聽 | 以不批評，不評鑑的態度注意溝通中的語言和非語言的部分 | 鼓勵信任，個案的自我揭露及探索 |
| 2 | 複述 | 以稍微不同的話，說出個案所言，以澄清他的意思 | 決定領導者是否已正確地瞭解個案的陳述，並提供支持與澄清 |
| 3 | 澄清 | 在個案的情緒及思想層面抓取重要訊息的核心，簡化個案陳述 | 找出個案情緒與思想間的衝突及混淆，達到溝通中有意義的瞭解 |
| 4 | 發問 | 問開放式的問題，引導成員對行為中「什麼」及「如何」的自我探索 | 引發更進一步的探討，獲取資訊，刺激思考，增加澄清及注意，提供更多的自我探索 |
| 5 | 摘述 | 總括互動或晤談中重要元素 | 避免迷惑，提供晤談進行的方向，使晤談繼續進行，提供意義 |

| 編號 | 技巧 | 描述 | 目標及想要得到的結果 |
|---|---|---|---|
| 6 | 解說 | 對一些行為、情緒、思想提供可能的解釋 | 鼓勵較深的自我探索，提供對行為模式思考及瞭解的新看法 |
| 7 | 對質 | 要求成員面對語言和行動之間或口語和非口語之間的不一致及矛盾之處，指出訊息間的衝突 | 鼓勵誠實的自我探索，增加潛能的充分利用，引發自我矛盾的覺醒 |
| 8 | 反映情感 | 瞭解溝通中情感的部分 | 讓成員知道他們被傾聽，並且，可以瞭解他們的感受 |
| 9 | 同理 | 藉著採取個案的參考架構來認同他們 | 在同理的情境中促進信任與瞭解，鼓勵更深的自我探索 |
| 10 | 支持 | 提供鼓勵與增強 | 製造讓成員繼續其行為的氣氛；當個案面對困難掙扎時提供協助；建立信賴 |
| 11 | 催化 | 引發清楚且直接的溝通，協助成員為了團體的方向，接受自己的責任 | 促進成員間有效的溝通，協助成員達到自己的目標 |
| 12 | 導引 | 藉由活動引發成員的參與，介紹團體的新方向 | 避免無必要的團體尷尬情境；加快團體進行的腳步 |
| 13 | 設定目標 | 計畫團體過程中的特殊目標，協助成員界定具體且有意義的目標 | 給予團體進行的方向，幫助成員選擇並澄清他們的目標 |
| 14 | 評鑑 | 鑑定進行中的團體過程及個體與團體的動力 | 促進更深的自我覺醒；對團體進行的方向有更多的瞭解 |
| 15 | 回饋 | 藉著觀察成員的行為，表達具體誠實的互動 | 提供對他人的看法，增加個案的自我覺醒 |
| 16 | 建議 | 提供勸告、訊息、方向、及新行為的點子 | 協助成員發展可供選擇的思考及行為途徑 |
| 17 | 保護 | 保護成員免於團體中不必要的心理上的冒險 | 警告在團體參與中可能的冒險，並降低這些危險 |
| 18 | 自我坦露 | 告訴成員此時此地發生的事情 | 增進團體更深的互動，引發信任；示範被其他人瞭解的做法 |

| 編號 | 技巧 | 描述 | 目標及想要得到的結果 |
|------|------|------|----------------------|
| 19 | 示範 | 宣布或示範被要求的行為 | 提供有效行為的例子，引發成員潛能的發揮 |
| 20 | 沈默 | 抑制口語和非口語的溝通 | 允許反應和同化；突顯注意力的集中，聚集緊張氣氛；協助團體使用其他的資源 |
| 21 | 阻止 | 停止團體中反效果的行為 | 保護成員；加強團體歷程的流程 |
| 22 | 結束 | 團體準備結束晤談；終結團體的生命 | 使成員準備同化，統整並應用團體中的學習於日常生活中 |

　　Gladding（1991）也指出，在Corey的表中，還有三種未被包括的技巧，這些技巧上也是極重要的：⒇連結──連接個案的資訊於團體其他成員。⒈診斷──基於領導者對成員更多的觀察。⒉真實情境的檢核──使其他成員對某一成員之決定給予回饋，藉此，以便更充分的評鑑該決定。

　　Trotzer 的分類與此類似。不過他加上了 3 個團體的向度，分別是⑴反應技巧（包括複述反映、澄清、總結）；⑵交互作用技巧（包括執中、解說、阻擋、連結、支持、限制、保護）；以及⑶行動技巧（包括發問、探測、調律、對質和人性之分享模示）等 18 項技巧。其中執中、限制、探測和調律 4 種技巧為 Trotzer 所獨有，而啟動、主動傾聽、同理、催化、目標設定、評價、回饋、建議和終結等 9 種技巧，則為 Corey 所提出。

　　本作者的看法，團體領導者之領導力包括廣義和狹義、語言和非語言，以及人格特質與專業技巧 3 種主要向度。試分述如下：

## 一、廣義和狹義的領導力

　　廣義的領導力包括專業智能之準備（團體動力）、設計團體、安排情境、過濾成員、執行研究和評估，及諮詢角色之倫理，危機仲裁，及瞭解各種類型之團體等內容；狹義的團體領導力則較屬於上面所介紹的

20 幾種團體過程中的領導技巧。

## 二、語言和非語言之範圍

就前者而言，一個有效的團體領導者通常也是一個善於運用表達力的人，清楚、扼要、感性描述、幽默、禪機等等語言的藝術，都可增加對團體的影響力。就後者而言，團體領導者本身的聲音、姿勢、表情、衣著、反應方式所組成之整體性存在，對團體及成員的影響更是真實然而卻難以測量的一個變數。

## 三、人格特質對專業技巧

雖然長久以來，人格與能力孰者更能影響、協助團體之爭未嘗稍歇，也無法得到蓋棺定論。不過不可否定的事實是每個人都不可避免的有其特徵（也就是長處和短處）。截長補短，說來容易，放到實際生活中，卻往往是終身不能完成的旅程。因此，本作者的看法是一個想增進個人領導力的人，首要之務，乃在參考文獻研究的資料，在認知上瞭解各種領導型態（如高工作、高關係之民主型，高工作、低關係之績效型，高關係、低工作之人情型等）之優缺，以連結個人之特質。然後於團體經驗中求互補之設計和經歷（如高工作者可尋求高關係者為協同領導或督導）。譬如說，一個魅力型的領導者，能有意的增加個人的照顧性技巧或一個管理型的領導者，願意強迫自己做些情緒性的表達等是。

總結來說，客觀、成熟、彈性、開放和統整雖都是有效團體領導者之指標，但它也應該被視為是一個持續努力的鵠的，而非固定的終點。到底，向成長發展是可能的，而「達到成長」則毋寧是與生俱在的每個階段中之一種變動性狀態。

# 第四節　領導者之類型

　　Sampson & Marthas（1981）指出一個領導者在團體中所表現的領導型態，對成員之行為具有示範作用。通常最具影響力的領導者能展現多方面的思考，同時也最能修改個人的領導型態以符合團體及成員之目標。Shapiro（1978）則區分領導型態為人際──個人內在兩種導向。前者可以社交技巧訓練、人際關係訓練團體及團體成員間的互動為代表；後者則可用心理分析團體、理情治療團體為參考。此外，團體領導力又可區分為領導者中心及團體中心兩種分類（Starak, 1988）。前者依賴領導者指示團體或成員方向，強調領導者之人格、技巧和影響力；後者則視領導者為催化員，催化團體中之互動，並經由回饋協助個人有所覺察和提昇。

　　一般來說，自 Lewin, K.（1944）揭開團體領導力之研究，並將其區分為權威、民主和放任三種主要型態以來，有關領導力類型的理論大致經過特質論（Bolgatta, Couch, & Bales, 1954）、交互（Chemers, 1983）及條件模式（Fiedler, 1978）等幾個階段的發展。愈來愈多的研究（Bowers & Seashore, 1966；House, 1971；Reddin, 1970；Yukl, 1981）固然一方面肯定了每一種領導理論的特殊貢獻／缺失，另一方面也顯示不論類型為何，**團體中永遠有兩種勢力在交迭產生影響──那就是工作導向對關係導向的論題。**

　　而此種論題放在心理團體的範疇中來處理時，又受到另一個重要因素的影響，也就是 C. Rogers 自其自我理論出發所發展出來的 T－團體理論。依 Rogers 的觀點，每個人的自我（ego）都需要同樣的東西──愛、尊重、成長。在此方向下，每個人由於其個別特質之差異造成不同的意識和潛意識的覺察內容，並因而影響動機（決定了反應的方向和速度）形成對外在不同的價值─行為取向。一個團體既是由多個不同的人所組

成，則理論上來說沒有一次，也沒有一個團體是相同的。在此情況下，
領導者所需要的，因此不該是個人的一些特質或魅力，而應是一套有效
的催化態度或行為——如真誠、同理、立即性等。如此才能創造出一種
安全、信任的氣氛，使團體中的每個人，都願意並走向自發性的自我探
索和成長之歷程。這種類型的領導者，在民主、權威和放任三種常有的
領導者分類中，較接近民主型領導（與成員及團體的關係是合作的、平
等的）。不過，由於心理團體的特質更多是在心理感受的交流，而非外
表任務上之合作或分擔，因之，其所應具有之技巧（或訓練），也應涵
括更廣。舉例來說 Gough（1957）曾自支配—依賴對連結性高低不同所
造成的四種向度，來探討團體中的行為。如圖 4-1：

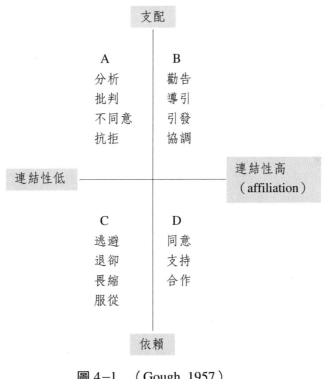

圖 4-1　（Gough, 1957）

　　由圖 4-1 可知，所謂的民主型領導，應包括 B 和 D 兩種向度。唯心理團體的領導者除了 B 和 D 所顯示之技巧外，尚應出現瞭解（同理）、專注（傾聽及行為）、澄清、解說及統整性摘要技巧，才能達到催化團體互動和成長之目標。

　　在結束這個主題的討論之前，Yalom 對團體領導者類型之分類及討論，應是不可不知的壓軸好戲。他與 Liberman & Miles（1973）蒐集 17 個不同類型（T-團體、完形團體、心理劇團體、心理分析團體）的團體歷程記錄（錄音轉謄加上在場的非參與式觀察）並依設定之主題（介入之模式、認知型態、評述之刺激、設限、注意力聚焦、反映、感受之支持）來做分析，從而歸納出 4 種主要的領導功能──情緒之刺激、照顧、意義歸因（attribution）及執行能力。和 6 種心理團體的領導者類型，分別是：魅力型領導者、供應者、社會性工程師、專斷者、不干涉者和管理者，試摘要介紹如下（pp. 237-249）。

　　*1.魅力型領導者*（energizers）：其特質為強度的情緒性激發，中度到強度的執行功能，強度的照顧性，並因而顯現一種宗教性之特質。

　　*2.供應型領導者*：其特質為高度的照顧性和意義歸因（說明）以及中度的情緒激發和執行功能。

　　*3.社會性工程師*（social engineer）：其特質為關注團體的社會性功能（規範、系統），高度的意義歸因；中度的照顧性和低度的情緒激發，執行功能則不定（有很低也有很高）。

　　*4.非個人性*（impersonal）*的領導者*：其特質為有距離的、有攻擊性的領導方式，情緒激發程度為中至高，照顧及執行功能則低。

　　*5.放任型之領導*：只有意義歸因一項，具有中度到高度的表現方式，其他功能均低。

　　*6.管理型之領導*：執行功能特高，控制團體的交互作用，偏愛使用溝通→練習（暖身活動）。

　　此處須加以說明的是：情緒激發之定義為領導者之行為顯示情感或挑戰，對質個人之價值、態度和信仰。常參與為團體一份子之角色，傾

向於把團體的注意力，導向自己（示範色彩強烈）。供應之定義則為保護，提供友誼、愛和情感，並表達出相當的溫暖、接納和關懷。意義歸因（說明）則指的是提供認知性的解說，對團體及成員的所做所為及其意義同等重要。執行功能指的是設限、定規、決定次序或做時間管理。此類型之領導者，不太示範如何表達情緒，而常以建議之方式介入團體。

## 第五節　領導力訓練模式

在團體的各項領域中，領導力訓練的部分一直是個重點。像 Shector（1997）的論文便假設，較高層次的學校諮商員訓練將導致(1)學校對此介入模式的的正向肯定；(2)領導者本身實務上的更多信心；以及(3)學校部分更普遍的使用此一模式（小團體諮商）。而 Graham（1997）對美國紐約州水牛城學區之訪談資料分析中亦發現，大多數學校諮商員區分其工作內容為進行個諮及團諮以增近學生的社交／情緒適應，學術性追求與生涯計畫。同時受訪者亦承認其角色功能與所受到的諮商員教育及訓練密切有關，但亦受到學校主管及學區特徵之影響。由於這些因素，很多研究是和嘗試建立某種模式有關的。例如 Zimmick（1999）的系統性團體領導力訓練方案（SCSBC），乃是一個 45 小時的訓練方案，內容包括教導，經歷，錄影帶與統整四種方式，藉此來完整地整理一次團體之經驗（探索、瞭解、行動、視線接觸、身體語言、自我開放、具體化等）。而 Speckhwrt（1999）則提出 SGCTV 模式，以經驗性與「此時此地」之模式，來訓練 36 位碩士階層之團體諮商員。多變項分析之結果顯示，此類聚焦在立即性之做法，的確可以引發更多的互動與反應，而增加參與者做領導者的自我效能之感。

亦一方面，Gerelein（1992）則以設定基本技巧（由 Corey 所提出的雙種團體諮商技巧）內容，同時邀請不同經驗層次之工作者（如督導對諮商員）以評估能力之方式來探討團體諮商技巧使用上之異同。結果發

現諮商員自認高和低（多做和少做）的技巧分別是：支持、示範、主動傾聽對沈默、解說與自我開放。督導者之選擇，則為：支持、示範、催化對解說、澄清和自我開放。至於這些能力是從哪裡得來的呢？比率最高的三項分別是：工作中之督導（60%）、工作得來之經驗（59%）與參與專業發展性（長期）的工作坊（32%）。相形之下，大學與研究所課程之收穫只有約 20%的比重。如果這類資料在台灣研究的結果也類似的話，那可真印證了「薑是老的辣」，這句俗諺了！最後，Nance（1991）的研究發現亦很重要，那就是團體諮商的訓練，對初級（beginning）諮商員→認知複雜度之增進，影響最大。不過其他因素如教育層次，先前的諮商經驗及團體進行之長度與督導等，亦都是有關係的（見表4−3）。

　　統整而言，團體領導者的訓練模式，不論中外，大致都包括認知與經驗兩大範疇。然而認知部分，又不外包括團諮的基本命題（如過程、領導者、成員）、個諮理論在團諮上之應用及團體動力學之瞭解；團體過程中重要因素之討論以及統整個人特質於領導實務時之問題處理等項目。相對的，經驗部分所經歷的則為成員、同儕領導、助理領導、領導及督導等五種層次的領導體會。雖然，因為個人價值觀或理解之不同，訓練方案間，幾乎可以說是找不到兩個完全一樣的模式的。舉例來說，台灣各大學團諮課程的內涵與設計，便是五花八門，各有千秋。不信請看本作者勉力蒐集的一份摘要表（見附錄 A）。

表 4-3　心理團體領導者訓練方案一覽表

| 研究者 | 年代 | 次數/時數 | 對象/人數 | 各階段的課程與經驗內容 | 目標、評估及備註 |
|---|---|---|---|---|---|
| 1. Authur, J（顯微訓練） | | 一學期 | 研究所碩士 6～10 人 | 1. 單一技巧之閱讀與教師示範等之觀看——個別技巧錄影帶之製造及個別和教師討論。<br>2. 團體動力學之選修。<br>3. 更深入介入資料處理之閱讀——教師帶領團體與個人帶領團體之經歷的錄影帶之探討與回饋。 | * 目標：見說明(一)。<br>* 評估：本方案最大貢獻在十點介入時機之說明，見本文。 |
| 2. Benjamin, A | 1978 | | | 1. 教導階段：以團體有關的知識性學習為主。<br>2. 與上述的第一階重疊，經歷成員參與之觀察——觀察團體之層面參與領導者之行為及非參與之觀察，注意領導型態及介入行為兩種經驗。並參加一次密集性的敏性訓練。<br>3. 替代性學習：如觀看錄影帶或影別人所做的團體記錄。<br>4. 親自或共同去帶領一個團體。 | |
| 3. Corazzini, J. G. & Anderson, S.M（美 Colorado 州） | 1980 | 一學期 | 研究所碩士 | 1. 知識性閱讀：如 Yalom（1975）的 Theory and Practice of Group Psychotheory，並就主題定人選定主題交 | * 本作者另整理出一份表格，可供參考。（見說明三） |

| 研究者 | 年代 | 次數/時數 | 對象/人數 | 各階段的課程與經驗內容 | 目標、評估及備註 |
| --- | --- | --- | --- | --- | --- |
| 立大學）的訓練團體領導者之學徒模式 | | | | 研究報告。<br>2.包括：(1)觀看一系列的團體錄影帶，並由教師帶領討論，瞭解團體的生命週期。<br>(2)以觀察員之身分，觀察一個進行中之團體，做和教師討論（此部分之時間分配為每週4小時，進行15週）。<br>3.助理團體領導者與2位有經驗之正式領導者一起進行團體，並作過程評論（時間大致同上）。<br>4.做協同領導者，介入做主題之鑑定和進展之監視。<br>5.做正式領導者，在和識者和技能兼備的情況下，處理成員篩選、領導之個案諮商和記錄整理之工作。 | |
| 4. Corey，美加州州立大學 | 1990 | 每週約以2天的時間從事有關的活動 | *大學生<br>*24名<br>*週末工作坊、督導 | 1.有期初、期末2次密集的3天週末團體諮商工作坊，重點如下：<br>(1)期初：實際團體過程、領導同儕小團體、個人角色回饋、討 | *目標是團體領導力訓練與個人成長並重。評估方式如下：<br>1.第一次及末次上課時的 |

| 研究者 | 年代 | 次數／時數 | 對象／人數 | 各階段的課程與經驗內容 | 目標、評估及備註 |
|---|---|---|---|---|---|
| | | | 人數為 4～5 人各督導一個 6 人左右的小團體 | 論領導者技巧之機會。(2)期末：各種十個不同理論之研習（每部分 1.5 小時），發展個人領導風格（督導觀察團體進行 45 分鐘，並於晚上的聚會中討論）。<br>2. 每週共 3 小時共十次的團諮課，內容包括：(1)團體發展過程與介紹、團體中之領導者、成員、團體有關之倫理、評估、理論與應用，學生於此過程中，自己形成支持的同儕小團體、2 人一組輪流作領導者。 | 知識性客觀測驗。<br>2. 每週填一份工作的核對（過程的技巧的）。<br>3. 領導者與協同領導者及督導共同填「領導者能力評估問卷」（Corey & Corey），以為回饋之依據。<br>4. 督導者在期末工作坊中給予回饋。<br>5. 學生須同時在校內、外，帶一個團體並得到該團體督導之回饋。 |
| 5. Schwartz, B. D 的團體治療者訓練模式（始自 1976—） | 1981 | 16 次，每次 2 小時團體，75 分鐘團體後討論。 | 8 個博士班學生（或碩士班團體有類似水準者） | 1. 學生與教師在觀察室中，觀察由治療者帶領的一個團體（此團體之錄音／影由修習本課之學生負責處理）。<br>2. 2 小時後，治療者帶領之團體結束，觀察室中之教室，與治療師一起討論上週之團體，約 75 分鐘（題 | |

| 研究者 | 年代 | 次數/時數 | 對象/人數 | 各階段的課程與經驗內容 | 目標、評估及備註 |
|---|---|---|---|---|---|
| 6. Kacz Kowski. H. 美伊利諾大學（Urbana Champaign） | 1981 | | | 材為每人準備好的三個題目之大綱）。<br>3. 除 1、2 之工作，每一學生須選擇一主題，作文獻和實際結合討論之學期報告。<br>4. 第二學期則以在校外所帶團體之經驗，回到班級中討論和學習。<br><br>SCRIPT（Structure Counseling Role Interpersonl Phased Training）<br>1. 結構式的經驗，以允許團體中的行為能自然呈現。<br>2. 每一個 SCRIPT 包括約 10 分鐘的對話。<br>3. 團體中的主題依 Egan (1971) 分類有自然的交互作用（凝聚、權力等）和治療性的交互作用（自我探討、關愛表達……），後者是團體訓練的主題。<br>4. Leary (1957) 分人格概念為愛——恨及支配——順從兩種向度四種組合。SCRIPT 以角色扮演之方式，使人格中的各種可能在扮演中出現。 | ＊備註：本方案不贊成個人成長與技巧訓練並重在模式設計，認為會混淆學習者。因此本模式設計以角色扮演的方式來減低非自願之壓力。 |

| 研究者 | 年代 | 次數／時數 | 對象／人數 | 各階段的課程與經驗內容 | 目標、評估及備註 |
|---|---|---|---|---|---|
| 7. Smaby, M. H. & Tomminen, A. W. | 1983 | | | 介紹 Carkhuff & Berenson 的顯微諮商模式，包括八種技巧之學習：<br>1. 專注。<br>2. 初層同理（5小時）。<br>3. 瞭解凝聚力，做正面的對質。<br>4. 增加的同理。<br>5. 自我開放（3小時）。<br>6. 面質（10小時）應用 Smaby & Tamiminen 所發展的五層次之量表。<br>7. 協調做決定（8小時）。<br>8. 訂定契約。 | |
| 8. Blum. D 團體領導者訓練的一個涵蓋模式（美國維琴尼亞大學） | 1983 | 3 學分，15 週，每週 3 小時 | 碩士水準 | | 1. 認知部分：比較個諮與團諮的理論差異，瞭解個人之目標、溝通、回饋、問題解決。（參考書包括：Corey & Corey, 1990；Dinkmeyer & Muro, 1979）並以期初、期末兩次的紙筆測驗來評估認知學習的效果。<br>2. 情感經驗部分：包括設定個人的改變目標，並訂出 10 週內能完成之計畫。<br>3. 小團體經驗之經歷（時間同上）。 |

| 研究者 | 年代 | 次數/時數 | 對象/人數 | 各階段的課程與經驗內容 | 目標、評估及備註 |
|---|---|---|---|---|---|
| 9.台灣救國團張老師 | 民70 | 10次，每次3小時 | 義張以上經驗（一年以上經驗者） | 1. 以上課、分組討論與演練和實習之方式進行——團體經驗之訓練包括：當成員之經驗；實地觀察、見習老師團體；助理領導者之經驗以及正式領導者之經驗。<br>2. 認知部分之資料包括團體之概念、種類、規範、團體之衝突與問題解決、領導者之行為與技巧。<br>3. 準備階段的團體，有12小時。<br>4. 基本訓練階段則是10週30小時之成長團體。 | *目標：瞭解及喜歡團體。<br>*評估：此部分為訓練同理心團體及實務團體之設計。<br>*備註：幼獅育樂營及諮商義張之訓練，則採Egan模式的「助人歷程與技巧」（專注、同理、真誠）。 |
| 10.林振春（台灣師大社教系） | 民73 | | 一般人士 | 1. 準備階段：參與12小時之團體活動。<br>2. 基本訓練階段：<br>(1)討論認知（包括書報討論）與錄影帶之過程觀察。<br>(2)主題包括自我成長（認識自己、自我表露和情緒檢核）、團體現象之掌握（如觀察他人、增加一己之敏感度、溝通與氣 | *見說明（二）。 |

| 研究者 | 年代 | 次數／時數 | 對象／人數 | 各階段的課程與經驗內容 | 目標、評估及備註 |
|---|---|---|---|---|---|
| 11.吳就君、陳家聲 | 民74 | 20小時（4天3夜）山明水秀之安靜環境 | 一般人士（企業界）12-15人 | 氣之體察）以及團體技巧之學習（如以團體討論的方式處理問題之解決；並以團體訓練學生駕馭分析和過程之能力）。<br>(3)依訓練主題訂定目標、設計活動。<br>1. 認知部分之內容包括領導與溝通，以及如何做好幕僚與主管之探討。<br>2. 經驗上之特色為在一個類似「文化孤島」的環境中，結合一整段時間（20小時），做直接「面對面」的互動，以經驗（示範、演練）來學習，得到回饋與分享。 | ＊目標在增加人際關係之敏感度、溝通時之能力、處理個案之能力，對團體動力之瞭解與應用，以及增強帶領會議之技巧。<br>＊評估使用材料包括 Interpersonal Communication Inventory, Annual Hand Book of Group Facilitators（1972, 1974）及研究者設計的「主管領導行為問卷」54題。 |

| 研究者 | 年代 | 團體層次 | 對象／人數 | 次數／時數 | 各階段的課程與經驗內容 | 目標、評估及備註 |
|---|---|---|---|---|---|---|
| 12.何長珠（彰化師大輔導與諮商學系） | 民74～92（未發表） | 初階（大三下）<br><br>進階（大四上） | 大學部輔導系相關科系<br><br>大四團諮實習或碩士水準 | 8次，每次2小時團體，2小時上課討論（在此之前，另有認知學習8次，各2小時）<br><br>同上之設計，即前8週16小時為理論課，後8週以團體經驗和討論為主。 | 1. 認知部分：以演講方式介紹團體的定義、歷史、領導者、成員、階段、溝通、活動、觀察、評估、研究、倫理與應用等基本團體知能。<br>2. 經驗部分：除課堂團體外，另鼓勵學生多加校內、外舉辦的心理團體，以獲取做成員的機會，增加對團體意義之瞭解。<br>3. 重點放在團諮理論模式之介紹，如 Corey & Corey (1997)，Gazda (1989)，以及團體動力方面的資訊 (Cartwright & Shaw, 1980)。<br>4. 經驗部份：成員針對為練習所帶的同儕團體做觀察記錄。鼓勵尋找碩、博士班的學長姊參與觀察及督導等。 | * 目標在認知與經驗團體。<br>* 評估包括紙筆客觀測驗、個人感受卡及成員互評，有時也加入文或主題報告之撰寫來代替考試。<br>* 參考書以國內出版者為主（國外者有 gladding, 1991）。<br><br>* 目標在瞭解團體動力之內涵，如領導者之影響、個人與有效成員之關係、團體過程是如何發展的，及學習某些特殊技巧，如連結、阻止、角色扮演。<br>* 作業包括文獻探討、摘要及錄影帶製作。<br>* 評估包括標準化測驗（如人格、內外控測驗）及相關的非標準化測驗（如團體滿意問卷等）。<br>* 另須演練設計團體方案。 |

| 研究者 | 年代 | 團體層次 | 次數／時數 | 對象／人數 | 各階段的課程與經驗內容 | 目標、評估及備註 |
|---|---|---|---|---|---|---|
| | | 高階（大四下） | 同上 | 博士班或等同水準 | 5. Yalom（1975, 1991），Liberman & Yalom（1973）兩本書之中，各階段的課程與經驗內容作重點介紹：包括對團體治療性因素之探討以及坦誠會心團體基要之掌握。<br>6. 經驗部份：大量的錄影帶（包括國外的及學生的）與文字轉錄稿（團體過程記錄）的使用。 | *此時之目標在學習遷移（大小團體熟人小團體到中、小學班級熟人雜，抗拒青少年團體之適應）並自其中瞭解個人的領導風格（包括發展和限制），以做修正或處理（由老師負責引發）。<br>*評估之方式有 Hill 的交互作用分析之介紹，及個人設計方案之回饋——見說明(二)。 |

### 說明(一)：Authur. J 的顯微諮商訓練

*1. 第一階段：單一技巧之閱讀、觀看與經歷*

近年來顯微訓練（micro-counseling）已被視為教導人際訓練的有效方法。這種訓練形式結合了教導與特殊行為介入的塑造。其步驟包括：

(1) 5 分鐘基礎面談錄影

被訓練者與每一位當事人（以實際或角色扮演的方式），依據當時的情況，提出 2 人皆同意的問題作簡單、非結構性的面談。

(2)訓練

一讓學生閱讀刊載有關某一諮商技巧的手冊，並輔之以錄影帶說明。

一學生將自己所做的面談，與錄影帶的基礎面談做比較。

一單獨的技巧討論時間內，督導應能與學生維持溫暖支持的關係。

*2. 第二階段：單一技巧的檢討與團體動力學的學習*

(3)再次面談

學生在第二次面談時，將特別加強所學到的單獨技巧，並以錄影機錄下後，與督導一起討論。

這是一種一對一的訓練形式，設計者之理念為：一個顯微訓練者若能將許多複雜的行為細分為許多行為單位，讓學生作有效的學習。日後便能在團體互動的形式，被用來教導訓練團體諮商員。

(4)團體動力學是開設在研究所階段（三學分），可供有興趣者選修，其目標為：

一提供學生對團體有關因素（組織、發展、交互作用）之基本瞭解。

一連結團體動力學之基本資料於實務，以增進學生處理團體現象之能力。

*3. 第三階段：更深入之閱讀（介入處理之問題）與團體經歷（教師帶領之團體）*

(5)課程形式

一教導階段

閱讀資料包括 Vriend & Dyer（1973）以及 Yalom（1975, 1991）所寫的參考書，以及 Glassman & Right（1970），Klein（1966）& Authur 等未出版的報告。不過，以上資料的理論基礎，其實均來自如下的幾個行為模式和步驟。其假設為：

a.團體的行為可分成幾個單位，給予操作性的界定，然後形成特殊的、可教導的行為技巧。b.錄影帶的示範，這也就是顯微訓練的重要內容，讓每一個學生觀看團體步驟的示範錄影帶（由老師帶領第三階段的團體歷程），並將注意力集中在團體領導者的角色身上。

一經驗階段

使學生試著去領導團體，並用錄影機錄起來，以作為討論和回饋的材料。教師回饋的範圍包括：a.良好的視線接觸；b.放鬆的身體姿勢；c.語言上的跟隨能力；d.引發問題討論；e.深入地探討問題；f.反應感覺；g.發問；h.回饋；i.自我開放；此時當團體的階段出現下列 10 種情境之一時，學生領導者（實習者）需要練習做介入：

＊一個成員為每一成員說話。

＊團體中的某人為另一成員說話。

＊團體成員集中注意在團體之外的人、事、物時。

＊成員中有人在說話的前後，常先尋求他人的認同。

＊有人說：「我因不想傷害他的感覺，所以我不說了。」

＊成員中有人認為其問題是由某人引起的。

＊某成員認為「我一直都是那樣」。

＊個體認為「我只要等待，事情就會轉變的」。

＊團體中有不一致的行為出現時。

＊團體變成無效率的漫談時。

當領導者在表現上述溝通技巧之一或有所介入時（從錄影帶的審察中），老師和其他成員可將之記錄下來。帶子並可在任何適當的時機停住，以給予技巧或團體動力過程立即的回饋。以上此種學習的結果，不僅使當事者得到立即的學習，其他成員也得到旁觀學習之效用。

## 說明(二)：團體領導者基本訓練課程活動設計配當表

| 週次 | 訓練主題 | 訓練目標 | 時間 |
|---|---|---|---|
| 一 | 定向介紹與相互認識 | 1.瞭解自己在團體中的角色<br>2.建構訓練團體的團體基礎 | 3 小時 |
| 二 | 認識自己 | 1.瞭解自己的方法<br>2.親身體驗自己的感受 | 3 小時 |
| 三 | 自我表露 | 1.練習表達自己<br>2.練習開放自己 | 3 小時 |
| 四 | 情緒檢核 | 1.瞭解個人情緒對行為及團體的影響<br>2.找出有害團體運作的個人情緒及改善之法 | 3 小時 |
| 五 | 觀察成員行為 | 1.訓練正確觀察團體成員行為<br>2.增強個人敏感度 | 3 小時 |
| 六 | 溝通障礙與導引衝突 | 1.瞭解溝通障礙的形式及化解之道<br>2.親身體驗衝突及導引衝突之法 | 3 小時 |
| 七 | 親密與和諧 | 1.導引團體凝聚力<br>2.製造團體和諧氣氛 | 3 小時 |
| 八 | 團體討論與問題解決 | 1.熟悉團體討論方法<br>2.導引團體解決問題 | 3 小時 |
| 九 | 團體話題分析 | 1.練習分析團體話題的轉換<br>2.體會團體模糊下的團體動力 | 3 小時 |
| 十 | 團體過程分析 | 1.瞭解團體發展過程<br>2.練習團體活動設計 | 3 小時 |

（林振春，民 73）

### 說明㈢：諮商團體領導者的訓練模式

| 層次 | 初層次（第一次團體經驗） | 中層次（團體諮商） | 高層次（團體治療） |
|---|---|---|---|
| 1. 適用團體之名稱 | 一般成長團體<br>同理心訓練團體 | 特殊性質團體（如自我肯定 G、T. A. G、馬拉松 G）社會劇、價值澄清 | 進階自我成長 G（理情治療團體、心理劇等長期性進行之治療 G） |
| 2. 結構／非結構之關係 | 結構多，非結構少 | 結構減少，非結構增多 | 非結構多，結構少 |
| 3. 目標㈠<br>人格成長或人性心理學之掌握 | 瞭解自己他人在有關金錢、交友、人生觀、合群性等表面價值上之異同及內容 | 接納自己他人某些不算正面的特質（如好強、退縮計較）而不再只以自衛機轉反應之 | 能肯定人性心理學的精髓（每個人都有優缺點、成長的真意乃在接納並改善之），瞭解人格改變的途徑、不外認知、行為兩部分；且認知先於行為。能自我督促個人有關部分之成長 |
| 3. 目標㈡<br>領導者技巧（能力）部分 | 專注（身體、特別是語言上的）<br>同理（感受的反映）<br>採測有關的資料（水平層次的較多）<br>開放式問句（完成句）<br>角色扮演之經驗（社會劇）<br>導引（不離主題） | 同理（此時此地的感受）<br>解說、澄清（表面的事項）<br>支持、保護<br>問題解決（problem solving）<br>決策（decision making）<br>角色扮演（社會劇）<br>對質（話語、事實間的矛盾） | 同理（此時—此地及那時—然後）<br>解說、澄清（成員或 G 內在的事）<br>阻擋、限制<br>價值澄清<br>角色扮演（心理劇）<br>對質（意識層面的不一致） |
| 學習方式 | 以觀察（旁觀學習）瞭解、嘗試練習為主 | 以觀察、瞭解、練習熟練為主 | 以熟練及創新活用（視情境靈活應用）為主 |

| 層次 | 初層次（第一次團體經驗） | 中層次（團體諮商） | 高層次（團體治療） |
|---|---|---|---|
| 4.與溝通活動（暖身）之關係 | 依賴溝通活動、來催動 G 之進行領導者常以一到二個溝通活動、貫穿整個 G 時間 | 有時用／不用、較能處於不依賴、主動之位置使用時機，也不一定限於 G 開始之初，中間或後段均可 | 能創造性地使用（如增刪變化其內容及使用情況） |
| 5.成員、領導者及督導角色之練習階段 | 有效成員之養成階段觀察、體會領導者之特徵 | 與其他成員配搭練習做領導者（如帶一次完整週期的團體經驗）接受團體中領導、同儕領導及督導之回饋 | 督導別人做成員和領導者自紙筆文獻，同儕及所督導之 G 中得回饋 |
| 6.與團體階段之關係──依 Cart Wright 區分的六階段為例──以進行 10 次、每次 2 小時之 G 為例 | W（1～3 次）階段1──依賴、順從、迷惑W（2、3～4、5）階段 2──對領導者之抗拒W（3、4～6、7、8）階段 3──開放的差距W（3、4～10）階段 4──工作，談一些個人的困擾 | W（1～4 次）階段123W（5～7）階段 4（漸能引入此時此地的立即性經驗）W（8～10）階段 5（抗拒轉向自己，出現較強烈的移情，淨化之可能） | 主要處理「抗拒自己」（階段 5）的部分其他階段，均以較前兩者為快的速度通過 |
| 7.團體內困擾成員的主要來源 | ─成員中，長期沈默不語者（連續 3 週以上少言、簡短的回答）─明顯攻擊領導者之成員─講話離題之成員─防衛性過強之成 | ─支配、操縱、發表欲特強之成員─懷疑 G 成效之成員─因開放而受過傷害之成員─參與動機薄弱之成員 | ─任何外、內向型表現（攻擊；退縮）強烈之成員─與領導者人格或領導類型易有衝突之成員 |

| 層次 | 初層次（第一次團體經驗） | 中層次（團體諮商） | 高層次（團體治療） |
|---|---|---|---|
| | 員（我沒有問題，我很好） | | |
| 8. G內之交互作用類型<br>(1)　　　L<br>　Ma　Mb　Mc<br>(2)　　Ma<br>L←—Mb<br>(3)　Ma→Md<br>L—Mb　Mc<br>(4)　Ma←Md<br>L　　Mc<br>　Mb | (1)多（單向集中於領導者）<br>(2)G中期後漸多（交互作用分散到成員中，但仍以領導者為中心）<br>(3)（焦點集中於某一、二成員，領導者只作必要介入）後期可望出現 | (1)的階段較快通過<br>(2)(3)在G中期較多<br>(4)（焦點較平均的分散）在G末期出現 | (1)、(2)的階段較快通過<br>(3)、(4)為團體中大部分時候之特色 |
| 9. 6種領導者類型（Yalom）及其與團體生產性之關係 | 生產性<br>高　　　　低<br>管理型L　魅力型L<br>供應型L　放任型L<br>社會性　　非個人型<br>工程師　　　L | 生產性<br>高　　　　低<br>魅力型L　管理型L<br>供應型L　非個人型L<br>社會型L　放任型L | 生產性<br>高　　　　低<br>—能截長補短、自成一格之能力。如：選擇互補型之諮商員或領導者；自我成長改變某些特質；自我成長改變某些特質；在團體或成員的選擇上，考慮一己之長短等 |
| 10.評估 | —認知性的學習（上課）與團體經驗並重<br>—目標在成為有效的成員<br>—測量以各類人格有關的測驗為主 | —團體領導技巧之掌握為主<br>—目標在成為有效的領導者<br>—測量以人格及領導者技巧有關的測驗為主 | —團體過程的動力分析（G.L.M）為主<br>—以有效督導為主<br>—測量以領導者技巧及團體有關的測驗（G氣氛，G階段分析，工作同盟、意圖）為主 |

備註：G代表團體，W代表週次，L代表領導者，M代表成員。
此為本作者自經驗基礎，嘗試提出之架構；未盡之意，尚待回饋與修正。（何長珠，民85，92）

第 **5** 章

團體成員

# 第一節　成員之重要性

一個諮商團體最有價值之資源乃在其成員。如果說，成員可決定團體的成敗，那是一點也不為過。因此，身為領導者，瞭解成員及其行為可說乃屬當務之急。而在這其中，最重要的乃是每一成員與團體之關係。成員有關其個人參與性之決定，是影響到團體治療性效果之一項工具。每個成員都必須負起決定的責任，決定自己是否願在這團體中與別人相互尊敬，互相支援抑或是只圖私利。Dinkmeyer & Muro（1971）就曾說過，團體全賴個人的決定和能力，去分享自我的知覺及鼓勵別人如此做法。事實上，即使成員在團體中做成積極參與的承諾，由團體成員所引起的其他問題還是很多的。

上述這種諮商員在某一時間內，與一群受諮商者共同工作之做法，往往會對領導者或成員產生某些問題。Lakin（1972）就曾指出下列幾點：(1)控制權的問題，領導者不一定總是能控制全局，成員也不一定總是能確信這種權威的結構。(2)責任的觀點往往是很曖昧的，經由團體的過程，成員和領導者對責任的對質和分配終將獲得妥協。(3)雖然當團體成熟時，親密性和凝聚性往往也隨之發展。親密的定義卻很不容易決定。也許應該說，此處所說的親密，是指比較容易談話而已，還沒有達到感情的程度。(4)雖然在諮商團體中，直接的溝通有助於協助過程之進行，溝通有時仍難以追蹤。可以說，成員行為和反應的多重性，讓整個團體都有很多內容需要去吸收。(5)成員數目的增加，無形中增加對諮商員領導力及專家角色之挑戰性。

領導者必須要能善於應對上述之情境，並為了團體利益的緣故，妥善地予以處理。因此對成員動力的瞭解有助於這類基礎的穩固。本章之目的，便在考慮身為團體領導者，所必須瞭解的成員方面的問題，包括成員的性質、角色類型及問題行為等向度。

# 第二節　團體成員的性質

團體成員實可說是受諮商群的一種特殊型態，因為一次來到諮商情境中的，往往包括有各式各樣的人格特性，而每個人還得學會合作及善用領導者及團體過程之資源。這種人格的多樣性，以及適當表現功能的團體角色之任務，皆使團體諮商有別於個別諮商。

就像領導的問題一樣，成員的關鍵因素也在人格。當事人在日常生活中，所表現出來的各式各樣的特性，交織而成該團體的一種特徵。這種特徵對其他團體而言，是既不能複製也無法仿造的。就是這種貢獻，形成了團體諮商的動力過程；也即是這點特色，使得每一次新的團體經驗都成為敏銳，而又富於覺察的領導者之挑戰。

「理想的成員」事實上是不存在的，不過的確是有助於團體功能的人格型態之存在。下面討論 Yalom 的資料時，將再詳述。另方面，那些反社會、過度害羞或退縮者，在團體中往往也缺乏適當的社會性功能。彼等或需個別諮商，或應轉介到其他有更密集性處理的專家處接受協助。只有在小團體中能表現出某種最低水準的有效性之後，其他的人格特徵才能滲入於團體過程，並達到某種程度的個人性成長。

除了上述的個別差異及最低要求的團體適應性外，還有幾點團體所共同具有的因素，像對參加所抱持的猶疑心態。由於大多數的人類需要，係經由交互作用及關係形成而得以達成。典型的團體成員，是那些在與人發生關係時經歷到困難的人，他們困難的方向有可能是一個也可能是兩個，像周圍的同伴、家庭、工作、學校中的關係等都是。這就是為什麼團體成員在最初開始的階段，往往顯得猶疑不前的原因，他怕同一類的事會再發生。多數的人都願意在團體內發生的交互作用是和藹可親的、自由的、個人性的，但這些願望由於上述的原因，常被小心翼翼地表現出來。

　　關係的困難性通常也表現在那些導致當事人參與這團體的特殊問題上。這也便是團體成員的另一特徵。大家之所以來此，乃因為遇到某些問題無法滿意的予以解決。這種自認沒有足夠能力解決問題的事實，使得當事人往往一方面覺得挫折，一方面又未免產生防衛之心，這便是團體初期的社會性環境。由於彼此之間都有這種假設和期望，即「凡是人都應該自己處理其問題」和「如果不能這麼做，就表示自己是不適應、軟弱、缺少決斷和衝力」。結果遂使成員在進入團體的初期，經歷到一種進退兩難之苦。不管事先對自己說得多麼好，一旦開始交互作用，大部分的人都躊躇在分享個人所感，與保持客套、隱私的神秘氣氛之間。

　　成員所以會有這類趨避衝突基於幾點原因。第一，他們不敢確定，如果自己公開了，別人會怎麼想他。其次，他們不清楚團體諮商過程的性質。第三，他們不能確定個人在團體中的角色。如果照這樣下去，團體是注定要失敗的，除非能打出一張王牌來，而這張王牌可能來自領導者的人格特徵；可能是由於成員關心所產出的情緒上的壓力；也可能是團體本身的吸引力。如果領導者能獲得成員之信任，並被看做是一個關懷、支持、友善和願意助人的人，那麼將有助於此階段成員安全感之認同。基於領導者事前的解釋和開始階段的行為，可促使許多成員做出願意參與之決定。

　　心理上的騷擾，是影響成員認同於團體諮商的另一因素。有時，在當事人某問題所引起的痛苦、焦慮、挫折愈來愈大時，個人為分享困擾所冒的開放危險之考慮，往往會變的比較不重要。如何減輕並謀求對策，才是更迫切的。此種情況當然會導致自我開放的增加，和自我防衛的減少。

　　至於團體的吸引力，則可說是上列三因素中影響成員開放的最重要因素。Cartwright（1951）說：團體對成員的吸引力愈大，則對成員的影響也就愈深。Fullmer（1971）也認為當個人受到團體所影響時，團體就變成個人行為被影響的一個地方了。團體的吸引力有數種來源：過程的社會性，實踐個人需要之許諾和對個人問題伸以援手的預期。

團體成員共通特性的最後一點，是對成功深切而真摯的願望。這種願望在初進入團體時，當然是藉著防衛機轉來做遮掩的，但是當信任、安全的氣氛建立之後，面罩便會自動剝落。事實上，人性的特質之一便是希望，即使事情看來像是不可克服了，多數的人（或者說正常人罷），往往仍對事情抱有一線曙光的期盼。而如果真的連這點期望也消失的話，團體諮商可說已失卻其可效力之處，而必須考慮更深入的心理治療性之處方了。

Gazda（1989）「認知—行為模式」是青少年團體諮商的重要技術，青少年由於發展階段認知能力的特質與限制，較適合「活動和晤談」兩者混合使用的方式來進行團體諮商，即先以團體的活動引導，活動後再以進行討論的方式進行團體諮商。因此團體領導者在設計青少年團體諮商時應注意下列原則：

*1.團體的主題*：團體諮商的目標在於協助成員達成發展任務，因此以青少年感興趣的困擾的議題為團體探討的主題，且是大部分成員有需要與感興趣的，非以少數成員為考慮的對象，如此為才能加強成員參為團體的動機與參與度。

*2.團體時間*：以 40～50 分鐘為原則。成員若為在校學生（如國中生）可以配合學校課程作息時間來安排。避免安排在精神不佳時段（大清早、中午午休）等。

*3.團體次數*：每次進行時間較短，因此進行的頻率可以較為密集，如 1 週可進行 1～2 次，且是持續進行不要突然中斷，此可以增加團體凝聚力的產生。另外為使團體能有效進入工作階段，團體總次數不能太小，青少年團體最好能持續 10 次以上，避免因團體次數太少而減少團體效果，此也需考量學校的學期制度。

*4.團體人數*：8～10 人為宜（一個成員最好平均至少占有 5 分鐘的團體時間）。人數過多因時間的考量使互動與團體深入性受損；人數太少會使每個成員受到較多的參與壓力，較難發揮團體互動、腦力激盪的效果。

*5.活動與媒介物的運用*：如肢體活動、人際溝通活動、角色扮演、

布偶劇等活動，錄音帶、錄影帶、繪畫、紙筆、閱讀資料等媒介物的運用，皆能增進團體的趣味性、多元性與成員的參與度。

　　*6.結構性、同質性團體*：Corey（1992）主張結構性、同質性的團體較適合青少年團體，因為在團體期成員對團體進行方式通常不甚瞭解，結構有助於團體運行。同質性團體因成員有某種相似的情況，較能提供成員彼此的支持，衝突較少易產生凝聚力，較有共同關切議以利團體發揮其效果。

　　*7.尊重家長的監護權*：領導者在帶領團體前除徵求學生參與團體意願外，最好取得家長的同意，以免他日產生不必要的困擾與糾紛。

　　*8.具有領導者的團體較為適合*：自助式團體缺乏領導者易使團體散漫、沒有方向而無法進行，而團體中的領導者可有較多的引導與示範，使成員知道如何在團體中互動。

　　*9.可配合諮詢以增進團體效果*：環境與重要他人對青少年的行為有很大的影響，他們之間其困擾與外在環境及重要他人息息相關，除了針對青少年進行輔導外，必要時可配合提供家長諮詢或諮商，改變環境對青少年的負向影響，或由重要他人提供正向健康的成長環境，都能增進對青少年輔導的效果。

## 一、青少年常遭遇的問題

　　*1.缺少動機*：多數青少年不覺得自己有問題，假如有，他們或許也會選擇不想與他人討論，因此很多青少年團體是屬於非自願性的，這些團體可能是學校、法院或機構指定的，成員本缺乏參與團體的動機。當團體是非自願性的，領導者則可能會遭遇成員抗拒、不願意在團體中自我揭露、無效的參與、缺席或中途流失。

　　*2.不接受團體規範*：青少年常因不知道團體的性質與進行方式，或基於反叛、抗拒心理，而不接受團體規範，如此會破壞團體的信任與凝聚力。

　　*3.無法自我揭露，不願意分享感覺、想法與態度*：青少年不知如何

在團體中自處、害怕團體情境、缺乏參與動機、抗拒的情緒等因素導致自我揭露困難，不願在團體中與人討論自己的困擾，拒絕分享感覺、想法與態度，這些狀況會使團體諮商無法發揮其該有功能。

4.難以類化在團體的所學於日常生活中：青少年常缺乏改變意願、或不知如何類化團體所學於日常生活中，使團體效果大打折扣。

## 二、因應策略

謝麗紅（民91）在其《團體諮商方案設計與實例》一書中，亦曾針對上述青少年團體的問題，提出以下的因應方式：

1.增強青少年參與團體的動機與意願，減少其抗拒。

2.儘量引導成員討論與澄清，使成員的個別目標與團體的目標能達到一致。

3.具體設定團體規範，並強調團體規範對團體的運作的重要性。

4.說明團體的互動與進行方式，讓成員清楚如何參與團體。

5.將所有成員納入團體的互動過程中。

6.避免以專斷、訓誡、評論或專家姿態操縱團體。

7.與成員分享領導者的任務、鼓勵成員彼此協助。

8.有耐心地等待、鼓勵較害羞的成員說話。

9.尊重成員參與團體的意願，不強迫成員參與。

10.注重團體活動安全性，小心保護成員避免身心受到傷害。

11.指定家庭作業，教導並鼓勵成員落實在團體所學。

## 第三節　團體成員的角色

團體成員的角色對團體的有效性影響極大，因為它既建立了團體的焦點，又為協助的關係提供一種治療性的資源。團體成員的角色可說常是四者之組合：受諮商者、協助者、模範和真實性之檢核者。以下分別

介紹之：

## 一、受諮商者

　　受諮商者之角色是一種自我的探討。乃是當團體集中注意於某人的關懷之點時，其本人參與表達出來的觀點。由於所有的成員，都是因為某些個人問題才來參加團體諮商的。因此，就某些觀點而言，他們必須假定這種被協助的位置，以有效地利用其諮商過程。如果有人一直拒絕在團體中探討他個人的問題，那可能意謂著事實上，他已放棄了成長和被協助最好的機會。也許對極端這麼做的人，該考慮請他離開，改以個別諮商，使其再無機會去逃避受諮商者的身分。

## 二、協助者

　　協助者的角色與上項角色是互混的，事實上，團體諮商的好處之一正在於其成員兼為協助者與被協助者之角色。在協助者的角色中，個人對被需要之成員提供可能的協助，以解決其問題。其方式可以是傾聽、分享、給予回饋、建議選擇性、對質、或參與像角色扮演之類的活動。協助者角色的本身兼有利於協助者和被協助者二人。對受諮商者來說，是因為這份援助來自同伴，而對協助者而言，則無形中增進其自信和自我價值。它能讓人把思緒關懷從自己身上移到別人身上，從而獲得某種心理上的平衡。每一個協助者都無形中增加了這個團體所擁有的參考資產。且協助者愈是自願、創造和有效，團體過程的功效也就愈彰。那些拒絕或不願幫助別人的成員，則往往會遭到惡有惡報的結果。此外也有的人，自私的不願放棄被協助的角色，這時，領導者的適當介入、澄清、解釋和催化乃屬必須，使其瞭解助人與被助是同樣重要的兩種角色。

## 三、模範

　　Dustin & George（1973）指出團體的成員，往往提供很多示範和增強的資源。這種行為學習的觀點，有助於成員學到社會性的適應行為，

以及模仿某成員的表現。譬如說，有的人因為其口語技巧而足資示範，有的人則因為其個人的吸引力或聰明而被模仿，我們也可以把社會劇的主角和團體中的孤立者放在一起，而要求後者模仿前者之行為形式。**如果做領導的，能找出團體中每個人可為別人模範的地方，則團體的生產性效果更可預期。**

### 四、真實性（客觀）之檢核者

除了演示重要的適應性行為外，團體成員也代表著外在的世界。因此，他們的最後一個角色，乃是真實情境的檢核者──幫助別人客觀評量某種想法、做法，並包括選擇可行的答案。本角色可說是團體作為「顯微社會」的一種特徵；並且也只有在成員們不否定事實，曲扭知覺並誠實表達個人意見時，才能發揮功效。這種角色是非常重要的，其理由是不管環境或團體如何，成員們事實上是知道如何做才是建設性的，問題只在他們往往不願承認或不願去做而已。而團體的客觀回饋則使其不能不正視事實。

每個成員事實上都在上述四個角色中各占一席之地，但也沒有一個人能樣樣都精，往往總是此長彼短的。不過，有時為求維護相互的責任感和承諾，所有的成員都有義務去扮演其中的某種角色就是了。

# 第四節　團體成員之角色類型

既然成員在團體中之表現是決定團體動力的重要條件。那麼，團體成員所表現的角色，到底有哪些呢？要回答這個問題，不妨以 Trotzer（1977, 1999）書中所介紹的成員卡通素描（圖 5−1），及人格的人際向度（圖 5−2）作為討論的開始。

Trotzer 的團體成員卡通素描，包括 11 種角色的圖形描述，參見圖 5−1。

**圖 5-1　團體成員反應的卡通素描**

（Trotzer, 1977, 1999, p. 307）

註：聖人（法官）之角色係作者增列。

　　下面並將以表格（見表 5-1）的方式來說明這些角色的表達方式，及其對團體動力的影響。

　　此種資料，再配合上圖 5-2 的資料，似乎可與人際關係溝通分析（TA）的理論結合，統整而得如下之說明——

　　*1.* 每一種人格都有其優點和缺點。因此在人際關係中，人格不同所導致之衝突是很自然的事實。也因此，人格的契合（或說尋求適配的人格），乃成為關係維持中的一個必要要素。

　　*2.* 在此種人格的不同組合中，人際溝通分析論所提出的幾種人格結

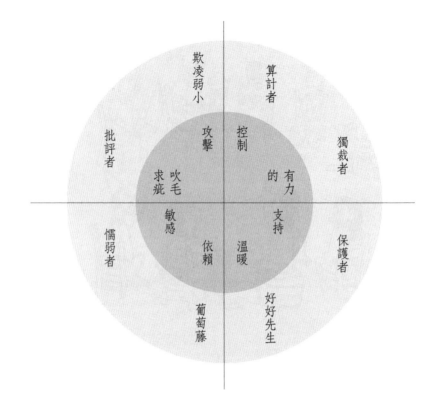

圖 5-2　人格的人際向度

（Leary, 1957；引自 Trotzer, 1977, 1999）

構之原形，如批判性父親（Cp），撫育性母親（Np），順從性小孩
（Ac），以及自然性小孩（Fc）。似乎恰好可配合上圖 5-2 之分類特
性，亦即右上方為 Cp，右下方為 Np，左上方為 Fc，左下方為 Ac。只不
過其所出現的是這類型負面特質的部分之特徵而已。

表 5-1　團體成員之角色及其對團體動力之影響

| 團體成員之類型 | 特質 | 表現方式 | 對團體動力之影響 | |
|---|---|---|---|---|
| | | | 利 | 弊 |
| 1.聖人（法官） | 1.品行高尚、道德完美<br>2.嫉惡如仇<br>3.嚴肅、拘謹 | 1.提示（醒）團體道德、倫理規準<br>2.注重公平原則 | 1.代表外在世界之標準<br>2.「執中」功能之平衡 | 1.引起防衛<br>2.若角色固著，個人無法得到成長 |
| 2.保護者或管家／供應者 | 1.如大地之母般的寬容、照顧<br>2.以物質或精神方式表示 | 1.團體出現狀況時（如有人哭泣或出現衝突）會介入撫慰<br>2.以提供服務的方式來參與團體 | 1.為團體提供和諧和溫暖之氣氛<br>2.「圓場」之功能 | 1.有時會破壞團體為達成成長所必須經歷之壓力<br>2.沒有人會想到要來幫助他／她 |
| 3.專家說法或大頭腦 | 1.表面滔滔言之有理<br>2.似乎為團體帶來深度之思考 | 1.在談話過程中，打斷或引用某些認知性的資料來導引團體走向另一種思考 | 增加團體認知性學習之機會 | 1.打斷團體的感受性和立即性（往深度發展之條件）<br>2.成為別人不敢挑戰的對象 |
| 4.順從者 | 1.很喜歡說「我很好」，「沒意見」<br>2.雖不會引發團體的麻煩，但也不會幫助團體之發展 | 1.不會最先發言，通常是見風轉舵者<br>2.不容易有問題，但也不會有貢獻 | 1.團體至少需要有一半這樣的人，才能順利進行<br>2.對較無經驗領導者，是較輕鬆之一種團體組合方式 | 1.很不容易引發這一類型的成員去對自己工作<br>2.使初級領導者無法判斷團體的動力情況 |
| 5.沈默者 | 1.極少發言，即使是輪流的情況中，也只是短短的幾句話 | 1.通常到團體第3、4 次才形成可確定的現象 | 1.使團體的注意力聚焦<br>2.使團體中的主要勢力（如攻 | 1.是初級領導者最怕遇到的一種類型<br>2.如果團體不夠 |

| 團體成員之類型 | 特質 | 表現方式 | 對團體動力之影響 利 | 弊 |
|---|---|---|---|---|
| | 了事 2.表情、姿勢均較緊張 | 2.常會成為團體攻擊的第一類對象 | 擊或保護），較易現身 | 有效，就往往幫不了這類型成員的忙 |
| 6.玩笑大王 | 1.嘻皮笑臉，惹事生非 2.歡笑之源 | 1.有事沒事惹一下團體（有事時，惹的更屬害） 2.路透社（IB-M）——消息來源 | 1.是最先鋒的救火員（如有人談問題，弄得氣氛很悶時） 2.團體初期，適當的引發氣氛，打破陌生焦慮是其貢獻 | 1.分不清楚怎麼做是有效的調律（怎樣又是無效） 2.防衛最深的成員類型之一 |
| 7.精算師 | 1.進出團體自如（開放的時機與程度，全賴其判斷所得的利益得失而定） 2.通常不是自願參與者 | 1.所開放之內容有意義程度甚低，可能僅次於玩笑大王及沈默者 2.每次聚會都有講話。唯回想其內容，講了等於不講，沒什麼有意義的資料 | 在團體初期的開放表面資料階段，這些人有其貢獻——達到輪流和維持團體之功能 | 1.每一團體通常都有一、兩位這類型之成員。但若人數太多，往往會引發團體的抗拒或攻擊 2.是屬於參加團體，也不會有什麼收穫之成員 |
| 8.敵意、攻擊者 | 1.有荒野一匹狼之氣質，孤獨而不馴的存在方式 2.所攻擊之內容，常是表面有理（有時也真的有理，但又帶了太強烈 | 1.常是突如其來的發作方式 2.其攻擊對象依團體發展階段而變，依次是對領導者、對團體中的某個事項，及對團體中某人 | 1.引發團體進入真正工作之機會 2.當攻擊者能被接納和澄清時，不但本人真正的問題（通常是權威家庭的產物） | 1.不適合初級團體領導者，或在團體經驗中自己沒有經歷過衝突和有效處理之領導者 2.此類成員的個人問題若需得到解決，必須 |

| 團體成員之類型 | 特質 | 表現方式 | 對團體動力之影響 | |
|---|---|---|---|---|
| | | | 利 | 弊 |
| | 的情緒狀態） | | 得到處理之機會。更重要的是，團體也因之受到鼓舞，願意開放更深入之問題 | 搭配以個人諮商之處理。遺憾的是，很少團體有這樣一種完成式的做法 |

3.結合表5−1與圖5−2，我們可以發現一場團體過程或每次當團體中發現問題時，其「經」之部分固然與團體階段及人性基本需求（安全、公平等）有關；其「緯」之部分則總是由於人格的不同部分，在發生交互作用（衝突）的結果。

4.既然如此，則團體之過程，包括從初開始以至結束，自然也就表現為總是兩種對立勢力之交戰了。像尋求指導和抗拒被帶領；想要親密又怕太黏著，（需要合一和自由）；有開懷一吐為快的驅力，然而又怕曝光後的代價（別人會瞭解原來我沒這麼好）；想要成長，但又斬不斷個人的習性。這種一再矛盾和衝突的心路歷程，既是人生也是團體的真實寫照。

5.明白這種內在動力的真相後，則成員表現出來的負面的角色，像攻擊、沈默、精算，就不再那麼難以被接受和瞭解。這些負面的表象其實都是人格驅力運作後的兩種結果。其一是對自己之不滿意，投射到其生活中，便成為是對別人（包括團體、成員、或領導者）的負面訊息。其二是習慣表現的結果，也就是說，當人類只有機會學到負面的表達方式之後，他們只能用那種方式來存在——即或他們自己也未必喜歡，但到底那是他們唯一會用的方式。

6.**團體領導者之角色，因之，最好是「成人」（A）居多的一種狀態，**（介乎Cp、Np、Ac與Fc之間），以便針對團體中各類成員之心理需要，來調和鼎鼐。或最起碼，也可自瞭解個人所屬的人格類型出發，

小心處理移情和反移情之狀況。使團體的交互作用,能夠往正向的結果發展。

近年來,由 E. Holloway 所提出,(1995)王文秀所譯(1999)的《臨床督導》一書中,Holloway 提出所謂的「系統督導模式」,認為督導之內涵包括「功能」(檢核/評量、建議/教導、示範、諮詢及支持/分享)、「任務」(諮商技巧、案主的概念化形成專業角色、情緒覺察與自我評量)及依「情境」(專業經驗、督導角色、諮商理論取向、文化表徵、個人表徵)變項交叉而得之種種內涵。而許韶玲(2003)在研究督導與受督者之督導過程因素之研究時,亦進而以國內之工作者為對象,研究受督者受到督導之影響因素,並整理而為 12 項表列,有興趣者,可深入探討之。

## 第五節 成員在團體中的問題

前面已提出,成員在團體中之問題與四個因素有關,即⑴個人之人格特質,⑵領導者之領導類型,⑶團體中其他成員之特質,以及⑷團體的階段。由於其中兩項(領導者及階段)屬於其他章節範圍。因此此處之討論,將只以成員本身之特質為方向,來瞭解其在團體中之表現和影響。討論之內容,則以表 5−1 之分類為依據。

### 一、聖人(或法官型的成員)

此類型的成員由於道德標準高,形之於外的,往往表現出批判、建議或領導之技巧,而成為團體中的良心或正義之聲。這類特質者之優點是協助團體完成「執中」、「公平」的功能;代價則是可能引發成員(包括領導者)的抗拒、敬畏、距離感,而使團體的互動到他/她就停止下來。這對團體或當事人都是可惜的。處理此類型之成員,須先分享人格特質互補性存在之事實,使其瞭解追求絕對或最後的公平,都只能是相

對性的存在；然後才處理其做聖人（法官）的緣由或代價。

## 二、保護、供應之管家

此類型之成員常予人以親切、友善、溫暖之觀感。他／她常以默默的服務或志願多做事來得到大家的肯定。所以其形象既可視為是慈母，也可感受為討大人喜歡的小孩。團體中絕對需要有一、兩位這樣的成員，來維持團體的和諧和凝聚力之發展；但當事人之代價則是沒人會想到他／她也會有困擾。領導者之責任便在察覺此類現象，並介入為必要之限制或激發。

## 三、大腦發達的專家

幾乎每個團體都有一個這樣的成員，他們是好學的、深思的、容易蹙著眉頭來談話的。這就是團體中的認知專家。由於其發問或評註，往往是引經據典而又深刻入微的，不論成員或領導者都容易為其誤導，踏入「理智思考——那時、然後」的世界之中；而失卻了感受、立即性和對當事人不平衡心智表現之警覺性。這類成員也有可能隱身在知識之後，來進行對團體、領導者或成員之批評、建議等操縱性行為。因之，其所需要學習的，最主要者，即在「增加體會」一事——體會感受、體會自己的大頭腦角色、體會情緒，從而得到個人之統整。

## 四、順從、配合、跟隨者

順從、配合、跟隨者是很多文化（尤其中國人傳統權威導向的文化）中的柱石和教養之結果。團體動力學的資料也早已顯示，任何一個團體中，占最大多數的當然是順從者。因此其存在絕對有其必要性。這類型的成員其根本心理原因是，從小到大沒有很多機會可以做自己。所以，非決斷性（或稱不自我肯定）就成為其主要人格特質。與此密切相關的，便是其傳統導向的價值觀（保守、實際、人情、面子）。因之在心理團體的過程中，這類成員一方面是最容易配合領導者進行談話的（表面

上）；另一方面，他們也是領導者在領導力上的最大挑戰──如何建立信任，突破心防，達到開放和自我探索之任務。通常一個團體至少有一半左右的成員，特質屬此。因此，領導者須以供應者的角色和社會工程師之結構能力（Yalom 之分類）來誘導此類成員，走出自己的第一步。

## 五、沈默者

沈默在多數的情況中，都會被聯想到較有負面之意義。事實上，正面意義的沈默情境也是存在的。通常沈默者有特質性和情境性兩種。前者很可能是習慣成自然的結果。問題是：即使一個人表面靜默無語，其內在思考往往並不曾停止進行。團體領導者的任務，便在改變這種習慣少語（不語）的型態，使當事人能察覺（或檢核）如此做之代價；另一種情境性沈默則或是由於思考還在進行，或是由於擔心開放後之結果。如果情況屬於前者，則沈默往往是正在追求成長機會之表現，領導者須能教導團體如何分辨。如果情況屬於後者，領導者須能尊重其遲疑。不過，往往領導者表示能瞭解此種考慮（再保證）時，當事人就會做出開放（說出來）之決定的。

## 六、玩笑或交際大王

這類角色的可能成因是當事人在很年輕（幼小）的時候，便因角色（如排行）而得到受呵護，或得到觀戰權力（不在鬥爭之列）之特徵。此類經驗反過來也使得當事人發展出一種可愛的、求和諧的人生觀，日後則成為其人生主要角色。坦白說，如果一個團體多多少少都沒有這樣的角色，那整個團體恐怕也是乏味的。但另一方面，這種角色之特質又往往使得負責任一事成為不可能。因之，在團體中，大家需要他／她，卻未必看重他／她。所以團體初期有這種成員很好，因為藉之，社交網絡馬上可以建立起來，團體遇到危險時，（如有兩人的正面衝突似乎已逼在弦上，隨時可能爆發）可以借重此類成員的插科打諢，來閃避可能的成長之機。不論情況屬前者或後者，當過份時，就是領導者須介入和

處理的時刻。

## 七、精算師

精算師的名稱可以有許多，像會計師、算計者等等。不論名稱如何，本質不變，那就是此類成員可能屬於最無效的成員。因為其參與團體的目的常常有多種原因，如課程要求，學別人的本事或來此建立人際脈絡。這類成員不一定每次團體都會遇到，其問題之成因多半與豐富的社會經驗，或複雜的家庭，人生經驗有關。簡言之，此類成員是最不相信坦誠、成長之類概念者（因為他們這方面的經驗太缺乏了）。但如果領導者對這種人失去信心，則也表示，領導者本身的專業能力不夠。依作者之經驗，處理這類的成員，需要有赤子之心和強而有力的專業技巧。這樣也許能讓浪子點幾下頭。

## 八、敵對、攻擊者

通常領導者最怕遇到的成員，第一類是沈默者，第二類大概就是敵對、攻擊者了。其實這種把挑戰掛在燈籠上的成員，是一點也不困難協助他／她的。首先，只要瞭解（相信）到對方的敵意並非衝著你而來（雖然表面上如此）；其次明白心理衛生上先有發洩，才有建設之定理。製造或協助對方有傾洩（通常是壓抑多年多時）奧林匹克之怒火之機會。想想看，敵對者的本錢就是不合理的憤怒（或偏見），結果你卻拍手以迎，對方還有什麼好防衛的東西呢？

總結來說，以上的分類只是一種舉例，因為真正的情況是比這要複雜多了。哪有人只具有一種或兩種特質的呢？因此，這就帶到了下一節的資料。也就是 Yalom 研究中的有效成員和無效成員之討論。

# 第六節 有效成員與無效成員

誠如第五節介紹的，成員的心理特質所表現出來的態度和行為，組成其特質之代表，從而影響其與他人（包括心理團體）的交際應對。但事實上，不僅沒有一個人是單純地只擁有一種類型，即使連心理特質本身，都可能只能作為影響團體參與的一項指標。Liberman, Yalom, & Miles 在 1973 年所出版的《坦誠團體的第一手資料》一書（*Encounter groups : First facts*）中，便提出影響團體效果的五項指標，並依此區分出從極有效到退出等共六種成員的情況。以下簡要介紹之。

## 一、影響團體的五項指標（Liberman et al., 1973, pp. 316-317）

*1. 態度和期望*：其內容包括預期有效改變的程度，認為可以開放性的討論和表達個人情緒（包括負面）之程度；態度部分則可包括從安全、社交、真誠到危險、虛假、應酬等理念。

*2. 個人的價值系統部分*：把生命看成是自我導向的、學術的、社交—政治性的、人際的、親密的抑或是經歷的、改變的。

*3. 心理上的適應程度*：如自我價值的正或負、好或壞，在人際導向中，自我理想與實際間的統整程度，因應策略的合宜程度和自我防衛的程度。

*4. 人格特質*：包括Schutz 所提出的FIRO理論中的接受控制之程度、表達控制之行為、接受和表達情感之程度、懷疑之程度、權威之程度、仁慈的自我意象以及個人生命空間的決定等。

*5. 對他人之概念*：視他人為仁慈的程度、對最好朋友的正向看法、人際的複雜度。

## 二、不同團體效果的成員在五項指標的位置

根據 Liberman 等之統計歸納，成員在團體的效果上屬於五種位置，分別是高度學習者（HL）；中度改變者（MC）；負面改變者（NC）；退出者（D）以及心理受傷者（Casualties）。其在上列五項指標中的位置亦均有所不同，試以表 5-2 說明之（見次頁）。不過要注意的是，以下之團體主要指的是坦誠團體，同時，結果顯示，預測效力只有中等程度。

本研究的結論有三：

*1.* HL 與 CS 的最大差別在前者保持適當之防衛（猶疑），而 CS 則傾向於對參加團體一事，抱持太高之期望。

2.基本上 NC 與 D 及 CS 在價值系統上均不相同，但大體上 NC 與 D 相似的程度大於 CS。

3.在造成團體的負面與正面結果上，態度、價值及人格特質比團體的情況（如領導者是否有效），是更重要的影響因素。

# 第七節　參與團體的心理準備

當成員決定參與一個團體之後，為求有效學習，不浪費自己的精力，在心理上是否該有若干準備呢？答案是肯定的，尤其在瞭解了上節 Liberman 等人所發現的資料之後。適當的調整心態，將可有助於個人的成長和對團體的掌握。以下是根據 Corey（1977, 1990）資料中的個人心態發生之次序及作者經驗所做的一些整理。

## 一、瞭解到團體是導向目的的一種手段，確立個人具體擬改變的方向

很多人參加團體，是因為這是專業訓練的要求，於是帶著好奇、新

表 5-2　團體的效果與相對應的五種成員結果

| 成員類型　　　團體效果指標 | HL 高度學習者 | MC 中度改變者 | NC 負面改變者 | D 退出者 | Casualties (CS) 心理受傷者 |
|---|---|---|---|---|---|
| *1. 態度的與期望* | (1)自認不夠敏感和開放 (2)對改變之預期最高 (3)有信心可得到機會成長 (4)有準備團體可能是有點危險的 | 與 CS 相似 | 與 HL 在態度與期望上的各項剛好相反 | | (1)自覺很敏感，而且在人際的適應性上表現不夠好 (2)知覺團體是安全的 |
| 2. 個人的價值系統（個人的與一般的） | 明顯低估評經驗、高估改變，似乎可推測其具有特定的改變目標 | 與 CS 相似 | 強調參加團體的經驗性意義，不重視經驗改變／重視個人關係而非職業及技能價值 | 相形之下，成長的導向低，同時對認識團體所能提供的各項成長之機會，也與趣最小 | 一非常強調成長的（或對改變）之需要／對尋求愉快的感官活動樂不表興趣 |
| 3. 心理上的適應度（最常被研究之項目，區分正常與異常理上之異同） | 這部分的資料，無一致性的結果 | 因應技巧，低的多 | 因此很難做出任何具體結論。唯一的資料是 D 型成員，具有最低的自我價值感，低的正向自我概念和低的 | 舉例來說，HL 與 CS 同樣是表現低的，HL 比 CS 有心理病理的比率 | |
| 4. 人格特質 | 此部分之資料，亦不夠有效到可以做出任何具體結論。唯一的資料是 D 型的懷疑分數，但他們也是最快決定不做努力或退出團體的 | | | | |
| 5. 對他人之概念 | ─HL、MC 及 CS 均傾向於對人有正面之看法，但程度依次而降 ─CS 傾向於對最視密之關係亦抱持一種厭世負面之態度 | | | | |

鮮的心情，準備來看看團體是怎麼一回事。這種過於「經歷」的立場之
危險是降低了個人的責任感和團體產生運作的能量。試問，每個人都這
樣想時，團體豈不是要伊於胡底了嗎？何況文獻的資料也提示：適當的
動機和確定的擬定改變之目標，是有效學習（高學習者）之必要條件。
因此，自客觀測驗或個人思考中所得到之決定目標，並抱持解決個人問
題和經歷團體並重的立場，是準備是否可以開始時的重要指標。

　　與此有關的另外一些重點，一個是對參與心理團體抱持正確的態度。
瞭解並不是「有問題（病）」的人，才需要參加團體。而是每個人都可
以藉由團體中的討論和互動，協助對問題或自己有不同的觀點，所以它
基本上是成長導向的一種經驗。其次經由互動和回饋，人往往可以發現
一些自己原先不曾覺察的優點和長處。這樣積極部分的自我開發，無疑
對自我價值是極寶貴的資源。

## 二、主動參與與旁觀治療角色之協調

　　雖然團體的重要貢獻之一，可能便在旁觀治療的社會性學習（模仿）
效果。但這只能學到一個人順便想學的資料，屬於副學習的範圍（因為
效果是不可預期的）。如果想要完整的處理自己之問題，最好的做法，
當然還是主動的呈現。同時基於團體動力學中「多參與、多貢獻」之原
則，個人有益的主動參與，也比較容易與人發生交互作用，是不爭的事
實。

## 三、決定開放的程度，並考慮（選擇）是否要開放某些壓抑的想法

　　雖然資料顯示中度的開放，能帶來最好的結果。但這種認知，在實
行時仍具有困難。舉例來說，有的人對外界極度信任，在他（她）的理
念架構中，沒什麼不能談的事；另有一些人極度防衛，甚至其最親密的
關係也可能不知道他（她）心中的一些真正想法。對這兩種人來說要練
習控制如何的「把關」（如何開放，開放什麼，保留什麼），就成為其

參與團體最大的挑戰和收穫。在如此進行時，可參考的向度有：(1)領導者的領導力是否能得到你個人主觀的信任？(2)團體的成員當中，有沒有你需要特別小心的人？(3)團體的階段是否適當？(4)主題是否碰觸你的心？換言之，團體就某種意義來說，有點像是「坦誠大會」，你交待你的一些重要資料，我交換我的。這本來就是關係深入的一道重要關卡。但在團體中，因為是多人一齊進行，因此個人的任何決定，都會產生舉足輕重的影響，是無疑的（但大多數人都不覺察的）一種真相！於此，作者最後的建議是：勇敢的人要小心了，那考慮太多的則不妨放膽前行吧！

## 四、學習去信任別人，不要陷在自己的標籤中，並注意來自外界的持續性回饋

說來可笑，每個人都同意信任別人是很困難的一件事，但你不也就是「別人」之一嗎？因此「學習信任別人」其實是知難行易的一件事，只要知道別人跟你一樣想信任別人和害怕受傷等，就可以使你變的比較能開始信任的第一步。其次每個人對自己總有一個固定的看法。不信，我問你，你覺得你是一個怎樣的人？想想，有幾個人不知道自己是誰呢？但也因為如此，我們成為自己最大的明日之敵！怎麼說呢？假設有個成員給你回饋，說你心好但嘴快以致有時傷人還不自覺。請問你的直接反應是不是就是：「沒辦法，我就是這個樣子！」或「哪有，我覺得你才是這樣呢！」。請問任何一個答案，是否都符合別人對你的回饋和自己給自己的標籤？這種情況之下，你哪來改變的動機或事實呢？

**參與心理團體，對自己的最大收穫之一，是蒐集個人的「社會我」之資料。**如果有一個訊息，3次以上的被重複，那麼不管你喜歡不喜歡，大概就是真正的你之一部分了。換言之，這也就可以成為參與團體有待解決的問題。

# 結　語

在本章中，我們有機會，分別自成員的性質、角色、類型、有效與無效的特徵及參與團體的心理準備各部分，來描述成員的各項資料。相信在這部分的統整完成之後，將可更有助於團體的參與。

第 **6** 章

# 團體的過程（階段）與問題處理

# 前　言

　　心理團體的主體，既是領導者，也是各形各色的成員，更是由這兩者交互作用而形成的，每次都獨一無二的繼續在進行變化的一種團體現象（或實質）。因此，在分別介紹過領導者及成員之後，本章特闢篇幅，讓團體過程（或階段）隆重登場，接受洗禮。

## 第一節　團體過程的定義內容及重要性

　　依 Hopkins（1954）的定義，過程與下列字詞有類似的意義，如：「運動」、「改變」、「行動」、「發展」。它是「持續的」，「動力的」有「方向的」。因此團體過程（group process）乃指的是：兩個或兩個以上的個人於一現象範疇中（有時間和空間架構的團體）一齊工作，以滿足某些需要，解決某些問題並相互產生外顯或內隱影響力的一段經歷。

　　當個人在團體中工作時，其所交涉的內容，不一定是意識的，也可以是潛意識的；其所表達的，不一定是個人想要的，也有可能是不想要的一種方式。於其中，影響的因素包括心理氣氛、團體士氣、合作的方式等等。

　　本作者試歸納 Kemp（1979）、Mills（1967）等之意見解說如表6-1。

　　Lewin 的理論也值得引入，作為討論團體過程的參考（見夏林清，民 83，頁 13）。

表 6-1　影響團體互動的有關因素

| | 團體 | 領導者 | 成員 | 外在社會 |
|---|---|---|---|---|
| 互動系統（溝通及行為型態） | ─分三種即：配對、結黨、單獨<br>─包含（inclusion）<br>─控制 | ─單向或平均的溝通方式<br>─工作導向抑關係導向 | ─身體姿勢、講話習慣、口語表達力<br>─直接或間接溝通之習慣 | ─個人、家庭、學校、文化影響下所形成的特殊經驗（接納的、排斥的、被動的等） |
| 團體的心理氣氛（也稱文化或情緒） | ─如輕鬆的、形式的、先冷後熱的 | ─領導者個人心理穩定、成熟之程度（需要別人肯定、接納之程度） | ─與領導者之資料相同（需要、驅力及情緒） | ─成員在外在社會中的心理或情緒經歷所造成的一種感受狀態和行動方向 |
| 規範系統 | ─如席地而坐，不可團體外討論團體中發生的事等 | ─受個人領導特質、理論取向影響很大，而導引團體出現某些正式或非正式的行為期望 | ─成員接受、遵守的程度與個人社會性的程度及個人特質有關<br>─對成長、挑戰的看法 | ─倫理與法律有關之部分<br>─收費的原則<br>─對沈默或面質的容許度 |
| 團體的行政系統 | ─參與團體與輪流說話的權利與義務 | ─團體作為一個小組織的經營與管理 | ─成員成為領導者的可能<br>─成員與領導者如何取得協調之能力 | ─台灣目前之文化，正宣揚心理團體之效用，故大環境是個有利的環境 |

Lewin（見 Kolb, 1984）認為小團體中經驗學習之過程，是經由一種環狀關係而完成的，每個參與者均係自個人的具體經驗出發，在此時──此刻（立即性）的交互作用中，通過反映性之觀察（reflective observation），得到某種抽象化的概念並進而再在團體中，主動實驗出來。而實驗的結果又回過來成為當事人下一次具體經驗之基礎。此種過程，主要應視為是在當事人的內在思考架構（或如夏所稱的「視框」）中所進行的。雖然在內容上，它必須與外界（也就是他人）輸入的刺激（像回饋或發問）有所交涉。也正因為如此，心理團體的一次歷程，就好像參與的每個人都在同時進行著經驗交換（個人對自己內在以及成員對成員）的活動一樣。

　　哈佛大學的 Tolbert（1972）承續 Lewin 之思維，並進一步自四層面來檢視人類的經驗與學習之內涵。這四個層面，即是(1)外在世界，(2)個人自己的行為，(3)個人內在認知——情緒——感官知覺之結構，(4)意識。他認為人的知覺焦點常在這四者間移轉而不能兼具。因此「意識」可定義為一種「轉移認知的現象」（transcognitive phenomenon）；也因此，人的意識才必然是有限制的。需要別人的回饋來協助自己做修正。這個回饋，Tolbert 又自三種層次來予以瞭解。

　　*1.* 第一層次的與目標導向有關之回饋。

　　*2.* 第二層次的與結構維持或改變有關之回饋。

　　*3.* 第三層次的與意識轉換（consciousness transformation）有關之回饋（在此，T 氏認為 2 與 3 是同時存在之狀況）。依 Lewin、Tolbert 及夏林清的看法，**心理團體的過程，就是在開放、分享、當下覺察與反應的做法中，進行意識轉化與回饋的一種個人與團體的經驗。**

# 第二節　團體階段發展之理論

　　由上節可知，團體是永遠在變化之中的。既然如此，這種變化有沒有規則或方向可依循呢？本節擬自個人中心學派和心理分析學派的觀點，試為闡述。

# 一、個人中心學派觀點的團體階段發展論

Car Rogers 根據他多年來領導團體的經驗，認為一個團體的進行過程可描述為如下 15 種內容：

*1.*蘑菇（milling round）：起初的困擾不安，尷尬的沈默，禮貌上的寒暄以及挫折的感覺。

*2.*抗拒（resistance）：有些成員的自我坦誠帶來其他成員不置可否的反應。

*3.*回憶往事（recalled feelings）：成員表達對往事的感受。

*4.*攻擊（lashing out）：表達對其他成員或催化員的不滿。

*5.*自我坦承（repealing self）：成員開始信賴他人，漸漸說出一部分有關自我的事。

*6.*此時此地的信賴（here-and-nowtrust）：明顯地表達對其他成員的感情。

*7.*治療的能力（healing capacity）：對其他成員的痛苦及不幸表示關切及撫慰。

*8.*自我改變（self-change）：因自我接納而導致真摯的感情。

*9.*拿下面具（cracking mask）：對於虛偽敷衍的人表示不能忍受。

*10.*反饋（feedback）：說出對其他成員的看法。

*11.*面質（confrontation）：偶爾積極但是大部分消極的溝通。

*12.*幫助（helping）：在團體內或團體外，成員彼此幫助。

*13.*基本會心（basic encounter）：成員彼此間有了親切而直接的接觸。

*14.*積極的親近（positive closeness）：公開表示或接受彼此的感情。

*15.*行為的改變（behavior-modified）：在團體內或團體外行為都發生改變，且 Roger 認為這些現象之出現，並無絕對的次序性可言。

## 二、心理分析學派觀點的團體階段發展論

　　Kellerman（1979）認為團體過程就是一種心理文化的改變與超越。其表達的形式，可如此描述「由一個人的掙扎走向成為一群人的掙扎」。因此團體（尤其是治療團體）之目標，其實並不在於消減焦慮，而是協助當事人去意識並導向人格的轉變。當團體開始之初，團體的需要比較是生物的（物競天擇）所以其目標比較放在求適應（生存）。隨著交互作用的展開，團體實際上會走過口腔、肛門、性器等期，並發展出相對應的處理主題。如初階段的不實際的願望或期待（如獲得很多或毫無所獲等）；肛門期的無助、緊張、沈默、依賴與控制（此期之主要對象是領導者）以及性器期的移情與投射（對領導者的崇拜，對權力和競爭的身不由己之涉入，以及由此滋生的凝聚，親密感等）。

　　Bennis & Shepard（1956）連續五年任教研究所團體動力課程的發現是：在任何團體（個人）之內在，都有兩個主要的不確定區域，一個是依賴與權威之關係；另一個則是相互依賴與個人間的關係。Bion（1948）與此相似之概念為「依賴」、「配對」和「鬥爭與逃避」之模式。對權威而言，服從、反叛與退縮似乎是三個常見的反應模式；而對同儕關係而言，則為破壞性的競爭，情結的爆發以及退縮。Freud的看法是二者都是團體過程中的主要內容，只不過前者通常先出現成為團體的主題；而後者之焦點則在個人如何在與其他人互動的過程中統合而得到適當的平衡（既不是過份需要別人的肯定，也不是完全不在意別人的看法）。

　　在這種統合過程中，很顯然的，必然有衝突的現象會出現。當一個成員或領導者在「權威—自己」以及「人際—自己」間的衝突愈強時，他／她就愈有可能成為團體的焦點。在另一方面，如果有人能適當的平衡這種衝突，則愈有可能成為團體的重心人物。

　　為了更進一步掌握此派之觀點，與之有關的情緒、人格、行為角色（人際關係中的）、防衛機轉等資料也不妨做個簡略的瞭解。

　　㈠lidewell（1961）把心理分析兩個主要的人格概念——愛／恨與自

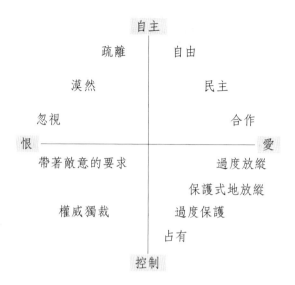

圖 6-1　心理分析的兩個主要人格概念

G. Lidewell (1961)

主／控制，以圖形式表達出來，如圖 6-1。

　　㈡其次，Schmertz（1976）也以表格的方式，介紹情緒，人格特質，心理病理診斷上之分類以及與團體成員角色類型之關係，如表 6-2（最後二欄為 Kellerman, 1979, p. 53 之補充）。

　　Kellerman　並進而整理有關之資料（Gibbard, Hartman, & Mann, 1974），提出團體階段 3 種模式的說法。

　　*1. 直線──前進模式*：Tuckman（1965）為其代表。他的團體五階段說，包括形成（依賴），團體內的衝突與情緒表達，規範型的凝聚時代，與角色有關的第四階段以及團體任務的完成。Bennis & Shepard（1956）的分類是：權威階段（處理依賴）及人際階段（相互依賴）。

表 6-2　心理分析學派觀點的團體角色與人格情緒之關係

| 情緒 | 人格特質 | 診斷分類 | 團體中的角色類型 |
|---|---|---|---|
| 接受 | 可信任的 | 歇斯底里 | 浪漫型的（性感人物，引誘者） |
| 討厭 | 不可信任的 | 偏執狂 | 審慎細察的（外人，孤星） |
| 生氣 | 攻擊 | 攻擊 | 替罪羔羊（暴君，炸彈，情緒易激動者） |
| 驚奇 | 控制不良（dys-controlled） | 心理病理的 | 孩子式的（要求別人注意——玩笑大王，暴露狂，壟斷者） |
| 歡樂 | 群居的 | 躁症（工作狂） | 清教徒（團體中的模範，聖人，教師，偉人，明星，壟斷者） |
| 悲傷 | 憂鬱的 | 憂鬱 | 重新統整者（reintegrator，如自我拒絕的抱怨者） |
| 疏離 | （原作者無介紹，Plutchik 1977 年的分類圖中指出此類型之特質較接近被動——攻擊型） | 強迫症 | 大頭腦，專家說法，組織者，有距離的領導者 |
| 不確定 | 害怕，迷惑，猶疑 | 被動的 | 天真無邪（被動——依賴，沈默者，攻擊之對象，身心症者） |

　　2. 生命——週期模式：可以 Mills（1964）的五階段論作為此模式之參考。他認為團體會經歷如下 5 個階段：(1)坦誠，(2)測試疆界以決定角色，(3)創造規範系統，(4)生產，(5)分離。Mann（1966）等人之補充，主要在強調團體結束前重返外在世界之準備。

　　3. 鐘擺模式：主要以 Slater（1966），Bion（1974）等人之觀點為代表。認為自始至終，團體的運作都離不開獨立—依賴，衝突—和諧以及害怕—希望等心理動力之間擺盪。換句話說，也就是一場周而復始的平衡到失衡間的擺渡。

　　在這種基礎上，Kellerman 終於統整形成他自己的整合模式之觀點，如表 6-3。

表6-3 心理分析學派（團體治療）團體階段發展之摘要表

| 階段 | 1.情緒型態 | 2.內容主題 | 3.重心人物 | 4.團體結構 | 5.團體活動 | 6.團體的催化 | 7.主要防衛機轉 |
|---|---|---|---|---|---|---|---|
| **階段一：依賴／權力關係** 1.依賴／服從 | 逃避 | 討論與主題無關之人際問題 | 具有豐富相關科目經驗問題斷性或攻擊性成員 | 依成員經驗形成多種小團體 | 與多數類似交情境聚會類似的自我導向行為 | 經由結構，討論公平分配之原則 | 投射對對權威之服依 |
| 2.反依賴 | 反依賴 | 討論團體的組織，談些言不及義的事情，及成員間的不信任、曖昧 | 團體中最決斷的反依賴者與其他領導成員，依賴對依賴 | 兩個很緊密的小團體逐漸形成——團體逐漸形成反對領導成員依賴對依賴 | 尋求眾意決，如選主席、投票，定有意義之主題 | 小團體形成以對抗焦意 | |
| 3.解決 | 解決 | 配對，密集的介入團體事務 | 對訓練者角色之討論 | 決斷性的獨立決斷者 | 成員開始取領導者所扮演之某此角色 | 由重心人物團體連結起來以追求目標並發展內在權威系統，由重心人物開始代領團體並逐步走出領導者之影響力範圍 | 團體移往第二階段 |
| **階段二：個人間的相互依賴／相互依賴／關係** 4.魅力時代 | 配對——逃避；團體變成一體，成一個難以分析 | 討論團體之歷史以及有益上的分配或成員的事 | 首度出現參與的分配現象。有強烈被支持需求者在此時有了盛宴 | 溶入的，充滿同志愛的，稱之為「團體心」 | 歡笑、幽默、尋求平等、獨立、尋求LeBon求團體以外之活動與參與度均高 | 獲得平衡權威和控制的有效方法 | 否定、孤立、理智化（大頭腦）和疏離 |

| 內容＼階段 | 1.情緒型態 | 2.內容主題 | 3.重心人物 | 4.團體結構 | 5.團體活動 | 6.團體的催化 | 7.主要防衛機轉 |
|---|---|---|---|---|---|---|---|
| 5.去衝突時代 | 衝突—逃避的焦力 | 重新思考初階段的問題：意義，目標及需要。決定適當的社會性行為 | 最決斷和反抗依賴型的個人 | 團體分兩派（依開放需要之相似性），重新結構為一種競爭的勢力 | | 對團體不實際的期望破滅，反個人和過分個人性的成員個人性的價值。偶爾有人提出個人的問題，但會被團體否決 | 團體以下列形式出現分離，如缺席，遲到，波倦，懶散。懷疑團體之價值。藉此抒解焦慮 |
| 6.眾意有效時代 | 配對、瞭解、接納 | 評估成員角色及貢獻 | 決斷性的獨立決斷者 | 團體的小組現象減弱，成員能站在個人之立場，作個人性的決定 | 依個人之系統，並以概念性之系統，預測個人性的事情做出同意的決果。接受團體的方向 | 在人際關係中能外顯性的真實，如準備結收求，檢討收種，由個人領導強的成員導真實之所定 | |

（Kellerman, 1979, pp. 32-33）

# 第三節　團體階段

　　除此之外，許多心理團體的實務工作者，也都對階段分類擁有不同的觀點。試列舉部分資料如下：

　　——Mahler（1969）：形成、接納、過渡、工作、結束。

　　——Schutz（1973）：接納、控制、影響。

　　——Trotzer（1977, 1999）：安全、接受、責任、工作、結束。

　　——Hanren, Warner, & Smith（1980）：引發、衝突與對抗、凝聚力之產生、獲得成效、終結。

　　——Yalom（1985）：猶豫、尋求意義、衝突、控制與反抗、凝聚力和自我表露增加。

　　——Gazda（1989）：探索、過渡、行動、結束。

　　——Corey（1990）：定向、轉換、工作、鞏固（consolidation）。

　　最後，本作者願提供個人統整教學、帶領團體諮商課程及團體所得之經驗，分析團體階段為初期、過渡、工作及結束四期，分述如下，以供參考。

　　*1.* 團體組成前的預備階段：主要是領導者的準備工作。但在甄選成員時的簡短晤談，取得對方參與的自我承諾是很重要的。

　　*2.* 團體初期：其主要動力特徵為陌生、焦慮、依賴、順從。領導者的供應角色很重要。

　　*3.* 關係過渡期：團體內發展凝聚，並出現對領導力的試探挑戰。領導者的示範、接納與開放很重要。

　　*4.* 工作期（第一階段）：團體出現對開放差距的檢查；抗拒方向為團體及某些成員。此時領導者的介入、執中與使用立即性技巧都很重要。

　　*5.* 工作期（第二階段）：如果上階段能通過，才進入本階段（否則會退回過渡期），其焦點為處理成員與成員及重要他人間之困擾。心理

劇等感受性偏重的技巧，是此時的適宜做法。

　　*6.* 結束期（第一階段）：團體出現工作後的滿意及放鬆。此時已處理個人問題者，往往成為團體有效的催化員。另一焦點是步伐較慢之成員，在此時開放並接收回饋。領導者的任務減輕不少。

　　*7.* 結束期（第二階段）：檢收成果，出現認知性學習的統整和對分離的情緒反應。

# 第四節　團體階段之問題診斷與處理之統整

　　依 Bradford, Stock, & Horwitz（1978）之觀點，團體中的問題常與下列三點因素有關。(1)衝突或爭執，(2)冷漠以及不參與，(3)不適當之決策。因此，本節將針對其可能成因和表現方式，加以說明，以助瞭解。

## 一、衝突或爭執

　　在此處的意義是不同意、爭辯、緊張的情境等內容，其表現方式包括：

　　*1.* 彼此之間的不耐煩情緒。

　　*2.* 意見未表達清楚前，即遭受批評。

　　*3.* 成員分幫成派，拒絕妥協。

　　*4.* 反對提議（不管是來自成員的或領導者的）。

　　*5.* 帶有強烈情緒的表達方式。

　　*6.* 成員間的輕微攻擊現象。

　　*7.* 對團體的走向，不表信任。

　　*8.* 覺得團體太大或太小，以致停滯不前。

　　而造成上述現象的可能來源，也有四點：

　　*1.* 團體可能被賦予太大的一個任務，以致成員覺得不可能完成，因而產生挫折。

2.成員的主要目標在獲得團體中唯一的一個地位時，因爭權奪利所產生的衝突，自然也在所難免。

3.成員對團體以外的成員，有利益相關（如好友）所產生的效忠性需要。

4.當成員或團體對某個目標全力以赴時，他們也有可能因此產生緊張和挫折的狀態。

由於上列的因素各不相同，有的是有助於團體發展的，有的則是會妨礙發展的。因此如何在判斷時，維持一個寬廣的視野（即不只瞭解表相），乃成為正確診斷團體問題時之重要依據。

下面試以第一種可能成因——賦予太大任務，及第四種可能成因——成員對目標致力以赴為例，說明更深入的問題成因。

第一種可能成因，「被賦予太大任務了」。

1.可能領導者所提出的每一個建議都不夠實際。

2.有些成員可能覺得自己的任務已經夠重了。

3.完成任務所需的時間太匆迫。

4.成員間沒有足夠的默契，對對方完成任務的能力，沒有信心。

5.成員對團體的目標有不同於領導者的想法。

6.對任務完成，每個人有不同的想法。

第四種成因，「成員對目標太致力以赴時，所產生的壓力」。

1.當團體目標是大家所接受的時候，沒人再敢提反抗意見。

2.多數的意見都與達成目標可能產生的問題有關時。

3.所表達的意見常帶著情緒，容易引發辯論。

## 二、冷漠及不參與

相對於上例的向外攻擊，團體壓力的另一種表現方式是安靜，沈默，沒有意見，也不見動機。這種情況對領導力的挑戰並不下於前者。它會使團體在不確定原因（方向）的壓力中感受困擾，而不知該如何反應。其表現方式是很容易覺察的，如——

*1.*打呵欠或瞌睡，無精打采。

*2.*討論不見重點，有一搭沒一搭的進行者。

*3.*低參與度。

*4.*遲到，早退常缺席。

*5.*太快達成決議。

*6.*很容易提議延期。

*7.*抗拒接受任何新的責任。

至於造成上述現象的原因又是什麼呢？下面是幾種可能——

*1.*團體所從事的事情之重要度並非成員所關心者（或重要性不如成員所關心的問題），或成員並沒有足夠的資料，可以做成決定等。

*2.*問題的性質可能造成成員的趨避衝突（如開放對不開放之選擇），而使團體出現僵局。

*3.*團體有解決問題的不適當程序之現象，以致在過程中或後果部分，引發反彈。

*4.*成員對影響最後決策的權力，自覺有限。此種無力感往往導致對參與的退縮。也有時，這是對權威性領導的一種默默抗議方式之表現。

*5.*成員間可能出現一種長期對抗的狀態，膠著之結果，便是冷漠。

自作者的經驗分析，上述的可能往往隨著團體的階段而發展，並且是多因的。如在團體初期，因為領導者介紹團體目標，引發個人動機的工作，未充分完成，而有可能出現 *1.* 目標的重要性不同及 *3.* 團體解決問題的程序不適當的現象。另一方面，文化的影響，使大多數的中國成員都有第 4 種「自覺不夠有影響力」的心態，而傾向於壓抑真正的想法，變成只在表面上合作，跟隨任務指引。最後在團體的工作階段，由於心理團體的處理性質不是自我概念便是人際關係，因之使得很多成員在面對此一挑戰時會有自然的防衛現象出來。如果領導者不能有效的催化或催化出來後，未能有效的處理（如團體中二人之間的心結），則結果極可能便是出現第 5 種現象。

## 三、不適當之決策

不適當之決策之表現方式是——

*1.* 即使是小事情也要引發一段時間的討論。

*2.* 團體往往到最後一分鐘，才能達成決議。

*3.* 討論常常變成是各抒己見的場所。

*4.* 決策權常握在領導者及少數成員之手。

如果情況是 1，表示這個團體尚未達到凝聚力，並且在理智層次進行的比率偏高。此時可行的做法，一方面是檢查個人的領導型態與成員之個人特徵；另一方面則可把工作的重點先放在凝聚力的發展上。至於情況 2，團體往往到最後一分鐘，才能達成決議的現象之造成。則部分原因是給團體的討論時間不夠，或領導者介入使團體能平均發表意見的機會不夠。而情況 3，討論常變成為成員各抒己見的場所是缺乏一位連結者（交叉各人意見）和意見統整者所致。領導力上需要磨練的是更頻繁的設計二人或三人一組的對話模式並於每次討論告一段落之後，設法歸納異同，做出更高層次的統整。第 4 點，決策一旦做成，很少有人會再追蹤成效。其原因一方面可能是因為團體仍處於領導者中心的類型，成員並沒有須負責任的歸屬感；另一方面則可能由於這個決策的性質不夠重要或非成員所關心在意者。最後，決策權常握於領導者及少數成員之手。這其實是大多數團體的現象，也再度印證中國文化影響下的民族性特徵。藉此，它固然可以維持表面功能的運行。但仍須留意的是，此種決策的型態，其內容能否代表團體中大多數人的意見？如果答案是肯定的，則開明權威的做法可能沒有太大的後遺症需考慮；否則隨著時間的過去，不滿、冷漠、離去或反彈，都是可能的反應。

# 第五節　團體階段之問題舉例與各理論學派之處理方式

　　至目前為止，關於各諮商理論學派應用於團體時之情況，尚未得到處理。因此本節將擷取 Donigian & Malnati（1987）書中之菁華，作為討論本節資料之依據。

　　一、團體初期的沈默（見表 6-4）。

　　二、團體對領導者之攻擊（見表 6-5）。

　　三、持續保持距離之成員（見表 6-6）。

　　四、某一成員選擇離開團體時（見表 6-7）。

表6-4　團體中之問題與各學派處理模式之比較——⑴團體初期的沈默

| 諮商學派<br>團體問題 | 1.個人中心 | 2.完形治療 | 3.理情治療 | 4.現實治療 | 5.人際溝通分析（T.A.） |
|---|---|---|---|---|---|
| 1.團體的開始 | —常在沈默中開始<br>—團體不著重活動內容及成員做什麼。著重的是成員自己去解決其問題，而團體只是提供一種啟發式之經驗<br>—沈默的功能在引發壓力，使團體動力自然浮現<br>—藉著學習等待，某些成員有機會檢查個人的曖昧情境忍受力<br>—沈默本身就是團體很好的主題 | —分析團體此時之背景因素（人對陌生的環境的緊張；人對自己問題過度擴大其嚴重性之傾向；兩種因素相乘之下的倍增壓力和自我約束、抑制）<br>—領導者判斷如能讓團體各人瞭解其共同具有之困擾內容，將極有助於凝聚力之產生<br>—因此領導者介人，邀請成員談談在「新團體」中的快樂、困擾、迷惑與選擇（及其代價） | —認為遠是一個很好的機會和方式來喧導理情治療<br>—以演講的方式開始介紹人類困擾的根源（非理性信念）；並說明「必須」的內容<br>—協助成員找出個人最感困擾之部分，在團體中報告。並選出一個人的例子，來做討論<br>—開始教導A－B－C－D模式<br>—於團體結束前摘要介紹架構、目標、技術（包括家庭作業）並做建議和結論 | —領導者提前到達聚會場所，主動問候陸續進來之成員，並介紹彼此認識成員<br>—正式開始時，邀請每位成員簡短說明來此之願望與理由<br>—領導者做一結論<br>—團體的沈默開始<br>—領導者表示希望有人能打破沈默<br>—過一些時間之後，開始討論團體規則 | —領導者的原則是非語言溝通，結構性活動不要太多<br>—觀察團體處理初始的做法<br>—團體中有人會因焦慮而相互談話；有人會做領導者的同意，開始自我介紹後，開始自我介紹）<br>—開始工作時，領導者先口語表達成員的不安，並提示此點與契約之（規範）關係<br>—協助個人界定其契約之內容（部分）處理之 |

| 團體問題 諮商學派 | 1.個人中心 | 2.完形治療 | 3.理情治療 | 4.現實治療 | 5.人際溝通分析（T.A.） |
|---|---|---|---|---|---|
|  |  | 一協助成員體會其可以為不同之選擇和行動。並以角色扮演的方式，即席獲得新經驗 |  |  | 理志願／非志願的問題以及無效契約的內容（由兒童狀態所訂定的）<br>一介紹T.A.的基本概念或閱讀參考書，注意術語之使用 |

表6-5　團體中之問題與各學派處理模式之比較——(2)團體對領導者之攻擊

| 諮商學派 / 團體問題 | 1.個人中心 | 2.完形治療 | 3.理情治療 | 4.現實治療 | 5.人際溝通分析 (T.A.) |
|---|---|---|---|---|---|
| 2. 團體是否願組合，最初1、2次似乎進行的很順利——交互作用密集。在這種情況下，有一位成員發生一些「不開放」現象，大家都未能有效處理研究所太太上，而引起團體中性別對立的討論。因此，大家又恢復有說有笑的場面，不料當領導者指出此點時，卻遭到大家的攻擊，認為他的攻擊，也就是只是攻擊而已，還包括領導者做為團體一份子，也有距離，不夠專業 | 領導者在團體中希望得到的位置是團體中之一員（也是一個人），而只有在團體發生這種現象時，大家才能有效處理進入（而暫時恢復領導者的角色）。因此，本派是很反對「專家與笑觀察」角色」。既然如此，團體對領導者的攻擊，也就不只是攻擊而已，還包括領導者做為團體一份子， | 領導者的互動力分析上之看法，與個人中心學派類似。基本上是一個本來很值得處理的能量層次，被疏忽和誤導的結果（原領導者本身也有抗拒的表現）。因此，領導者認為第2次所發生的事件之定義，感受非都是值得把握的。而方言訊息都是語言內容的。而領導者一定要嚴肅，活動，都是可行的做法。因此，團體可藉 | 理情治療認為團體的表現是典型的低挫折忍受力的結果——領導者澄清團體只這種攻擊現象只對團體本身有意義。其可能原因仍是團體的非理性是需要（好好導者必須有效，團體才能有收穫）。而感受之外，更重要的是內言的內容——領導者駁斥團體對領導者的期望，可能需要處理——領導者即使冷漠或不關心 | 認為團體好奇或懷疑領導者之資格是很自然的事。願意藉此向團體說明——原意接受部分的責任在己之立場。同時也開放個人的感受，即團體似乎有所保留，沒人願意——踏出第一步冒險，藉由此種「示範」（領導者可以接受團體的攻擊，同時也願意做出一些改變）來催化團體 | 本派主張在團體（特別是夫妻共同參加的團體）之中，一個極常見的主題便是「如果不是因為你……。」接言「求控制」之，這是人類問題的中心，其出現的形式為何——因此領導者之挑戰乃在連結團體表面所發生的事情之下的真正主題為何——團體針對領導者的攻擊，因此就有了新的意義。 |

| 諮商學派 / 團體問題 | 1.個人中心 | 2.完形治療 | 3.理情治療 | 4.現實治療 | 5.人際溝通分析（T.A.） |
|---|---|---|---|---|---|
| | 有機會成長的權力，所以此時若採用防衛式的解說是最無效的技巧<br>—從實際的團體動力來說，第2次不舒服的結束，當然會導致此次開始時的社交性談話。領導者第2次結束時，未以結束的部分來介入。此次又干涉團體安全感之行動，無怪會引起團體的圍攻呢！ | 著詢問某些較健談又成員之看對上次經驗之看法來展開<br>—換言之，領導者務必不可逃避團體的興奮狀態（不管其為正向或負向的） | 成員，團體是否就不能有效運行下去？<br>—因為要求大量（大到不實際）的肯定和支持，其實正是成員來團體中求助的原因<br>—所以本派的領導者是不接受前兩派對此問題的解釋的 | | 團體要的是像父母一般的領導者嗎？為什麼他們自己的父母不能顯現？<br>—領導者另一個可行的做法是選擇團體中可能最有這類問題的成員，向其單挑，以協助團體走向更真實的交互作用 |

表6-6　團體中之問題與各學派處理模式之比較——(3)持續保持距離之成員

| 諮商學派／團體問題 | 1.個人中心 | 2.完形治療 | 3.理情治療 | 4.現實治療 | 5.人際溝通分析（T.A.） |
|---|---|---|---|---|---|
| 3.此團體是 4 男 3 女的組合，雖然此目標是決斷性行為之增進。最初 6 次進，團體均能適當開放和交互作用。但唯有一個成員例外，雖然他每一次也都參加，但他總說自己沒什麼問題。到這一次團體的攻擊終於爆發，大家紛紛批評此一成員的不真誠。團體變的很緊張，因為此人毫無讓步之意 | 一個人中心派的領導者認為，雖然此人似乎不可能是決斷性行為之增進問題，但能真的沒問題？團體為什麼要來參加和交互作用？不然他為什麼要來團體？當開放和交互作用，但唯有一個成員例外，雖然他每一次也都參加，但他總說自己沒什麼問題。到這一次團體的攻擊終於爆發，大家紛紛批評此一成員的不真誠。雖然團體變的很緊張，少，但事後卻自覺收穫很多。並且，有的人的確需要較長的時間，因此，「判間」，因此，無謂進步之意 | 一完形治療的反應該是焦點不在領導者怎麼做，而在這件事時，對團體採取攻擊行為什麼意義。譬如成員加來參加團體的意義。但處理的這種說，團體的這種施壓行為與他們來參加團體的困擾（不夠決斷性）之間有什麼關係嗎？—總之，對完形治療學派的領導者而言，這是實地演練「立即性」和「角色扮演」的最佳時機 | 一本派主張處理團體。使團體人更瞭解與個人有關的動機以及如此的情緒反應的合理之處為何—領導者認為如果不處理此一成員而繼續進行先前那種質量均佳的交互作用，可能才是引發對方打開心夭的最好辦法—最後，領導者建議團體（特別是施壓別人要開放者），去設想一個人自己最大的秘密，並暗想如何才能在團體中開 | 一現實治療在處理此事時，會先考慮兩件事：1.現實治療的主要內容為何？依 Siegel & Spivaek（1976）的主張，其內容是：—有能力去認知問題—有能力去定義問題—有能力想出問題的解決之道—有能力去選擇最好的解決之道 2.其次，在決斷性行為 Wolpe & Lazarus（1996）的觀點上來思考 | 一人際溝通分析學派認為當一個人表現出決斷性行為時，不等於立刻保證有正結果。反之，決斷性行為常會帶來負代價之情境（因為會引發別人不同的反應）—所以決斷性訓練中應包括此種心理準備（新契約）—此外，團體中此時的現象適足以說明兩邊（施壓兩者和抗拒者）似乎都落入了「自我挫敗」的角本思考 |

| 諮商學派＼團體問題 | 1.個人中心 | 2.完形治療 | 3.理情治療 | 4.現實治療 | 5.人際溝通分析（T.A.） |
|---|---|---|---|---|---|
| | 斷誰需要耐心以對」，應該也是諮商水準的表現 | | 放出來。在此種練習中當然也包括對此一成員的練習在內 | 此問題<br>一因此，團體中發生此事的兩方，依此看都算能達到決斷性的表現<br>一要思考的只是當個人選擇了參與團體但卻又選擇不開放，其目的為何？以及對施壓開放的成員而言，其受拒的經驗又是如何 | 內容中——認為自己的行為是對方所造成而且無法改變的<br>一最後，立即性也是一個可用的技巧。如問受壓者既然他能表現如此決斷的行為，那為什麼還要來參加團體呢 |

表 6-7 團體中之問題跟各學派處理模式之比較──(4)某一成員選擇離開團體時

| 諮商學派　團體問題 | 1. 個人中心 | 2. 完形治療 | 3. 理情治療 | 4. 現實治療 | 5. 人際溝通分析（T.A.） |
|---|---|---|---|---|---|
| 4. 團體的組成是因為低自尊覺得有困擾。這是第 5 次的聚會，在此之前團體似乎進行的不錯、通過了一般的過程（試探開放、面質）而且準備好了要進入工作期。但就在這兒，有一位成員忽然宣布他這次以後將退出團體，使大家都愣在那兒 | 一當然第一個反應不會是很自尊的，那是「你不是一個很好的領導者的信念」<br>一但如果團體鼓勵的過程、成長之氣氛，那這位成員的作為勿寧是更值得尊敬的。因為這兒有讓大家知道（而不是人給另一個電話錄音或私下告知）<br>一這位成員的做法，因此應該是一種對的行為。因為那是他的選 | 一雖然這是成員的權利，但治療者仍要一一探究。到底為什麼？他覺得這團體進行的很無聊嗎？他需要別人邀請他加入而沒有這樣做就整抑或這就是他個人生的方式？壓抑到直接受不了的，因為爆發出來，在如此探索時，完形治療中的一種基本投射內射（introjection, Polster, & Polster, 1973）將被作為一種主要 | 一本派首先注意到的，是此事對團體造成的影響，團體會可想見，團體而繼而受到驚嚇而自貶產生憤怒之感。由於團體的背景是低自尊，他們很可能產生自我批判的反應。<br>一因此，領導者先處理的是團體成員對此所看的事種有關的想法。各理情之技巧均適當地引入<br>一其次，領導者也來暸解一下該成定離去成員理 | 一領導者的反應可能是「接受」和「再邀請」。「我覺得傷心你要離開團體，因為我真喜歡你這個團體信你對這個團體會有貢獻。你有充分的個人理由，認為有時候結束一個關係比停留在其中更好（當事人有一次離婚、而目前婚姻也正搖搖欲墜）。但由於這個消息來得大突然，希望你再用一週的時間考慮，並在下週和 | 一首先這種事不大可能在人際溝通分析團體發生，因為有「團體契約」（參加團體前簽定的）來預防<br>一其次，治療者會認為這是當事人內在角本的表現（不論其方式為孩子式嫉妒其他開放者的表現或父母式的表現一個大家都解決了的問題來表現權力）<br>一再者，團體對此成員的反應再用一種方式的，也可視為各 |

| 諮商學派＼團體問題 | 1.個人中心 | 2.完形治療 | 3.理情治療 | 4.現實治療 | 5.人際溝通分析（T.A.） |
|---|---|---|---|---|---|
| | 擇和他的人生，而沒有人比當事人更知道自己要的是什麼吧<br>一領導者除了表達上述立場外，也鼓勵團體有同樣的權力和當事人就此事有所探討<br>一不過在這些措施之前，領導者最可能做的是等待，讓團體決定其第一步 | 方向來進行<br>一如果我想要對團體未工作，則方向可轉為有沒有人類似的感受？或對此事的立即反應為何等<br>一最後，對自己領導力的檢討上，我認為這組合一群同樣具有低自尊的人來形成團體的可能是不妥的，下次應予以避免。而代之以較異質性的組合 | 由。並向他說明，日後如有需要時，仍可再加入<br>一處理團體的重點有二。一是讓團體分辨，「不是該成員的自去，而是他們自己基本上覺得自己不好，沒有權力，沒有能力維持一個好團體的信念，使大家覺得挫折」。二是讓成員確實會有很糟糕的感覺，並試驗如何在自己可以控制的情況下，變成只是不怎麼好而已的感覺 | 大家討論你的決定。也許到時會有更好的處理辦法如何？」<br>一領導者本人的預感是這位當事人並不真的想離開，而是藉此來測試團體對他的關懷，需要和是否在乎他 | 人角本的真實存在方式（如有人害怕退縮，有人力圖挽救）之複演<br>一因此，先觀察一下團體的反應（包括非口語的）而不要急著進場做「救火隊」，可能這對領導者是很重要的一個指標。（Berne 曾說過「讓團體往前走不一定能保證團體能得到治療」） |

第 **7** 章

團體諮商領導力的督導

# 前　言

在團體領導者的訓練過程中，有關領導力的督導是一個重要的過程。因為對一個初次經歷團體領導者角色的人來說，這是一個理論印證和問題叢生的情境，因此，如能於此時介入，以結構的方式提供回饋，將可協助領導者在個人洞察，問題診斷與反應能力上的統整。不過考慮到對讀者的實用性，本章之內容將先介紹團諮督導中的重要概念及過程結構，並提出一個以大學生為對象的團諮督導實例，以供參考。

# 第一節　諮商督導的基本概念

根據 Bemard & Goodyear（1992）在其《臨床督導》一書中所下的定義，督導乃是：某一專業中的資深工作者對資淺成員所提供的一種介入——此種介入關係的性質是評估的，持續一段時間的，並具有增進對方專業之功能。藉著回饋對方及己方之所見，以得到監控專業服務品質之目標。就此而論，督導具有教育的（教導的，課程的）、諮商的（檢視個人的言行思想及價值觀）、諮詢的（特別對有經驗的工作者而言，他／她仍偶爾因某一個案的問題而有學習或檢視個人盲點之需求）方面之特質以及監控當事人福利之責任。（Loganbill et al., 1982）

至於督導的基本理論架構，又是如何呢？Bernard & Goodyear（1992）提出的綜合圖是這樣的——

在圖 7-1 中，最早的督導型態是從理論的架構來探索督導的問題。也就是對內在衝突的瞭解。不過由於督導其實並不等於是治療，而是藉著類似於治療的過程，來教導受督導者練習對自己的經驗開放。另一方面來說，督導者與受督者間之關係和治療者與個案間的關係應該是相似

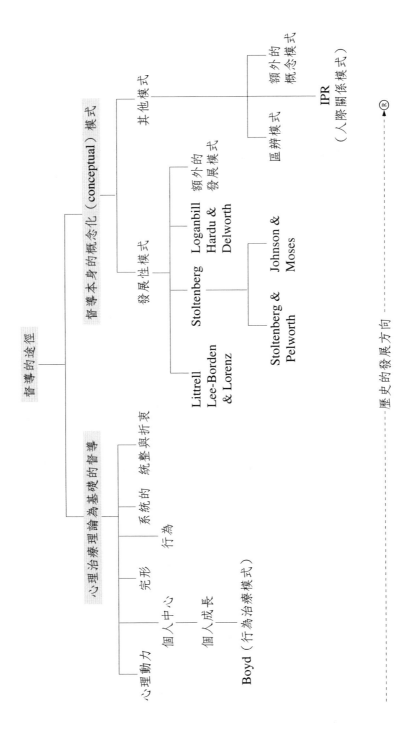

**圖 7-1　督導的理論架構**

（Bernard & Goodyear, 1992, p. 12）

的。此種事實，導致了後來所謂的「平行關係」（Parallel）概念的發展。

其次要介紹的是個人中心學派的觀點，C. Rogers 在一次被訪問中談到，「他認為督導最重要的目標乃在協助治療者發展自信，瞭解自己及治療之過程，所以可視為是一種修正過的晤談」（Hackney & Goodyear, 1984, p. 283）。也因此，Rio（1980）認為個人中心學派的督導，其實只有一句話，就是「關係」。

在發展上，行為治療模式的督導最早始於 Wolpe, Knopp, & Garfield（1966），但旋即被認知治療對否定思考之探索所介入（Beck, 1976；Ellis, 1974），接著又加入了策略性家族治療之觀點。時至今日，此派的觀點可以 Boyd（1978）所提出的四方向之混合為代表。即(1)有效的治療者之表現應是適合個人需要的一套技巧之學得，(2)治療者的專業角色包括一系列可認定的任務，(3)治療技巧應是合於學習理論的一種行為性定義，(4)督導在其過程中，也應展現同樣之原則。

總結來說，Bernard & Goodyear認為，在討論以心理治療為基礎的督導時，可歸納為 3 種假設：(1)此種督導之學習立場是統整性的，其效果應兼及於受督導者及個案，(2)因此在挑戰對此理論之應用時，並無受督者或個案之分，(3)所有的治療理論，因此均可應用至督導和治療之內容中。而當這樣做時，其優點，據 Patterson（1983）的看法是：(1)當督導者使用這同樣的理論方法去教學時，此模式可得到最大的擴展，(2)受督導者首先經歷過理論，因此應用在個案身上時，會有較好反應，(3)當督導能以心理治療為基礎時，理論與訓練能更有所統整。而其缺點則為(1)督導者之理論背景得與其督導一致，(2)在研究所訓練階段，此種模式之督導未必符合所有學生之需要，而因之成為一種兩難論題，(3)如果受督導者在訓練過程中發現一個更偏好的模式，問題也會產生，(4)如果督導處理受督導者之方式如同對待個案，則事實情況也可能變成這樣。

在督導中的另一大方向即是所謂的發展性模式（Development Model, Borders, 1986）對此的定義是「描述諮商成長為一系列次序性和階層性的步驟。其中每個步驟都需要不同的督導之介入」。而不同的研究者對系

列、階層的定義又當然是不同的。如 Littrell et al（1979）的四階段說。(1)關係建立，目標設定與契約訂定，(2)督導者依受督者所展現的問題情況，而彈性來回於教師和諮商員的角色之間，(3)隨著受督者信心和經驗的增加，督導者逐漸走向諮商員的角色，(4)是使受督者最後成為自己的督導，為自己設計所需要的學習。又如 Stoltenberg（1981）的四階層論則是，(1)受督者是依賴、模仿督導，缺少自我覺察。因此督導宜提供教導、解說、支持和結構，鼓勵自主性的發展，(2)此層次有依賴──自主之衝突，隨著覺察的增加，追求獨立的動機和自主也增加。此時督導可提供比較少的結構、教導而示範較高的自主，支持和曖昧情境。並且只有在被要求時，才給予澄清，(3)此時出現的是條件式的依賴，受督者已能展現更多的區辨性能力、動機、洞察和同理。因此督導者可視受督者為同儕，允許自主性之發揮。彼此以分享、舉例和對質的方式，來進行交互作用。最後一層次（第四層次）已是諮商的精熟表現。故理想的關係是同事式的。後來的發展（Stoltenberg & Delworth, 1987）則係修正本模式而成，共有 3 個結構及 8 個向度，包括：介入技巧、評估技術、人際評估、個案問題之概念化、個別差異、理論導向、處理目標與計畫以及專業倫理。而 3 個結構則分別是：受督導者對自己及他人之知覺，對發展性過程之動機以及受督者表現出來的依賴性與自主性。

　　總結來說，發展模式的假設是(1)要成為一個專業助人者，必然有一個出發點；(2)個人的學習與人格類型，應可被一個發展性模式所包括；(3)在專業成長的過程中，應可設計出一系列合乎邏輯程序去發展的序列；(4)且此序列對大多數受督者而言，應都是合用的。此種模式之 3 個優點是，(1)假設上來說，督導者可循序瞭解受督者之進步，使其自知位置與結束與否；(2)此一模式之性質，適合不同理論學派之嵌入；(3)發展性模式所促成之成長，不但在受督者部分，也包括督導者部分。其缺點則為(1)有時一個資深的受督者，可能必須重新通過資淺受督者的訓練階段；(2)大多數時候，模式未必能配合不同發展途徑需要；(3)本模式未處理到「不進步」時之狀況。

　　一般來說，概念化模式的假設是(1)督導是不同於治療的一種過程，因之需要不同的理念架構；(2)模式是設計用來澄清督導過程的；(3)不同的模式有不同的目標，彼此之間並不互相交換的。此種立場的優點是(1)模式比理論更具有彈性，因為可修正。(2)模式更具體，所以也更容易測試。(3)模式可協助督導改變其方法。(4)模式可簡化督導過程，使大家使用相同的語言。而缺點則是(1)督導者可能過於依賴模式，而排除理論。(2)由於本模式有貶低心理治療理論之傾向，不一致的模式，可能會使受督者覺得困擾。

　　在大要介紹了 Bernard & Goodyear（1992）書中對督導模式的理論與架構之後，我們對督導中的理論與模式間之關係（互依但又不同）與發展（歷史上先重理論後走向模式），應可獲得一些基本的認識。下列的章節中，將直接進入對團體諮商中領導力之督導之討論。

## 第二節　團體諮商之督導

　　本節之資料，仍主要採自 Bernard & Goodyear（1992）《臨床督導之基礎》一書中之第五章。

　　在第五章中，兩位作者首先說明在團諮情境中需要督導的理由。

　　分別是(1)收費上的經濟性；(2)藉著團體成員的互動，無形中減低了督導者與受督者之間的階層區分（Alien, 1976）；(3)團體本身就是一個自然的社會情境，更能有助於受督者完整經驗（認知、感受、行為）之統整（Sansbury, 1982）；(4) Hillerbrand（1989）則自學習心理學的觀點，提出團體在集結式學習（collaborative）小組學習與認知技巧之獲得上之貢獻；(5) Kadushin（1985）自旁觀學習與客觀檢核的觀點來討論團體督導的收穫。最後，二氏的觀點是團體督導可減輕責任（壓力）並增加冒險的勇氣。

　　至於團體督導的概念模式，Sansbury（1982）建議有 4 種活動，分別

是⑴教導整個團體如何做介入，⑵提供特別的個案導向之訊息、建議或回饋，⑶處理某一特定受督者對個案所產生的情感反應，⑷催化團體的交互作用與發展，以引發受督者的探索自我與開放等反應。Holloway & Johnson（1985）於回顧團體督導文獻時，亦統整督導之內容為 3 個方向：⑴對話的材料，⑵個案問題的概念化結構，以及⑶人際過程之資料。他們並認為人際過程之導向只有在訓練的初期較為重要。Wilbur, Roberts-Wilbur, Hart, & Betz 也定義出督導的 3 種主要方向，分別是：任務過程模式、心理─社會模式（心理動力），以及社會過程（人際關係技巧）模式。最後，Shulman（1982）概念化同一工作場所內的督導模式為 4 部分：例行的個案會議、在職訓練、個案諮詢（專為有經驗的督導者而開）、以及以督導之成長（為新進督導而設）為焦點的模式（內容包括工作管理技巧、專業實習技巧、學習技巧等）。

綜合以上資料，可歸納團體督導之活動為下表 7－1。

### 表 7－1　團體督導模式之分類

| 研究者 ＼ 活動內容 | 對話展現 | 個案問題概念化 | 個人成長 | 團體發展 | 組織性資料 | 督導與受督者間之問題 |
|---|---|---|---|---|---|---|
| Sansbury (1982) | ※ | ※ | ※ | ※ | | |
| Shulman (1982) | ※ | ※ | ※ | ※ | | |
| Holloway & Johnston (1985) | ※ | ※ | ※ | ※ | | |
| Wibur et al. (1987) | ※ | ※ | ※ | ※ | | |
| Kruger et al. (1988) | | ※ | ※ | ※ | | |
| Getzel & Salmon (1985) | | | ※ | ※ | ※ | ※ |

（Bernand & Goodyear, 1992, p. 72）

# 第三節　團體督導與團體階段

　　由於團體督導的內容與團體階段的發展有不可或分的關係。因此本節擬自團體過程中所產生的問題特質為經，來討論在團體督導上應注意之事項。此處之團體過程之架構，係以 Corey & Corey（1987）之模式為依據。本作者歸納整理如表 7-2。

表 7-2　團體過程與督導

| 組成團體前 | 引發階段 | 轉換階段 | 工作階段 | 結束階段 |
|---|---|---|---|---|
| 1. 督導應設計出一個表格，列出各項應考慮之事項，包括篩選式的晤談（screening process），團體的目標、基本規則與結構、期待、評估等。<br>2. 團體成員之組成應為同質抑異質性（指的是經驗水準與文化背景）一直有所爭辯。而必須 | 1. 此時期之特質依團體而定。有的是蜜月期，有的是對抗期。<br>2. 無論如何，此時對督導的輕微抗拒是正常的，因此督導可表示接納並開始分散責任之焦點於團體。<br>3. 一種結構式的團體督導模式之步驟有六。<br>(1) 督導摘要介紹第一個要討論的問題，然後向 | 1. 本階段之特質為焦慮、防衛、控制、衝突與對質。<br>2. Bauman（1972）列出幾種受督者的遊戲方式，以規避督導，如——<br>(1) 服從：「我願意聽從大家的建議」。<br>(2) 繞題而行：「你認為個案這麼說是什麼意思？」<br>(3) 否定自我：「我懷疑自己是否適合做這一行」。 | 1. 在此階段，督導的角色任務已接近達成（開始漸弱），並且因為形式固定有可能造成高原期現象（即受督者逐漸覺得沒有什麼新的東西可學），又稱「不工作現象」。因此，督導者不妨採用一些變通形式，以刺激學習。如 Borders | 1. 本階段是真正的「不工作階段」（指對督導所處理的問題而言）但卻是對每位受督者工作的開始。<br>(1) 每一受督者須檢視個人所得之成長以及——<br>(2) 繼續努力的方向。<br>(3) 額外個人督導的可能。<br>2. 通常比較有效的做法是停一 |

| 組成團體前 | 引發階段 | 轉換階段 | 工作階段 | 結束階段 |
|---|---|---|---|---|
| 由設計者自己衡量得失有所決定。<br>3.第三點須決定的是呈現的形式（錄音／影抑口頭／文字報告），聚會的時間長度與次數以及團體的大小。Chaiklin & Munson（1985）與Shreiber & Frank（1983）的建議，分別是6～12人或7人的組合。Marks & Hixon（1986）發現每週一次的效果最好。<br>4.呈現個案時的一些建議與注意事項之說明。 | 團體求助，說：我需要大家幫忙，說出對剛剛那個問題的看法(問題)。<br>(2)以輪流的方式，每一個成員提出個人的問題。<br>(3)然後，團體紛紛表達個人的意見。此時呈現問題的成員宜保持沈默並做筆記。<br>(4)休息10～15分鐘，讓呈現問題之成員，有機會統整。<br>(5)提出問題的成員輪流對每一個問題，提出個人看法。<br>(6)團體督導者做最後的總結和回饋。 | 3. Liddle（1986）則認為由於被評估的焦慮，表現的焦慮以及其他個人或督導的問題，以上的抗拒現象是正常的。<br>4. Corey等建議處理上述現象最好的方法乃是支持與對質，而Cooper & Gustafson（1985）則自內在心靈衝突與家庭的觀點來解析，認為對質只會引起更抗拒。所以他們建議督導者用貶低自己（顯示弱點，不強調個人專業形象）等方式來緩和之。 | （1989b）<br>——<br>(1)分配一個問題的討論為數種形式，如個案問題的概念化或技巧呈現，然後指派受督者各觀察一個重點。<br>(2)分派受督成員，扮演角色取代的活動。<br>(3)只就某一學派的理論來深入。<br>(4)改採描述式的比（隱）喻觀察法。<br>2.另外一種方式，則為鼓勵受督者發現個人所犯的新的、較成熟的錯誤，並逐漸確立個人之風格。 | 段時間（每半年停個4～6週），再做督導。 |

　　國內王智弘（民 81）在對中部地區「張老師」實施團體督導的現況調查研究中，亦曾根據 Holloway & Johnston（1985）的整理，把團體督導依其範圍及內容，做了一個說明。為便於瞭解，再度摘要整理為表格的形式，以供參考。

表 7-3　團體督導概要表

| 定義 | 以團體的形式（如同儕回饋、團體討論、協同督導等）對受訓的諮商員所實施的督導。 |
|---|---|
| 歷史發展 | Boyd（1978）& Hayes（1980）的書中都只指出督導研究有漸增之趨勢。1990 年左右逐漸浮現出具體之輪廓（Borders, 1989）。但這其中的團體督導一直被視為是督導的輔助做法（Blocher, 1983）。一直到同業對其交互作用之特性與經濟上的節約性日受重視後，才成為一般訓練中不可或缺之部分（APA, 1977）。 |
| 範圍（情境） | (1)對實習前及實習中之個諮受訓者所提供之團體督導，(2)在無領導者之形式中所進行的同儕督導，(3)對學習團體催化技巧之受訓者所實施的團體督導。 |
| 方法（取向）之發展 | 1. 人際過程取向，盛行於 1960-70 年代，認為督導者與受督導者之關係與受督者及其個案間之關係相似（或平行），因此人性、接納、經驗等觀點在督導過程中極受強調（Carkhuff & Berenson, 1976）。但缺乏研究之支持，且督導者身兼兩角（催化員和評鑑者），也有違諮商倫理。因此 1970 年代中期後，逐漸淡出。唯此派所強調的關係，仍持續存在於後來的督導發展中（Goodyear & Bradley, 1983）。<br>2. 個案問題呈現概念化取向，盛行於 1960 年代中期迄今，唯亦缺乏實證性研究。有 3 種形式之代表──<br>(1) Orton（1965）探討 4 個主題：受督者本人之問題、受督者對其個案問題之思考特徵、個案的問題、督導團體之動力。<br>(2) Hess（1980）描述其督導形式為個案研討（Case Conference），主要是藉參與受督者的腦力激盪來協助其專業及個人成長。 |

> (3) Longanbill & Stoltenberg（1983）的個案概念化結構之內
> 　容，則包括：確認資料、呈現問題、相關歷史、人際風
> 　格、環境因素、人格動力6項內容之結構性討論過程。
> 3. 發展學派之取向，自1980年以來日受重視（Hayes, 1990；
> 　Stoltenberg, 1981, 1988）主要由於其博採眾案（如教導、團
> 　體處理及個案概念化架構之處理），並以階段發展的方式來
> 　規範其過程，故較具結構性。3個代表性的方案是──
> (1) Yoger（1982）所提的折衷督導模式分三階段：定義、澄
> 　清、結構角色；自經驗和教導中，實習技巧；開始接案、
> 　接受督導。
> (2) Hayes（1990）探討歷來所做的團體督導研究，而區分為
> 　人際發展取向、團體取向和督導取向三類。
> (3) Wilbur et al.（1991）提出一結構性的團體督導模式
> 　（SGS）（內容見表7-2中引發階段之第三點）。

（整理自王智弘，民81，頁194-199）

　　上述之資料雖主要係個別諮商之督導情況，但由於其形式多採團體督導，故實際做法上並無很大差別，仍可依相關因素來為學習之討論之依據，其主要原則有三，分別是溫暖、友善、支持之督導關係，減少評量與增加示範之督導方式以及明確討論與督導任務所關之進行方式及倫理（卓紋君、黃進南，2003）。

　　最後要介紹的是同儕團體督導（peer group supervision）。在文獻研究上，這部分的資料並不多，不過在 Lewis, Greenburg, & Hatch（1988）所作的一項全國性私人開業工作者的調查中卻發現有23%的成員屬於此範圍，24%過去曾屬於過此類團體，而且有61%的比率希望有機會加入此類型團體。其參與的前三項理由是(1)對個人有問題的個案得到一些建議。(2)討論倫理或專業上的資料。(3)對抗孤立。總結理由仍在增進其臨床技巧並節省經費支出。此類團體的另三項特質，分別是自由形成（熟人者間之連結），程度、背景參差不齊以及團體外的接觸頻繁。

　　由於其本質的更具非正式性，團體的結構會開始的比較困難，不過仍是必須的。其內容包括輪流行使的領導力，決定每次討論的個案量（通

常是最多 2 個）以及每人的問題數量（2 至 3 個）。另一個可行建議是設定過程觀察員，在團體最後時，給予回饋。

如此做法的利弊得失呢？Marks & Nixon（1986）以及 Shreiberg & Frank（1983）的看法大致是這樣的：

*1.* 協助臨床工作實務者獲得一個超出個人架構的思考機會。

*2.* 創造一個對成人有吸引力的學習環境。

*3.* 提供一個「舊瓶（個人經驗）新酒」的刺激。

*4.* 藉著彼此砌商，可減低倫理上的錯誤行為。

*5.* 藉著互相支持，減低工作壓力和倦怠感。

*6.* 更能瞭解反移情的資料。

在不利的部分，主要是熟人所造成的開放之顧忌，或不同機構間利益衝突所造成的防衛。至於是否催化或妨礙當事人尋求個別督導之可能，則仍是一個沒有結論的討論。

# 第四節　一個團體督導的實例

為增加讀者對團體督導概念之掌握，本節將以描述的方式介紹一個由作者對 5 位大學同儕團體領導員所作的為期 8 週（每週 1 小時）的團體督導之實例說明。內容可分背景資料說明及理論結構說明兩部分。

## 一、背景資料說明

此督導團體的成員有 5 人，均是大四下已修完校外團諮實習的輔導系四年級女生。其在團體上的專業背景如下：

*1. 課程部分*：大三上修過團輔（3 學分），大三下修過團諮（2 學分），大四上修過團諮實習（1 學分，2 小時），大四下同大四上。

*2. 經驗部分*：大三下參加過由同班同學所組成的同儕自我成長團體，領導者係由碩博士班學長中自行接洽而得。以獲得成員之經驗。大四上

仍以同班的方式，分成結構（有 3 個）與非結構（1 個）兩種團體。其中結構團體一律進行「社交技巧訓練」。領導者主要由成員以兩人一組的方式配搭輪流擔任。大四下則為在實習國中所帶領並接受由任課老師擔任督導之國中生團體（方案類型自定）。

3.*認知學習部分*：參考書目除國內書籍外（何長珠，民 69；吳秀碧，民 74；林振春，民 76；呂勝瑛，民 70；曾華源，民 77；黃惠惠，民 82），並依次參考過 Corey & Corey（1990）；Gazda（1989）；Liberman et al.（1975）；Yalom（1980）；Morganett（1990）& Le Croy（1994）的書。後兩本為編定「團體社交技巧訓練」方案之主要參考書。

此五位領導者的個人重要特質除性別（女）、團體經歷（包括理論學習）及志願性三項為共同相似之因素外。不同處則為領導類型——本作者以盧美貴（民 69）的教師領導類型來施測此五位督導時（以下以 A、B、C、D、E 為其代號），發現（以同班同學的平均數為參照標準時），領導者 A 及 C 為「低關係、高工作」取向，B、D 屬「高關係、高工作」取向，而 E 則屬「高關係、低工作」取向。

最後，此次之帶領團體與接受督導，均屬於志願學習之性質，故與學分及評等無關。至於督導對象及方式的說明，則是這樣的——由本作者事先設計好一份「大四同儕團體督導訓練計畫書」，其內容包括：

1.*篩選*：由大四曾修習過團體諮商課並表現優異的學生中篩選出來。去除時間及動機上不合適之成員後，得五位自願者。其代號為 A、B、C、D、E。

2.*團體目標*：在讓這批大四即將畢業的學生，於經歷過做成員及協同領導（單獨領導）的過程之後，有機會嘗試被督導之經歷。另方面，對大三下修習團諮課的學生，於數週之理論課結束後，也得到一個經歷同儕團體，做成員的機會。

3.*基本規則與結構*：本團體的結構，採發展性（屬初階領導員之督導），個案呈現概念化（以團體中所出現的問題、情境為焦點）及人際關係模式（包括作者與受督領導者及受督領導者與其成員間）的混合模

式。形式為每週 1 次，每次 1 小時（共進行 8 次）。討論材料為該週帶
領團體時所遇到的 3 個問題（以文字、錄音和口頭報告的方式呈現）。
討論方式為自由呈現擬討論的問題，並以督導（本作者）為催化員之方
式，引導團體討論之進行。

　　*4.* 評估：此五位同儕團體領導者（亦即受督者），於每次帶領個別
團體後，會接收到一次由該小團體成員所評估的團體滿意度評量之平均
分數（本作者依呂勝瑛資料修正）。另一份為領導者技巧之評估（林振
春，民 73）。

　　*5.* 此次同儕團體之方案名稱為「社交技巧訓練團體」。係本作者參
考 Morganett（1990）& Le Croy（1994）等書中之方案，摘錄而成。內容
包括「怎樣才是理想的人際關係」、「我最喜歡的朋友」、「人際技巧
與個性」、「如何接受個人不好的特質」、「誤會之處理」、「怎樣拒
絕別人的要求」、「如何提出要求」、及「嚮導夢遊」等八項活動設計。

　　*6.* 成員為修習團諮課的大三選修生，共 38 人。依班級、性別、熟識
程度與適合時間等變項、特質平均之原則組合，屬課程團體之性質。其
聚會次數為 8 次（每次 2 小時），作為課程要求之一部分（但只有團體
文字記錄部分之工作表現列入考評）。成員在參與團體前、後，並接受
田納西自我概念及社交技巧量表（作者依團諮方案之內容而設計，見附
錄 B）之測量。以比較參與此次團諮處理之效果。成員之任務，除參與
團體，獲得團體經驗外，並包括對兩次團體中各 1 個小時之團體過程，
所做的錄音記錄之文字轉謄（表格見附錄 C），以及應用 Hills 的互動分
析表格，以登錄、記錄團體的交互作用。

## 二、督導團體在引發階段之特質

　　由於這五位受督的領導員，與督導（本作者）已相處約有兩年半之
久。修習過由本人擔任的五門課程（諮商理論與技術、團諮、遊戲治療及
大四上、下兩學期的團諮實習）。並處理過一些抗拒、移情的問題，對本
督導的領導型態，已有所調適。故在此階段並無明顯的抗拒現象出現。

團體的進行方式，大致雷同於 Wilbur 等人所倡導的結構性團體督導模式。主要的不同是沒有第四步驟：即「休息 10～15 分鐘，以供受督的當事人有所統整」的部分，但實際上仍有 10 分鐘的下課時間。本團體的進程通常分為如下的步驟。

*1.*督導分發上週帶領團體後所做的團體滿意度評估表，給 5 位受督者並與受督者共同檢視這五個團體的過程記錄謄錄及交互作用評估表（共約 10 分鐘）。

2.按著督導要求 5 位受督者，大致介紹其所準備好的問題討論之文字資料，決定本次問題討論的次序（約 15 分鐘）。

3.開始進行以「問題概念化」為主軸的討論方式。於進行過程中，督導與受督者對受督當事人的交互作用之方式是自發的和隨機的。通常這部分可討論到 5 個受督者每人的一個主要問題，時間約為 10 分鐘一個人（共約 50 分鐘），此外並有中間 10 分鐘的休息時間。

4.個案問題概念化的學習進行方式，包括由督導者就受督者對某一問題的對話，做一個示範對話的回饋舉例（詳見下節）。有必要時，也進行「角色扮演」、「價值澄清」及以「立即性」技巧，解說受督當事人的移情情況等做法。其所以包括教導、分享和立即性等技巧於一爐，主要係因為這些受督者的專業層次介於初級輔導員與中級輔導員之間（她們對自己的問題，均已能有所覺察，見吳秀碧，民 81）。

## 三、督導團體在轉換階段之特質

在 Bauman（1972）分類的「遊戲型態」中，本督導團體的形式，較接近於「服從」（G）及「接受建議」之方式；而督導也同意 Corey 的建議，較多採用的是「支持」及「面質」之技巧。另外也以「我不知道，誰對這個問題有解決的想法嗎？」（F）以及「貶低自己」（I）（開放個人的弱點或失敗經驗）的方式，來平衡領導者中心的團體現象。一般來說，本團體成員在團體中之焦點為「學習」而非「經驗」，故較無領導、控制的爭鬥現象發生。

## 四、督導團體在工作階段之特質

本團體在第 6 次後出現表 7–2 中的「無甚新意」的高原期現象。不但在其所帶領的團體中如此，在督導團體中也開始有人請假、遲到及討論氣氛緩慢。本次督導所用到的對策包括「角色扮演」（L）、「就某一學派（Yalom 的立即性）的理論深入（M）」；但並未做到 Borders（1989b）所建議的「K」（分派受督者各觀察一個重點），「N」（比喻式觀察法）及「O」（使受督者發現個人較成熟的錯誤方式）。

## 五、督導團體在結束階段之特質

約在本團體的第 7、8 次出現，因為經過此次的督導團體，每位受督者都更能瞭解到自己領導類型之特徵及其在帶領團體時所遇到的問題情況（如領導 B 的問題是問話較抽象，領導 C 及 D 的問題是認知性強，較不易產生接納、感受的氣氛）。並且因為畢業在即，督導關係的結束與暫停都是自然而然的結果。

# 第五節　團體督導問題舉例及回饋

本節將以實例討論的方式，呈現帶領本團體所遇到的問題及督導的回饋。由於第 8 次是結束，第 5、6、7 次之形式有所改變（角色扮演），故此次只呈現第 1、2、3、4 次的問題舉隅。其形式為⑴問題的簡單說明，⑵一段實例的引用，⑶領導者（受督者）當時之反應內容，⑷督導所建議的回饋方式（此處 m1.2……代表成員之代號，而 L1.2……則代表領導者之說話次序）。

## 一、第 1 次團體時的問題與督導

團體中出現批判性的成員時之處理／（領導者 A 之問題）。

### ㈠問題敘述

m5 和 m6 同時說到自己是小草和大樹的比喻。m5 提到的是以前的她不太能坦然的當小草，但是現在她可以真誠的表現出自己是小草和大樹；m6 則不一樣，她覺得自己大部分的時候都是大樹，只有在很特別的時候，才會當小草。之後，m2 以挑戰的態度說出她對 m6 的大樹、小草的感覺。這時的氣氛，領導者覺得團體氣氛有些緊張，可以如何處理呢？

### ㈡實例摘錄

m5：到目前為止你給我的感覺像大樹，人家往你那裡靠，便可以很安穩……，什麼時候你會想依靠別人？

m6：心情不好的時候。

ml：你想當小草就馬上能當小草嗎？

m6：馬上？

ml：你心裡想當小草，你就可以馬上轉變嗎？還是你會顧慮一下，因為你是大樹，如果你想當小草，你就能當小草？

m6：那可能要看對象。

m2：一樣是大樹、小草，但是你和m5 的程度不同。m5 是我室友，所以我比較瞭解她的狀況。m5 可以前一刻是大樹，下一刻是小草，變化自如。你情緒低落時，你就可以當小草嗎？我覺得你這樣子，你的生活會快樂嗎？我覺得你大樹和小草的變化次數一年不到 10 次。我的想法是你要從大樹變到小草很難，真的很難，這樣的生活方式好嗎？

m6：我覺得當我想當小草的時候，只有幾個固定的人可以讓我當小草。

### ㈢領導者當時之反應

「大樹和小草是有明顯界限，m6，這樣子的你，你自己可以接受嗎？」

領導者解釋其目的是想讓 m6 澄清她對自己所扮演的角色的感覺與

看法，以避免其他成員總認為她這樣是在壓抑、不健康的。可是又自覺問出來的樣子也很像是在挑戰此一成員。

### ㈣督導之回饋

在這段談話中，m6 似乎成為團體討論的焦點人物，且 ml、m2 的發問似乎都不太信任 m6 能當小草的能力。此時領導者的這種反應，可能會加強團體對 m6 施壓力的感覺，而失去了「執中」性。故領導或可這麼說，「感覺上，m2 會覺得 m6 太強了一些，但 m6 可能會覺得是因為可以信任的人不多。各位覺得這兩種看法上有什麼關聯性嗎？」

## 二、第 2 次團體時的問題與督導

領導者的目標與團體進行方向不一樣時，如何處理／（領導者 B 之問題）。

### ㈠問題敘述

領導者想依照方案設計來進行團體，但覺得不容易達到團體的目標。如「在討論最（不）喜歡的人類特質時，如何同時進行同理的練習？」領導者當時猶豫著不確定要在討論一開始就要大家做，還是放在討論後期？

在團體討論的特質呈現出來後，領導者讓成員自己統整。然而統整出來的資料，並不是像同理、專注傾訴等領導者理想的技巧；而是如豪爽、善解人意、誠實、幽默、溫暖、成熟、有原則……等。這時領導者不清楚該如何「連接」及「導引」團體的交互作用，以使這些資料能呼應團體該次的設計（同理心）？

### ㈡實例摘錄

m6：我們這一組實在是想不出來，所以只有兩個，一個叫自私自利，一個叫小心眼……（沈默 4 秒）

m4：還有一個，固執……嗯。（沈默 10 秒）

m4：我先講我的部分好了，我的是固執啊、自私自利，那跟前面m5講的蠻像，我的固執跟她的獨斷蠻像的。就是自己說是就是，別人說的就比較不加以理會；然後，自私自利也是蠻像的，就是以自我為中心的那種人。

L1：嗯──

m4：你的小心眼呢？（笑……）

m6：小心眼喔，小心眼很難找到定義，可是……可是……感覺的話，我就不喜歡這種人……（笑），我不知道怎麼界定它。

L2：那我想說可不可以用一種方式，比方說他們剛剛在界定獨斷獨行，m5提到是自以為是，或就是想法上，他很堅持自己的想法，在態度上，比較難以溝通。你們剛剛提到的部分是這樣子，如果你簡單的就想法、情緒和行為來描述的話，你稍微描述一下，譬如說：小心眼的表現是什麼，他表現出來的，嗯……。

m6：小心眼的表現就是小裡小氣。

L3：小裡小氣的，還是蠻抽象的。

m6：不知道該怎麼講。喔，對，記恨記很久的那種人，嗯……。

L4：會覺得如果跟人有衝突或有不愉快的事情，她會放在心裡很久，那是不是會繼續用過去的一些印象，連帶影響她跟人的相處？

m6：有時候會。

### (三)領導者當時之反應（見上段）

### (四)督導之回饋

團體的反應雖不符合領導者的目標（同理反應之能力），但領導者仍可以用「示範」的方式，把目標表達出來，來影響團體，如──

L1：「嗯」之後可以加一段話，像「就是說不能同理別人的感受，而只知道自己要的是什麼，並且會認為只有自己的看法才是對的。」

L2：可刪改縮短原句為「那我想說可不可以用想法、情緒和行為三種方向來描述一下？譬如說，小心眼的表現是什麼？他表現出來的是沒

有辦法原諒或接納別人犯錯的情況，是這樣的嗎？」

## 三、第 3 次團體時的問題與督導

連結的示範（增加成員間互動的做法）／（領導者 A）。

### ㈠問題敘述

領導者在團體進行的過程中，感覺到有連結及統整上的障礙，無法克服。這在 3 次的團體進行中一直出現。領導者為此感到有領導上的困難和不能突破的焦慮。

### ㈡實例摘錄

m4 先開放自己曾接受過的最差的負面回饋，之後是領導者亦自我開放，接下來 m8 開始談她的——

m8：國中時，班上有兩群人，我不喜歡屬於任何一個群。A 群比較標新立異，B 群就覺得 A 群很愛慕虛榮。我跟 A 群、B 群都有來往，然後就被批評，我那時覺得為什麼跟 A 群在一起就是不好的？我跟你們也不錯啊，那是我聽過的 1 次最不好的回饋了。

L1：那你聽到時的想法是——？

m8：覺得她不瞭解我，後來又去問，但他只是笑笑說，那是他的感覺。

L2：你也試著澄清，但是對方沒有特別的反應，那你覺得那樣對你有效嗎？

m8：我想是無效吧，不然也不會記到現在。

L3：那對你的影響呢？

m8：把它淡忘，當做是以前認識不清。

L4：那如果是現在你還會再去澄清嗎？

m8：該不會吧。

……

L5：那這裡看到 m8 處理的二個方式，一個是去澄清，另一個是自

已難過不說話。

m2：我覺得 m8 做的對我來說已經很好了。我自己的想法是別人常只看我的表面行動而誤會我，卻沒有想到我已經受到傷害。如果有人這樣，我是怎麼也不會再去說什麼了。

### ㈢領導者當時之反應（見上段）

### ㈣督導之回饋

領導者的連結是否做得較不夠？連結不是只是說把二個人的話結合起來，而是利用此技巧引出成員的交互作用。因此有時候不需要直接或立即回答成員的問題；而可以用等待，或邀請某人幫忙的方式，來串聯成員間的互動。如「這個問題，m8 的處理是這樣，那不曉得某某成員的看法如何？如果是你，你會怎麼處理？」或「這個事情不曉得要怎麼來看待，你（指向某一個成員）可以不可以說說呢？」

## 四、第 4 次團體時的問題與督導

覺得團體動起來的很慢，並且不知道為什麼團體不想繼續前次的未竟事務／（領導者 E 之問題）。

### ㈠問題敘述

領導者覺得團體在前半個小時會很難把氣氛帶起來，在團體後半小時，成員才會開放，漸漸熱絡起來。領導者在團體開始時通常都會先回顧前一次團體發生的重要事件，做摘要敘述；並且希望團體能將上回討論至一半或尚未解決的問題再做處理。但是成員們似乎並不熱衷，問題的當事人也不想再談，領導者想知道這情形是否正常，應該如何解決？

### ㈡實例摘錄

L1：這次團體已經到了第 4 次了，不知道是否有人想先說些什麼？（沈默 20 秒）

L2：這幾次的感受或者是建議，或者是你覺得有些主題讓妳覺得都

在討論別人的事，而你想建議未來該怎麼走？（沈默 55 秒）

　　L3：嗨，請問您的腦子是否在動？（全體笑）

　　m4：沒有意見。

　　m2：對，沒有意見。

　　L4：好，如果大家都沒意見時，我們前一次團體 m3 在團體中分享了她蠻多也蠻深的個人經驗。其中有些不好的經驗讓 m3 在人際中不敢扮演較主動的角色，怕如果又碰釘子的話，就更難打破彼此的僵局了。後來我們又談到拒絕。我想我蠻欣賞 m7 的，因為她曾說自己在社交技巧上較不容易主動去關懷別人，但是在上一次團體中，m7 主動地參與 m3 提供的情境扮演，我覺得你似乎在進步了！

　　m7：不是，我覺得我的意思不是這樣，我是說比較熟的朋友，我會不知道該如何表示對他們的關懷。

　　L5：哦！抱歉，誤會你的意思。不知道 m3 的問題，「如何去拒絕別人」這個主題，大家是否想繼續？因為它似乎是蠻多成員共同的問題。m3 如何呢？

　　m3：我不想再談了，因為我今天身體有些不舒服。（沈默 10 秒）

　　L：其他人呢？（沈默 1 分）

　　m7：是不是可以把主題換成是對權威人士的拒絕，這部分似乎較有問題。

　　（之後，團體朝向權威人士拒絕的主題走。L 覺得每次要將團體成員熱絡起來都是一種壓力或挑戰。這次還好有 m7 解圍。）

### ㈢領導者當時之反應（見上段）

### ㈣督導回饋

　　任何團體的第一個小時是暖身（warm-up）期，領導者原本就需要做多一點事。如果這種立場領導者能接受，則在團體初開始時的 15 分鐘，領導者若能做些有意義的引發，成員比較不會排斥；但是如果領導者做的事是比較形式化的（如發問），那麼團體的暖身期當然會以一種平常

的速度進行，這是很可能的。此外，出於防衛和團體有恢復平衡的動力本質。前次團體中所引發的情緒，在經過一週的冷卻後，其強度通常會減弱，須等待適當的時機或引發，才會再度浮現。因此領導者或可以用分享個人感受及經驗之方式，來刺激團體動起來。如在L4時，領導可以說：好！如果大家都沒意見時，我希望能表示一些個人的看法。m3（面轉向m3），上次回去後我很懊惱沒及時在團體中和妳分享我的感受。上次妳的那種挫敗經驗會使我覺得如果我是妳，我一定做不到那麼堅強和積極的。我在想，「人到底要怎麼做，才能真正接納自己不好的那部分的特質呢？」（如此就帶入本次之主題）。

# 結　論

綜合上述資料可知，團體諮商領導力之督導，應先確定主要的模式架構（人際關係、個案概念化及發展），並在受督者專業成熟的相對階段位置上（依 Borders & Fong 之分類有 5 期，即服從、自我覺察、良心期、個人主義期、自主期及統整期）進行對話式的，個案問題診斷之概念化的以及受督者個人成長與團體發展兼顧的學習經驗。如此即為有效的團體督導。另一方面，由於諮商心理師證照制度之推展，國內目前在諮商實習之內容上，已分化得愈來愈完全。因之一般通稱「在校」（prac-ticm）與「駐地」實習（一般通稱 field 或 internship）之區分亦已出現。國外 Rust（1989）比較兩種實習之異同，而提出一些參考資料。如兩種**實習的督導風格都以當事人中心、行為、多樣與系統為主，其中駐地的又更傾向於當事人中心模式。此外，在校指導較重視「概念性技巧」，駐地則較偏重「專業化技巧」與團體諮商。**最後兩種督導都把「個別諮商」與「團體諮商」列為最重要之工作，其重要性超過教導、諮商與方案評估之內容。

第 **8** 章

組成團體的結構與
團體聚會之始末

# 前　言

到目前為止，對於團體運作中的各項要素，如動力、階段、領導者及成員，我們都已有了大致的瞭解。因此，在本章中，將就其他相關的部分，做一個介紹，那就是團體組成因素之探討，團體結構之論述以及團體的開始與結束問題之討論。

# 第一節　團體組成的需要

大部分的情況下，一個團體是如何組成的呢？要回答這個問題就必須先能回答組成團體的需要及原因。

組成團體的需要，依 Vander Kolk（1985）的看法是採自系統理論中人與團體相互影響的事實。他曾提出一個相關關係表，本作者補充如下。

團體組成的需要——

個人成長之需要：

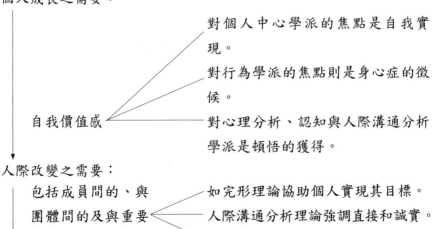

自我價值感　　　　對個人中心學派的焦點是自我實現。

對行為學派的焦點則是身心症的徵候。

對心理分析、認知與人際溝通分析學派是頓悟的獲得。

人際改變之需要：

包括成員間的、與　　　如完形理論協助個人實現其目標。

團體間的及與重要　　　人際溝通分析理論強調直接和誠實。

他人間的　　　　　　　行為學派側重社交技巧訓練。

團體之因素：如大小、目標、角色、及凝聚力。

組織：小團體存在的事實、組織與外在世界聯絡的功能以及本身內部協調的功能。

社區／社會：團體與外在社會間的聯繫（現實功能之檢核）。

在上述的資料中，個人與人際需要的資料，可視為是團體引發的原因與延續的理由。人在其一生中，經歷種種的團體──家庭、班級、學校、社團、工作及至於街坊鄰居及政治結社。這些類型雖有所不同，其基本意義都是為了需要的滿足或任務的完成而存在的。

林振春、王秋絨（民 81）也曾依團體組織的方向為治療團體或任務團體而列出兩種參照表。就治療團體來說，各家（Hartford, 1971； Vinter, 1974； Gawin, 1976； Tropp, 1976；Berthcer & Maple, 1977；資料來源為 Toseland & Rivas, 1984, p. 115）不同看法間的共同性，歸納可有如下幾點：

1. 界定需要。

2. 建立目標：決定團體的性質及服務對象。

3. 澄清團體的贊助者（經費、人員、場地）。

4. 界定團體內的資料：如團體的大小、成員的來源、持續的時間、頻率等計畫。

5. 預備會議：召集有關對象，進一步討論細節、決定團體的階級（開放抑封閉、評估）。

6. 形成初步契約。

而如果要組成的是任務團體，則計畫內容包括如下之考慮（Brown, 1952；Princus & Minahan, 1973；Brilhart, 1974；Tropman, 1977；Leagueof Women Voters Education Fund, 1977 & Techer, 1980。資料來源同上）──

1. 列出待辦事項表。

2. 參考成員背景，決定理想系統之大小。

3. 闡明團體目標。

4.編定團體預定計畫表，內容包括方案、成員、資源、宣傳、出版、組織等細目之考量。

5.依實施程序形成行動系統。

綜合上面的解說，要組合一個團體，約需經過幾個步驟的評析——

*1. 需要評估*：為什麼需要成立這個團體？是個人的動機、組織的計畫、社區的需要抑或上級（如教育部）指派的工作任務？

*2.*組織此一團體的基本內容為何？

可自人、時間、地點、形式、成員／領導者來源、內容等諸項目做一探討。

*3.*可用的資源及待克服之困難為何？

*4.*如何宣傳、收費、錄音、觀察、考評、追蹤？

*5.*計畫（執行）書的初步形成。

*6.*組成並召開第 1 次的協調會議。

# 第二節　組成團體的考慮架構

Trotzer（1977, 1999）在其《諮商員與團體》一書中，也曾就決定需要、建立目標、有關人士之定向工作、可能性個案之定向工作、團體成員的選擇和預備、團體組成之考慮及技術上之考慮等七大方向，提出個人實務工作上的見解。以下本作者將根據其架構，增補說明介紹如下：

## 一、決定需要

正確制定團體計畫的方法乃是先決定其需要。諮商員應該是做了一些基本的調查，決定問題所在及處理問題的有效之道後，才來組織團體。這些有助於諮商員做決定的因素，包括學校中的學生和同事，行政工作人員，家庭以及個案紀錄。同時，為求有效評估這些資料，諮商員必須注意兩件事：(1)所採用方法的性質必須是與有關人士作過接觸後才做的，

以求對其背景之瞭解。(2)接觸的目的在傾聽和瞭解而非建議。惟有在諮商員累積了這些資料並予以適當的評鑑後，他才能考慮到建議這類的事。舉例來說：報上連續幾次出現中學生跳樓或服藥自殺的新聞，而當事人的背景均與優異的學校成績及破碎的家庭有關時，一個敏感的諮商員可能會開始想到，在其服務的學校會不會有類似的事件發生？以及是否該對學校學生實施一些相關的服務。當他／她有了這個念頭時，可以先試探性的在與校長閒聊時或導師會議中提出，並聽聽大家的意見。

### ㈠找出潛在性的個案（學生）

潛在性的個案可說是資料最顯著、正確的來源。在學校裡，當然這些人就是學生了。學校諮商員可利用平常的工作機會，發展一種對學生問題的瞭解。但僅是這樣還不夠，很多學生都不會主動去找老師。因此諮商員需能走入學生群集之處如福利社、體育館，與學生打成一片，並從談話中發掘問題。或主動到班上去，主持一個小型的諮商聚會，或安排一個談天角落等，都是可行的做法。

更正式的做法可包括調查工具的使用。開放式的問卷（如完成句的設計）可用匿名的方式來瞭解學生的意見。而問題檢核表或自己設計的或標準化的問題檢核表則可用來測量學生最關心的事。通常，自己設計的好處在能配合個人工作的特殊環境。另外一種有效的做法乃是使用「同意──不同意」的問卷模式，並設計一些特殊問題的範圍（如「與父母間的問題」等），然後讓學生表示其個人的觀點。如此，諮商員可以瞭解設計某種團體的做法是否適合需要，但如此做的前提是諮商員須擔任課程並有機會接觸學生及班級時才適當。

### ㈡同　事

另外一個可用卻未被充分應用的寶貴資源乃是學校中的教師。我們知道教師是對學生的影響力凌駕任何其他團體的一群人。因此，諮商員如果能與之發展一種積極關係（教室，休息室或在家裡），並真誠的願意自他們那學習某些經驗，將可導致有利的效果。其做法如要求參加教

師們的某些會議，傾聽彼等對某些問題的觀點；利用咖啡時間或午休時間，組織自願性的談天小聚會，當然，與教師們發生社交將是最可接受的做法。也有的諮商員會想到設計建議箱。無論做法為何，目的都在使教師與諮商工作發生關係，減少隔閡，以協助建立團體計畫。這樣，不覺得自已是被強迫的，教師們自然易於傾向支持的態度。而在台灣的本土文化中，另外可行的做法則包括一起上個互助會，一起參加某種宗教團體的活動等做法。

### ㈢行政人員

坐下來和學校的行政人員，像校長等開門見山地談幾分鐘的話，往往也會有積極性的效果。因為作為學校的行政人員，往往會有些讓他傷腦筋的問題人物，所以，如果諮商員主動表示關心和有興趣，那豈不太好了嗎（即使他們未必相信諮商的效果）？不過，也因此要注意的是，可別許下任何諾言，免得產生不切實際的期望。譬如說，自告奮勇的代為處理某班的集體作弊事件等。對於所得到的資料，在採取任何行動之前，也宜有一段保留和考慮的時間。諮商員的這種做法，可協助行政人員瞭解和推動諮商的工作。

### ㈣家　庭

家庭代表諮商員的另一種資源，學校諮商員會發現學生的父母親可能特別有幫助，也可能是特別有困難去接觸的資源。通常和家長發生關係的情況有如下幾種：一種是偶發事件，一種是諮商員的諮詢角色；簡短的問卷，也可用來蒐集家長之意見；或者參加家長會、母姐會，或者組織有關學生問題的小型專題會議等均可。不論何者，家庭都絕對是諮商有關的一個重要資料來源。要記住的是，即使家長的態度是懷疑的又不合作的，為了處理到某個學生，諮商員仍應設法與之建立接觸。

### ㈤學生的記錄

在學校中，諮商員也可以藉學生的資料檔案來蒐集有關的資料。不

過，這樣做時，要注意兩點：(1)以一種有組織的態度先找出特定的問題範圍。然後(2)根據此問題去蒐集資料。不過，近年來，由於公共記錄法律條文之更改，資料的來源可能逐漸變得不正式和無效。

等諮商員把各關的資料都蒐集來後，便可依需要決定團體的使用方式，及團體所處理的特殊問題為何。在此點上，諮商員實已為制定目標的下一步有所準備，並聯絡各相關單位，通知有關的計畫之提案。

## 二、建立目標

目標對團體諮商而言是極端重要的，因為它們提供了領導者和成員所瞭解的方向，並且建立了評估團體經驗價值之礎石。這有兩方面——一般的團體目標以及特殊的個人目標。一般目標是團體的整個目標，也是團體形成的理由，個人目標則與組成團體的個人及其生活有關。Dinkmeyer & Muro（1971）對二者間關係的看法是這樣的：諮商員須具備有相當的彈性，以使個人所關心的事也能與團體之事一樣受到注意。因此，整個團體的目標應勿過份刻板，勿將個人需要犧牲於團體的架構之下。

在做此類決定時，最重要的乃是首先要考慮團體諮商是否是解決這類問題需要的最好辦法？其次再決定目標之制定，是否能和大多數當事人的需求相合。於此一過程中，必須應用到諮商員的專業判斷。諮商員應銘記在心的不只是勿把團體諮商視為萬靈丹，而且還包括贊成或反對如此使用的理由之瞭解。如此方可保證使用團體方式之成功的可能性。

有關團體諮商的一些目標，列舉如下：

1. 協助成員增加對自己和別人的瞭解及接受。
2. 發展有利於個人心理或發展需要的關係。
3. 協助成員尋求認同的過程（Mahler, 1969）。
4. 協助成員發展社交性之技巧及解決困難。
5. 協助成員改變不適應之行為（Dustin & Geroge, 1973）。
6. 協助成員處理共有的一些特殊問題。
7. 協助成員發展導引其生活所必需的自信和自我負責。

8.協助成員處理有關教育和職業決策過程中有關的問題。

9.協助成員檢視有關自己和別人的態度、價值及感情。

10.協助成員學習新的、好的行為（Dustin & George, 1973）。

換一句話說，也就是自我瞭解（瞭解別人）、自我接納（接納他人）、自我肯定（肯定別人）以及自我改變（改變別人）的一種歷程。當然，其他類似的目標還有很多。在團體成員展開交互作用後，個人性的目標會相繼而來。我們可以說一個事前列出愈具體目標的團體或個人，其收穫愈大是不用置疑的。

## 三、相關資源人士之定向工作

本節之目標在協助這些與當事人有密切關係的人，瞭解團體過程的性質和意向，澄清誤會，回答問題，同時獲得其支持，這當然包括當初提供資料的那些人在內。所以，總結而言，有關於團體過程、性質和目標在內的定向應涵括同事及有關的家庭在內。

學校中，諮商員有很多選擇的可能。像組織在職進修方案，同事會議上的演講，或和個人及小團體產生聯繫。方法則有演說、示範或問題討論。這方面的重要問題有——不同團體的區分、團體過程的優點、團體諮商的理論架構、團體過程的性質，以及領導者的角色等。而其呈現方式則以實際演出的效果最好，因為可產生身歷其境的經驗。另外一種變通是用錄音或錄影的材料，來引發瞭解及興趣。還有另外一種做法則是以同事的角色扮演一種典型的諮商情境。最後，則是一種團體練習的小型演出的做法。

不管所採用的方法為何，方案引發者所需注意的是向教師介紹——

1.經歷團體的利益。

2.團體的性質——學生如何選擇，目標為何。

3.保密的重要性。

家長本來是這類活動的最重要角色之一，只是以往的學校團體其參與的學生多半是違規犯過者，家長也多半極難聯絡。近來由於教育的理

念更形普及，家長的合作意願有日益提高之勢，有效的諮商員正可好好利用。

## 四、潛在個案之定向工作

　　本節之目標與上節大致相同，不過多了一點就是如何激發起這些潛在可能個案的參與興趣。關於此點，最好的做法乃是在全班聚會的場合作介紹，像在班級輔導中安排適當的活動。這樣做可以達到兩個目的：⑴學生可熟悉團體過程及參與此過程可能有的利益，⑵增加學生對諮商員角色和功能的一般知識。有組織性的做法，像準備講義或視聽器材之使用等，都可增加介紹資料時的有效性。常用的主題包括「如何選擇未來的職業」、「有效掌握讀書之道」、「認識自己的個性」、「拒絕的技巧」等。同時並可準備一些問題來使學生討論。這類聚會中的關鍵部分，乃是一種迷你型的演示會，讓班上學生參與一種簡短然而有效的小團體活動，坊間張老師出的各種自助書籍中列有很多溝通活動的內容。這種做法不但向學生介紹了認知的部分，同時也讓他們得到經驗性的收穫。另外一種做法是在輔導室定期推出不同心理團體的活動海報或校外的有關活動的報名表。

　　當然，諮商員也可以利用平常的諮商關係或情況，來介紹有關資料。不過，就像前面所說的，單單這樣做的效果很值得存疑，應該配合以同事，家長或演示會的合作才好。另外也可以考慮在學校集會的場合宣布消息的做法。不過在這件事上，不但要注意消息傳播的廣度、速度，還要注意效度，也就是表現時的藝術性和吸引性。所以，適當的能力資源（美工人才、海報畫者）乃是必需的。

　　Freeman 提出六點注意事項──

　　1. 向學生介紹團體諮商時，要讓他們知道團體諮商有助於自己和別人的瞭解及相處。

　　2. 要說明聚會中所談到的內容是絕對保密的。有些話在團體以外是不討論的。

*3.*要說明這不是一個「治療性」的團體，免得產生不健康之誤解。

*4.*諮商員應定出能給團體的工作時間表，及每週每次的工作細節。

*5.*向班上說明所將組成團體的大小及選擇標準。

*6.*向班上說明，參與者須先經過個別晤談。如此既可使諮商員做篩選的工作，又可讓學生們有機會問些個人性的問題。

如果諮商員能適當地對需求有所評估，便可導向實際的組織團體之工作。不過此處要申明的一點乃是雖然本章中是以團體諮商來舉例，其他類型之團體，也同樣適用於此模式，只不過在應用時，須考慮到各該團體的特殊需要而已。

## 五、團體成員的選擇和準備

團體成員的選擇和準備是多數學者常存之於心的一件事（Mahler, 1969；Gazda, 1968；Ohlsen, 1970；Dinkmeyer & Muro, 1971），因為這和未來團體及團體形成前的個別晤談有關。事實上，在受諮商者顯示出對團體諮商的興趣之後，給他們一個個人性的晤談不失為一良策。晤談中包括有三重點(1)當事人的期待，(2)諮商員的評估，以及(3)個案所做的承諾。

### ㈠當事人的期待

晤談的目的，自當事人的觀點而言，乃是發問並對團體過程有一客觀的期待。Ohlsen（1970）說如果個案在加入團體前，便能先明瞭團體的期望，將可產生最大的利益。Dinkmeyer & Muro（1971）也曾經說過團員應瞭解改變的責任，及協助他人改變乃是所需做承諾的一部分，並且包括對個人社會都有利的成長，也應是團體工作的目標。所以，我們可給當事人一些時間，說明個人希望團體協助改變的問題性質，並且瞭解到在團體中有此機會，可以自由、誠實地表露感情，做建設性的討論。只要有心想要改變，那麼準備好建設性地參與團體乃是最重要的。

### ㈡諮商員的評估

從諮商員的觀點而言，晤談的目的乃在(1)評估成員參與團體諮商的

準備，或者(2)發展此種準備，以及(3)蒐集有助於甄選的相關資料，而同時(4)開始認識個案。諮商員的角色在此並不是與個案諮商，而是在澄清團體過程之性質，及蒐集有助於達成個案對團體參與之資料。在此，諮商員的專業性判斷也包括在內，對每個人及對全體可能有的影響，都應予以考慮。一般來說，諮商員須能決定要如何才能使每個人適應團體諮商，並根據這種瞭解來組織團體。

### (三)受諮商者之承諾

Nelson（1971）指出在可能成為團體諮商份子之承諾上包括 3 個步驟：(1)表明參與的興趣，(2)做過個別晤談，(3)參與團體聚會。而其中第 3 步是最重要的。Ohlsen（1970）更強調承諾的重要性，他說「從團體諮商中獲益最大的乃是那些認識和承認個人求助需要，並願意討論、解決問題和改變個人行為的當事者。晤談的目的應能催化之。」

但有的時候，限於時間、精力，無法逐個晤談，此時，採用起初幾次的團體聚會，來進行上述各項活動也是可行的。事實上，有些領導者寧用後一種方法來取代前一種方法，以免刻板印象的影響。並且在團體中自然形成的晤談和承諾，似乎也更有效。

## 六、團體組成的因素

從組成的觀點來看，團體諮商員就好像一個廚師，必須要適當的配料，適當的火候才能產生完滿的結果。不管在何種形式的團體組織中，總有某些比較重要的因素，顧此或失彼都容易造成問題的爭端。而事實上，已有的研究尚未能就此點做出結論，唯一的憑藉乃是實際經驗和某些研究的調查。以下將歸納為幾點列述之。

### (一)同質性對異質性

這個問題兩者是各有其利弊。不過處理正常個案為對象的諮商員，倒不必為何從何去而煩惱，保持一種彈性的態度要更適當些。決定的標準應依問題的性質及工作對象的當事者而定。大家有共同關心的事，雖

一方面可促進認同和催化團體凝聚力的發展；在另一方面，同一件事討論的太多也可能破壞團體的過程，而對成員失去吸引力。Bach（1954）認為異質性團體可使成員學到與不同的人產生關聯，但是 Mahler（1969）則警告說太大的差異會造成溝通的困難和關係的形成。Nelson（1971），Dustin & Geroge（1973）因此採取一種折衷的立場，建議團體應包括一些不同種類的成員，也就是說，似乎中庸之道還是一種最好的辦法，既有足夠的差異可以吸引彼此的興趣。又有適當的一致性，足以使參與者感到舒適和認同感。當然，某些有特殊問題的團體，像破壞性行為等，可能還是採同質性組成較為有效。不過成因複雜的團體，如社會性、競爭性等則以異質性組成為佳。總而言之，最後的決定還是要依賴諮商員就一己之經驗、學理及成員問題的瞭解作一綜合性的結論。

### ㈡年齡和成熟

對大多數的諮商團體而言，讓大多數年齡相仿的成員來組成團體是比較好的做法。對沒有受過教育的成人團體，這點並不那麼重要。至於大多數人則同意成熟是比年齡更重要的因素，但是，給成熟一個合適的定義卻並不容易。Dinkmeyer & Muro（1971）覺得對孩子團體而言，重點應在發展性因素而非年齡因素。Ohlsen（1970）更確定地說社會性成熟要遠比年齡重要多了。所以在組成團體時，年齡的因素固然重要，其他因素的討論也是不可或缺的。當然，如果為特殊目的，也可以不考慮年齡的問題（如組織父母子女溝通代溝的團體等）。

### ㈢性　別

文獻指出，同性團體適合於青年期以前的對象，因為他們正當追求自己性別認同的階段，而混合兩性的團體則較適合於青年和成人團體。Ginott（1968）補充說學前兒童也適合混合團體。事實上，真實的世界本來就由兩性合成，所以在這種團體裡探討問題，豈不更符合實際？（Ohlsen, 1970）不過仍然有些例外，要看問題的性質而定，像紀律問題的處理，就顯然以同性團體為佳，而社交問題當然是兩性混合的團體為

宜。

### ㈣其他因素

在選擇和分配成員時的其他考慮包括口語能力、背景和人格的相似性、先前熟悉的程度及友誼等。其中口語能力，特別是其潛能部分，須先予以評估，以免兩者間的極端差異會干擾到溝通的進行。反之，如果能力相當，善表現的成員可以示範給不善表現者一些榜樣，這是好的，但二者相差太大時，則易造成挫折的經驗。事實上，口語能力差的成員如果被大家注意、期待講話，他會感到極端的困窘，進而導致退縮或攻擊的行為來保護個人深受傷害的自我觀念。

如果真要考慮到背景和人格的相似性，勢必會花費諮商員無數的時間和精力，更何況各種文化、環境、家庭、種族和人格間的差異及其對交互作用的影響是如此微細，使得這件事顯得更不可能，也超出本章談論的範圍。因此，我們所能做的，乃是大略地做一番瞭解，找出可能有重大影響的因素而處理之。在許多個案的差異中，特別是關聯到文化或種族的，我們不應因其差異性而試圖排除之。所應做的，應是事先注意其可能影響，把它看作是一種好的刺激。由於瞭解自己和別人，對任何團體都是一種重要因素，背景和人格的差異當然是有助於瞭解的增加。不過，在個人性的例子裡，有時我們可能會決定從團體的參與中，抽出某人，以免有效的適應和參與受到阻礙。

先前的友誼對成員的選擇可能是一件棘手之事。有時，把相識或舊友放在同一團體甚至還有反效果，因為這些人之間往往會形成派系。同時，這種做法，有時也會傷害到友誼的本身。但在另一方面，友誼有助於坦白或解決個人的問題。團體可經由協助成員學習走向更深瞭解和更好溝通的做法以增進成員間的友誼。諮商員可設法在其他的情境中觀察之，與之談話並試圖決定其關係的基本特徵。因為事實上要求所有參與者都是陌生人的做法是不可能的，所以諮商員所需關心的，應該只是可能干擾團體過程的某些因素而已。

諮商員有關這些因素的主要考慮，乃在團體之組成上發展一合理的平衡，以催化而非破壞協助的過程。如果最後所選擇的成員能適應小團體情境，同時避免某些極端的變化，那麼結果的效果將是可預期的。

## 七、做法上的考慮

除了選擇和安置的考慮上，技術上的問題也值得講求。這部分的決定和策略事實上會影響團體的性質。這些因素也影響團體對領導者的最初反應，主要的幾點因素如下：

### ㈠志願對強迫性的參與

諮商員首先要決定的應是成員參與的性質。這方面有三種形式──志願、強迫志願和強迫參與。志願者係基於個人意願或所看到的團體諮商之資料，朋友的介紹等而前來，他們是最有可能從團體中得益的一群人。Johnson（1963）指出因個人感覺受苦而來求助的個案諮商，其效果遠勝於被家庭推介而來的個案。Ohisen（1970）也肯定說志願者比非志願者更有可能得益，Mahler（1969）因此認為，基於前述理由，決定參與與否的權力應留給當事人。同時，和志願者工作，諮商員也較易感受到成功。志願也是增進承諾的秘方，因為成員自願為其在團體中的交互作用而負責。但這並不表示參與者須全部志願才行，如果諮商員也這麼認為，那無異自限其功用。

強迫的志願者好比「中間先生」，他們之所以來參加團體諮商是由於外在因素的考慮，雖然是來了，心中仍多少有所疑惑和不甘。他們也會提出問題讓大家討論，但動機則是讓團體有事做，不致成為特殊份子。所以對這種成員，開始階段往往要花比較多的時間，以建立信任和接受的基礎。如果能小心地處理，最後應能說服成員瞭解到不管參加的動機為何，最後是否能得益的決定權仍在自己，這往往會改變他們的態度，而得到參與上的合作，但是如果催逼的太快太急，則可能會使他們後悔這個決定，而否定團體在協助上的任何效果。

Mahler（1969）認為對某些人而言，強迫性的志願是必要的（如行為過份的學生），因為「團體諮商乃是用來協助那些引起麻煩或有適應困難的學生一個發現自己的情境」，諮商員要能決定與這些強迫志願者工作的效果，是能導致積極的變化抑或引起反效果。瞭解到與這些人諮商的效果，會不如與志願者工作的效果之後，諮商員仍有可能得到好結果。Gazda（1989）總結這方面的論題，他說：個人在進入團體時，必須已經或是能夠發展出一種改變的意願。而非志願性的個案，只要他們停留得夠長的話，也有可能經驗到團體過程的有利結果。

基本上，諮商員到底應與那種成員工作是存在於兩種型態之間。(1)志願的，以及(2)諮商員覺得能對之有益的。在這兩種基礎上，諮商員得以組織其團體。唯一要注意的是即使是志願參加，選擇上仍應有所考慮，以及諮商員必須要承認這個事實，即團體諮商未必能對所有人都有用。

### ㈡開放式對閉鎖式團體

另外一點諮商員必須要能決定的是，團體的組成應是開放式或閉鎖式。開放式的團體中，舊成員離去，新成員進來輪流不息；而閉鎖式的團體組成中，成員的人數則是固定不變的。兩種各有其優，不過在團體諮商中，趨向應是閉鎖式。關於此點 Dinkmeyer & Muro（1971）有個很好的理由，他說：團體必須發展，為求有效，團體須朝向某些階段而進。而這當然需要時間以形成凝聚力。

新成員的介入往往阻礙發展的過程，因為團體中會出現不同層次的需要的緣故。如果決定要讓某人加入，領導者須能先與團體討論，並把新成員統整於團體的工作看為是團體的責任。因此，在吸收新成員時最好採取一次一個的原則，以免給團體帶來太大的壓力而造成發展上的退縮。雖然增加新成員會給領導者和團體加添負擔，但只要使用的策略適當，並且原有的基礎穩固，那麼，吸收的工作往往可以加速完成，並且對團體而言，也是一次積極的經驗。

多數情形下，保有原團體是比較好的做法，因為可催化團體一致的

感覺。而這可增加認同及和諧性，導向更多持續性的發展態度，在這樣
的團體中，不會有什麼「新、舊、未完成」之類的事項；然而，開放式
的團體，則不可避免的不斷有「新的事情」發生，甚而妨礙了對原有事
項的關注。

### ㈢團體的大小

到底怎樣大小的團體才能最有效，事實上，並無統計依據，但是，
倒有不少的資料強調限制團體大小的必要。一般來說，諮商團體的人數
以不超過 10 人為宜。Mahler（1969）說：超過 10 人的不利之處，是有
些人可能因而被忽視或無法充分地參與團體，或可以趁機在團體中混過
去，這結果使得該團體更像一個班級而不像一個諮商團體。

對青年和成人團體而言，6～10 人是個理想的數字，既可讓領導者發
揮功能，又可讓成員間有足夠的異質性和參與機會。對孩童而言，則以
4～6 人為恰當。Mayer & Baker（1967）指出兒童團體的大小，主要依年
齡和成熟度而定。而且，雖然有專家的意見，領導者個人最後的決定才
是真的，這決定須立基於諮商員對大小不同團體的有效性和自信程度，
以及對成員的瞭解而定。

### ㈣聚會時間的長短和次數

關於此點，也尚無定論，通常須依團體形成的結構而定。在學校
中，聚會的長短多半配合上課的時間，而次數則由學生和諮商員共同決
定。Mahler（1969）認為團體應該每週聚會 1 次，最少連續 10 次。Di-
nkmeyer & Muro 則建議 1 週 2 次，減少或增加的次數依團體的發展而定；
通常聚會的次數愈多，凝聚力也愈強。無論如何，適當的時間間隔乃屬
必需，俾便成員們有時間回味團體的交互作用，並為下次做準備。

雖然配合班級時間的團體可適合學校中課程之安排，但對團體過程
而言，卻非最理想的。因為時間稍顯短了些，而事實上通常的團體活動，
需要有些時間來培養氣氛，還要花 10～20 分鐘以決定團體的工作，這是
很重要且不可忽略的，而真正的活動過程本身又至少需要另外的 40 分

鐘。

事實上，比較理想的聚會時間長度應是 1.5～2 個小時，因此在學校中，可考慮在上課以外的時間中安排團體諮商。無論如何，班級時間的長度仍是最常見的安排，因此諮商員必須學會控制時間和進度，以免耽誤別人的上課時間。對較年幼的孩子，時間長度應縮短從 20 分鐘到 1 小時不等，依學生的注意力持久度，及實際活動和行政管理上的要求而定。作者個人的經驗，團體初階段聚會次數宜多（如 1 週 2 次）但時間宜短，中階段聚會時間可正常（1 週 1 次）但時間宜長（3 小時），至末階段，則改為聚會時間間距大（如 2 週 1 次）而時間維持正常（如 1 次 2 小時）。如此最能符合團體運作的自然動力。

### ㈤課程表

在學校情境中，課程表之安排乃是最讓諮商員頭痛的事之一，特別當團體諮商的工作不能得到學校同事及行政單位的支持和合作時為然。因此諮商員的首要之務乃在召集一個會議，向有關人士介紹並發展積極的工作關係。如果可能，團體的聚會應排在學生的空檔時（自修課）或與一些重要的課程相連，像「瞭解我」的課上。第二種做法乃是輪流開會的時間，使學生不致總因為老師沒來而無法上課。Mahler（1969）所建議的第三種策略則為用來協助搗蛋生事者，他建議團體應可安排在常發生困擾的時間內（如放學後的 1 小時中）聚會。無論採用何種做法排課程表，應是成員和諮商員共同的義務和責任，其他有關人士的瞭解和關懷亦屬必需。一旦排定後，應向成員公布並儘量遵行，除非有特殊事故變更。

### ㈥物理環境的安排

要說「房間影響團體」未免有點誇張，但事實上的確有影響。特別在團體初期的交互作用中為然。Mahler（1969）認為適合團體諮商的房間最好是小到人與人之間無法有閃躲或距離，然而卻又大到不致太擁擠或妨礙私密性。最糟的是環境所在地的外界相當嘈雜，或更「尷尬」的

是當某位成員正談到有關個人的問題時，忽然有他所認識的外人闖入。Muro & Freeman（1968）則認為每次聚會應使用同樣的房間，因為換來換去也會妨礙團體的進步。至於要不要有桌子，坐在椅子上或地板上，則可由領導者及團體來作決定。無可諱言，舒適的設備的確是有助於諮商的。談到坐的方式則以圍坐一圈為佳，因為較能促進交互作用和溝通的緣故。最後，房間內的適當裝璜雖或可增加成員的舒適感，卻也可能成為他們不專心參與的藉口，因此，身為領導者，須能注意到此點。總而言之，以個人的經驗來看，團員對同伴和聚會目標的關心才是最重要的，有了這二點，再壞的物理環境下，仍然有可能有好結果。反之，在團體沒有足夠吸引力之前，物理環境的安排就更重要了。

### ㈦結 論

建立一個團體計畫的基本步驟包括(1)決定成員的需要，並且蒐集得愈多愈好，(2)在評估這些需要後，決定團體諮商的重要性，並據此建立組成團體的一般性目標，(3)向有關的重要人士介紹團體的性質及過程，以獲得其支持和合作，(4)向可能性的個案澄清團體過程的性質及利益，以引發其參與動機，(5)在晤談的基礎上，選擇和準備成員，以解答疑問，發展期待並獲得承諾，(6)根據有利於協助關係的因素，發展並組織某些特殊的團體，且運用有關的技巧，以促進成功。

# 第三節　團體組成的一個實例

為協助瞭解，本節試描述一個實例，來說明團體的組成。

## 一、需要評估

在遊戲治療之課程設計中，為了讓學生能獲得「經驗性的學習」，本作者經過思考，決定在學習中增加兩種團體經驗。其一為遊戲治療所

使用的媒體有關的團體經驗，如砂／黏土、舞蹈、戲劇及繪畫。另一個則為與遊戲治療的主要對象——兒童之言行有關的經驗。

## 二、目標設定

就前者言，其目標在經由分組之決定，合作準備、計畫，分配教材、地點及實施，使得修習本課程並加入某媒體組的學生，得以在小團體的情境中（5 人 1 組），經歷團體和媒體所帶來的治療效果——如黏土本身可以任意揉捏的特性，可導致放鬆，而使情緒或心裡的壓力得到發洩或轉換的功效。小團體中彼此的分享與回饋，則使得個人心理處理的過程，得到一個現實性檢核的機會。就後者言，目標則在經由連續性（依老師所準備的表格項目）的觀察某一幼兒（對象是本校附設幼稚園的兒童，須聯絡園長及家長，取得其同意）及其在教室環境中的互動，來增加對兒童對象形成觀察的能力（不但看其所表現的，還要看出其所未出現的部分之意義），以準備未來真正實施遊戲治療時，能正確的知覺、解釋所得到的資料之意義。

## 三、可用的資源及有待克服之困難

就媒體部分而言，文獻部分的資料以繪畫部分最為豐富，戲劇部分最為缺乏，沙箱治療的文獻雖多，但多為英文，學生仍是無法使用。就實務部分的進行步驟之文獻而言，則以舞蹈最為缺乏。因此須有老師（本作者）之介入，協助學生在相關的範疇中，尋求資源（如出借老師本人的參考資料，代學生聯絡有關人士等等）。經過這種步驟，學生仍發現沙箱治療的經驗不易，因此決定改作黏土。戲劇部分之實務錄影帶，經有關單位之惠允，在開學一月後，可望取得。

## 四、如何處理宣傳、收費、錄音、觀察、考評及追蹤等工作細目？

1. 宣傳部分：主要是對幼稚園有關家長所做的簡單說明（內容包括

實施此次觀察的原因、目標、內容、時間、方式、對被觀察者之貢獻、對幼兒教育之意義等），除經由園長篩選並決定可能對象外，並將於結束時，附上一份觀察記錄總報告以說明之。

2. 收費：由於此活動屬課程經驗之範圍，故無收費之考慮。

3. 錄音／錄影：在每次經驗小組的活動中，均有錄音、錄影及文字記錄過程和感受之作業要求。於 8 次（每次 1 小時）的媒體團體活動結束後，每組必須呈現一個 10 分鐘的錄影帶，藉以討論該項媒體（砂、土、畫、舞蹈、戲劇）的治療性意義。

4. 觀察：在幼稚園的兒童個別觀察部分，本作者參考幼兒發展評量有關的資料，摘錄出五份表格，分別代表文字軼事描述、行為檢核及交互作用觀察描述。並設計出 8 次的工作任務，分別是：認識被指定觀察的兒童之名字、班級環境；建立起中立（中性）的觀察者關係，繼續認識該兒童，初步形成觀察資料；認識該兒童交互作用的對象之名字；開始練習做文字記錄；就某一實發事件，做過程／內容之描述；檢核表觀察；交互作用登錄；開始做統整記錄。

5. 考評：本次課程團體之考評分為認知、經驗、個人、團體等共四個部分。就認知而言，全班以分成 4 組的方式，分組負責摘錄各 50 頁的英文個案資料，中文電腦打字後，印發全班，所得的分數屬團體分數。經驗部分之考評又可分成兩種，第一種是參與媒體團體的收穫與工作成績展示（以 10 分鐘的錄影帶為評估依據）。第二種是個人觀察幼稚園兒童所得的總報告說明資料（但此部分，不是強迫性的參加，故非每人必交）。

6. 追蹤：本次課程團體的設計並無追蹤部分。只是對幼稚園幼兒的觀察結果，於說明報告會後（最後 1 次結束後舉行，對象是幼稚園老師、園長及被觀察兒童之家長），如有需要，可能會考慮採「家長親子遊戲治療團體」的工作坊之服務方式來繼續未盡之意。

# 第四節　團體之「始」——第1次聚會的最初15分鐘

　　團體的初次聚會在團體的整個週期中，具有特殊的地位。因為不論對領導者、成員或團體，這都是一個新鮮然而關鍵的時刻。因此本節將自團體、成員和領導者三者所須注意或經歷的內容，來逐一介紹。

## 一、團　體

　　團體初開始的十幾分鐘是外在社會的縮影。大家都試圖表現社交性，所以寒暄、無意義的談話或打哈哈都是自然的反應。由於根據 Schutz（1958）的看法，人類的互動與三種基本心理需求密切相關——情感（affection）、控制（control）與包含（inclusion）。因此對初次聚會的個體，「包含」（與別人有關，配對一有伴）是個最常見的情況。此時，藉著觀察：誰選擇坐哪裡（中間，外邊，與熟人坐），誰主導對話，誰是落單者（或陌生者），他／她對落單情境的反應方式（自在、緊張）。同時察覺成員對觀察的反應（毫不在意、偶爾偷窺、不時打量等）；**一個領導者得以在團體初始的 5～10 分鐘內，結構出一個完形的「力場」**（force-field）。如果以圖形表示，通常是這樣的可能——

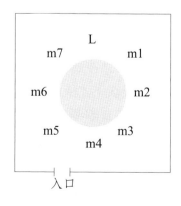

*1.* m1、m7 和 m4 有可能出現較多對領導者問題的反應或建議及發問之行為，因為其位置隱含對領導者的接近或挑戰的一種立場。

*2.* m2、m3、m5、m6 有可能是上面 4 位成員之一同來的夥伴，因此較易出現「附合」、「跟隨」的談話方式。此外，如果是無同伴在同一團體的成員，也可能會選擇 m2、m3、m5、m6 的位置（如果領導者已坐在對面，而這四個位置還有空缺時）。

*3.* 而領導者如果是最先到達者，則其所選位置是面對門、背對門抑或靠牆而坐等，當然也有其不同心理意義的內涵。

因此我們可以說，在初次團體的最初階段，團體中的主要力場是「陌生」、「防衛」和「試探」的。在這種情況下，領導者的知覺、選擇和反應，自然對整個團體的過程，有極大的影響。下面試描述領導者的資料。

## 二、領導者

**領導者的經驗比其專業對初次團體的帶領是更重要的影響因素**。原因無它，對有過一次經驗的領導者而言，他／她至少可以預測即將發生的事情之內容；而對沒有這種經驗的領導者來說，無論如何預習，其瞭解都是認知的。

**因此新領導者最需要準備的便是自己**。他／她不妨問自己幾個問題：像一般說來我是個容易緊張的人嗎？當我緊張時，我的面部表情、語調和談話反應，會有怎樣的特徵嗎？通常最能幫助我放鬆的方式是什麼？我知不知道如何向團體中尋求救兵？而最後一個問題也是很重要的，那就是「如果這個團體帶的不成功，我認為自己該付多少的責任？」通常新領導者往往認為自己須付很大一部分的責任。但到多少百分比算很大呢？如果是 90% 的話，那麼新領導者事先所須思考的，乃是還有沒有什麼可以做的，來減少 10～20% 的比率，使失敗成為較可忍受之情況。當領導者能事先做到這個地步時，他／她實際上就不致於太失敗了。

因此，相較於其他參考書籍中所介紹的對策，如發揮個人的領導風

格、設定目標、選擇暖身活動、……等項目，本作者認為更重要的是「領導者於開始帶領團體之前，能對自己先做過一番領導力上的價值澄清」。並設法先練習體會涵泳如下的問題，像——

　　*1.*團體是跟我一樣緊張的。

　　*2.*團體的沈默、成員的不回答或竊竊私語乃是緊張的表現方式（而不等於對領導者我之抗拒）。

　　*3.*只要我能接納這些，這些「現象場」就不再只是壓力，而且還帶有「意義」和「需求」的內容。

　　*4.*不管是開個玩笑，或開始介紹自己及此次團體之目標，團體的結構都會在 10 分鐘後逐漸形成。

　　*5.*我現在已準備好帶領大家（這個團體）來經歷團體了。

## 三、成　員

　　對一個有經驗的領導者來說，成員在初次團體最初的表現，絕不僅於只是情感、控制或包含的心理向度，或沈默、傻笑、言不及意等社交性行為而已。成員在這第 1 次的最初十幾分鐘內，經由座位的選擇、與同伴的應答、身體的姿勢、面部的表情、問話的內容，其實已向領導者顯示很多關於「我是誰」的豐富內容了。下面僅根據本作者的經驗大致描繪如下：

　　在一個 8 人左右、男女混雜的團體中，通常會遇到如下幾種成員，而其需求分別是這樣的——

　　*1.*占一半左右的成員，外表是平常的，談話的方式、內容均合乎一般社交情境的禮儀。他／她對團體的目標或需要通常並不具體，是屬於「隨便，都好」型。所以領導者適宜以較清楚、結構的立場與之溝通。其方式包括分發事先準備的團體進度大綱或活動說明，要求介紹自己，說明個人目標；並以輪流的方式，建議團體規範或契約。

　　*2.*容易在第 1 次就讓領導者有較深刻印象的成員，則類型各有不同。不過通常仍可歸類為如下幾種——

(1)他們的領導者：此種成員或由於某正式角色（如班代），或由於其非正式領導者之角色。常在一個新團體的情境中，代表成員團體與領導者溝通（像聚會時間，次數的適宜性，領導者須得到的成員資料之回答等）。其特質是穩健的、平和的、殷勤的和態度和悅的。領導者須注意的是不要依賴對方太多，剝奪了對方做成員的權利。

(2)特別演員：說來有趣，「有人的地方，就會有事」這個說法，真是一點不假。因為「只要有團體，就會有特殊成員」。故此處開個小玩笑，稱這些成員為特別演員。他們或者是衣飾言行出眾（不一定是正的特質，有時是黃板煙牙）；或者是言辭銳利，隨時都可以捉出領導者的語病；或者是情報局出身，常常向領導者說明別的領導者的領導模式或要求；或最遲匆匆趕到，口說對不起手裡收起大哥大的天線。不論劇本為何，這類成員無疑是會給團體帶來生氣。所以領導者不妨先以「供應者」的角色接納對方。

總結來說，團體的第 1 次主要是在做獲得和形成「結構」（角色，規範，進行方式）的工作。領導者第一個要做的，便是確保自己已大致瞭解團體中會遇到的現象及對此種現象能擁有一種客觀的心理動力的解釋。其次領導者須先花些時間，複習個人領導類型的特徵並設法寫下對各種情境的有效處理之道。而在真正聚會時，則可以用接納（供應型）、主動、友善（管理型）、充滿信心希望（魅力型）的言談表情，使團體化解緊張，滋生信心。同時須注意個人言詞或說明時的簡要（不講學理，不長篇大論）、清晰（可在每一個段落，稍微跟團體一起來檢查此事）。最後也是最重要的事（尤其對中國的領導者及成員來說），乃是在這第1 次的聚會當中，便應清楚表明領導者「參與」多於「帶領」及成員每一個人都有「責任」的立場。要達到此點，除了口頭說明外，領導者可做的便是「忍耐曖昧情境（團體中出現沈默時）的能力」以及巧妙連結成員問領導者的問題為另一成員之回答的技巧（「連結」）。同時對團體的契約，領導者雖可事先有所擬定。但最好是在團體中經由討論而確認（如保密的情況，做不到時如何補救），並且宜少不宜多（三條便夠了，

如「不把團體中發生的事，跟團體外的任何人討論」；「團體離去前，講出自己最想講的話」等等）；到底，「有效」比「壯觀」是更重要的考慮。

# 第五節　如何使團體有效的結束

正如事前準備是解決團體初次聚會時問題的有效策略一般，為求在團體結束時，有一個正向的收穫，團體的結束工作之準備，也應在結束前約三週左右便開始。而其所牽涉到的項目，亦包括團體動力、領導者和成員三部分。茲分述之。

## 一、結束前的團體動力

物理學上早就昭示我們，一個物體的運動一旦得到引發有了開始，必然呈現一種由慢而快而再變緩慢以迄靜止的過程。心理團體的運作，亦復如是。它像一個旋轉的陀螺，開始時的問題，也許是旋轉不穩；到後來的問題，則有可能是停不下來。其所以如此是有原因的。團體是人的集合，人的需求往往與關係（包含、控制）和情感（感受，這部分是 W. Schutz 的理論）有很大的關係。在連經若干次的持續性聚會談心說情之後，「親密」的、「熟悉」的那種正的情緒往往是使離別特別困難的原因（這尤其對感情經歷不深的青少年團體或心理涉入很深的心理劇團體等為然）。Kellerman（1979）也曾說過類似的意思，即團體是由一個人的剖心而引發一群人交心的一場過程。在這種過程中，藉著看到別人的掙扎，引發一群人的掙扎；而使得團體的文化最後有了改變——由外在世界的社會性表現方式，變成是內在的真實、實然狀況的瞭解與接納。Garvin（1981）也曾沿用 Rose（1964）對死亡、悲哀調適的五種心理歷程來解釋團體結束前的幾種心理狀態。像是否認自己有離別的情緒；藉著批評、攻擊領導者的設計或帶領來掩飾自己不想結束或自覺未達成有

效成長的挫敗感；因覺得後悔未把握時間處理自己，而希望能再有機會的延長團體聚會期限之要求，或是由於移情（依附）而產生無法面對別離的依依之情；以及提出種種未必能實現的要求／建議（如約定在某成員家繼續聚會，要求大家合拍合買紀念照等）。凡此種種，都是和結束、分離有關的情緒及行為。領導者須如何因應才算有效呢？

## 二、領導者在團體結束時的任務

領導者也是團體的一份子，當然不能例外於上述種種的七情六欲。重點在，除此之外，領導者還是唯一一個肩負主要反應責任角色的人。因此，他／她更需要處理的是整體的情況，以下就分別說明之。

### ㈠客觀評核團體至此所達成的收穫

評估的資料，第九章中將再詳細介紹。此處所須注意的，只是領導者在團體中期之後，便須開始思考檢核如下的幾件事——

*1.團體所達到的階段*：是工作期，還是安全期？（以大多數成員之表現為標準）有沒有退回現象？原因和處理是什麼？

*2.成員的分類*：有效成員是哪幾位？有沒有「慢開的花」（結束時才準備好開放的成員）？有沒有哪幾位成員彼此之間仍存有未完成事件？可以並且需要利用最後幾次的聚會來處理嗎？

*3.領導者本身的領導力*：做了哪些？該做還沒做的又是哪些？個人有反移情的事實嗎？

### ㈡最後階段的工作

依據檢核所獲得的統整資料，來做最後階段（通常有 3 次左右）的工作，像是——

*1.擴大學習所得到的成效*：這又包括幾方面，如：

⑴協助某些「慢開的花」在時間限制下，有所處理（包括使對方瞭解，每次總是等待最後出場的原因和代價）。

⑵處理重要的「未完成事件」，通常這也是教導成員練習如何做角

色扮演的理想情境。

(3)對有真正問題，更適合在個諮情況中追求成長的成員，以私下接觸（或感受卡回饋）的方式，鼓勵對方開始練習成長。

(4)對已經在團體中有所處理並得到成長的成員，則以家庭作業的形式，教導對方如何凝固並應用新的學習到外面的真實生活情境中去。

2.以提示的方式，說明團體的聚會已近尾聲：使團體和個人也都有機會思考個人的收穫與選擇。並可在這種公開的層次中，討論團體尚需完成，可以開始準備的事項。在這種情況中，除了上述的內容外，尚可加入的部分，有——

(1)分組負責評估的工作：雖然評估的設計，是在團體組成前，便應思考準備好的項目。但在團體結束前的再度提醒，有利於對資料的完整蒐集和突發狀況的處理。領導者應依次邀約不同評估方式（如每次結束後的過程評估；只做前後測的結果評估；或文字形式的感受卡回饋之登記分類等）的負責成員會面談話，藉此教導評估工作的正確做法。

(2)邀請每一位成員，以 2～3 週的時間，思考個人與團體及領導者的關係，並延伸暸解，此種型態與個人一般生活中重要關係人物間的連結性。

3.最後一次的聚會：最後一次的聚會需要的是感性和鼓勵（團體又再度回到偏重關係導向的情境中）。領導者可以發揮其藝術性向，設計出放鬆的、安靜的、自我撫育（nurturing）的氣氛。於其中，感謝並欣賞這一段團體聚會歷程中的酸甜苦辣——感謝某成員的攻擊，也感謝某成員的願意信任和開放。使整個團體終於能夠明白——不論正、負，只要願意學習，都是成長的絕佳機會。

結束本節之前，我們可以引用 Keyton（1993）為團體結束而建立的一個模式（work group termination, WGT）來檢核團體結束時，所須注意的事項。Keyton 分團體結束的主要論題為二，即本質的和象徵性的兩種。在本質的部分，成員須能(1)回顧所完成的部分，(2)評估成果和目標，(3)評估團體作評估之能力，(4)準備團體最後的成果，(5)決定團體中能繼

續追蹤成果的負責者。而在象徵性部分，成員要做的事，包括(1)回顧曾使用過的過程和步驟，(2)催化團體關係的結束，以及(3)慶祝團體所達成的成就。

第 9 章

# 團體的評估

# 前　言

　　對心理團體的工作者來說，學習有關的理論技巧、經歷做成員和領導者之經驗應該都是其重要的目標。但在專業成長的角度上來說，僅僅這樣還不夠，一個「科學性實務工作者」（scientific practitioner）的成長，尚需包括不斷的在職進修以及持續發展一種「檢核─分析─自我回饋─設定下一階段的學習目標」之習慣。而後者當然與評估有著密切的關係。因此，本章將自定義、方式、原則、模式、向度及實例等六部分來闡明之。

## 第一節　評估之定義、目的及內容

　　評估之定義，根據 Kemp（1979, p. 464）的說法，乃是根據特定標準和系統性判斷之原則，來探討目標達成的有效程度。其目的包括發現「是什麼」以及「應該怎樣」的過程。

　　林振春、王秋絨（民 81）之定義則稍有不同，彼等認為評估意指資料之確認、蒐集並賦以意義，評鑑則指目標與任務之達成。惟本章之定義則把二者合而為一，只把前者視為形成性評估，後者視為結果性評估而已。

　　就心理團體而論，評估又與觀察、記錄有分不開來的關係。除了採用客觀的結果性評量可用紙筆文字外，如果要用形成性的（過程的），非語言的及語言意義之分析的研究，則必須仰賴觀察記錄的工作，才能達成目標。

　　Levy（1983）介紹了評估的兩種形式——即持續進行的評估（formative，形成性評估）與結果性評估（summative evaluation）。他認為形成

性評估是很重要的。因為(1)如果領導者曾做出任何不適當的措施，此時都可能得到一個重新思考或判斷的機會。從而修正或改變計畫、活動、領導方式等的補救措施才有可能。其次(2)藉著主動引發評估，領導者可催化或示範給團體成員瞭解，雙向及平等的溝通是可能的。如此的做法，使交互作用的質和量都可望得到改善。(3)評估常牽涉到回饋，而回饋又常觸及吾人的價值及感受。經由這種表達和討論，不同的意見或需要，因此得到一個被處理的機會。而這本身，便是團體的目標之一。(4)對大多數心理團體的成員而言，他們需要一個機會，去「學習、體會個人的感受是如何受到拘束的」以及「如果能與當時的感受共存，一個人才真能瞭解自己和別人」。這種**「立即性的捕捉」**以及**「接納感受」**的經驗，**不但對成員，即使對領導者，也是有意義、值得一再經歷的過程。**

　　既然形成性評估是如此的有意義，那麼要在什麼情況下實施呢？

　　通常最常見的做法是：(1)在團體結束前的 5～10 分鐘實施。領導者可用口頭或文字的方式，詢問整個團體對本次活動的感想。其回饋的方式又包括結構的（如分成團體、領導者、成員及該次主題等項目）或非結構的兩種（以隨想的方式自由選擇評估的主題）。同時，在團體尚未熟悉此種模式之前，領導者不妨先談一些個人的回饋作為開始。(2)另外一種做法則在每次團體開始時實施，它通常發生於領導者想介入能給予某些建議時出現。第三種情形則是在團體進行的過程中，視情況需要而隨機引發。

　　相對於形成性評估，結果性評估是比較正式的，多半以文字的形式出現，也多半會與研究產生關係。其使用時機多半在團體的最後一次聚會中舉行。如果是研究的情境，則往往還要加上追蹤評估的設計。不同於形成性評估的是，結果性評估的重點是在驗收成果（團體、領導者、成員），且主體往往是成員。因此成員的改變或新行為之獲得與否，常是結果評估的焦點。為順利完成此一任務，領導者需(1)對團體事先設定工作（成長）的目標（具體的）。(2)選擇恰當的評量工具。並(3)注意到評估上所應瞭解遵循的內、外在效度之問題（如研究者不宜同時為領導

者，評估不應只限於成員的主觀自評等）。這裡關於研究部分的資料，將在本章後半部介紹。此處，先把焦點移向評估之說明上。

# 第二節　評估之方式與觀察

前面曾說過評估的意義與研究有密切關係；除此之外，評估的內涵也與觀察及記錄有關。試想像一個正在進行中的團體，當你（假設是觀察員）坐在旁邊看到一位成員正攻擊領導者、而領導者正在竭力為自己辯護時，你是不是就觀察到了團體動力、成員卡通及領導者類型三大類型的資料？而如果對於這個觀察，你不曾記下時間、對話、內容及個人感想（評註），那從何才能證明或說明你瞭解這個團體呢？而當你做到了上述的這些工作（記錄下客觀及主觀的事實與意見）時，難道不就是已經做了評估（或診斷）嗎？

Kemp（1970）研究國家實驗訓練室（National Training Laboratory，簡稱NTL）中的領導者訓練方案時發現，評估一個團體是否是「好團體」（功能性團體）的效標有四，其中外在功能部分，(1)能表現出民主式的領導風格，(2)團體方案之實施，不僅受到領導者及成員的瞭解和支持；與此團體有關的機構間（平行或上下關係間），也能達到共識（換言之，團體的設定或團體活動的設計，都是公開的和透明的）。而在內在功能部分，(3)也能滿足成員大多數人的需求，能增加成員問題解決的社會性能力，並從而(4)實現個人成長的終極目標。

在評估觀察時，宜配合上述之效標，決定觀察的程度與向度。這當然與目標設定及方案設計有關。舉例來說，當目標在訂定對整個團體動力之瞭解時，觀察向度便應放在角色、規範、溝通方式及凝聚力、氣氛等事項之評量上。而當目標設定在領導力訓練時，重點便改為是與領導者有關變項（如年齡，性別，經驗，領導理論類型，個人風格）之記錄。坦白的說，如何決定適當的觀察向度之本身，便是一項挑戰。雖然Munson（1983）的建議是不要一次包括多項項目，以免困擾初學者。但另一方面，諮商研究的文獻（Cohen, 1979；Garfield, 1986）又一再提醒及建議多向度評估之重要。因此本作者的折衷建議是**參照團體成員的經驗層次，分次給予觀察不同向度之機會，而於最後才做統整的說明。**

與觀察有關的另一個問題是：如何組合客觀與主觀的資料，使觀察的結果兼具「描述事實」與「解釋觀點（意義）」的功能呢？

Jenkins（1948, pp. 142-143）對此所下的定義是：「描述」指的是引起觀察者注意的事項。它常與團體動力有關的資料連結，如(1)「團體沈默了 3 分鐘之久」；(2)「長時間的討論某一主題，而未能做成決議」；(3)「有幾個成員無聊的靠在椅墊上，手裡玩著鉛筆」。由此可見描述的特色是以事實資料為內容。故觀察者常會在記錄旁邊，加註個人的意見，這就成為「解說」。如對(1)觀察者的解說可以是「這個團體自第 3 次後，一再出現這個現象；不過今天沈默的最久，似乎領導者的缺席與此現象有關」；他／她也可以解說成如下的意見，「團體似乎非常依賴領導者的存在，才能有所行動。領導者似乎做得太多了？」以這兩句解說為例，我們可以說，前者屬於較低冒險層次，而後者則屬於較高冒險層次。主要原因在於後者的猜測性更強，故無法判斷其所依據的是專業上的客觀，還是個人的主觀。

由此就引發出觀察、評估上的一個倫理問題，也就是觀察者的觀察記錄，應如何做，才能保持客觀而又統整（完形）的立場呢？要回答這四個問題大概有幾個方向，可供思考──

1.觀察者需有督導或同儕觀察員，以供諮詢；並以錄音、錄影的方式，確保資料的雙重檢核可能。這尤其對診斷有困難的團體，領導者或成員情境時最為理想。

2.觀察的項目應包括主觀（文字意見）和客觀（如檢核表）兩個向度。換言之，從檢核表的整體資料的判斷中，有時可幫助確認問題真正的狀況。

3.要常常記住觀察者也是成員之一的平等立場。對所觀察到的資料，

雖不妨表達個人意見，但重要的是這種個人意見也需要經過檢驗或回饋才能確認的。

4.最後也是最重要的一點，就是嘗試記住下面的一個事實。那就是「發現到問題之存在，不等於解決了問題。」觀察做得最好時，可能等於的也只是「診斷」而已，卻還永遠不是「處理」呢！

## 第三節　評估之原則與注意事項

Krumboltz（1974）在三十年前即曾注意到諮商效度問題的重要性。他提出六點指標。

1.在規劃諮商員的工作範圍時，需得到所有有關單位之同意。

2.所謂的「改變」、「效果」或「成就」需以可觀察的行為[1]為評量依據。

3.評估系統之建構，其主要目的在增進專業效能與自我成長，不應作為考試的替代。

4.為求真正有所裨益，即使是失敗的結果[2]，也同樣具有參考價值。

5.參與者應有權參與此系統之設計。

6.評估系統需持續接受評估和修正改進[3]。

在此種瞭解之下，K 氏並提出一份評估七原則的參考資料，本作者潤飾增刪如下。

1.有效的評估有賴於一份完整、具體的方案目標說明書之製定。

2.在設定目標之同時，即應決定評量的效標（如客觀化測驗之種類或研究法之採用）。

3.建立一個工作流程檢核表，以確實遵循評估之實施是很重要的。

4.評估的對象，不應只限於方案的參與者如學生或成員，事實上直接相關的工作者（如領導者或觀察員）以及間接相關的人或機構（如參與者之父母、同學）也都可以被包括在內。

*5.*有意義的評估須包括兩件事，「回饋」和「追蹤」。就回饋而言，單是是非選擇式的評估設計是不夠的，因為無法瞭解對方真正的涵義。因此，口頭的溝通及開放式問題之增列，都足以彌補紙筆評估之不足。再者，除非評估的結果資料能被用於改進或修正，否則這些資料的實際意義，仍是非常有限的。

*6.*最有效的評估做法，是以口頭回饋的方式持續進行，並於一段時間後，加作正式性質之評估。這其實也就是形成性評估加上結果性評估的做法。

*7.*評估的目的既然主要是為了改進和成長，那麼言辭和觀點上，用正向、積極的立場，似乎是更有效的做法。

除了上述的兩種原則外，一個評估工作者，如果能同時注意到人性的一些共同特色，他／她的評估應該就可以更客觀了。這些該注意的事項也就是反移情的可能來源，包括──

*1.*相似性所產生的主觀，如 Kaplan（1983）就發現當諮商員與個案之間，擁有愈多人格或價值上的相似性時，就愈容易對對方增加正評價。

*2.*熟悉性的問題，Blodgett, Schmidt, & Scudder（1987）的研究指出，熟悉會增加正評價的可能。不過如果這評價是負的，則也會隨著熟悉度的增加，更信任自己的判斷是客觀的（「好的愈好，壞的愈壞」）。

*3.*第一印象的影響。雖然我們都知道有些人格特質需要時間才能展現，因此太快的打印象分數是不客觀的。但不可否認的，每一個人在初相遇的前幾分鐘之內，都會給對方打下一個這樣的分數（Sternikbee, Dixon, & Ponterevoto, 1988），因此，在觀察的過程中，謹防「標籤」的影響是必須注意的倫理。

最後一種影響因素與個人專業取向上的偏重有關。譬如說，同為觀察一個團體，社工訓練出身的工作者，所評估的焦點可能是人際導向的問題解決策略；團諮訓練出身的可能是看領導技巧或團體動力等。因此，瞭解個人評估時所切入的方向，自然有助於對盲點的覺察。

總結來說，評估時最需注意的事項，不外是「客觀性」、「敏感性」

與「統整」。而這三者之中又以「敏感性」最為重要。惟有一個敏於覺察，自我疆界常保持開放和彈性狀態的觀察者，才能接近客觀資料之蒐集，而當所有的客觀都交集之後，所得到的自然就是完形的統整了。

## 第四節　評估之模式

House 在 1987 年提出「評估前的六問」，分別是：

*1.*評估的目的何在？

*2.*評估要回答的是什麼問題？

*3.*評估者願意或能夠做到的「眾意假設」（consensual assumption）是什麼？

*4.*評估的對象是誰？

*5.*完成此一評估之最有效的方法為何？

*6.*評估者是否已具備評估所要求的能力和技術？

而 Daniels, Mines, & Gressard（1981）等更一步提出一個「方案評估的假設模式之基模」（Meta-Model Schema of Program Evaluation），來協助評估者發展個人的評估計畫。

本作者建議尚可加入之項目（以三角形示之），包括 Box 1 之上的「需要之評估」；4c 下可加入 4d，代表機構間之溝通；4e 代表經費、場地、設備、時間等事務性資料之考量。

## 第五節　評估之向度

評估之向度包括有方案、團體、領導者、成員及研究方法等五個。除了最後一個研究方法將納入研究部分再作討論外，其他四個將在此略作介紹。

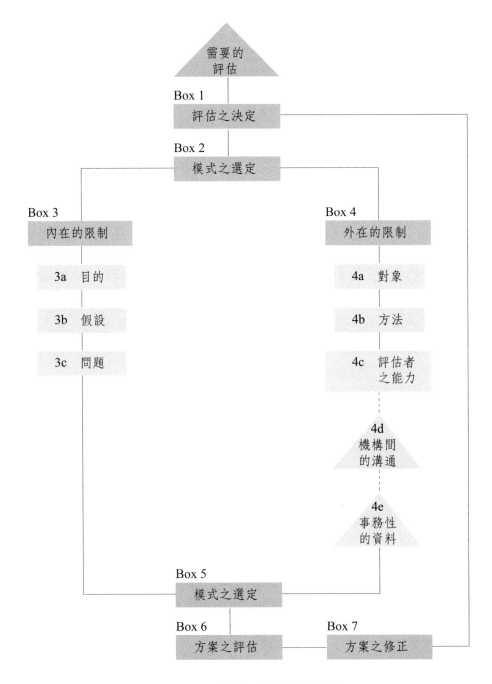

圖 9-1 方案評估的基模模式

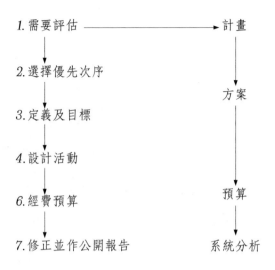

圖 9-2　PPBS

## 一、對方案之評估

對方案之評估泛指一切由機構或學校單位所提出的年度（學期）工作計畫之檢核。於此組織心理學上所常用的一個「計畫／方案／預算／系統之模式」（Planning, Programing, Budgeting, System，簡稱 PPBS）是個很廣泛被採用的模式。其內容流程是這樣的──

在此模式中，方案的特質可自外在和內在兩方面去瞭解。就外在標準而言，又包括(1)學生對輔導員的適當人口比例（國外約是 300：1，國內約是 500：1）；(2)輔導員的專業資格（在國外通常是碩士，國內則通常是學士）；(3)適當的學生記錄表；(4)最新的教育與職業輔導有關之資訊；(5)協助學生瞭解自己，增加選擇的測驗題庫；(6)輔導單位能持續性的進行自我評估；(7)適當的空間場地、圖書與裕如的經費。而內在評估項目，則可包括；(8)配合學生需要來設計方案；(9)每隔二個月，實施一次需要調查；(10)兼顧預防、發展和修正之需要；(11)主動提供服務的態度；

(12)以平衡的立場（個人、學校、社區、上司）選擇方案；(13)顯示彈性（挫折忍受力）與合作之能力（專業訓練有效的證明）。

### 國小輔導評估之標準

Norcross & Stevenson 於 1986 年調查 179 個 APA（美國心理協會）承認的訓練機構之評估現況後得到如下幾點共同的結論：(1)通常都是以文字的方式進行例行性的回饋；(2)回饋中加入同僚部分之評估；(3)測量以等第的方式評量質的問題；(4)多向度的評估取向（納入團體成員或當事人之意見）；(5)選擇一項持續進行的內在評估計畫，並執行最少三年左右，以獲得一個較穩定的觀察資料（最後一句話屬本作者之意見）。

以下謹以一份實例來說明方案性輔導評估之做法。

這裡的兩份附表（表 9-1 及表 9-2）分別代表 84 年度彰化區國小輔導評估之內容。

由表 9-1 和 9-2 可知，此一輔導方案評估之內容表面看來似乎是琳瑯滿目，還算完整。再與前述之 13 項歷程及 Norcross 等人的 5 項指標來比較，可發現這份評估表尚未包括的部分，有 1、2、3、4（3、4 可能包括在輔導網路下的「資料建置」項目中）及 5、6、11。以及缺少同儕、內在持續進行的評估計畫。換言之，這兩份資料中，對最基本的人數比例、師資專業水準、學生記錄、單位本身的評估資料，均尚付之闕如，似乎只是一種上對下的評估過程之實例。這部分或可由於國小輔導之評估工作，現在才剛起步；另一部分也反映了**中國文化之評估由上而下，缺少了平等性思考的背景。**

## 二、對團體之評估

對團體的評估包括的範圍就多了。方紫薇（民 80）歸納如下幾點，像是：

*1.*組成前的評估，有 Bednar & Battersby（1976），研究組成前不同定向（orientation）之影響，O'anugelli & Chinsky（1974）研究組成前認

表9－1　彰化區國小輔導評估之內容㈠

| 項目 | 次項目 | 組織運作 | | 認輔制度 | | | 人才培育 | | 生涯輔導 | | 輔導網路 | | | 設施運用 | | | 單位特色 | 總平均分數 |
|---|---|---|---|---|---|---|---|---|---|---|---|---|---|---|---|---|---|---|
| | | 輔導計畫 | 執行輔導計畫小組 | 璞玉專案 | 朝陽方案 | 春暉計畫 | 基礎輔導研習 | 主題輔導工作坊學分班 | 主題輔導週 | 相關輔導活動 | 資源整合 | 中輟系統建置 | 宣導活動 | 軟體配置 | 空間配比 | 補助使用情形 | | |
| 目標效益 20分 執行 | 理念清晰(5) | | | | | | | | | | | | | | | | | |
| | 態度積極(5) | | | | | | | | | | | | | | | | | |
| | 實務具體(5) | | | | | | | | | | | | | | | | | |
| | 氣氛融洽(5) | | | | | | | | | | | | | | | | | |
| 進度 管制 10分 | 設計訂明確進度(3) | | | | | | | | | | | | | | | | | |
| | 按預訂時程執行相關活動(3) | | | | | | | | | | | | | | | | | |
| | 有效解決衍生問題(2) | | | | | | | | | | | | | | | | | |
| | 適時完成各項工作(2) | | | | | | | | | | | | | | | | | |
| 經費 撥支 10分 | 依規定設立教育部門補助專戶儲存(3) | | | | | | | | | | | | | | | | | |
| | 依規定按期撥付各校使用(3) | | | | | | | | | | | | | | | | | |
| | 會計帳冊管理周詳、經費支用符合規定(2) | | | | | | | | | | | | | | | | | |
| | 依規定核發輔導教師輔導費（璞玉、朝陽）(2) | | | | | | | | | | | | | | | | | |
| 成果 績效 20分 | 執行數量達中(5) | | | | | | | | | | | | | | | | | |
| | 品質管理良好(5) | | | | | | | | | | | | | | | | | |
| | 預估與實際符合(5) | | | | | | | | | | | | | | | | | |
| | 成果專輯妥切(5) | | | | | | | | | | | | | | | | | |
| 督導 考評 20分 | 對各校實施定期或不定期之督導(5) | | | | | | | | | | | | | | | | | |
| | 發現缺點能協助改善(5) | | | | | | | | | | | | | | | | | |
| | 有效提昇各校承辦人員專業知能(5) | | | | | | | | | | | | | | | | | |
| | 推薦有功人員接受教獎(5) | | | | | | | | | | | | | | | | | |
| 行政 管理 20分 | 作業計畫周詳(5) | | | | | | | | | | | | | | | | | |
| | 分工配合良好(5) | | | | | | | | | | | | | | | | | |
| | 主管參與程度(5) | | | | | | | | | | | | | | | | | |
| | 檢討策進實務(5) | | | | | | | | | | | | | | | | | |

綜合評簡：

召集人簽章：　　　　督導人員簽章：　　　　督導日期：＿＿＿年＿＿月＿＿日　　總分：

表 9－2　彰化區國小輔導評估之內容（二）

| 項　次 | 組織運作 | | 認輔制度 | | 人才培育 | | | | 生涯輔導 | | | 輔導網路 | | | | 設施運用 | | | | 單位特色 | 總分 | 實得分數 | 平均分數 | 綜合總評 |
|---|---|---|---|---|---|---|---|---|---|---|---|---|---|---|---|---|---|---|---|---|---|---|---|---|
| | 輔導計畫執行小組 | 輔導計畫編組 | 璞玉專案 | 春暉陽光方案 | 認輔制度 | 基礎輔導研習 | 知能輔導研習 | 輔導分班研習 | 主題輔導研習工作坊 | 主題輔導週 | 相關輔導活動 | 資源整合 | 資料建置 | 中輟系統 | 宣導活動 | 補助比率 | 空間配置 | 軟體配置 | 使用情形 | | | | | |
| **目標效益 25 分** | | | | | | | | | | | | | | | | | | | | | | | | |
| 理念清晰(6) | | | | | | | | | | | | | | | | | | | | | | | | |
| 態度積極(6) | | | | | | | | | | | | | | | | | | | | | | | | |
| 實務具體(7) | | | | | | | | | | | | | | | | | | | | | | | | |
| 氣氛融洽(6) | | | | | | | | | | | | | | | | | | | | | | | | |
| **進度管制 25 分** | | | | | | | | | | | | | | | | | | | | | | | | |
| 設計明確進度(6) | | | | | | | | | | | | | | | | | | | | | | | | |
| 按預訂時程執行相關活動(6) | | | | | | | | | | | | | | | | | | | | | | | | |
| 有效解決生問題(6) | | | | | | | | | | | | | | | | | | | | | | | | |
| 適時完成各項工作(7) | | | | | | | | | | | | | | | | | | | | | | | | |
| **品質管制 25 分** | | | | | | | | | | | | | | | | | | | | | | | | |
| 數量適中(6) | | | | | | | | | | | | | | | | | | | | | | | | |
| 受輔學生具體成長(7) | | | | | | | | | | | | | | | | | | | | | | | | |
| 輔導過程配合輔導原理(6) | | | | | | | | | | | | | | | | | | | | | | | | |
| 輔導成果適度呈現(6) | | | | | | | | | | | | | | | | | | | | | | | | |
| **行政管理 25 分** | | | | | | | | | | | | | | | | | | | | | | | | |
| 作業計畫周詳(7) | | | | | | | | | | | | | | | | | | | | | | | | |
| 分工配合良好(6) | | | | | | | | | | | | | | | | | | | | | | | | |
| 主管參與程度(6) | | | | | | | | | | | | | | | | | | | | | | | | |
| 檢討案進實務(6) | | | | | | | | | | | | | | | | | | | | | | | | |
| 備註 | | | | | | | | | | | | | | | | | | | | | 總分： | | | |

召集人簽章：_____　督導人員簽章：_____　督導日期：____年____月____日

知指導、行為演練之教導對參與團體之影響。

2.也有成員特質（人口統計變項、動機、人格特質、症狀、行為等）如 Bednar & Kaul（1978）的人格特質之影響或 Evensen & Bednar 高低冒險傾向之影響等。

3.自領導者之特色來作研究的有 Liberman et al.（1975）的領導者的功能與風格，林振春（民74）的正負行為對成員人格之影響，吳就君（民75）則研究領導者性別及資格的影響。

4.而真正以團體為焦點的，約可包括兩種，像團體處理變項中的結構部分（Yalom, 1975；林承實，民67；吳鼎隆，民72）。另外一種則為團體過程的變項（非語言、自我揭露、團體規範、凝聚力）之研究如Bednar & Kaul（1978）的自我揭露之研究；Ribher（1974）的同質、異質團體對自我揭露的影響；林瑞欽（民72）的自我表露；李明濱（民68），吳英璋（民70）以 Bales 的互動分類表來分析團體中的互動以及潘正德（民83）、謝麗紅（民84）以 Hills 的團體互動來研究團體有關變項等。最後，Yalom（1973）對團體效果及治療性（改變）因素之探討（1985），則更是團體研究工作中的巨擘。

以下將介紹一些國內使用的評估表形式。

### ㈠團體活動評量部分

1. 林振春（民73）的50題「團體活動評量表」，內容大概包括：安全感、歸屬；時間安排、次數；領導者的公正、真誠、自然；團體的協助瞭解自我（優缺點、價值）；個人的自我揭露等五大部分。

2. 林振春（民73）另有一份團體經驗評估問卷，包括人數、時間長度、聚會頻率；團體中的話題，討論的機會，應用到日常生活的可能；成員間的認識，領導者方式等的 15 題選擇題（二選一）量表。

3. 團體滿意度部分，採自吳武典主編的「團體輔導手冊」分成十評等、簡單形式（10 題）的評量表。其內容包括成員部分均自我表達、瞭解、分享；人際關係的關懷、信任，以及對團體的領導者整體而言的滿

意程度。與此類向度相似的，有宋湘玲、林幸台等編著之《人際溝通活動》中的團體會後反應評量表（分「對團體聚會的整體評量」及「個人對團體中之行為」兩部分各 10 題來做評量）。

　　謝麗紅（民 84）修正 Keyton（1991）的量表為 51 題，七評等的「成員滿意度量表」。內容包括有 24 題與滿意有關的題項及 24 題與不滿意有關之題項。前者與目標、溝通訊息、公開、自由表達，瞭解別人，接納與被接納；主動、喜歡、參與等有正相關關係；後者則反是。

　　4.最後一種與團體活動有關的評量是目標評量。以吳就君（民 74）團體目標測定量表之因素分析為例，可分為 4 個主要因素。分別包括(1)與人際學習有關,(2)對團體與經驗之結合,(3)自我瞭解與接納,(4)瞭解與接納別人。（見表 9-3）

表 9-3　團體目標測定量表之因素分析

| 2.因素一：促進自我接納與開放 | 因素負荷量 |
| --- | --- |
| 4.瞭解別人眼中的我。 | 0.47 |
| 8.學習接受別人的意見。 | 0.62 |
| 9.獲得別人對我的評價。 | 0.67 |
| 13.瞭解別人。 | 0.65 |
| 14.向別人學習做人處事的道理。 | 0.46 |
| 15.認識團體是什麼。 | 0.47 |
| 23.對人對事的想法更客觀。 | 0.43 |
| 26.接納別人。 | 0.68 |
| 27.透過觀念的交換，使自己的想法更客觀。 | 0.48 |
| 28.學習如何增進自己的人際關係。 | 0.40 |
| 34.體驗給了團體什麼，而團體對自己的衝擊是什麼？ | 0.46 |
| 38.學習與不同個性的人相處。 | 0.60 |
| 39.對人對事的想法更廣闊。 | 0.54 |
| 42.學習與他人相處之道。 | 0.46 |

| 因素二：驗證團體經濟與理論 | |
|---|---|
| 2.對團體理論有更多的認識。 | 0.74 |
| 15.認識團體是什麼。 | 0.56 |
| 29.獲得可以應用到未來工作上的經驗。 | 0.56 |
| 46.團體理論與經驗的配合。 | 0.56 |
| 1.因素三：瞭解自己 | |
| 4.瞭解別人眼中的我。 | 0.42 |
| 5.清楚自己的價值觀。 | 0.63 |
| 10.藉著參與團體，促進自我的發展。 | 0.56 |
| 12.修正自己認為不合適的行為。 | 0.50 |
| 16.更瞭解自己。 | 0.70 |
| 25.修正自己個性的缺點。 | 0.52 |
| 30.學習肯定自己的想法與做法。 | 0.40 |
| 3.因素四：改善自己的人際關係行為 | |
| 12.修正自己認為合適的行為。 | 0.56 |
| 17.將團體經驗，實際運用到日常生活裡不同團體中。 | 0.54 |
| 25.修正自己個性的缺點。 | 0.57 |
| 28.學習如何增進自己的人際關係。 | 0.48 |
| 31.經由團體過程自我治療。 | 0.58 |
| 32.擴大自己對人的接觸面。 | 0.44 |
| 33.學習用不同的態度與不同的人相處。 | 0.54 |
| 41.如何達成有效的溝通。 | 0.53 |
| 44.瞭解自己的行為對別人所造成的影響。 | 0.61 |
| 4.因素五：增加個人在團體的適應能力 | |
| 6.增加對個體投入的信心。 | 0.47 |
| 7.能發表自己的觀點。 | 0.78 |
| 22.更具備敘述事情的能力。 | 0.49 |

（吳就君，民 76）

不過本作者較偏愛的模式仍是由 Napier & Gershenfeld（1979）於其 *Making Groups Work* 一書中所提出的架構。它大致包括(1)生產性，指團體達到任務的程度；(2)情緒的氣氛，包括安全、信任、開放、支持等向度；(3)工作對關係的側重比率；(4)個人學習成長的程度以及；(5)個人對團體整體的滿意程度等五部分。

## 三、對領導之評估

團體領導者之評估約有兩方向，其一是自特質或「類型」之觀點來區分其在領導上的特質，另外一種則是自「技巧」之觀點，來瞭解其對團體或成員所產生之貢獻。因此在評量表的形式上，也有這兩種焦點。試分別介紹如下：

1. 就領導者之類型來評量者，有林振春（民 73）的「團體領導人員特質評量表」，包括瞭解個人的優缺點，尊重、接納、彈性、專業知能、合作、敏感性、幽默、成熟等共 16 項。而 Liberman（1973）等的研究，也把領導者分為供應型、魅力型、社會性工程師、與人有距離的溝通者、教師、管理型、資源型、挑戰型及模示型等 9 種。

2. 就領導技巧為焦點的評量則是最多的，其說法也有多種。如（黃惠惠，民 82）「團體行為量表」及 Trotzer 原作、本作者譯（1979）的「團體領導技巧登錄表」等（見附錄 F）。

就前者而言，其特色是對一個團體問題情境之介入，如「對成員的問題表示瞭解」、「當團體出現操縱場面時，能出面阻止」、「真誠、開放、分享個人的資料」、「指出不一致」等。而後者則區分領導技巧為三大組群（如引發、互動和行為等），每一群中又有若干技巧。領導力的評量便在於是否能夠表達出某些特定的技巧。如此的做法雖然事實上仍是與團體脫不了關係，但不一定要在具體特定行為的情境下才能做出此種評估。因此它可以是回溯式的。此外，此種評量由於常劃分為幾類行為（抗拒、操縱……），因此有時也被歸類為團體領導過程評量之範圍。

### 四、對成員之評估

對成員之評估，除了客觀量化的心理測驗或自編的量表問卷外，最常見的，當屬主觀評量。如黃月霞譯自 Corey（1979）的「成員自我評量問卷」。內容包括：團體經驗對生活之影響、生活上有關的改變、領導者技巧的影響、改變持續的程度、參加團體後的不同、參加團體的正負經驗等二十項。而黃惠惠（民 82）則以 10 題語意形容檢核題來使當事人進行改變位置的評估，如「自我中心──關懷別人」；「不信任別人──信任別人」；「不瞭解自己──瞭解自己」等。

## 第六節　評估之實例

此處所採用的實例與第八章屬同一來源。不同之處是第八章的實例為對帶領大三下團體的大四下領導者所做之督導。而本章之實例則為這些督導在大四上經歷結構（3 個）與非結構（1 個）團體時之評估。故此處之團體中的部分成員，在大四下學期時便成為第八章中之督導。

在評估上，將依照本章中的重要介紹，把評估分為過程／結果，主觀自評／客觀評定及領導者、成員、團體等部分來呈現。

### 一、方案設計之評估

本方案同時包括幾部分。即(1)為大三下修完八週團諮理論的學生所提供的，為期 8 週（每週一次 2 小時，於課程外的時間實施）的課程團體。鑑於以往文獻與教學團體中所帶領團體方向的經驗，本團體方案係由任課教師統一設計為社交技巧訓練團體。(2)領導力部分，除一組自行決定採非結構形式外，一組請到博士班學生為領導者；其他兩組均採同儕領導之形式，由成員兩人一組依次練習帶領團體。(3)督導部分，除任課老師為當然督導，於需要時介入外；採行同儕領導的兩組，亦各請一

位碩、博士生參與，做間斷性（8 次中介入 3 次左右）的觀察督導。

　　方案的評估因此擬以下列方式進行──參與團體前後所做的客觀（如田納西自我概念測驗）及主觀（如本作者依團體八次內容所編的社交技巧量表）測驗，以觀察成員在經驗不同結構團體，與不同類型領導後所得之影響。

## 二、領導力之評估

　　領導力之評估也分成兩部分。像每次團體結束後，由成員填寫的領導者技巧評估（林振春，民 73；原問卷有正、負向技巧共 46 題，此處只取前半部的正向題 23 題）之平均（1 組 8 人）分數，以及對團體 3、4、5、6、7 次進行後，依文字轉錄所得之資料評定而得的領導者技巧（Trotzer 著，何長珠改編為 20 種技巧，見附錄 F）

　　此外，作者並依據廿多年來教學與督導團體諮商課程及實習之經驗設計出一份「小團體領導力評量表（2003，未發表）」，供團體帶領者評估個人於團體帶領上各項重要議題（領導力、成員、過程、倫理）中之位置與狀況。作為進一步成長或督導時之參考，內文請參考附錄。

## 三、團體之評估

　　團體之評估主要有二方向。一個是從「互動分析」的角度出發，想知道有、無結構及領導專業訓練水準不同（博士對大學）之領導者，是否對團體中成員的自我概念及社交技巧有顯著影響。此處的互動分析之評量表為 Hill（1977）所發展出來的 16 個向度的互動矩陣分析表──「內容」分為主題中心（主題─個人）對成員中心（個人─關係）；「工作」則分成工作前對工作後兩向度（見陳碧玲，民 79）。

　　另一種團體評估的形式則類同於方案評估，即自團體成員在客觀評量前後測平均數上差異之程度，來看處理的效果。或以團體滿意度之評估，來看參與團體之成效。

　　就此而論，第一種及第三種屬過程評估之性質；而中間的評估方式

屬結果評估之性質。

## 四、成員評估

　　成員評估固可以以個人前後測分數的差異情況來代表，也可以以文字或簡短 10 題（呂勝瑛，民 71）的量表來瞭解其參與團體的感受。感受又可分兩種，每週 1 次，團體結束後填寫，下次團體前彙交的感受卡，以及學期結束前繳交的一頁總感想（呂勝瑛，民 74，見附錄 E）。

　　總計上述的評估，共用到 7 種表格，附錄如下——

　　——客觀及主觀的量表（田納西自我概念量表與社交技巧量表，見附錄 B）。

　　——團體過程記錄（文字轉騰，見附錄 C）。

　　——團體滿意度量表（黃惠惠，民 82，見附錄 D）。

　　——團體感受卡（呂勝瑛，民 74，見附錄 E）。

　　——團體領導技巧登錄表（附錄 F）。

　　——Hills 互動矩陣（附錄 Gl）。

　　——團體督導記錄表（附錄 H）。

第**10**章

團體諮商的研究

# 前　言

　　從表面上看起來，團體諮商的研究與方案設計似乎是毫不相干的兩件事。事實上，由於每一個團體諮商的設計，常牽涉到一系列（通常是8-12 次的聚會）小團體目標之設定及活動之實施（除非是非結構團體，才不會遇到這個問題）。並且在進行這些活動時，領導者或成員都實際上會遇到評估過程／結果，認知／感受的問題。因此可以說，即使對無研究目的的團體，評估仍是無時無地都在進行的一種意識性活動。更何況，大多數的團體諮商之帶領，都與論文發表之需求有關（目前只有在學校或訓練機構中進行的團體，較無此方面之相關）。使得團諮研究幾乎與方案設計有著密不可分的關係。因此本章擬就這兩個主題，來做一些探討。

## 第一節　團體諮商研究的內容架構

　　承續第九章的資料可知，團體諮商的評估所包括的範圍有如下幾個方向，像是(1)過程（歷程、形成）性評估，如探討領導者與成員互動模式不同向度間的團體動力（自我開放、工作同盟、凝聚力、滿意度、抗拒等的關係），以及結果（總結、效果）性評估，如探討成員在某些特定特質上之改變程度。(2)就團體的組成方式（結構對非結構，同質對異質）所做之評估。(3)就不同理論的實驗設計之處理（人際溝通分析、現實、理情治療、多模式諮商等）所做之效果比較之評估。(4)就不同發展層次與問題類型（如學前至大學學生以至成人為對象之人際問題、社交技巧，單親適應，生涯探討，攻擊，自我肯定等）所做的處理之評估。

　　換一句話說，從事團體諮商的研究時，需包括下列諸因素之探討，

那也就是——

1.團體前的預備因素，如目標、需要、對象之過濾。

2.領導者向度之有關因素，如性別、年齡、教育、社經、動機、人格特質、專業訓練水準、領導類型。

3.成員向度之有關因素，如性別、年齡、教育、社經、動機、人格特質、問題類型。

4.團體設計與處理向度（結構、活動、大小、次數、主要處理設計之理論與內容）。

5.團體發展（階段）中的特質，如初、中、末階段的特徵及特殊情境因素之影響（如有人中途離去）。

6.團體動力向度，如凝聚力、衝突、抗拒所導致的滿意度與生產力上之變化。

7.團體結果向度，如認知、感受、行為上的改變與評量（自評／他評，後測對追蹤評估等）。

這部分資料的主要架構，係參考 Dies（1981, 1985）， Trotzer（1977，何長珠，民 69）特別是陳若璋、李瑞玲（民 76）的資料，唯陳、李二氏據此所提出的多向度研究架構之圖示，本作者依據實務經驗稍有不同的意見。因此，如果以圖形來表示這七個向度間的關係時，本作者的架構如圖所示。

此模式與陳、李（民 76）的主要不同有二。一是將團體處理向度納入為中介因素之範圍，另外一點是箭頭表示的方向，增加頗多雙向箭頭，特別是後果因素部分的箭頭，會持續回到中介因素及前置因素中，成為循環影響的方式。其所以如此，主要是視後果因素為兼包括形成性評估與總結性評估的一種總和狀態。當然，決定箭頭方向和數目的最好做法，還是要佐之以驗證性的設計（如使用因徑分析的統計法）才算完整和科學。

團體諮商研究所須包括之因素——

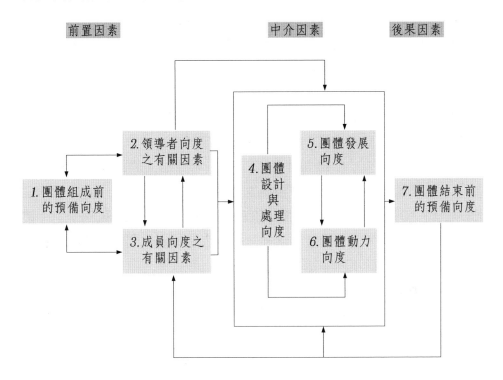

## 第二節　團諮研究的歷史發展

　　Dies（1985）在「對團體工作之未來的研究基礎」一文中，曾大略回顧了美國團諮研究的發展和歷史。在歷史的回顧部分，1950 年代的焦點是成長和教育性團體的方法及計畫，1960 年代後，才開始探討團體的理論與結果，1970 年代的發展，偏重對成長團體的效用、過程與結果間的因果關係及理論與實務間的配合。1980 年後的方向是治療性因素、團體階段、團體在各種場所與年齡階層之應用，認知、行為等主題性團體之發展以及短期治療（諮商）之療效。

　　國內的部分，以電腦網路搜尋所獲得之結果，發現自民國 60～70 年代的論文或碩士論文，只有為數極少的幾篇論文代表作，如林淑美、邱清泰（民 67）的「使用錄影機於團體諮商過程中，對男女社交關係不良之大學男生社交行為之影響」。李執中（民 69）的「大學生成長團體之研究」。謝美娥（民 68）的「團體輔導對低收入青年人際關係之研究」及劉德生（民 69）的「團體諮商對國中生自我接納之影響」。進入民國 70～80 年代後，團諮的研究似乎一躍而入龍門——不但概論性論文部分的篇幅增加了一倍（由 15 篇變為 32 篇），碩士論文的部分，則變為 36 篇；在時代趨勢上，也成為許多論文（尤其是碩士論文）決定探討的主題。此時之方向，主要集中在應用於不同群體（小學生、孤獨學生、離婚）的不同方法（價值澄清、溝通分析、自我肯定、問題解決、現實治療、理情治療）於不同問題（人際關係、自我接納、焦慮）上之應用可能。一篇綜合回顧性的論文，亦於此時出現——陳若璋、李瑞玲（民 76）的「團體諮商與治療研究的回顧評論」。自民國 80 年以來，此種趨勢仍在進行之中。截至 92 年止，概論性論文已有 17 篇，比較新出現的題目是老人諮商（蔡俊良，民 84），實習課程設計上的思考（潘素卿，民 81）。而博士水準論文的探討——如徐大偉（民 82）的「理情治療對國小情緒困擾兒童情緒反應之效果研究」以及謝麗紅（民 84）的「成長團體過程與團體效果之分析研究」，更將團體諮商之研究，帶入較前深入廣博的探討疆界中去。（類似水準的研究，當然不止於此，如潘正德的「大學生團體諮商歷程中的口語互動行為分析及影響團體效果相關因素之研究」等，均立論周詳，唯限於篇幅、人力，此處只能摘列一、二作為代表）。

　　表 10-1 即為依年代所出現團體諮商論文（投稿於雜誌、學報）的一份摘要表。

表 10-1　民國 67～91 年間團體諮商論文（雜誌、學報）一覽表

| 編號 | 年代 | 作者 | 題目 | 刊登雜誌、卷期 | 頁數 |
|---|---|---|---|---|---|
| 1 | 66-3 | 邱綿昌 | 學校如何實施團體諮商 | 國教之聲，10 (7) | 3-9 |
| 2 | 66-10 | 張四向 | 團體諮商的理論與技術 | 輔導月刊，14: 1/2 | 5-6 |
| 3 | 66-12 | 邱清泰 林淑美 | 團體諮商對男女社交關係不良之大學男生之行為改變效果之評量 | 中華心理學刊，19 | 91-96 |
| 4 | 67-1 | 張四向譯 | 性教育的團體諮商 | 輔導月刊，14: 9-11 | 13-15 |
| 5 | 67-9 | 林淑美 邱清泰 | 使用錄影機於團體諮商過程中對於男女社交關係不良之大學男生之行為改變效果之評量 | 輔導月刊，14 (12) | 15-20 |
| 6 | 67-7 | 周軒擇 | 團體諮商中的角色扮演 | 輔導月刊，14 (12) | 9-11 |
| 7 | 67-12 | 北市金華國中 | 英數科低成就學生之團體諮商實驗研究 | 輔導月刊，15: 1/2 | 99-105 |
| 8 | 68-5 | 宋湘玲 | 團體諮商在國民中學之應用 | 輔導學報，2 | 27-38 |
| 9 | 68-5 | 何長珠 | 認知與認知行為兩種不同團體諮商歷程對大學生人際關係技巧訓練效果之評量 | 輔導學報，2 | 59-93 |
| 10 | 68-5 | 陳淑絹 | 「團體諮商活動」與「辯論方式」在國中班級指導活動上之應用 | 輔導月刊，15: 9/10 | 5-11 |
| 11 | 68-8 | 潘正德 | 從團體諮商歷程看團體動態與催化員的引導技術 | 輔導月刊，15: 9/10 | 1-4 |
| 12 | 68-12 | 邱清泰等 | 團體諮商在中國之淺談 | 輔導月刊，16: 1/2 | 49-59 |
| 13 | 69-6 | 劉德生 | 團體諮商對國中生自我接納之影響（論文摘要） | 台灣師大教研所集刊，22 | 555-564 |
| 14 | 69-7 | 潘正德 | 談學校團體諮商 | 張老師月刊，6 (1) | 22-25 |
| 15 | 69-9 | 蔡伊佑 | 團體諮商在宜寧中學 | 張老師月刊，6 (3) | 36-40 |
| 16 | 70-5 | 洪有義 | 團體諮商探尋 | 張老師月刊，7: 5/6 | 6-8 |
| 17 | 70-5 | 陳麗娟 | 團體諮商綜觀 | 張老師月刊，7: 5/6 | 49-53 |

| 編號 | 年代 | 作者 | 題目 | 刊登雜誌、卷期 | 頁數 |
|---|---|---|---|---|---|
| 18 | 71-4 | 阮美蘭 | 小型團體諮商對改善兒童人際關係效果之實驗研究 | 台北師院學報，9 | 69-112 |
| 19 | 71-6 | 林安全等 | 孤獨學生團體諮商結構式活動 | 輔導月刊，18：7/8 | 17-19 |
| 20 | 71-12 | 黃德祥 | 簡介一個團體諮商模式：哈曼德的父母離婚中學生的團體諮商 | 輔導月刊，19：1 | 28-37 |
| 21 | 72-3 | 黃德祥譯 | 各種團體諮商模式之比較對照與統整 | 輔導月刊，19：2 | 22-34 |
| 22 | 73-1 | 林益三等 | 輔導人員在團體諮商中之反應及其人格特質之研究 | 測驗年刊，31 | 139-148 |
| 23 | 73-3 | 張月良 | 團體諮商的方向和目的 | 輔導月刊，20(2) | 10-13 |
| 24 | 73-6 | 牛格正 | 團體諮商中倫理問題之探討 | 輔導學報，7 | 1-19 |
| 25 | 73-6 | 何長珠 | 認知行為及折衷式團體諮商對焦慮之影響：豐原高中心理輔導團體研究報告 | 輔導學報，7 | 109-130 |
| 26 | 73-6 | 張進上 | 現實治療法的輔導效果之研究 | 台南師院學報，17 | 279-308 |
| 27 | 74-3 | 陳秀蓉 | 小團體諮商在春暉密集輔導上之應用 | 教與學 | 16-19 |
| 28 | 75-6 | 鄭文宗陳財順 | 團體諮商對人際關係欠佳學生之影響研究 | 人文學報，11 | 51-59 |
| 29 | 75-7 | 韓楷檉 | 團體諮商過程中衝突的探討 | 輔導月刊，22(4) | 26-32 |
| 30 | 75-12 | 林靜子 | 理情團體諮商對國民小學適應欠佳兒童效果之研究 | 花蓮師專學報，17 | 191-265 |
| 31 | 75-12 | 陳貴龍譯 | 使用團體諮商心得以增加團體成員經驗 | 輔導月刊，23(1) | 119-121 |
| 32 | 76-4 | 楊文貴 | 阿德勒氏兒童團體諮商實施初探 | 諮商與輔導，16 | 5-8 |
| 33 | 76-6 | 陳若璋李瑞珍 | 團體諮商與治療的回顧評論 | 中華心理衛生學刊，3(2) | 179-215 |

| 編號 | 年代 | 作者 | 題目 | 刊登雜誌、卷期 | 頁數 |
|---|---|---|---|---|---|
| 34 | 77-5 | 楊妙芬 | 運用團體諮商幫助濫用藥物青少年 | 屏東師院學報，1 | 419-442 |
| 35 | 77-5 | 潘正德 | 一般性團體諮商、認知模式、團體諮商對五專內向性適應欠佳的效果研究 | 光武學報，13 | 353-417 |
| 36 | 77-11 | 王川玉 | 行為自我控制的團體諮商對國中生學習行為的影響 | 輔導月刊，24: 10/11 | 2-13 |
| 37 | 78-1 | 段秀玲 | 團體諮商對人際關係欠佳學生影響之研究 | 諮商與輔導，37 | 35-40 |
| 38 | 78-3 | 陳麗娟 | 生計班級輔導和生計團體諮商的長期性輔導效果之追蹤比較研究 | 輔導學報，12 | 299-350 |
| 39 | 78-6 | 楊文貴 | 阿德勒式團體諮商對國小適應欠佳兒童的輔導效果研究 | 台北師專學報，2 | 25-70 |
| 40 | 78-9 | 潘正德 | 團體諮商的研究理論 | 輔導月刊，25: 9/10 | 3-6 |
| 41 | 78-9 | 許永雄 | 國小五、六年級學童社交關係的團體諮商效果 | 特教園丁，5(1) | 12-20 |
| 42 | 79-2 | 王淑敏 | 學校內生涯團體諮商之實施 | 中等教育，41(1) | 36-43 |
| 43 | 79-5 | 林水見 | 價值澄清團體對五專嚴重違規學生道德判斷與自我概念影響之研究 | 光武學報，15 | 375-427 |
| 44 | 79-5 | 潘正德 | 一般性團諮、認知模式團體諮商對五專一年級內向性適應欠佳學生的效果研究 | 光武學報，15 | 443-513 |
| 45 | 79-11 | 馬長齡 | 團體諮商概論 | 社會福利，87 | 7-13 |
| 46 | 79-12 | 陳玉蘭 | 電話諮商函件諮商與小團體諮商之實施 | 教育文萃，20 | 218-229 |
| 47 | 80-7 | 楊文貴賈紅鶯 | 團體諮商對師院生心理狀態的影響之研究 | 台北師院學報，4 | 461-486 |
| 48 | 80-9 | 廖鳳池 | 認知性自我管理團體諮商對師專生情緒適應效果之實驗研究 | 初學教育學報，4 | 279-318 |

| 編號 | 年代 | 作者 | 題目 | 刊登雜誌、卷期 | 頁數 |
|---|---|---|---|---|---|
| 49 | 80-12 | 葉莉薇 | 父母離婚兒童團體諮商過程 | 健康教育，68 | 42-47 |
| 50 | 81-1 | 曾端真 | 憂鬱症青少年的認知治療團體諮商 | 諮商與輔導，73-77 | 41-47 |
| 51 | 81-5 | 王碧霞 | 團體諮商倫理中保密問題之探討 | 學生輔導通訊，20 | 74-79 |
| 52 | 81-6 | 潘素卿 | 台中師院輔導組「團體輔導與諮商」課程的設計與評估 | 台中師院學報，6 | 117-157 |
| 53 | 81-6 | 謝麗紅 | 團體諮商對離異者自我觀念、親子關係社會適應輔導效果之研究 | 輔導學報，15 | 233-286 |
| 54 | 81-11 | 林本喬 | 國小父母離婚兒童團體諮商之輔導效果 | 嘉義師院學報，6 | 89-128 |
| 55 | 81-11 | 陳錫錫 | 認知行為團體諮商簡介 | 諮商與輔導，83 | 10-13 |
| 56 | 82-4 | 洪榮照 | 協同領導在團體諮商的功能 | 國教輔導，32（4） | 48-51 |
| 57 | 82-12 | 吳百能 | 懷舊團體諮商對增進老年人生活適應的應用 | 諮商與輔導，96 | 44-46 |
| 58 | 83-3 | 林雲龍 | 團體諮商對學習適應欠佳兒童輔導效果之研究 | 台南師院學生學刊，15 | 54-74 |
| 59 | 83-10 | 張景然 | 心理劇在團體諮商之應用 | 世界新聞傳播學院學報，4 | 401-420 |
| 60 | 84-3 | 吳櫻菁 | 老人團體諮商與心理治療 | 諮商與輔導，111 | 28-32 |
| 61 | 84-3 | 張麗君 | 如何實施老年人的團諮 | 諮商與輔導，111 | 33-38 |
| 62 | 84-3 | 蔡俊良 | 轉換期中年人的特徵與團體諮商策略 | 諮商與輔導，111 | 24-27 |
| 63 | 84-3 | 侯素棉 | 團體諮商中的倫理問題 | 諮商與輔導，111 | 19-23 |
| 65 | 85-5 | 許瑛珝 | 完形治療理論之界限概念在團體諮商中的應用 | 學生輔導通訊，44 | 104-113 |
| 66 | 85-8 | 洪若和 | 團體諮商對原住民單親學童自我概念與行為適應之影響 | 原住民教育季刊，3 | 49-74 |
| 67 | 86-9 | 張德聰 | 焦點集中解決治療（SFT）於團體輔導（諮商）之應用 | 北縣教育，79 | 62-74 |

| 編號 | 年代 | 作者 | 題目 | 刊登雜誌、卷期 | 頁數 |
|---|---|---|---|---|---|
| 68 | 86-9 | 吳嘉瑜 | 團體中的此時此地 | 諮商與輔導，141 | 15-22 |
| 69 | 86-10 | 王川玉 | 團體諮商的概念與技術 | 板中學報，2 | 177-188 |
| 70 | 86-11 | 張玉鈴 | 心理劇團體諮商模式理念與應用 | 諮商輔導文粹，2 | 103-122 |
| 71 | 86-12 | 陳玉蘭 | 理情生計團體諮商對高雄師大學生之實驗研究 | 中華輔導學報，5 | 150-183 |
| 72 | 87-3 | 李順銓 林秀環 | 老年人團體諮商——在成人教育識字班中的應用 | 北縣成教：輔導季刊，10 | 27-31 |
| 73 | 87-5 | 李雪禎 | 團體諮商技巧——面質 | 諮商與輔導，149 | 47-48 |
| 74 | 87-5 | 許韶玲 | 領導者對團體成員隱喻溝通的認識與處理 | 諮商與輔導，149 | 25-28 |
| 75 | 87-9 | 李文瑄 | 在團體互動過程中「似精神病性焦慮」的體驗 | 諮商與輔導，153 | 22-24 |
| 76 | 87-9 | 李旻陽 | 團體諮商中領導者的自我揭露 | 輔導季刊，34: 3 | 17-21 |
| 77 | 87-12 | 侯淑英 張明永 蘇以青 | 自我成長團體有效因素之探討 | 高雄醫科學期誌，14: 12 | 770-778 |
| 78 | 88-3 | 蘇完女 | 團體治療中的情感轉移和情感反轉移現象之探討 | 諮商與輔導，159 | 3-8 |
| 79 | 88-3 | 黃彩雲 | 父母離異兒童對父母離異事件歸因與因應之研究——以一個團體諮商歷程為例 | 新竹師院國民教育研究論文集，4 | 209-227 |
| 82 | 88-4 | 張寶珠 | 從 drop-out 現象中發現團體動力——接受完整團體督導歷程 | 中等教育，50: 2 | 140-143 |
| 83 | 88-6 | 謝麗紅 鄭麗芬 | 準諮商員團體諮商領導能力狀況調查研究 | 輔導學報，20 | 57-81 |
| 84 | 88-6 | 潘正德 | 不同理論取向團體的口語互動行為分析與團體效果研究 | 中原學報，27: 2 | 95-122 |
| 85 | 88-9 | 方惠生 | 認知行為團體諮商在兒童輔導上的應用 | 班級經營，4: 2 | 43-50 |

| 編號 | 年代 | 作者 | 題目 | 刊登雜誌、卷期 | 頁數 |
|---|---|---|---|---|---|
| 86 | 88-12 | 謝麗紅 | 團體諮商實習課程對準諮商員團體諮商領導能力訓練效果之分析研究 | 中華輔導學報，7 | 245-272 |
| 87 | 89-2 | 陳瑞成 | 現實治療團體諮商對地震受災兒童的心理輔導歷程 | 教師之友，41：1 | 33-40 |
| 88 | 89-3 | 謝麗紅 | 團體過程中領導者與成員之口語互動 | 諮商與輔導，171 | 2-5 |
| 89 | 89-3 | 張素貞 | 依附理論在團體諮商中的應用 | 諮商與輔導，171 | 14-18 |
| 90 | 89-5 | 羅華倩 | 焦點解決短期諮商在團體諮商中的運用 | 國教天地，139 | 47-52 |
| 91 | 89-6 | 周庭芳 | 觀察者在團體歷程評估過程中的必要性 | 諮商與輔導，174 | 17-20 |
| 92 | 89-6 | 呂素芳 | 如何慎選評估團體成效的方法 | 諮商與輔導，174 | 8-12 |
| 93 | 89-6 | 洪寶蓮 | 團體輔導效果探討 | 諮商與輔導，174 | 2-7 |
| 94 | 89-6 | 謝麗紅 | 團體過程中工作同盟的變化及其與團體結果之關係研究 | 輔導學報，21 | 63-92 |
| 95 | 89-6 | 謝麗紅 | 團體成員滿意度與團體目標達成度之評估 | 諮商與輔導，174 | 13-16 |
| 96 | 89-9 | 饒夢霞 陳志豪 | 青少年同儕支持團體在悲傷輔導上的應用 | 諮商與輔導，177 | 7-12 |
| 97 | 89-9 | 簡正鎰 | Rogers 會心團體本土化之我見 | 學生輔導通訊，69 | 88-103 |
| 98 | 89-12 | 徐畢卿 | 現實導向團體治療在輕中度阿茲海默氏症的應用 | 長期照護雜誌，4：2 | 66-77 |
| 99 | 89-12 | 王麗斐 林美珠 | 團體治療性因素量表之發展與編製 | 中華輔導學報，9 | 1-24 |
| 100 | 89-12 | 潘正德 游淑華 | 團體歷程中成員特質、活動反應、領導能力知覺與治療因素之相關研究 | 中原學報，28：4 | 103-114 |

| 編號 | 年代 | 作者 | 題目 | 刊登雜誌、卷期 | 頁數 |
|------|------|------|------|----------------|------|
| 101 | 90-1 | 李文瑄 | 人際關係圖譜——動力團體治療新論－1－ | 諮商與輔導，181 | 26-28 |
| 102 | 90-2 | 李文瑄 | 人際關係圖譜——動力團體治療新論－2－ | 諮商與輔導，182 | 31-34 |
| 103 | 90-3 | 高明薇 | 完形團體的過程與介入技巧 | 諮商與輔導，183 | 9-11 |
| 104 | 90-3 | 李文瑄 | 人際關係圖譜——動力團體治療新論－3－ | 諮商與輔導，183 | 29-32 |
| 105 | 90-4 | 李文瑄 | 人際關係圖譜——動力團體治療新論－4－ | 諮商與輔導，184 | 24-27 |
| 106 | 90-5 | 楊宇彥 | 團體結束時的情感反應與處置 | 諮商與輔導，185 | 17-20 |
| 107 | 90-5 | 鄭鳳君 | 夢的團體諮商初探 | 諮商與輔導，185 | 14-16 |
| 108 | 90-5 | 簡文英 | 團體諮商中的改變因子——團體治療因素探討 | 諮商與輔導，185 | 8-13 |
| 109 | 90-5 | 張景然 | 準團體諮商員的迷思與衍生的問題 | 諮商與輔導，185 | 2-7 |
| 110 | 90-5 | 李文瑄 | 人際關係圖譜——動力團體治療新論－5－ | 諮商與輔導，185 | 28-31 |
| 111 | 90-6 | 李文瑄 | 人際關係圖譜——動力團體治療新論－6－ | 諮商與輔導，186 | 26-29 |
| 112 | 90-6 | 許志彰 李芃娟 | 團體諮商對國小偷竊兒童自我概念與自我控制影響效果之研究 | 初等教育學報（台南師範），14 | 215-257 |
| 113 | 90-6 | 徐惠娟 | 青少年團體諮商實務 | 輔導通訊，65 | 51-57 |
| 114 | 90-7 | 李文瑄 | 人際關係圖譜——動力團體治療新論－7－ | 諮商與輔導，187 | 26-29 |
| 115 | 90-8 | 賴念華 | 小團體中表達性治療的個人工作模式 | 測驗輔導，167 | 3516-3522 |
| 116 | 90-8 | 李文瑄 | 人際關係圖譜——動力團體治療新論－8－ | 諮商與輔導，188 | 33-35 |

| 編號 | 年代 | 作者 | 題目 | 刊登雜誌、卷期 | 頁數 |
|---|---|---|---|---|---|
| 117 | 90-9 | 張景然 | 團體諮商的規劃和實施：第二年的督導報告 | 輔導季刊，37：3 | 37-46 |
| 118 | 90-9 | 張英熙 吳珍 | 特殊兒童家長支持團體效果初探 | 特殊教育，80 | 30-34 |
| 119 | 90-9 | 李文瑄 | 人際關係圖譜——動力團體治療新論-8- | 諮商與輔導，189 | 34-36 |
| 120 | 90-10 | 李文瑄 | 人際關係圖譜——動力團體治療新論-9- | 諮商與輔導，190 | 30-33 |
| 121 | 90-11 | 蔡錦德 | 阿德勒式團體在低收入戶青少年輔導的運用與實務 | 輔導通訊，68 | 36-41 |
| 122 | 90-12 | 李文瑄 | 人際關係圖譜——動力團體治療新論-10- | 諮商與輔導，191 | 32-34 |
| 123 | 90-12 | 范幸玲 | 完形團體的介紹與應用——一個小團體經驗的分享 | 諮商輔導文粹，6 | 119-135 |
| 124 | 90-12 | 李文瑄 | 人際關係圖譜——動力團體治療新論-11- | 諮商與輔導，192 | 39-41 |
| 125 | 91-2 | 李雪禎 | 團體諮商技巧——面質 | 諮商與輔導，194 | 25-26 |
| 126 | 91-2 | 周志建 | 團體行為與團體動力之解析——以一個團體的觀察為例 | 諮商與輔導，194 | 22-24 |
| 127 | 91-2 | 陳奕良 | 比較團體歷程觀察方法並評估可行性 | 諮商與輔導，194 | 19-21 |
| 128 | 91-2 | 余幸怡 | 團體發展及其相關因素之探討 | 諮商與輔導，194 | 12-15 |
| 129 | 91-2 | 賴美英 | 性別因素對團體領導者的產生及團體決策之影響 | 諮商與輔導，194 | 16-18 |
| 130 | 91-3 | 劉福鎔 | 團體衝突現象——辨識與處理 | 諮商與輔導，195 | 20-24 |
| 131 | 91-4 | 謝麗紅 | 團體發展歷程之分析研究——以結構與非結構成長團體為例 | 教育與心理研究，25（上） | 195-214 |

| 編號 | 年代 | 作者 | 題目 | 刊登雜誌、卷期 | 頁數 |
|------|------|------|------|----------------|------|
| 132 | 91-4 | 張麗鳳 | 團體結束階段的動力與領導者的介入策略 | 諮商與輔導，196 | 32-36 |
| 133 | 91-6 | 吳麗雲 | 人際歷程取向團體諮商——以不安全依附類型大學生人際困擾輔導為例（上） | 諮商與輔導，198 | 29-33 |
| 134 | 91-6 | 管秋雄 | 論團體治療因素——凝聚力 | 中州學報，15 | 163-170 |
| 135 | 91-9 | 王理書 | 隱喻故事治療團體——結合敘事傾向與 Eriksonian 隱喻治療的嘗試 | 諮商與輔導，201 | 35-38 |

　　就以上所蒐集到並呈現的資料來做比較，可發現國外團諮研究的方向（主題）大概比台灣本土的研究有早了十年左右的現象。舉例來說，國外 1960～1970 年間的研究方向是國內在民國 60～70 年間，較多做的——團體輔導、團體諮商的研究只限於一些學院性的論文探討；國外 1970～1980 年代的主題（成長團體之效用），則約為台灣民國 70～80 年間的熱門；而 1980～1990 年間國外的主題，則約可視為民國 80 年後，台灣流行的研究興趣，特別是在治療性因素、因果模式等焦點上為然。（此部分之資料，在本章後面討論國內研究的年代與主題時，可再度得到佐證。）雖然，不可不納入思考的一個事實是，隨著電腦資訊的普及，以及易於獲取國內與國外資料的研究便利，在時間距離上，台灣與國外主流方向間將展現時間、主題上愈為接近的現象。

## 第三節　國內團諮研究之內容與特質

　　為求國內團諮方面之研究有更深入之瞭解，本作者自民國 80 年以來，便開始對這方面的碩博論文，展開有系統的整理工作。只不過，此次蒐集資料的方向，是放在(1)研究的對象、(2)研究設計自變項與依變項

之測量、(3)統計方法之使用、和(4)結果之探討（民 71～92）等四部分，如此得來的資料有 72 篇。這裡的困難是，有些論文並未附上完整的團體處理方案，或有些論文無法看到全文；以民國 75～78 年為例，這階段的團諮論文雖有 18 篇，能列出實驗處理方案設計的，也只有 7 篇而已。

　　因此本節將依年代排列這些論文研究的重要變項（如對象、方法、結果等），見表 10-2。

　　由表 10-2 的 72 篇（民 71～92）碩博士論文（本文未蒐集到博士論文）中，可歸納發現幾點特質：

### ㈠ 在研究的主題部分

　　與本書民國 86 年版之資料比較過去十年來，國內博碩論文之研究主題，已有更豐富化之現象，上次係以「大際關係」與「社會適應」之比率為最高，各有 10 篇左右。自民國 84～92 年間論文之主題，有更「分化」（如由自我觀念走向害羞攻擊、情緒管理）和「多元性」（如重新作決定、依附，Satis溝通模式，歷程、憂鬱症、失智老人適應）之趨勢。這是非常可喜的現象。

### ㈡ 研究的對象

　　仍以國小生（特別是高年級生）最多，有 30 篇；大學生其次（主要來源是志願或施測刪選而來）有 10 篇，專科生（包括師專）6 篇，國中生 7 篇，高中／職、家長、教師及社會人士（退休、新婚婦女、老人）各 2 篇。憂鬱症、失智症及用藥戒斷個案，各有一例。就此而論，**小學高年級之群體，仍受到不成比例的被重視之現象。相形之下問題挑戰最多為國中，卻一直未受到足夠之研究。此中原因值得探究。**

### ㈢ 處理的主要模式

　　相對於民國 86 年時之資料──

　　處理的主要模式仍是以一般性的成長團體模式（包括會心團體模式）為最多，約有 13 篇。採特殊方案模式的研究雖最多，約有 23 篇，但因

表 10－2　民國 70～92 年諮商研究碩、博士論文摘要一覽表

| 序號 | 作者 | 時間 | 篇名 | 對象 | 研究法 | 統計法 | 結果 |
|---|---|---|---|---|---|---|---|
| 1. | 阮美蘭 | 民 71 | 小型團諮對改善兒童人際關係效果之實驗研究 | 國小四年級 | 8 次 16 小時等組前後測實驗設計 | t 考驗 | 實驗組的自我評鑑與社交關係人際指數均呈現顯著成長 |
| 2. | 葉姿芬 | 民 70 | 結構式團輔對受保護管束少年的親子關係、人際關係及受輔意願之影響 | 非行少年 14 人（國中及高中生） | 不等組前後實驗設計 | t 考驗 變異數分析直線迴歸 | 實驗組在三依變項上均有顯著改善 |
| 3. | 謝明昆 | 民 71 | 國中階段育幼院少年人格適應輔導效果之研究 | 國中 24 人分 2 組 | 等組前後測實驗設計 | 實驗 | 實驗組在基氏人格測驗及田納西自我概念中之若干項目，均顯著優於控制組 |
| 4. | 郭國楨 | 民 72 | 會心團體經驗人格適應之影響研究 | 大學生 14 人分 2 組前組 | 30 小時的等組前後實驗設計 | t 考驗 | 會心團體經驗對個人情緒適應有正向影響結果 |
| 5. | 朱森楠 | 民 73 | 價值澄清法對國中生價值觀、歸因方式之影響 | 國中生 182 人（男女各半） | 隨機油樣不等組設計 | 共變數 | 無顯著差異 |
| 6. | 羅俊昌 | 民 73 | 專科學校學生人際關係之輔導實驗研究 | 專科生 24 人 | 隨機等組前後測實驗設計 | 卡方 t 考驗 | 實驗組的荷登人格量表乙種測驗的人際關係分數有顯著改變 |
| 7. | 李分明 | 民 74 | 溝通分析法對國小學生人格與創造力之影響 | 國小五年級 24 人 | 實驗組與控制組等組前後測設 | t 考驗 | 實驗組在流暢獨性創性上達顯著差異 |

| 序號 | 作者 | 時間 | 篇名 | 對象 | 研究法 | 統計法 | 結果 |
|---|---|---|---|---|---|---|---|
| 8. | 陳月華 | 民74 | 角色扮演法對國小兒童的輔導效果之研究 | 國小四年級以班級為單位（每班54人） | 隨機抽4班為實驗組及控制組，不等組2×21因子實驗設計 | 實驗2×21因子 | 實驗組在各項變項（自我觀念、班級氣氛、問題解決之評量）上有顯著改變 |
| 9. | 劉淑澄 | 民74 | 價值澄清團體經驗對師專女生自我概念之影響 | 師專女生24人分2組 | 等組前後測實驗設計 | 獨立樣本單因子共變數分析 | 在田納西自我概念生活態度問卷上無顯著差異 |
| 10. | 楊淑娟 | 民74 | 護校學生成長團體之實驗 | 護校生24人等組（自報名者中隨機抽樣） | 等組前後測實驗設計 | 變異數分析t考驗 | 在自我評定與社會適應上有顯著改變 |
| 11. | 楊當美 | 民74 | 各大學生同儕輔導的效果分析研究 | 北師大數學系一年級全部新生110人 | | 變異數分析迴歸分析 | 大一新生或同儕輔導員在部分項目上均只有顯著改變 |
| 12. | 楊誌卿 | 民74 | 團體經驗對大學新生個人適應態度之影響 | 大一新生自測驗甄選後隨機選出20人2組 | 等組前後測實驗設計進行10次 | | 實驗組在「青年諮商量表」中之社會關係顯著優於控制組，其他部分無差異 |
| 13. | 王文秀 | 民75 | 適配論在高中同儕團體輔導之應用效果研究 | 北一女志願學生50人中選12位 | 分第一階段同儕輔導員之助人技巧及第二階段之成長團體訓練 | 重複量數二因子變異數分析 | 在孟氏行為困擾量表第一階段二因子（同理心與田納西自我概念部分有顯著改變）子變異第二階段之評量在第二階段之評量無顯著差異 |

| 序號 | 作者 | 時間 | 篇名 | 對象 | 研究法 | 統計法 | 結果 |
|---|---|---|---|---|---|---|---|
| *14.* | 林靜子 | 民 75 | 理情團體諮商對國小適應欠佳兒童效果之研究 | 國小適應欠佳 36 名混合高低經社會適應性好壞分為四組 | 等組前後測實驗設計 | 變異數分析 | 在自我及社會部分、理情治療均有顯著影響 |
| *15.* | 何浪晃 | 民 75 | 問題解決團體訓練對專科學生人格適應與創造力之影響 | 專科生 31 名中甄選加州心理測驗總智商 100 以上者 | 等組前後測實驗設計 2 個月的問題解決測驗 | 獨立樣本因子共變數分析 | 在青年諮商量表托浪斯創造性測驗上有更好的表現但未達顯著性、亦無長期效果 |
| *16.* | 吳美慧 | 民 75 | 自我肯定訓練對教育學院女生、自我肯定性及自我概念輔導效果之研究 | 從志願 68 名大學生中刪選 20 名 | 等組前後測設計自我肯定訓練 | t 考驗 | 在田納西自我概念測驗及個人生活態度量表（代表自我肯定之分數）達顯著且持久之改變 |
| *17.* | 張等展 | 民 75 | 現實治療架構團體對國小專科違規反校規學生輔導效果之研究 | 專科 47 名違規生中抽取 20 名分 2 組 | 等組實驗設計 | t 考驗及其變數分析 | 在社會評量表上之改變達顯著水準及其變著分數有增加，但未達水準 |
| *18.* | 程又強 | 民 75 | 公職退休人心理適應之相關因素暨「結構式會心團體」效果研究 | 台北市退休公職人員抽 30 人分 2 組 | 等組前後測實驗設計 | 單因子共變數分析 | 以生活滿意度測量之結果未達顯著水準 |
| *19.* | 楊昌裕 | 民 75 | 人際關係訓練對國小教師人際技術與班級口語互動效果之研究 | 彰化國小五、六年級之教師非輔導系畢業者 42 名分實驗組及控制組 | 不等組前後測設計：組 1 參加之訓練為期一週之人際技巧小團體訓練組 2 接受會心團體訓練 | t 考驗 2 組實驗單因子溝通之訓練變異數分析 | 2 組實驗組設計均有助於溝通之訓練；肯定此訓練對國小老師成長之適切性 |

| 序號 | 作者 | 時間 | 篇名 | 對象 | 研究法 | 統計法 | 結果 |
|---|---|---|---|---|---|---|---|
| 20. | 劉英台 | 民75 | 國中生人際問題解決態度與相關變項之關係及「人際問題解決小團體輔導方案」效果研究 | 台北市國一學生12班241人 | 相關研究法 實施多項測驗（如家庭地位、社經地位、問題解決、學生社會生活問卷、少年人格測驗） | 積差相關 多元迴歸 | 有多項細目之討論（父母管教態度、家庭氣氛、社經地位、性別、人際問題之解決） |
| 21. | 王明啟 | 民76 | 認知重建與社會技巧訓練團體對教育院學生害羞之研究 | 自全校施測，抽出害羞大學生58人，組成20人，（男女各半）2組受試 | 等組前後測設計 認知重建與社會技巧訓練 | 單因子共變數分析 | 實驗組在社效情境、社會焦慮、理性分數及良好人際習慣四項測量上達顯著改變 |
| 22. | 陳慶福 | 民76 | 合理情緒團體諮商之實驗 | 大學生（志願）39名 | 等組配對前後測驗設計 | t考驗 共變數 | 合理性分數有正向改變，但示達顯著水準 |
| 23. | 侯麗玲 | 民76 | 意義治療團體教育對大一新生生活目標輔導效果之研究 | 大一新生隨機抽出30人之10人為實驗組，8導為控制組 | 等組前後測設計 意義治療團體輔導 | t考驗 共變數分析 | 在測量的「生活目標」上達顯著差異，但「追尋目標之動機」部分則未達顯著差異 |
| 24. | 魏清連 | 民76 | 整合式親職訓練方案之效果研究 | 台北三所國中之家長32位及其子女 | 等組前後測設計 8組16小時之整合式親職訓練 | 單因子共變數分析 | 教育父母對管教的認知與接納程度（達顯著水準）子女問題行為的改變未達顯著性 |

| 序號 | 作者 | 時間 | 篇名 | 對象 | 研究法 | 統計法 | 結果 |
|---|---|---|---|---|---|---|---|
| 25. | 皮玉鳳 | 民 78 | 生氣控制訓練對國小高攻擊兒童輔導效果之研究 | 台北永和國小六年級男生 32 名（自全校施測 21 班中選出 39 名，經個別談話，智力測驗刪選） | 等組前後測設計 | 單因子共變數分析 | 在個人自陳的攻擊行為，敵意及社會適應上之改變均達顯著水準在教師評定之敵意分數亦達顯著水準，唯同學評定部分則未達顯著性 |
| 26. | 周麗玉 | 民 78 | 國中學生適配性班級工作團體訓練效果研究 | 陽明國中 | 密集式工作團體訓練 輔導活動單元教學活動設計 | 逐步迴歸分析 二因子變異數分析 單因子多變項共變數分析 | 成員的人際行為對團體氣氛的影響 ①團體成員所表現的情感行為對開始階段及訓練階段的團體氣氛會有影響 ②團體成員希望他人表現的投入行為與表達的情感對工作階段的團體氣氛會有影響 |
| 27. | 江淑卿 | 民 78 | 自我教導訓練的不同策略對衝動型兒童之輔導效果研究 | 台北教化國小三年級學生 32 人（經衝動測驗評出）分為 (1) 認知行為；(2) 認知；(3) 行為；及 (4) 控制 4 組 | 等組前後測實驗設計 | 共變數分析 | 在認知衝動的立即及長期輔導效果部分，(1)、(3) 組之效果優於 (4) 組 在衝動行為的長期輔導效果部分則只有第 (1) 組（認知行為）的明顯低於控制組，而達顯著水準 |

| 序號 | 作者 | 時間 | 篇名 | 對象 | 研究法 | 統計法 | 結果 |
|---|---|---|---|---|---|---|---|
| 28. | 許文明 | 民 78 | 自我肯定訓練對國小害羞兒童效果之研究 | 台北縣鶯歌國小六年級九班中依測驗抽 4 名共 36 名，平均分派為：(1)認知行為；(2)行為；及(3)控制行為組 | 等組前後測實驗設計分別接受認知或行為、行為折衷或無處理 | 單因子共變數分析 | 自我肯定部分有益處理均優於無處理組 自陳的害羞程度部分亦然 非理性信念分數之改變亦達顯著性 |
| 29. | 郭美滿 | 民 78 | 社會團體工作對離婚家庭兒童生活適應影響之研究 | 台北市東門國小高年級的離婚家庭兒童 32 名，依性別分成 2 組（實驗對控制）每週 2 次共 14 小時 | 等組前後測實驗設計 | 單因子共變數分析 | 實驗組在認知及情緒適應上均達顯著改變 |
| 30. | 陳碧玲 | 民 79 | 團體互動行為模式之分析 | 台南師院志願生 20 個（男 7 女 13），隨機分為結構與非結構組 | 量、質研究混合策略（Patton, 1980）登記比較 2 組在 Hills 互動 6 項分類中「工作」與「內容」型態之比例 | 百分比與剖面圖之比較 | 結構之互動發展型態為慢一快一慢，較快進入工作。非結構組之型態則為快一快一快之曲線。結構組的領導者行為以討論者行為為多、非結構組則以討論團體外之行為為多 |

| 序號 | 作者 | 時間 | 篇名 | 對象 | 研究法 | 統計法 | 結果 |
|---|---|---|---|---|---|---|---|
| 31. | 謝麗紅 | 民 79 | 多重模式團體諮商對父母離異兒童家庭關係信念自我觀念及行為困擾輔導效果之研究 | 台灣 3 所國小父母離異兒童及正常家庭兒童各 61 名（調查法對象）彰化民生國小高年級生 16 名，隨機分 2 組 10 次共 15 小時之處理 | 等組前後測實驗設計 | t 考驗 單因子變異數分析 | 在調查中發現父母離異兒童在自我觀念上在焦慮幸福與總自我顯著低於正常組兒童，行為困擾部分亦然 經過處理後，追蹤到的結果 肯定實驗組在總自我信念及「行為困擾」的各項分數均有改善，唯差異未達顯著水準 |
| 32. | 林明文 | 民 81 | 心理劇的導演策程與主角的改變 | 前導研究進行過三個團體的心理劇團體透過關係招募 35 人，成為成員的有 20 人（男 4、女 16） | 質的研究（觀察、訪談分析），特別是對第六次現場的觀察記錄和事後訪談 |  | 回答導演的選角，主角的歷程後發現：主角出來的原因是極想解決個人的問題。改變方面的得到最多的是認知洞察，其次是情緒淨化 |
| 33. | 陳均姝 | 民 81 | 小團體諮商對離婚婦女影響效果之研究 | 彰化市自願婦女 14 人，隨機分 2 組，進行 20 小時的團體 | 等組前後測實驗設計以田納西自我概念及貝克憂鬱量表評量 | 單因子共變數分析 | 在自我概念及憂鬱量表之後測與追蹤測中均無顯著改變化 |

| 序號 | 作者 | 時間 | 篇名 | 對象 | 研究法 | 統計法 | 結果 |
|---|---|---|---|---|---|---|---|
| 34. | 劉姿吟 | 民 81 | 父母效能系統訓練方案效果之研究 | 台北縣秀朗國小高年級生的母親23人 | 等組前後測實驗設計 父母效能系統訓練方案 8次聚會，1次3小時，共24小時 | t考驗 | 實驗組在教養態度總分及親子滿意度上，均顯著高於控制組（後測及追蹤測）對子女生活常規、負任行為抱怨行為及親子關係上均有所改善 |
| 35. | 劉佳惠 | 民 83 | 自我效能團體對攻擊傾向兒童之輔導等效果實驗研究 | 六年級具有攻擊傾向與非攻擊傾向學生各22名。男生28名女生16名，實驗組與控制組，各有22名受試者。實驗組受試者接受每週1次，每次90分鐘共10次 | 等組前後測設計 | 多變項單因子重複量數異數分析 | 本研究係應用班杜拉(Bandura)的自我效能理論，團體諮商的方式，透過改變認知、行為訓練與實際人際反應用，來降低兒童的攻擊行為與態度 |
| 36. | 羅廷瑛 | 民 84 | 「重新作決定」團體諮商對國小單親男童忠誠衝突、社會焦慮及生命腳本諮商效果之研究 | 國小四年級的單親男童，從自由報名的單親男童中，隨機抽取12 | 等組前後測的實驗設計 | 共變數分析和單因子 單因子 | 實驗組的單親男並沒有降低忠誠性衝突的效果及降低社會焦慮及批評焦慮態度 |

| 序號 | 作者 | 時間 | 篇名 | 對象 | 研究法 | 統計法 | 結果 |
|---|---|---|---|---|---|---|---|
| 37. | 陳姚如* | 民 85 | 團體諮商方案對受虐兒童之處理效果研究 | 17 名國小中、高年級的受虐兒童名再隨機分派至實驗組與控制組各 6 名。實驗組接受每週 2 次、每次 70 分鐘，共計 10 次 | 採替代性前測不等組設計 | 多變量共變數分析 | 團體諮商方案暨教師諮詢方案無法顯著增加受虐兒童的自我概念；團體諮商方案亦無法顯著增加受虐兒童的自我概念 |
| 38. | 吳麗雲 | 民 86 | 人際歷程取向團體諮商對不安全依附類型大學生人際困擾輔導效果之研究 | 16 名有人際困擾的大學生依性別／依附類型配對，隨機分派成對實驗組和控制組，實驗組接受為期 4 天、每天 6 個小時，共 24 小時 | 等組前後測實驗設計 | 單因子共變數分析 | 人際歷程取向團體諮商對有人際困擾大學生之退縮內向、冷漠無情非自我肯定具有顯著立即輔導效果，但對忌妒敵意、容易被人利用，喜愛支配他人、喜愛表現自我，過度在乎他人等依變項之立即輔導效果不顯著，實施處理 4 週後，在退縮內向、冷漠無情、容易被人利用上具有顯著追蹤輔導效果 |

| 序號 | 作者 | 時間 | 篇名 | 對象 | 研究法 | 統計法 | 結果 |
|---|---|---|---|---|---|---|---|
| | | | | | | | 果，在忌妒敵意，非自我肯定，喜愛支配他人，喜愛表現自我，過度在乎他人之追蹤輔導效果不顯著 |
| 39. | 翁毓秀 | 民86 | 單親母親親職壓力團體諮商方案效果研究——Meichenbaum 理論的應用 | 18名來自台中家扶中心之單親母親 | 修定的 Abidin 的親職壓力量 (Parenting Stress Index) 是量化的測量工具，質化部分資料的收集則以個別深度訪談與座談會的方式 | | 親職壓力團體諮商方案對親職壓力量表中之親職能力分量表上產生差異，但對親職角色投入與親職角色限制等分量表的影響不顯著 |
| 40. | 呂素芳 | 民87 | 個人建構取向生涯團體諮商方案對專科生生涯建構系統、決定歷程 | 26名面臨生涯轉換專科生隨機分派為專組、實驗組，受每週1次，為期8次、每次3小時，共24小時 | 等組前後測實驗設計 | 單因子共變數分析 | 個人建構取向生涯團體諮商方案對面臨生涯轉換專科生具緩化生涯建構系統分化性下降的立即性效果 |

| 序號 | 作者 | 時間 | 篇名 | 對象 | 研究法 | 統計法 | 結果 |
|---|---|---|---|---|---|---|---|
| 41. | 黃詩君 | 民 87 | 現實治療團體對國小兒童在心理需求之輔導效果研究 | 國小高年級父母離異兒童與雙親兒童各 20 名，男女各半，將兩類兒童各隨機分派至實驗組與控制組，每組各 10 人。兩組實驗組均接受每週 2 次、每次 50 分鐘，合計 10 次 | 準實驗研究法 | 獨立樣本二因子共變數分析 | 1.不同組別與不同性別之雙親兒童在「兒童心理需求滿足量表」 2.與「國小兒童生活態度量表」之總量表與分量表後測分數上，均未達顯著差異 3.不同組別與不同性別之父母離異兒童與雙親兒童在「兒童心理需求滿足量表」與「國小兒童生活態度量表」之總量表與分量表追蹤測驗分數上，均未達顯著差異 4.在歸屬感、求權、自由與樂趣四種心理需求及負責、正確與合於現實等三 R 行為，均有正向的影響與改變 |
| 42. | 許韶玲* | 民 87 | 受督導者督導前準備訓練方案的擬定及其實施對諮商督導過程的影響之研究 | 對 13 位督導者與 14 位受督導者進行個別訪談 | 透過自編的自陳式量表與一對一的個別訪談 | | 督導前的準備訓練對督導的確對督導過程有正向影響，其中影響最大的有三，分別是：提昇受督導者參與督導的能力 |

| 序號 | 作者 | 時間 | 篇名 | 對象 | 研究法 | 統計法 | 結果 |
|---|---|---|---|---|---|---|---|
| | | | | | | | 力、提昇參與督導的投入程度、以及擁有較佳的情緒狀態 |
| 43. | 徐大偉* | 民89 | 國小學生生氣情緒及生氣情緒管理團體方案成效之研究 | 國小30位五年級學生為樣本，隨機分派為實驗組與控制組各15名 | 使用「國小學生生氣程度量表」、「非理性信念量表」、「國小學生生氣表達量表」進行調查 | 單因子變異數分析、t檢定、皮爾遜積差相關、多元逐步迴歸 | 1. 不同生氣對象、生氣事件種類、非理性信念在生氣程度、生氣表達有顯著差異<br>2. 不同性別在生氣程度上沒有顯著差異，但在生氣表達上有顯著差異<br>3. 本方案能降低生氣程度、減少非理性信念的產生、能做有建設性的生氣表達，且效果持續達6週之久 |
| 44. | 邱獻輝 | 民89 | 青少年家長「親子溝通諮詢團體」之效果研究 | 高工學生22名家長，分為A、B兩團體，A團體有12位成員，B團體有10位成員，每週聚會1次，每次2 | 量化、與質化資料的前後測比較 | t檢定 | 1. 成員參與本研究方案後，對青少年子女的困擾議題，比較能夠避免使用負向溝通的方式處理問題<br>2. 親子溝通諮詢團體能有效協助成員解決未來的親子溝通問題 |

| 序號 | 作者 | 時間 | 篇名 | 對象 | 研究法 | 統計法 | 結果 |
|---|---|---|---|---|---|---|---|
| | | | | 小時 | | | 3. 親子溝通諮詢團體能有效的降低成員所求詢的親子溝通困擾 |
| 45. | 李孟真 | 民 89 | 「理情 U 型自尊模式」親職團體方案對國中家長教養態度對親子關係及其子女自尊之影響研究 | 國中共 40 名家長（母親），實驗組接受為期 10 週，每週 2.5 小時 | 量化資料方面以母親所填之「母親自陳管教行為量表」、「父母教養態度量表」、「親職教育問卷」及其青少年子女所填之「自我態度量表」、「母親教養方式」、「親子關係量表」 | 獨立樣本單因子共變數分析 | 1.「平權獨立」、「權威依賴」管教行為並無效果<br>2. 提昇母親的教養自信心有顯著效果<br>3. 改善母親對子女行為的歸因並無效果<br>4. 母親接納、瞭解子女行為的態度並無效果<br>5. 增進母親的教養知識有顯著效果<br>6. 青少年子女知覺的母親關懷、權威教養方式並無效果 |
| 46. | 林玉彬 | 民 89 | 認知行為取向團體諮商對國小害羞兒童輔導效果之研究 | 國小五、六年級 24 名害羞兒童。受試者依性別分層隨機分派到實驗組和控制組。 | 以「個人感受量表」、「兒童自我觀念量表」、「兒童社交技巧量表」（學生用） | 單因子共變數分析 | 「自陳害羞程度」，具有立即和延宕的輔導效果。與「焦慮、自我觀念的提昇」、「幸福等方面的自我觀念均具有立即和延宕的輔導效果 |

| 序號 | 作者 | 時間 | 篇名 | 對象 | 研究法 | 統計法 | 結果 |
|---|---|---|---|---|---|---|---|
| | | | | 實驗組成員接受 12 次活動，每次活動時間 85 分鐘至 2 時 45 分 | 與教師用），分別測量受試者在實驗處理前、後及延宕名測驗時，在各依變項上的反應情形 | | 果；「容貌」方面的自我觀念，則具有立即」的輔導效果，但不具延宕名輔導效果，整體社交技巧的增進，具有立即和延宕名的輔導效果 |
| 47. | 謝雯鈴 | 民 89 | 女性生涯團體諮商對技職校院學生生涯相關態度之輔導效果研究 | 技術學院 20 名二專、四技一年級女學生。實驗組接受 7 週，每週 3 小時，共計 21 小時，控制組則不作處理 | 準實驗設計 | 單因子共變數分析 | 1.對改善實驗組的女性角色刻板印象、在個性項目、家庭決策等因素及整體上具有立即和追蹤輔導效果；但對於休閒娛樂、社交活動及家庭工作等因素則不具立即和追蹤輔導效果<br>2.改善實驗組的生涯決定信念，在絕對適切、工作世界、期望標準、決定方法、自我懷疑等結果及人境適配等因素及整體上均不具立即和追蹤輔導效果 |

| 序號 | 作者 | 時間 | 篇名 | 對象 | 研究法 | 統計法 | 結果 |
|---|---|---|---|---|---|---|---|
| 48. | 李玉卿 | 民 89 | 國小害羞兒童在遊戲治療團體中互動及改變歷程之分析研究 | 國小 3 名害羞兒童，每週 2 次，每次 45 分鐘，共 17 次 | 遊戲過程錄影，據以進行團體互動歷程的分析；從中再探討成員互動情形、害羞兒童口語改變歷程、非口語改變歷程，及同儕遊戲類型的改變歷程 |  | 三位害羞兒童在情緒轉換上皆先出現正向情緒，再出現負向情緒，最後都回復為正向情緒狀態，然而其轉換時間有個別差異 |
| 49. | 江振亭 | 民 89 | 認知行為團體療法對濫用藥物者輔導成效之研究 | 吸食、施打毒品而判刑之受刑人 16 名，隨機分派至實驗組 8 名，控制組 8 名，其中實驗組接受每週 1 次，每次 2-3 小時，共 10 個單元 | 採等組前後測及追蹤測量實驗設計 | 單因子共變量分析、單因子單變量共變數分析 | 對實驗組受試者的理性信念與內在抑制力能增進，尤其是在改善認知扭曲、消極逃避、心理成癮等非理性信念及對於增進自我控制、自律、道德觀、延宕需求尋求等有顯著的立即與追蹤治療效果。此外，對於受試者的自我支持、自重感、心理健康具有立即性的實驗輔導效果，但其立即追蹤輔導效果卻未達顯著 |

| 序號 | 作者 | 時間 | 篇名 | 對象 | 研究法 | 統計法 | 結果 |
|---|---|---|---|---|---|---|---|
| 50. | 劉春男 | 民90 | 情緒管理團體輔導對國小兒童輔導效果之研究 | 國小五年級學童，隨機抽取30名，隨機分派15名至實驗組及控制組。實驗組由研究者進行每週1次（80分鐘），共12次 | 「兒童」、「兒童自我觀念量表」、「情緒思維自陳量表」、「兒童情緒思維情境測驗」、「國小學童生活經驗量表」（情緒適應行為量表） | 單因子共變數分析（以前測分數為共變數） | 情緒智力方面、自我觀念方面有顯著者的差異，顯示本方案對國小五年級學童之自我觀念具有立即性及長期性的輔導效果 |
| 52. | 林梅鳳* | 民90 | 認知行為治療團體對憂鬱症患者的衝擊與治療效果之研究 | 精神科門診醫師轉介的8名憂鬱症個案，共12次 | 採歷程研究和質的研究方法 | | 所有個案從團體獲得助益性衝擊最多、阻礙性衝擊最少。其中助益性衝擊以正常個案最多、其次為輕鬱個案、中鬱和重鬱個案更次之；而阻礙性衝擊則是相反。團體都維持約10-20%的中立性衝擊量 |
| 52. | 吳佳玲 | 民90 | 老人互助團體功能提昇之實驗研究——以埔里鎮的松年團契為例 | 埔里鎮的松年團契與桃米里老人會，歷經4個月，15次的活動 | 運用質化和量化合併的研究方法來評估團體活動方案對老人在個 | | 在老人的個別功能部分，從健康、情緒、自我概念與社會支持四個量表中，只有情緒結果有達到顯著 |

| 序號 | 作者 | 時間 | 篇名 | 對象 | 研究法 | 統計法 | 結果 |
|---|---|---|---|---|---|---|---|
| 53. | 廖鑑雪等 | 民 90 | 失智患者家屬支持團體之 Hill 互動矩陣分析 | 精神科專科醫院老人精神科病房，住院之失智症患者家屬共 8 名。每週 1 次，每次 90 分鐘 | 用心理支持團體之模式，分析失智症患者家屬在團體過程中的心理感受與經驗，並藉由 Hill 互動矩陣分析團體成員在團體中之口語互動 | 別功能、團體凝聚力和推行志願服務成效之影響 | 1. 領導者與成員的口語互動行為變化是有一致性的<br>2. 支持團體對成員的治療性的值是比較有幫助的<br>3. 支持團體的治療因子有普遍性、知識訊息的傳遞、利他性、情緒宣洩、團體凝聚力 |
| 54. | 唐育瑜 | 民 90 | 同理心團體訓練對父母離異兒童人際關係之研究 | 國小五年級父母離異兒童 12 名，隨機分派至實驗組與控制組，每組 6 人。實驗組成員連續接受每週兩次，每次 50 分鐘，共計 10 次 | 等組前後測實驗設計 | 獨立樣本單因子共變數分析 | 父母離異兒童親子關係未達顯著的立即性與持續性效果 |

| 序號 | 作者 | 時間 | 篇名 | 對象 | 研究法 | 統計法 | 結果 |
|---|---|---|---|---|---|---|---|
| 55. | 許志彰 | 民90 | 團體諮商對國小偷竊兒童自我概念與自我控制影響效果之研究 | 國小五、六年偷竊兒童，共14名，並隨機分派至實驗組與控制組。實驗組接受每週2次，每次60分鐘，共14次；控制組則為等待處理 | 等組前後測驗設計 | 單因子共變數分析 | 1.增進「對自己身體特質的態度」具有追蹤輔導效果，對其他自我概念方面的依變項均不具追蹤輔導效果 2.增進「非衝動性」具有立即輔導效果，在其他自我控制方面的依變項不具立即輔導效果 3.增進自我控制方面的依變項均不具追蹤輔導效果 |
| 56. | 陳奕良 | 民90 | 薩提爾模式團體方案對青年情侶輔導效果之研究 | 9對自願參加之青年情侶。為期4天，每天6小時，共2個週末24小時 | 採單組前後測及追蹤測量實驗設計 | t考驗 | 青年情侶之一致型溝通姿態具有顯著立即輔導效果；但對不一致型溝通姿態等依變項之立即輔導效果不顯著 |
| 57. | 陳麗文 | 民90 | 高風險家庭父母效能訓練團體研究——以犯罪少年家庭為例 | 犯罪少年父母 | 脈絡（Context）、投入（Input）、過程（Process）與產出（Product）四部分，簡稱CIPP評估模式 | | 生長在高風險家庭中的青少年，有較高的情緒困擾與較低的學習成就。因此，提供這些父母教育機會以及情感上的支持，將可確實幫助父母與青少年 |

| 序號 | 作者 | 時間 | 篇名 | 對象 | 研究法 | 統計法 | 結果 |
|---|---|---|---|---|---|---|---|
| 58. | 周鳳琪 | 民 90 | 國中適應不良學生參與探索諮商團體之效益研究 | 國中二年級適應不良學生共 22 名；實驗組 11 名；控制組 11 名 | 以標準測驗進行量的考驗外，並對成員的回饋，包括 13 次團體活動回饋表、整體追蹤訪談紀錄、及研究者所填寫之領導者紀錄表、訪談導師紀錄錄 | | 探索諮商團體對國中適應不良學生內控信念之增進有顯著立即效果但無顯著追蹤效果。整體諮商回饋問卷之結果皆為正向反應 |
| 59. | 蘇完女* | 民 90 | 以「未完成事件」為主題之團體諮商的治療因素、改變機制以及成員的改變 | 自覺具有未完成事件且影響目前生活功能的成人 | 採單一受試設計，以質性研究中的訪談法收集成員主觀知覺團體的重要事件和該重要事件的影響；觀察法收集團體過程的資料 | | 未完成事件解決與否的因素如下：1. 來自成員個人的因素；2. 來自團體歷程的因素；3. 來自團體外的生活事件等三大因素，且這些因素可能是相互影響著 |
| 60. | 詹淑瑗 | 民 91 | 「完形取向團體方案」對國小害羞兒童輔導效果之分析研究 | 國民小學四年級害羞兒童，共有 18 名並將之隨機 | 「國小兒童自我概念量表」（測本單因子共概念」）、「自我概念」 | 獨立樣本單因子共變 | 量化資料統計與分析中，並未發現「完形取向團體方案」對國小害羞兒童的自我 |

| 序號 | 作者 | 時間 | 篇名 | 對象 | 研究法 | 統計法 | 結果 |
|---|---|---|---|---|---|---|---|
| | | | | 分派為實驗組與控制組。實驗組接受每次70分鐘，每週2次，為期6週；控制組在研究期間不接受任何處理 | 兒童生活態度量表」（測自我肯定性）及「個人感受量表」（測感受差程度）為研究工具，對所有受試者進行前測與後測，並分別以分數為其變項 | 數分析 | 概念、自我肯定性或害羞程度能產生輔導效果；但從各班導師、班長和團體成員的個別訪談中，發現「完形取向團體方案」對國小害羞兒童能產生某種程度之輔導效果 |
| 61. | 沈鈺珍 | 民91 | 「理情U型自尊」團體方案對國小低自尊兒童自尊、理性思考、情緒智力之輔導效果研究 | 國小五年級低自尊兒童，共38位受試者，並將之隨機分配為實驗組和控制組。實驗組進行每次40分鐘、每週1次、為期12週 | 以「兒童自我態度量表」（測兒童自尊）、「兒童理性信念量表」（測兒童非理性信念）及「兒童自陳量表」（測兒童情緒智力）為評 | 獨立樣本單因子單變項數分析 | 1.對於提升「整體自尊」及「社會自尊」、「身體自尊」、「家庭自尊」、「學業自尊」、「一般自尊」之效果並不顯著 2.提升自尊低自尊兒童理情和認知有顯著的效果 3.減少低自尊兒童的非理性信念有顯著的效果 4.減少「受挫反應」及「過度焦慮」二個非理性信念 |

| 序號 | 作者 | 時間 | 篇名 | 對象 | 研究法 | 統計法 | 結果 |
|---|---|---|---|---|---|---|---|
| | | | | | 量工具，所有的受試者進行前測與後測的評量 | | 有顯著的效果 5.減少「認可需求」、「高自我期許」、「情緒問題」、「逃避傾向」、「改變的無助感」、「依賴」及「完美主義」等八個非理性信念之效果並不顯著 |
| 62. | 陳麗娟 | 民91 | 社會適應欠佳兒童在阿德勒諮商團體中改變歷程之研究 | 國小3位（A、B、C）社會適應欠佳的兒童為研究對象，團體中並加入3位（D、E、F）社會適應良好的兒童為標籤，以避免標籤作用。每週進行2次，每次50分鐘，共16次 | 分為團體前期（第1-4次）、團體中前期（第5-8次）、團體中後期（第9-12次）與團體後期（第13-16次），探討成員在團體前後的社會興趣、團體四階段的社會適應不佳行為、錯誤行為目標與 | 質化分析法 | 對社會適應欠佳兒童有良好的短期效果 |

| 序號 | 作者 | 時間 | 篇名 | 對象 | 研究法 | 統計法 | 結果 |
|---|---|---|---|---|---|---|---|
| 63. | 簡文英 | 民 91 | 薩提爾模式親職成長團體對國中生家長輔導效果之研究 | 國一、國二學生家長 26 名。隨機分派成實驗組與控制組。實驗接受為期 6 個月、每週三週時，共 24 小時 | 本研究之自變項為實驗處理；依變項為父母的溝通姿態、親子關係和親子溝通三類，以「父母溝通姿態量表」、「親子關係量表」和「親子溝通量表」之成員口語互動改變的情形 | 單因子共變數分析 | 對國中生家長之父母溝通姿態、親子關係及親子溝通之立即輔導效果不顯著 |
| 64. | 鄭曉楓 | 民 91 | 認知行為取向團體輔導對國小攻擊傾向兒童攻擊及攻擊行為影響效果研究信念 | 初探性研究係蒐察兩位國小四年級男童；實驗性研究係以一所國小四年級 12 名具有攻擊性的男生為對象，分成實驗組與控制 | 準實驗設計 | | 認知行為取向團體對國小攻擊傾向兒童之攻擊信念及兒童之自評攻擊行為均不具立即輔導效果，也未具追蹤輔導效果 |

| 序號 | 作者 | 時間 | 篇名 | 對象 | 研究法 | 統計法 | 結果 |
|---|---|---|---|---|---|---|---|
| 65. | 張麗玉 | 民 91 | 支持團體對愛滋病患的社會心理調適影響之研究 | 醫學中心之門診或曾住院之愛滋病患。採立意取樣。與性別、年齡及發病年齡等的配對方式，分為實驗組 10 人與對照組 11 人共 21 人組，每組各 6 名，其中實驗組接受 1 週 2 次，每次 40 分鐘，共 14 次 | 本研究係採類實驗前後測驗設計共 8 週 |  | 有效顯著地降低愛滋病患的憂鬱程度，且有效提昇愛滋病患的社會支持狀況，但對於非理性信念並沒有顯著的影響 |
| 66. | 林佩郁 | 民 91 | 焦點解決取向團體諮商對國小單親親兒童輔導效果之研究 | 國小五、六年級共 16 名單親親兒童 | 實驗組接受 10 次團體諮商，而控制組則不做任何處理。採取等組前後測及追蹤設計之實驗設計 | 單因子共變數分析 | 成員在實驗處理後，能對有關家庭關係方面的信念重新建構、建立較正向的看法及信念；增強對自我的肯定發現本身所擁有的資源，對本身持有更多正向的概念；並且能減少行為上之困擾對 |

| 序號 | 作者 | 時間 | 篇名 | 對象 | 研究法 | 統計法 | 結果 |
|---|---|---|---|---|---|---|---|
| 67. | 吳惠玲 | 民92 | 理情團體輔導對單親兒童自我概念輔導效果之研究 | 國小五、六年級的學生 | 隨機分成實驗組和控制組。採實驗組——控制組前後測設計。實驗組接受每週2次，每次60分鐘，共12次的輔導；控制組則無任何處理 | 獨立樣本單因子共變數分析進行統計分析 | 提昇單親兒童的自我概念不具立即輔導效果，也未具追蹤輔導效果 |
| 68. | 劉袖琪 | 民92 | 父母離異兒童在完形學派遊戲治療之輔導歷程研究 | 國小四年級父母離異之單親兒童 | 每週1次、每次50分鐘，共計12次。遊戲治療過程之錄音帶、錄影帶及創作作品等資料進行分析 |  | 當事人處理其對重要他人與對環境的未完成事件，使當事人達到心靈方面的整合與協調，此自我調節歷程可以驗證完形循環圈的理論架構 |
| 69. | 姜智惠 | 民92 | 國小攻擊傾向兒童在阿德勒取向團體遊戲治療之轉變歷程研究 | 國小3位攻擊傾向兒童 | 每週2次、每次60分鐘，共12次。結合兒童的自我回饋表、導師的觀察及訪談、社交評量在 |  | 三位成員都自覺團體過程對其生氣控制和情緒等方面有幫助；由成員導師的觀察和訪談中可發現B和C的攻擊行為頻率減少，A則無明顯變化 |

| 序號 | 作者 | 時間 | 篇名 | 對象 | 研究法 | 統計法 | 結果 |
|---|---|---|---|---|---|---|---|
| 70. | 蕭同仁 | 民 92 | 現實治療團體對少年藥物濫用者處遇效果之研究 | 戒治少年，實驗組 8 名，控制組 12 名，其中實驗組接受每週 2 次，每次 90 分鐘，共 16 單元 | 採實驗組控制組前、後測及追蹤測量準實驗設計 | 獨立樣本 t 檢定及單因子共變數分析 | 僅承擔意願具有顯著成效，其餘皆未具顯著效果。藥物濫用少年之自我評估、付諸行動、學習戒毒、生活規律與課程參與度具有立即性效果 |
| 71. | 蘇世修 | 民 92 | 焦點解決取向團體諮商對國中男生生氣情緒管理效果之研究 | 國中 16 名男生簡單組隨機分成實驗組與控制組。實驗組接受每期 8 週每週 2 小時的實驗處理。控制組則不做任何的處理 | 本研究為等組前後測及追蹤測量的實驗設計 | 單因子共變數分析、百分比差異 Z 考驗 | 本研究對國中男生生氣特質、生氣事件反應、生氣當場因應、生氣事後因應與控制生氣表達有明顯的立即效果。但對於生氣攻擊與生氣壓抑之立即輔導效果不顯著 |
| | | | | | 輔導前的諮詢與輔導後 3 個月的追蹤及導師 6 個月後的追蹤訪談 | | |

| 序號 | 作者 | 時間 | 篇名 | 對象 | 研究法 | 統計法 | 結果 |
|------|------|------|------|------|--------|--------|------|
| 72. | 邱瓊瑩 | 民 92 | 社交技巧訓練團體對國小兒童社交技巧與人際關係之影響研究 | 國小五年級。篩選出 16 名社交技巧不佳兒童。每組 8 名，男、女生各 4 名，每週 1-2 次，每次 40 分鐘，共 10 次，為期 7 週 | 本研究採等組前後測實驗設計 | | 社交技巧訓練方案對團體成員具有正向的影響。即個別成員在接受社交技巧訓練之後，在社交技巧與人際關係方面有不同程度的成長 |

其所包括的範圍很廣（有依理論設定的，如理情、現實、意義、認知、多模式；有技巧設定的模式，如心理劇、角色扮演、溝通同理心等；也有依形式設定的，如自我教導、同儕教導、親職效能等）。此部分重複性的模式，反而很少（如只有同儕、理情、自我肯定、親職及適配主面之主題，有過 2 個以上的研究）。**此次民國 82～92 年之資料，顯示某些不同之處。**最主要的一點便是**理情治療與認知行為治療**（其內容亦多與理情而非理性信念有關）**之模式，在各式各樣的策略中所占比例最大，**（理情有 5 篇，認知行為有 4 篇），**占此次 37 篇研究 1/4 左右之比例。**相形之下，以自我成長團體為名稱的研究，已經完全消失。可見在處理的主要模式上亦出現前文所提的十年左右走一種趨勢之現象。若真如此，未來十年的走向又是如何，可以請大家先來預測一下。作者之觀察是仍不脫「焦點解決」（短期）與認知治療之方向（見附錄 M&N）。

㈣**研究設計及統計**

　　研究設計部分，34 篇中有 22 個研究採等組（或不等組）前後測實驗研究設計，其中有 2 篇是 4 個組，其他則均為（實驗組、控制組）2 組。相關研究，自民國 75 年後開始出現（劉英台，民 75），質的研究則有陳碧玲（民 79）、林明文（民 81）2 篇。**在統計部分**，絕大多數採當事人自評的紙筆測驗，並以 t 考驗、單因子變異數分析及共變數分析來分析結果，回歸分析有 3 篇（較大樣本時用之）。**大體上不脫「量」的、「等組前後測設計」的研究方式。**

㈤**研究結果部分**

　　研究結果部分分成⑴改變達顯著水準，在 29 篇有結果資料的論文中，有 7 篇達此結果。⑵部分達顯著水準，有 15 篇。⑶未達顯著水準，但有改善，有 2 篇。⑷未達顯著差異的，也有 4 篇。由此資料中，**可發現半數（1/2 以上）的研究結果是部分性的達到顯著水準**，加上全部顯著水準的 7 篇，**可肯定約 2/3 的研究結果證明是有效的**（在現有時間和數量的前提下）。當然，值得深入探討的是「導致研究結果有改變（或無

改變）的原因之探討」。

　　總結這部分的探討，我們可如此總結：**民國 71～91 年間有關團諮研究的碩士論文，所處理的大致是效果評量方面的研究**。除了一般性的成長團體之主題外，各諮商理論的技巧與方案，都被採用來探討其對自我概念及人際適應上之影響。對象部分，仍以大學生對象與國小學生為大宗（大學生是因為研究者本身尚在大學環境中，取樣亦較方便；但為什麼國小學生會成為碩士階段團諮研究的熱門呢？難道這是因為小學輔導較容易配合嗎？）。雖然在研究方法上，有逐漸加入質的研究的趨向（民79 年後），但以 t 考驗及變異數、共變數來處理資料的量的等組前後測的研究方式，仍代表絕大多數的研究設計。

# 第四節　未來國內團諮研究上的注意事項

　　根據本章所呈現資料的介紹和討論，一方面固可藉此獲得對國內團諮研究上一個總體輪廓之瞭解；另一方面，也突顯了這方面工作上的特色和限制。因此，本節擬自實務工作者的立場出發，對未來這方面的研究工作，提供一些心得和建議，以供思考。

## 一、研究的主題

　　研究的主題在經歷過多次的效果性研究之後，新疆域之涉足，是自然而然也不得不然的一種研究上的走向。這固然包括了團諮研究架構中，其他部分變項的納入（如組成前因素，互動性之探討，新的團體動力焦點之處理），也包括了新的問題主題之探討（如化學性依賴、衝動、憤怒等之處理）。可預測的是：**未來的團諮研究之主題，將更多的走向歷程性探討**（如說服的技巧、改變的時機），**及單一技巧或問題的深入性處理**（如以「如何處理被拒絕之社交情境」來代替以往廣泛包含數技巧的「社交技巧訓練」）。同時本**作者也認為當前最需要的主題則是班級**

**團體的心理性操作之處理**（不管在國小或國中），**以及推廣應用性的團輔網路**（如義工媽媽等社區資源人士）之訓練。

## 二、焦點性相關理論之深入及更具體的行為目標之設定

誠如陳若璋、李瑞玲（民 76）在國內團諮研究回顧性批判中所提出。雖然團體的目標（或功能）一般均包括了「自我瞭解」與「人際關係」兩部分；但如何設計實驗處理之主題（或活動），以及如何評量才能在「時數」與「領導專業水準」的雙重限制下，得到顯著性的差異水準？將是此方面研究者不得不正視的問題。解決之道，本作者的建議(1)**一方面縮小（聚焦）研究之主題**，如以「被拒絕」代替「社交技巧」；(2)**另一方面是擴大文獻蒐集的領域範圍**（如加入社會心理學範疇的資料）；最後，(3)則是根據文獻蒐集所得的理論架構，**編擬測量具體**（條列式）而又**合乎邏輯程序**（如處理被拒絕之前應先出現人格特質、思考內容及習慣反應方式等）**之方案目標**。

## 三、領導者之資格與準備

目前台灣流行用帶過團體的時數（或次數）來表示個人在團體經驗上的精深。實務固然產生實力，這話一般來說是不錯的。但沒有「回饋」、「督導」、「自我檢核」（客觀性）與「成長」（進修）約 20 次團體經驗，和有良好設計控制的 10 次團體經驗，何者更能代表實力，答案也是不言可喻的。台灣在這部分真是迫切需要有組織的結構出現。但在此之前，碩士階層之團體領導者，是否該有一些可參考的效標呢？本作者的思考是這樣的──

*1.* **團體課程部分**：需通過團體輔導（3 學分），團體諮商（3 學分），團諮實習（上、下學期，各 2 學分）及團體動力（3 學分）的修習。

*2.* **團體經驗部分**：需經歷過成員、觀察員、協同領導及領導（有督導的）等四階段的經歷。

*3.* **研究法統計部分**：修過質與量的研究與多變項變異數分析，並以

獨立研究的方式，跟隨研究相關主題之老師，做過一學期的田野研究（就團諮論文的做法而言）。再度，在現實條件限制下，上述之條件成為不可能時，其過渡性做法乃是整合以主題為依據的跨校系的團體研究的教師群（包括教授以下的各階層）或學生群（自博士至大學部），每年做出幾個大型的團體研究方案（如此才真正有可能做到多變項研究的探討）。

## 四、一次研究過程中的注意事項

一次研究過程中的注意事項包括甚廣，茲列舉其要，以為參考──

1.團體的總次數，以連續聚會 10 次（不中斷）為理想。時數則採短一長一短（短為 1.5 小時，長為 3 小時）總計 30 小時（8 個人的團體）為原則。

2.團體的對象越不成熟或教育程度越低者，則採結構式為理想，領導者之專業水準越初級也越適合此設計。

3.評量可採每次及團體前後總評兩種方式，輔之以口頭或感受卡回饋。追蹤研究的時距，以相隔半年的評量為理想（隔週或隔月都太短）。

4.團諮研究上的新趨勢之一，是對團體中的個人，作單一個案之質的研究設計。如此可彌補量的研究上，平均、趨中等結果推論之困擾。

5.領導者兼為研究者時，建議應安排一個協同觀察員做非參與觀察（採在場與不在場的方式）若干次（如前、中或末次的組合），以取得對領導力技巧評估上之效度控制與過程中之回饋和修正。

## 五、增進團體效果之做法

增進團體效果之做法，應是每一位團諮研究者都會在意的事。除了上述的主題聚焦，文獻擴大搜尋領域，時間次數，評量及觀察員回饋等問題外。以往很少注意的一個方向，是落實每次的團諮經驗為一項可完成的家庭作業，或角色扮演等行為治療策略上之設計，以及在團體中加

入個別諮商（如對某一、兩位有需要的成員）或「會外會」（當團體發生激烈情況，但時間限制內無法處理告一段落時）的做法。當然，這些額外添加的項目，有的可納入為目標設計中之內容（如家庭作業），有的則需在結果討論列出並作說明（如會外會等）。

　　另外，即使對結構性團體之設計，領導者有意安排的 1 次缺席（以事前臨時通知的方式實施通常在團體中階段時為適當），都會對團體交互作用的情況以及領導者在團體中的角色位置，有正面的影響力和參照價值（但需有團體之錄音記錄，作為領導者之參考）。

## 六、團體方案內容之設計與溝通活動之選擇

　　在團體諮商的研究範圍中，一個最常出現又最少被注意到的部分，乃是團諮方案之設計。同時，由於絕大部分的團諮研究均採結構式設計，因此通常都配備以各式各樣溝通活動（或稱暖身）之組合，國內謝麗紅（民 91, 92）曾就這一主題出書。

　　理論上來說，團體方案之內容，因係依照研究者所選定的主題部分之理論來編列，其呈現方式應有邏輯發展之依據；另一方面，暖身活動之使用，對引發、催化團體的氣氛也有其特定的實質的功效。目前在這部分的實施似乎出現了兩個方向的問題，其一是依理論設計的主題，其呈現之次序，是否合乎邏輯（舉例來說，成長團體的目標包括自我瞭解以及人際關係之適應。那麼，二者孰先孰後？其理由又是什麼？）；其二是組合暖身（溝通）活動與理論設計時，如何求取協調和統整問題（如很多的研究以「自我畫像」來引入「自我瞭解」之主題，這應該算是有一致性的；但接下來的「六呎方場」的非語言，身體的溝通活動，又如何與「自我瞭解」接下來的理論主題「自我接納」發生關係呢？）。結果遂使得目前的方案設計，往往出現「牛頭馬面」的局面。溝通活動在先，主題活動在後，二者間的關係，表面上看來有頭有尾，煞是壯觀；細思其間關係，卻又撲朔迷離，不知關係何在？要解決這個問題，在主題理論的邏輯程序部分，固需加強思考和分辨；在溝通活動部分，也需

要瞭解其組合之源起與應用原則，其間之奧妙，非三言兩語可以結束。故第十一章的部分，將就此再做一番解釋和剖析。

第 **11** 章

團體諮商的方案設計

# 前　言

　　前章（第十章）已經提及在團體諮商的研究中，方案設計上的問題主要在於所依循理論內含之邏輯以及此部分與溝通活動之配合。因此本章擬以民國 71～92 年間所蒐集到的 66 篇碩博士論文的團諮方案（表11-1）之處理為例，來說明其現象與可能改進之道。

## 第一節　方案設計

　　每一份方案設計，都可視為是心理團體的領導者（通常也就是研究者），在自變項部分，依據其所選定的理論架構（有依據諮商心理學的理論而來的，如現實治療、理情治療；有依據一套訓練方案而來的，如壓力免疫訓練、自我肯定訓練等）所設計出來的一系列活動。這種活動不但在內容含意上，要能前後銜接；以達到催化該部分之認知，做螺旋性深入掌握之發展；而且每部分內容之分量，又要能大致均等，避免前重後輕之類的失衡結果之發生。

　　為瞭解上述這段敘述，此處不妨以某些目前較熱門的題目（如攻擊、憤怒）之論文的資料為例，來試加闡述。

## 第二節　方案內容與理論應有架構間不一致之例

　　編號 A2（民 81）（見表 11-1）的論文是處理基氏人格測驗及訓導處記錄有案的，其攻擊型傾向之國中學生（8 人）為對象，以 10 次（每週 2次，每次 50 分鐘）的團輔活動方案設計作為處理之內容（見表 11-2）。

表 11-1　民國 71～92 年團諮碩士、博士（＊）論文方案設計分類摘要表

| 依處理主題<br>分類之編號 | 作者 | 年代 | 篇名 | 出版處 |
| --- | --- | --- | --- | --- |
| A.特殊心理學生<br>1 | 胡景雲 | 民78 | 寂寞感與其相關因素及輔導效果研究 | 台灣師大教育與心理輔導研究所 |
| 2 | 張莉莉 | 民81 | 團體輔導對國中生攻擊行為輔導效果之研究 | 彰化師大輔導研究所 |
| 3 | 莊智芳 | 民82 | 焦慮處理課程對國一生考試焦慮的處理效果之研究 | 高雄師大教育研究所 |
| B.特定理論架構<br>4 | 李泰山 | 民75 | 溝通分析團體對專科學生自我狀態與人際關係之影響 | 教育學院輔導研究所 |
| 5 | 楊慧松 | 民82 | 溝通分析實驗課程對高中記過生自尊與生活適應影響之研究 | 高雄師大教育研究所 |
| 6 | 張等展 | 民75 | 現實治療架構團體對專科違規學生輔導效果之研究 | 教育學院輔導研究所 |
| 7 | 林忻慧 | 民82 | 現實治療對高中學生心理成熟度與適應能力之效果研究 | 高雄師大教育研究所 |
| 8 | 侯素棉 | 民83 | 阿德勒學派團體諮商方法影響國中生自卑感及偏差行為之實驗研究 | 彰化師大輔導研究所 |
| 9 | 吳櫻菁 | 民76 | 合理情緒教育對國小高年級學生之應用效果 | 彰化師大輔導研究所 |
| 10 | 謝麗紅 | 民79 | 多重模式團體諮商對父母離異兒童家庭關係信念、自我觀念及行為困擾輔導效果之研究 | 彰化師大輔導研究所 |
| C.特殊方案研究<br>11 | 林燦南 | 民80 | 鬆弛訓練課程對減低國中生考試焦慮之實驗效果 | 彰化師大輔導研究所 |
| 12 | 鄭小萍 | 民80 | 國小五年級兒童「同理心訓練方案」輔導效果之研究 | 台灣師大教育與心理輔導研究所 |
| 13 | 梁翠梅 | 民81 | 壓力免疫訓練對國小高壓力兒童輔導效果之研究 | 彰化師大輔導研究所 |

| 依處理主題分類之編號 | 作者 | 年代 | 篇名 | 出版處 |
|---|---|---|---|---|
| 14 | 周淑苓 | 民 82 | 自我肯定訓練對國中害羞學生影響成效之研究 | 高雄師大教育研究所 |
| 15 | 陳恆霖 | 民 81 | 社會技巧訓練影響犯罪少年社會技巧、社會焦慮之實驗研究 | 彰化師大輔導研究所 |
| 16 | 吳珍梅 | 民 82 | 問題解決訓練團體對國小教師問題之解決態度與工作壓力的影響 | 彰化師大輔導研究所 |
| 17 | 何淑晃 | 民 75 | 問題解決團體訓練對專科學生人格適應與創造力之影響 | 教育學院輔導研究所 |
| 18 | 黃淑珍 | 民 83 | 問題解決策略訓練對大學生解決問題能力、因應方式及心理健康的影響效果之研究 | 彰化師大輔導研究所 |
| D.人際關係訓練<br>19 | 謝明崑 | 民 71 | 國中階段育幼院少年人格適應輔導效果之研究 | 教育學院輔導研究所 |
| 20 | 羅俊昌 | 民 73 | 增進專科學校學生人際關係之輔導實際研究 | 教育學院輔導研究所 |
| 21 | 楊淑娟 | 民 74 | 護校學生成長團體之實驗 | 教育學院輔導研究所 |
| 22 | 劉英台 | 民 75 | 國中生人際問題解決態度與相關變項之關係及「人際問題解決小團體輔導方案」效果研究 | 台灣師大教育與心理輔導研究所 |
| E.學習及生涯輔導<br>23 | 林香君 | 民 80 | 生涯未定向類型與團體諮商策略交互作用效果之研究 | 台灣師大教育與心理輔導研究所 |
| 24 | 林素妃 | 民 81 | 增進學習技巧的團體輔導對學習適應欠佳兒童的影響效果研究 | 彰化師大輔導研究所 |
| 25 | 張寶珠 | 民 81 | 後設認知訓練團體對國中低英語閱讀能力學生之輔導效果研究 | 台灣師大教育與心理輔導研究所 |

| 依處理主題<br>分類之編號 | 作者 | 年代 | 篇名 | 出版處 |
|---|---|---|---|---|
| F.同儕輔導<br>26 | 周麗玉 | 民78 | 國中生適配性班級工作團體訓練效果研究 | 台灣師大教育與心理輔導研究所 |
| 27 | 王文秀 | 民75 | 適配論在高中同儕團體輔導之應用效果研究 | 台灣師大教育與心理輔導研究所 |
| 28 | 劉姿吟 | 民81 | 父母效能系統訓練方案效果之研究 | 彰化師大輔導研究所 |
| 29 | 陳均姝 | 民81 | 小團體諮商對離婚婦女影響效果之研究 | 彰化師大輔導研究所 |
| G.特殊心理學生<br>30 | 陳姚如 | 民85 | 團體諮商方案對受虐兒童之處理效果研究 | 彰化師範大學輔導研究所 |
| 31 | 徐大偉* | 民89 | 國小學生生氣情緒及生氣情緒管理團體方案成效之研究 | 高雄師範大學教育研究所 |
| 32 | 李玉卿 | 民89 | 國小害羞兒童在遊戲治療團體中互動及改變歷程之分析研究 | 高雄師範大學輔導研究所 |
| 33 | 劉春男 | 民90 | 情緒管理團體輔導對國小兒童輔導效果之研究 | 台南師範學院國民教育研究所 |
| 34 | 許志彰 | 民90 | 團體諮商對國小偷竊兒童自我概念與自我控制影響效果之研究 | 台南師範學院國民教育研究所 |
| 35 | 周鳳琪 | 民90 | 國中適應不良學生參與探索諮商團體之效益研究 | 台灣師範大學公民訓育研究所 |
| 36 | 姜智惠 | 民92 | 國小攻擊傾向兒童在阿德勒取向團體遊戲治療之轉變歷程研究 | 新竹師範學院國民教育研究所 |
| H.特定理論架構<br>37 | 翁毓秀* | 民86 | 單親母親親職壓力團體諮商方案效果研究——Meichenbaum理論的應用 | 彰化師範大學輔導研究所 |
| 38 | 黃詩君 | 民87 | 現實治療團體對國小兒童在心理需求之輔導效果研究 | 新竹師範學院國民教育研究所 |

| 依處理主題分類之編號 | 作者 | 年代 | 篇名 | 出版處 |
|---|---|---|---|---|
| 39 | 許韶玲* | 民 87 | 受督導者督導前準備訓練方案的擬定及其實施對諮商督導過程的影響之研究 | 彰化師範大學輔導研究所 |
| 40 | 李孟真 | 民 89 | 「理情 U 型自尊模式」親職團體方案對國中家長教養態度親子關係及其子女自尊之影響研究 | 台灣師範大學教育心理與輔導研究所 |
| 41 | 林玉彬 | 民 89 | 認知行為取向團體諮商對國小害羞兒童輔導效果之研究 | 台南師範學院國民教育研究所 |
| 42 | 江振亨 | 民 89 | 認知行為團體療法對濫用藥物者輔導成效之研究 | 中正大學犯罪防治研究所 |
| 43 | 林梅鳳* | 民 90 | 認知行為治療團體對憂鬱症患者的衝擊與治療效果之研究 | 彰化師範大學輔導研究所 |
| 44 | 廖豔雪 | 民 90 | 失智症患者家屬支持團體之 Hill 互動矩陣分析 | 國防醫學院護理研究所 |
| 45 | 陳奕良 | 民 90 | 薩堤爾模式團體方案對青年情侶輔導效果之研究 | 高雄師範大學輔導研究所 |
| 46 | 詹淑瑗 | 民 91 | 「完形取向團體方案」對國小害羞兒童輔導效果之分析研究 | 台北師範學院教育心理與輔導研究所 |
| 47 | 沈鈺珍 | 民 91 | 「理情 U 型自尊」團體方案對國小低自尊兒童自尊、理性思考、情緒智力之輔導效果研究 | 台灣師範大學教育心理與輔導研究所 |
| 48 | 陳麗娟 | 民 91 | 社會適應欠佳兒童在阿德勒諮商團體中改變歷程之研究 | 屏東師範學院教育心理與輔導研究所 |
| 49 | 簡文英 | 民 91 | 薩提爾模式親職成長團體對國中生家長輔導效果之研究 | 高雄師範大學輔導研究所 |
| 50 | 鄭曉楓 | 民 91 | 認知行為取向團體輔導對國小攻擊傾向兒童之攻擊及攻擊行為影響效果研究信念 | 新竹師範學院國民教育研究所 |

| 依處理主題分類之編號 | 作者 | 年代 | 篇名 | 出版處 |
|---|---|---|---|---|
| 51 | 蕭同仁 | 民92 | 現實治療團體對少年藥物濫用者處理效果之研究 | 靜宜大學青少年兒童福利研究所 |
| I.特殊方案研究 52 | 羅廷瑛 | 民84 | 「重新作決定」團體諮商對小單親男童忠誠性衝突、社會焦慮及生命腳本諮商效果之研究 | 台灣師範大學教育心理研究所 |
| 53 | 唐育瑜 | 民90 | 同理心團體訓練對父母離異兒童人際關係之研究 | 台北市立師範學院國民教育研究所 |
| 54 | 陳麗文 | 民90 | 高風險家庭父母效能訓練團體研究──以犯罪少年家庭為例 | 嘉義大學家庭教育研究所 |
| 55 | 蘇完女* | 民90 | 以「未完成事件」為主題之團體諮商的治療因素、改變機制以及成員的改變 | 彰化師範大學輔導與諮商研究所 |
| 56 | 林佩郁 | 民91 | 焦點解決取向團體諮商對國小單親兒童輔導效果之研究 | 彰化師範大學輔導與諮商研究所 |
| 57 | 莫惠玲 | 民92 | 理情團體輔導對單親兒童自我概念輔導效果之研究 | 新竹師範學院輔導教學研究所 |
| 58 | 劉袖琪 | 民92 | 父母離異兒童在完形學派遊戲治療之輔導歷程研究 | 新竹師範學院輔導教學研究所 |
| 59 | 蘇世修 | 民92 | 焦點解決取向團體諮商對國中男生生氣情緒管理效果之研究 | 台灣師範大學教育心理與輔導研究所 |
| 60 | 邱瓊瑩 | 民92 | 社交技巧訓練團體對國小兒童社交技巧與人際關係之影響研究 | 新竹師範學院輔導教學研究所 |
| J.人際關係訓練 61 | 吳麗雲 | 民86 | 人際歷程取向團體諮商對不安全依附類型大學生人際困擾輔導效果之研究 | 彰化師範大學輔導研究所 |
| K.學習及生涯輔導 62 | 呂素芳 | 民87 | 個人建構取向生涯團體諮商方案對專科生生涯建構系統、決定歷程 | 國立高雄師範大學輔導研究所 |

| 依處理主題分類之編號 | 作者 | 年代 | 篇名 | 出版處 |
|---|---|---|---|---|
| 63 | 謝雯鈴 | 民89 | 女性生涯團體諮商對技職校院學生生涯相關態度之輔導效果研究 | 國立高雄師範大學輔導研究所 |
| L.同儕輔導<br>64 | 邱獻輝 | 民89 | 青少年家長「親子溝通諮詢團體」之效果研究 | 國立台灣師範大學教育心理與輔導研究所 |
| 65 | 吳佳玲 | 民90 | 老人互助團體功能提昇之實驗研究──以埔里鎮老人團體為例 | 暨南國際大學社會政策與社會工作 |
| 66 | 張麗玉 | 民91 | 支持團體對愛滋病患者的社會心理調適影響之研究 | 暨南國際大學社會政策與社會工作研究所 |

表 11-2　團體輔導活動方案設計大綱（A2 之方案設計）

| 活動名稱 | 目的 | 主要活動 |
|---|---|---|
| 一、大家一起來 | 1. 說明團體性質<br>2. 使成員互相認識<br>3. 建立團體規範 | 1. 團體形成<br>2.「大家一起來」──猜規範遊戲 |
| 二、彩虹夢 | 1. 分享成功經驗使成員意識到成功是可遇可求<br>2. 使成員瞭解成功所需付出代價而有心理準備<br>3. 增進成員彼此瞭解 | 1. 學校活動原因<br>2. 分析成功原因 |
| 三、我有話要說 | 1. 察覺自己和他人處理衝突情境的差異<br>2. 減少攻擊行為 | 1. 成員說出平日常遇衝突之情境<br>2. 成員分享自己處理衝突方式<br>3. 全體成員分析各種處理方式之優缺點 |
| 四、情緒溫度計 | 1. 察覺自己生氣時的生理反應特徵<br>2. 敏覺他人生氣時的外顯反應 | 1. 回憶個人生氣情境的生理反應<br>2. 觀察他人生氣時面部表情及肢體動作 |

| 活動名稱 | 目的 | 主要活動 |
|---|---|---|
| 五、老何的故事 | 1.認識 A─B─C 理論<br>2.察覺非理性信念對行為影響 | 1.演戲接龍：使成員就領導者所提供的劇情繼續編劇演出<br>2.介紹 A─B─C 理論 |
| 六、買賣電視機 | 1.瞭解人有不同的思考路徑<br>2.培養彈性民主的態度<br>3.減少因意見不合導致之衝突 | 1.激發成員針對「老何買賣電視機」情形提出自己的意見<br>2.請成員與不同意見的成員進行討論 |
| 七、希望工作計畫 | 1.修正一項攻擊行為<br>2.提高控制能力<br>3.減少攻擊行為 | 1.擬定行為修正計畫<br>2.討論個人行為修正計畫之可行性 |
| 八、生活造句 | 1.檢核個人生氣時的自我認知<br>2.運用自我內言控制生氣<br>3.練習表達怒氣 | 1.檢查個人生氣的不良認知<br>2.教導生氣時正向的自我內言<br>3.教導如何說出自己情緒 |
| 九、你說我聽 | 1.練習言語的表達與傾聽<br>2.減少言語攻擊和身體的攻擊 | 1.使成員就最近引起情緒之生活事件進行表達與傾聽活動<br>2.使成員學習如何做回饋 |
| 十、年輕不要留白 | 1.成果驗收<br>2.彼此祝福 | 1.時間河──做團體流程回顧，選出最喜愛的活動<br>2.團員互相回饋 |

　　由表 11-2 的「目的」及「主要活動」所呈現的資料中可知，活動部分除了 1、2、10 次屬於引發和結束的活動外，真正牽涉到與題目（自變項）（「團體輔導對國中生攻擊行為輔導效果之研究」）有關之處理的，是活動 3、4、5、6、7、8、9 共 7 次的活動。而這 7 次中所處理到的相關概念，大約有如下幾種：

　　活動 3──現況檢查（起點行為之評估）。

　　活動 4──對攻擊與生氣的生理覺察。

　　活動 5──介紹理情治療中的 iB 概念。

活動 6──個別差異之覺察。

活動 7──訂計畫來控制個人的攻擊行為。

活動 8──檢核個人之 iB，教導 rB。

活動 9──「傾聽」與「回饋」之練習。

此處可以思考的方向有二：(1)是這份方案對「攻擊」問題之處理，與文獻所提出之資料間相關聯的程度。(2)是這 7 次活動安排上的前後邏輯次序間之問題。就(2)為例，這份資料所包括的理念建構，似乎是以理情治療的概念（活動 5、8）為較多，輔之以「問題解決」模式的架構（活動 3 及 7）和自我肯定性訓練模式（活動 9）做交叉呈現。為什麼要交叉出現，研究者並未解釋。

其次，就(1)而言，在文獻研究上，皮玉鳳（民 78），方紫薇（民 84），Novaco（1975），Feindler, Marriott, & Iwats（1984）等均認為生氣、憤怒與攻擊是相關性很高的概念，其發生和處理需牽涉到歸因、自我肯定、非理性信念、同理性傾聽與行為修正技術（如破唱片法）等之統整。Feindler & Guttman 並進而於 LeCroy（1994）編輯的書中，提出一份「認知─行為的憤怒控制訓練模式」內容之介紹，如表 11-3。

比較表 11-3 與編號 A2 的方案設計內容，可發現該方案中的活動 3 和 4，類似於表 11-3 的起點評估，5 和 8 類似於表 11-3 的 5，該方案中之 6、7、9 則與表 11-3 中之內容無明顯相關；若要勉強相聯，則可視活動 7 為與 7⑥有關，活動 9 與 7⑧有關。

就此而論，本例中所出現的內容架構，似乎並沒有包括處理此問題時，所應有的內容範圍。尤其在處理介入的部分，幾乎完全沒有使用到「自我肯定技術」和只有極少的使用到「行為預演策略」，使人免不了要猜想，是否該研究者想採用的是理情治療模式？不過由於題目是「團體輔導」而非理情治療，故是否還是研究者蒐集文獻上不夠完整所導致之問題（本作者之假設）？

表 11-3　認知─行為的憤怒控制訓練模式（Feindler & Guttman, 1994）

---

一、起點評估

　　*1.* 引發的刺激（人、事、話語、行為）──包括直接的和間接的兩種

　　*2.* 反應（包括認知的、生理的，衍生出情緒及行為向度）

　　*3.* 結果

二、處理之介入

　　*4.* 深呼吸，鬆弛練習

　　*5.* 提醒自己，個人的非理性信念

　　*6.* 開始採用自我肯定（決斷性）技術

　　　①破唱片法

　　　②同理性的決斷

　　　③逐步加強的肯定性表達

　　　④打迷糊仗

　　*7.* 行為預演策略

　　　⑤角色扮演

　　　⑥事先列出攻擊的各項代價（直接／間接，短期／長期，可忍受／不可忍受）

　　　⑦家庭作業（每日填寫「難過的時刻」等與憤怒有關的資料）

　　　⑧解決之討論

---

　　同理，在該方案各次內容之銜接上，也有邏輯性上先後次序的問題，需加以注意。以表 11-3 的資料為例，它不但在問題之呈現與介入上符合時間的順序。即使在處理上，也能根據憤怒發生─反應─處理─消減的順序來做設計。像是深呼吸（生理的控制）─提醒自己（認知重建）─自我肯定技術（行為的控制）─行為預演（未來的控制）之安排等。

　　換言之，**內容概念上的完整和發生次序上的邏輯性之考量，乃是國內團體方案設計中，最值得注意的一個大問題。**

# 第三節　同一處理主題的不同活動設計之選擇

　　台灣目前團諮方案設計上的最大困難，在本作者看來，是如何決定主題間的前後次序。因為這部分的資料，不但國外找不到，國內也只是點出原則（黃惠惠，民 83）。結果遂使得團體的研究者（通常也是領導者）只能依循個人的想法來安排前後次序。下面試另舉一例。

　　依據表 11-1，B4 與 R5 的團體同為以溝通分析的理念，作為處理的主體。但其方案呈現的內容與次序卻不盡相同。

表 11-4　B4 的溝通分析團體方案設計

| 次數 | 目的 | 活動名稱 | 內容 | 準備事項 |
|---|---|---|---|---|
| 1 | 團體形成 | | 1.引言<br>2.相互認識（角色扮演）<br>3.說明團體的性質、目標及活動進度簡介<br>4.聽取成員對團體的期望<br>5.訂立團體規範（契約協定）<br>6.指定家庭作業 | |
| 2 | 自我狀態的辨識與練習 | | 1.討論家庭作業<br>2.CP、NP、A、FC、AC自我狀態講解<br>3.自我狀態的辨識<br>4.自我狀態的練習與發表<br>5.討論：心得交流<br>6.家庭作業：(1)閱讀、(2)觀察與記錄 | |
| 3 | 認識及改善自己的自我狀態 | | 1.討論家庭作業<br>2.說明二種自我狀態圖的畫法<br>3.繪製自我及他人的自我狀態圖<br>4.檢核自我狀態及人際關係<br>5.協定改善自我狀態的契約<br>6.家庭作業：(1)閱讀、(2)練習 | |

| 次數 | 目的 | 活動名稱 | 內容 | 準備事項 |
|---|---|---|---|---|
| 4 | | 我的生活態度 | 1.討論家庭作業<br>2.生活態度的形成與種類的分析<br>3.分組表演：三人一組，以短劇方式演出這四種生活態度<br>4.心得分享<br>5.我常採用那種生活態度，如何培養健康的生活<br>6.家庭作業：(1)閱讀、(2)觀察記錄 | |
| 5 | | 我們如何與他人溝通 | 1.討論家庭作業<br>2.講述溝通的意義及三種溝通方式<br>3.體驗三種溝通方式（辨識及練習）<br>4.分享內心的感受<br>5.家庭作業：(1)閱讀、(2)觀察記錄 | |
| 6 | | 認識及改善自己的溝通方式 | 1.討論家庭作業<br>2.溝通方式（寫出最近自己所用過的三種溝通方式一對象、時間、地點）（經驗與感受）<br>3.寫出令你頭痛的人與你之間的溝通方式，並角色扮演，以增進覺察<br>4.訂立改善自己溝通方式的契約<br>5.家庭作業：(1)閱讀、(2)在情境中去實行 | |
| 7 | | 點卷蒐集與心理遊戲 | 1.討論家庭作業<br>2.點卷的種類與蒐集：心理遊戲的意義與種類<br>3.回顧自己常蒐集的點卷：舉出自己玩過的心理遊戲，察覺其不良的感受<br>4.如何停止玩把戲及欺詐行為<br>5.家庭作業：(1)閱讀、(2)觀察記錄 | |
| 8 | | 我的人生舞台 | 1.討論家庭作業<br>2.生活腳本的概念與由來<br>3.認識自己的生活腳本，覺察早期決定 | |

| 次數 | 目的 | 活動名稱 | 內容 | 準備事項 |
|---|---|---|---|---|
| | | | 的影響 | |
| | | | 4. 生活腳本的描寫（人生藍圖的繪製） | |
| | | | 5. 心得分享 | |
| 9 | | 撫慰與利用時間 | 1. 討論家庭作業 | |
| | | | 2. 撫慰的意義、方式及人們利用時間的方式講解 | |
| | | | 3. 繪製自己的撫慰側面圖，並決定想提昇之處 | |
| | | | 4. 繪製生活餡餅，瞭解自己利用時間的方式及想改善之處（訂計畫） | |
| | | | 5. 家庭作業：(1)閱讀、(2)生活計畫實行 | |
| 10 | | 回顧與展望 | 1. 討論家庭作業 | |
| | | | 2. 團體課程的回顧（總複習） | |
| | | | 3. 回顧自我狀態的改變（繪製自我狀態圖） | |
| | | | 4. 心聲與回想 | |
| | | | 5. 訂立自我改變的契約 | |
| | | | 6. 結束活動（祝福與互贈小禮物） | |

表 11-5　B5 的溝通分析實驗課程之設計

| 次數 | 目的 | 活動名稱 | 內容 | 準備事項 |
|---|---|---|---|---|
| 1 | 1. 引導成員對自我思想、情緒與行為的省察<br>2. 激發成員對他人思想、情緒與行為的洞悟<br>3. 擴大成員對人類思想、情緒與行為的視野 | 人之所以為人 | 1. 暖身活動<br>2. 定契約<br>3. 喜相逢<br>4. 呈現自我狀態圖<br>5. 認知活動<br>6. 經驗擴展<br>7. 回顧與填問卷 | 講義<br>圖表<br>單元活動板<br>量表<br>紙筆 |
| 2 | 1. 認識人際溝通的種類<br>2. 瞭解不同種類的人際溝通的特徵 | 誰來瞭解我(一) | 1. 作業檢討<br>2. 反應表檢討<br>3. 張貼圖表 | 黑板<br>圖表<br>講義 |

| 次數 | 目的 | 活動名稱 | 內容 | 準備事項 |
|---|---|---|---|---|
| | | | 4.說明溝通方式 | |
| | | | 5.認知活動 | |
| | | | 6.回顧與作業 | |
| 3 | 1.瞭解有效溝通的原則<br>2.熟悉心理能量的使用<br>3.培養健全的態度 | 誰來瞭解我(二) | 1.作業檢討<br>2.發講義、講述<br>3.問題解答<br>4.短劇<br>5.呈現圖表<br>6.講述自我圖<br>7.成員繪自我圖<br>8.填反應表 | 講義<br>紙筆<br>圖表<br>活動反應表 |
| 4 | 1.瞭解撫慰種類及其重要性<br>2.檢核自己獲取撫慰的方式<br>3.建立面對撫慰的正確態度 | 關心你我 | 1.檢查作業<br>2.演出撫慰<br>3.解釋撫慰<br>4.圖示<br>5.說明<br>6.回顧 | 講義<br>圖表<br>紙張 |
| 5 | 1.探索生活態度的起源與演進<br>2.分析4種生活態度對自己的影響<br>3.塑造積極的生活方式 | 我好、你也好 | 1.討論上一單元作業<br>2.認知活動<br>3.攻防戰<br>4.態度交換<br>5.重溫主題內容<br>6.分發閱讀資料 | 講義<br>紙筆<br>閱讀補充資料 |
| 6 | 1.瞭解6種利用時間的方式<br>2.培養合理規劃時間的觀念<br>3.增進有效利用時間的能力 | 時光列車 | 1.發問時間<br>2.體驗活動<br>3.認知活動<br>4.經驗擴展<br>5.交流時間 | 講義<br>紙筆 |

| 次數 | 目的 | 活動名稱 | 內容 | 準備事項 |
|---|---|---|---|---|
| 7 | 1. 引導成員正視人們玩把戲的事實<br>2. 闡釋把戲與生活態度的關聯<br>3. 發掘把戲侵入生活情境的影響<br>4. 擺脫有害的把戲，進而強化社會控制能力 | 角力遊戲 | 1. 英雄救難<br>2. 認知活動<br>3. 經驗擴展<br>4. 個性時間<br>5. 角色轉換 | 圖畫<br>圖畫紙<br>蠟筆<br>講義 |
| 8 | 1. 瞭解心理點券的來源、作用與後果<br>2. 避免苦難經驗的纏擾與報償的惡果<br>3. 終止點券蒐集行為，以重塑有效的新行為 | 園遊之旅 | 1. 作業檢討<br>2. 認知活動<br>3. 發給講義，說明苦難經驗，心理點券，追根究底<br>4. 會心時間<br>5. 提示終止點券蒐集行為之道 | 講義<br>圖畫紙 25 張<br>裁好小張壁報紙共 110 張<br>膠水 |
| 9 | 1. 介紹腳本發展經過及其對個人生活的影響<br>2. 探討不適應的根本原因及促進改變的途徑 | 從前的我 | 1. 認知回顧展<br>2. 回想過去<br>3. 認知活動<br>4. 矮化遊戲<br>5. 感覺時間<br>6. 演講<br>7. 自我對話<br>8. 分發紙筆，引導成員<br>9. 規定作業 | 紙筆<br>獎品 |
| 10 | 1. 瞭解再決定的重要性<br>2. 培養勇於嘗試新方法的態度<br>3. 探求解決問題的潛在途徑 | 現在出發 | 1. 作業檢討<br>2. 促膝而談<br>3. 兩難問題<br>4. 分組研討<br>5. 訂立未來契約<br>6. 最後的聯誼<br>7. 最後的道別 | 紙筆<br>掛表<br>書面問題 |

　　由表 11−4 和 11−5 可知，B4 與 B5 的設計同樣包括溝通分析中應有的重要內容，如自我狀態、人際溝通、生活態度、生活腳本、點卷蒐集與心理遊戲、撫慰、時間利用、再決定。不同的是：(1) B4 較注重團體開始或結束兩部分的結構；(2) B4 的方案中，明顯少了再決定；B5 的方案中雖包括了較完整的人際溝通分析之理念，但卻扣除了開始和結束的團體結構。(3)更大的問題，是兩種方案雖其有類似之內容，但呈現次序上，卻大有不同。如果以 B4 的呈現次序為標準來比較，則 B5 的方案設計次序所呈現的，是 B4 方案的第 2、5、3、9、4、9、7、7、8、10 次所處理的主題。

　　因此，此處的問題是，當呈現某一理論架構時，該理論的理念本身，有沒有次序性？該不該有次序性呢？如果有，其理論又何在呢？

　　要回答這個問題，可能要從人的組成和改變發生的過程來作思考。人作為生物的份子，適應以求生存是本能，也是必須；其適應則不外來自對環境或內在價值、理念的一種再澄清或轉變。要注意的是這種轉變的發生，無論如何，都以當事人的知覺為條件，只有在進入當事人的焦點知覺之範疇後，任何刺激，才有被處理的可能。而這裡所謂焦點知覺之範疇，換句話說也可以稱為是「自我監控系統」、「神經節點」、「個人構念」、或「自我」。因此我們可以推論說，改變的發生，源自個人內在的自我意識之察覺、分辨和抉擇；只有在此基礎之上，其所對應的客體（也就是通常所謂的人際關係、外在環境）才有相對改變的可能和事實。

　　設若上說為真，則我們可以結論說，改變是由內而外，經認知—感受—行為之循環週期而持續發生的一種生活（存）事實。

　　若然，則不管什麼理論，都應會經過類似的過程而發生。因此，就以人際溝通所包括的內容而論，其時間上發生的先後次序，似乎應該是如下的一種關係：

　　生活腳本—生活態度—自我狀態—撫慰—人際溝通—點卷與遊戲—時間利用—再決定這，當然是與 B4 及 B5 均極不相同的一種呈現次序。

# 第四節　有效團諮方案設計之舉例——憤怒控制團諮方案之設計

　　自表 11-1 的代表性摘要資料中。可發現這十幾年來的團諮研究之內容，包括幾個方向——即特殊心理屬性、特定理論架構、特殊方案模式、人際關係訓練學習及生涯輔導、同儕輔導及父母、親職方案等 7 類。而由這 7 類所出現的時間看來，似乎又可以看出一種趨勢，即一般成長性的團體方向之研究減少；比較具體的（如攻擊）、分化的（如社交技巧訓練中的提出拒絕）方案設計之內容則增加。於此，一個有關的例子是攻擊（或憤怒）對青少年階段學生之應用。請參考附錄I（表11-6）、附錄 J 及附錄 K。

　　此處所以要詳細介紹表11-6，（憤怒控制技巧及訓練方案），原因有二。第一是因為國內的團諮方案之目標與活動之寫法常失之於簡約及不合邏輯。因此詳實列出一份國外設計的原作，或可提供國內研究者一個可供討論的參考架構。其次，由於團諮方案設計的趨勢有「具體化」（針對現行環境中之問題，如與校園暴力有關的憤怒、攻擊行為）及「焦點化」（即針對某一特定問題作處理、發展的方向）的方向，故本章特意安排，也對方案之討論都儘量以同一主題進行（攻擊對憤怒），以便讀者進行比較和獲得更廣泛之瞭解。

　　就第一個理由來說，由表 11-6（附錄 I）的方案設計中，吾人可發現八點特徵是國內的方案設計中較少提出者。如(1)其各次活動的出現次序，能合乎「憤怒處理技巧」發生之邏輯，像其方案的內容，由啟航（點出憤怒無好壞的本質）、覺察憤怒之線索（基線評估）、分辨適應與不適應的反應，發現個人憤怒的各種資料，角色扮演，ABC 理論之瞭解與練習，為自己負責到結束。不但顧及到團體由生而熟的心理階段之變遷原則，也在「憤怒」資料的處理上，經歷了澄清、覺察、區辨、印證、

學習（ABC）與再承諾（負責）等步驟。如果讀者再拿出本章稍早所介紹的表 11-2 的方案設計來比較，將更可明瞭二者雖然有著相似的內容主題（ABC 理論的介紹），但因呈現次序的邏輯性不同，其所造成的學習效果（包括團體經驗），自然也可能有所不同了。(2)表 11-6 方案設計的另一項值得學習的優點，是家庭作業的安排，不但每次有「複習」的安排，而且還有「累加」的特質。如第 4 次聚會的作業「憤怒控制的敘述句」是在第 3 次聚會的「憤怒日誌」的基礎上出現的。(3)對保密倫理（或團體規範）之實施方式，以每次提醒的情況來進行的。（這是非常符合對青少年之團體的需要，因為他們需要不斷的練習）。並且在每次結束前，都會檢查一下還有沒有誰想說什麼？這是非常好的做法，可以確保團體中要說的話，只在團體中進行。

其次就第三點來說，由於前面第二節中曾討論過表 11-2 對憤怒之處理，其理論不應只包括理情治療 ABC 理論，還應加入自我肯定等之練習（表 11-3）的說法。現在所介紹的表 11-6 卻明明只有理情治療加部分的角色扮演，這到底是怎麼回事呢？

本作者的解釋是；即使是同一主題（如憤怒），其內容設計上之考慮，除了理論的完整合理外，另外一個必須加入的資料，乃是對象成熟度的問題。表 11-6 的對象是以國中學生為主，而表 11-3 的對象則是中學以至成人的對象。因之在內容複雜程度上，仍應有所注意和區隔，是可以的做法。

## 第五節　溝通活動（暖身）之選擇與配合

由於國內的團諮方案之設計普遍有以溝通活動配合主題目標來帶領經歷團體的現象，結果遂出現了「帶領心理團體，等於帶一、兩個遊戲（活動）另加討論一些問題」的台灣景觀。這不但使某些同行引以為憂（如黃惠惠，民 83；夏林清，民 84）而且也使得大部分的團體領導入門

者，變成了「不靠活動，不能引發團體動力」的領導者。

本作者認為這個現象的形成主要原因，一方面可能是三十多年來：救國團張老師訓練領導者的模式固定採用此種模式，而張老師的影響力又在社會上頗具勢力。另外一點則與專業成熟的程度以及文化的特徵有關。包括作者在內，也須要在對團體動力有更多次經驗的掌握之後，才愈來愈覺得依賴溝通活動所造成的代價；兼之在傳統的社會文化之架構下，「結構性」的呼求，不論對領導者或成員都是很高的，使溝通活動與心理團體之帶領有互相依賴之事實。這對領導力尚在發展階段的領導者來說（通常是五年以內的資歷），尤其如此。

實際上，溝通活動並不是不能用，只是使用時機要配合團體階段所出現的焦點特徵，並且其出現應是領導者用來「調律」某種團體動力之工具，而不應作為目的。

舉例來說，傑哈瑞窗戶（Johari Window）分溝通活動為兩種向度，四種象限的關係，即個人—外在，個人—內在，人際—外在與人際—內在四種。這四種方向又可與團體階段的展開發生關係。譬如說在團體的初期、成員領導者與團體彼此之間，均很陌生，交互作用也是愈表面和社會化的。在此情況下，領導者如果想採用溝通活動，自然是以採用個人—外在的為宜；如介紹我的家，我的嗜好，我的一個象徵（動物、植物、小綽號）等。又因為人的接觸常以語言為媒介（障礙），因之在打破社會角色的關防上，非語言的，身體的，音樂的，活動的之媒介，都是有助且有效的工具，因此，「信任走路」、「棒打薄情郎」或「鬆弛音樂」之引用對初開始的團體，都是不錯之設計。相同的活動放在不同的團體或不同發展階段的團體，其效果可能會有很大的不同，因此領導者應該考慮活動使用時機、能否與團體目標結合。評量團體成員的準備程度是必要的，再決定是否安排某一團體活動，在暖身時，不適當、開放過多或過早讓成員冒險的活動都應避免。

謝麗紅（民 91）亦認為暖身活動有其特有的功能，每次團體一開始領導者必須安排足夠的時間為本次團體成員暖身。雖然，暖身活動所需

的時間長短並不一定，但是領導者最好避免花費太多的時間在暖身活動上，而減少團體主要活動的進行時間。相對的，也不能因擔心團體時間不夠而將暖身活動省略，如此會讓團體氣氛與凝聚力無法被催化出來，影響成員的開放與投入程度。

換句話說，對五年經驗以內之領導者，當她們自覺對溝通活動的內容尚不夠熟悉，對進出團體立即性之處理，尚力有未逮時，以溝通活動配搭團體主題進行的方式應是可以被接受的（只要他們瞭解自己是在做什麼）。但對進入中階段成熟度的領導者來說，其發展任務應是往低結構（有領導者，有主題，在團體過程中，需要時才出現溝通活動）及非結構（領導者是參與性的催化者，無活動及主題之設計）兩個方向去開拓，才最理想。本書中所列出的碩士階段之論文，由於領導者多半屬於第一階段，其方案設計之納入溝通活動，似乎也就無可非議了，但在影響團體效度之研究限制事實上，應有所自清。

第**12**章

動力性的班級團體輔導

# 前　言

　　本章將介紹過去十幾年來，在班級經營方面，有關之論文。並以作者政大的博士論文為例，來詳細說明如何應用「團體輔導」、「團體諮商」及「小團體動力」之概念，以經營與改善班級中之士氣與生產力。為求說明方便，將先以一摘要表（表 12-1 及 12-2），來介紹國內外已發表的相關之論文之摘要。

　　由表 12-2 中可知，在過去十二年之間，雖有多達 20 篇的論文是處理與「班級經營」有關之主題。其處理方式亦包括「介入性策略」（如同儕多模，現實治療，人際關係，兩性平等）、教師變項（如信念、效能、情緒智慧與服務年資，性別、學校大小、師院非師院主修）等內容上之比較。惟有趣的是受試樣本仍以小學高年級生最多（11/20 篇），研究法亦主要採不等組準實驗設計（9 篇）與相關研究的調查法最多（5篇），質性研究只有 1 篇。效果上則多半肯定實驗處理之效用，不過有女學生改進程度較男生顯著之趨勢。教師部分之發現是：**(1)情緒智慧對班級經營有正相關，對整體經營則最有預測力；(2)教師的自我效能與責任性對班級，最具預測力**（陳馨蘭，民 86）；**(3)相關的訓練，對新進教師之「教學品質提昇」與「親師困擾」上之助益性最大**（鄭玉疊，民93）；(4)國小教師之整體自我效能是得分居中，惟一般教學效能偏低，（郭明德，民 87）；國中教師之自我效能則表現良好，但班級常規則較差（張以儒，民 90）；**(5)國小教師在班級經營上，多半屬於人本取向**（高於行為取向），**且「年資」因素之影響最大**（楊士賢，民85）；另外(6)教師信念對學生之影響部分是高年級優於中年級，且女生之互動亦較男生為佳（周盛勳，民 91）。而張國松（民 91）對 1,130 名國小中高年級學生的研究中則發現：**女教師、高年級女生，市區中型學校中之班級動力及士氣最優。**

綜觀而言，各項實驗變項之介入，不論其為多重模式諮商（林本喬，民 83），生涯班級輔導（簡秀雯，民 85），現實治療（吳耀明，民 86）；合作學習（徐學正，民 91），情緒教育（周盛勳，民 91）；人際關係輔導（張惟亮，民 92）或兩性平等方案（蔡宛能，民 92），對受試學生而言，都會產生一定的正面影響。但唯一可惜的是欠缺「訓練」（8 週的人際、社交或學習輔導經驗）教師並「有意地設計動力」（座位依心理因素考量而安排），來看二者互動因素以影響改變之研究之出現。因此，下文將不揣冒昧，提供個人攻讀政大教育博士時之論文「國小班級中小團體動力輔導之實驗研究」摘要，來分享有關議題上不同做法之參考。

# 第一節　班級教學與團體輔導結合之可能

本研究者基於三十年來教學及督導團體輔導諮商實習上之經驗，一方面肯定心理性質的小團體經驗對改善學生（小學至大學）自我概念及人際關係之能力（何長珠，民 70；阮美蘭，民 71；何長珠，民 73；陳月華，民 74；劉春榮，民 74；楊昌裕，民 75；何長珠、李詠吟，民 76；張玉珍，民 76；洪若和，民 76）。一方面也深感遺憾當今教學情境之設計，不論從硬體到軟體，似乎尚未能符合平衡發展之理念。舉例而言，一位中學教師，平均約須負責 40～50 位學生，教室中的學習以認知（演講）為重；師生之間及學生之間均缺乏有意設計的互動機會。小團體諮商常只被用來處理學校中特殊的學生（如單親孩子，偷竊行為，退縮學生）等。

本研究者之動機，乃在企圖打破侷限小團體（8～12 人上下）諮商於特殊人口之現行做法，推廣應用於班級大團體情境中（同一時間內，分全班為數小組，同時進行心理性之活動）。同時也參照團體動力學中場地現象論（Lewin, 1938）的觀點及發展心理學中之事實（Combs Slaby,

1977；Rinn Markle, 1979），發展出一種依心理學原則而設計的小組組合安排之觀點。配合上每 1 週一次的團體輔導（諮商）活動之實施。希望能印證本研究者及其他學者之假設；即有意設計的分組座位安排方式，可正向催化學生間交互作用之量和質；輔之以心理性的團體活動設計，其結果能達成學生在成績，自我概念及班級氣氛（凝聚、喜歡、不偏愛、有秩序等）上之增進（Devries Dewards, 1974；Bluestein, 1985；黃德祥，民 78）。

# 第二節　問題背景

　　國中小教育可視為是人生教育之奠基。此階段的理想發展任務，不但包括基本智能（讀寫算）獲得，同時也包括情意（情感之表達與控制）、德育（是非善惡之判斷）和群育（人際關係之相處能力）的薰陶。因此當今研討學校之效能、教室班級管理之文獻，莫不將學生的狀態（學習效果、心理感受、交互作用、班級氣氛）與教師之能力（師資養成、有效教學方式、領導類型）併列考慮。

　　以國內近年來的研究為例，吳清山（民 78）調查台北市 1,126 位國一學生所知覺之學校管理模式（官僚、同僚、組織）配合人口變項之資料（性別、年資、學歷、年齡、進修）以探討學校效能（學生成績、紀律及師生關係）。結果發現學生受到同儕團體之認同大於導師之影響；導師長期（10～15 年）的教學經驗可減低教學上的無效處理；導師民主型的管教態度能滿足學生的心理需求。

　　簡茂發、洪寶蓮（民 79）以 884 名台北市國中生為樣本，探討學生個人因素（社經地位、智力、成就動機、人格適應）與班級氣氛之關係，其結論中除了發現以上四種個人因素所知覺的班級氣氛（民主，衝突，偏愛，滿意，組織混亂）可解釋學習行為約 50% 外，並建議應強化班級活動，善用教師權威（民主式），正視同儕文化，以增加班級經營之效

用。

　　黃德祥（民 78）探討台北市十五所國中、國小學生 601 人之社會行為與社會關係，從而發現班級人數過多，座位均採「排排坐」方式，僵化師生關係及學生互動等事實。因而建議重整班級結構（減少人數、安排座位）以增加合作性互動之機會而改善班級的團體凝聚力。

　　其次介紹班級團體動力之重要。由於師生間的交互作用，是系統運用團體動力之始（Anderson, 1945）。如何才能達到和諧性及生產性，素為研究之主題（郭為藩，民 59；Arkoff, 1968）。一般說來，一個正向的（Bluestein, 1985）、開放的（Hallman, 1976）、合作的（Minuchin & Shapirs, 1983）以及學生為中心的（Merrill, 1982）的教學方式被認為最能鼓勵學生間的互動，從而催化利他性興趣之產生（Sterenglang, 1977）及團體凝聚性、生產性之增加（黃德祥，民 78）。且若欲正向改變班級之團體動力，教師部分之影響力自亦不可忽視。

　　根據蒐集文獻所得的資料顯示，教師的性別、年資、自我概念、口語能力、領導方式均對學生之學習成長及班級適應，具有直接或間接的影響力。舉例而言，如 Brubaker（1982）& Shuan（1990）**發現教師之年資是影響學生學習效果之最大因素**（相較於其他因素如種類、性別、年齡等），且教師之年齡與學生之學習效果有極大相關；Cardoza（1989）之研究發現有經驗之教師比無經驗之教師顯示較多的師生交互作用；Williams（1981）研究美國中西部的中小學教師自評及學生評鑑，發現教師的自我概念與學生的及教室氣氛，溝通等有正相關；Morrow（1983）則發現**教師愈具有原創性、流暢性（創造性思考之表徵），則愈能引發正向的師生關係和教室氣氛**；Gerety（1980）調查 30 位教師的班級，發現教師之道德判斷層次與教室之道德氣氛有正相關但未達到顯著性。至於領導方式部分一般仍以統合型（高關懷、高倡導）（黃桓，民 79；張慧文，民 73）或稱民主型（吳武典、陳秀蓉，民 67；吳清山，民 73）最能引發積極性的教室行為（瞭解、友善、激勵、社會適應）。

　　最後，學生特質與教導學習（適應）間亦有密切之關係。簡茂發、

洪寶蓮以台北市 996 位國中生為對象，研究其個人因素（性別、能力、自我概念、成績），環境因素（社經地位、班級）對學習行為之影響。結果發現國中生的學習態度及對班級氣氛之知覺受個人因素之影響而有差異。Kleinberg（1989）以紐約市 240 個國小中高年級的低收入家庭學生為對象探討其與學習有關之因素。結果**發現在學校中最有可能學習成功者，乃是能引發教師高期望並知覺其教室經驗為正向者**。黃木春（民56）、簡茂發（民66）、朱經明（民70）則發現學生的社會關係與學業成就有密切相關。Hartup（1983）則發現外表長相愈好者，愈受老師和同學的歡迎。

綜合以上資料可得以下幾點結論：

1. 學校學習主要係在班級內進行，因之有關班級氣氛（適應）之研究，實有相當之重要性。

2. 在班級氣氛（適應）上，教師及學生各有其貢獻因素。

3. **教師的影響因素中，領導方式（民主與否），教學經驗（資深優於資淺），個人人格特質（如正向的自我概念、及口語表達、創造力），性別（學生對男女教師期望的領導方式不同），有較大的影響力。**

4. 學生的影響因素中，個人特質，學習表現（成績），自我概念（友善、助人），會影響其在教室中的學習及適應行為。

5. 教室的硬體因素，如空間的大小，學生座位安排之方式能否互動；教學的軟體因素，如能否運用團體輔導（諮商）的活動，來催化學生間的社會性關係及行為等，亦均對教室的有效學習具有影響力。

在目前的導師制下，每一導師在平均兩年帶一班級的過程中，理論上雖與學生有最多接觸。但實際上，受限於教學任務之繁重及學生數目之過於龐大。教師之指導，最後事實上常落於分層負責（班級幹部向老師負責）及重點把握之方式（教師往往只瞭解或注意班上最出色或最惹麻煩之學生）。而使老師、學生和學生彼此之間的交互作用，流於自然隨機狀態。相形之下，教育理念中極為重要的對「個別差異之尊重」及「社會性（同儕）學習」等概念均流為口號。以今日社會愈來愈須講求

具有民主素養，能合作互助EQ（情緒智商）之目標來看，當前學校教育的危機，實已益形嚴重。

# 第三節　理論架構與名詞界定

## 一、理論架構

本研究之理論依據，主要有二：

### ㈠小團體動力之概念

舉例而言，已有之研究（張慧文，民 73；黃德祥，民 77；Shuan, 1980）指出小學生的友伴選擇與地理空間之接近（家住的近或位子的前後左右）占有重要影響；復次，老師喜歡（成績好、衣著乾淨）或排斥（成績差、退縮）之學生，也影響學生之評價。因此如何在教室情境中安排座位，均勻分配學生的特質（成績、自我概念、特色）而催化有效小團體動力（小老師或好朋友）之產生，乃成教室管理上一個新的思考方向（何長珠、李詠吟，民76）。

### ㈡在班級中實施結構性團體輔導之設計

學校教育之理論雖說是智德體群並重，但實際的教學活動中，仍以認知學習為主流。如何在師生正規上課的交互作用情境中，加入情育及群育之內容，實為今日學校教育的重要挑戰。作者認為如能有系統的根據心理團體之理論，設計出一系列（8～10 週）的結構性團體輔導活動（如價值澄清、角色扮演、決斷技巧訓練），再輔之以上述的教室互動之有意安排，應能有助於此一目標之達成。

依據前述二架構，本研究之理論架構，可圖示如下：

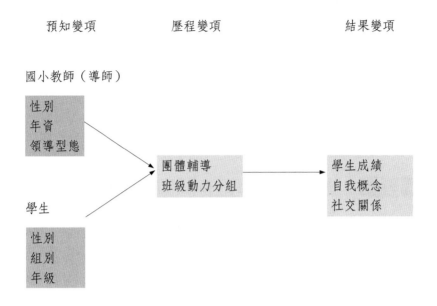

預知變項　　　　　　歷程變項　　　　　　　　　結果變項

二、名詞界定

### ㈠班級團體的動力性輔導

　　班級團體以分組的方式來進行學習，並非新猷。但參照文獻資料，將學生依其自我概念社交關係及學習成績分成三類（好、普通、不好）並以 3×3 的組合得到九種類型。然後再混合九種類型於一組之中，使全班的分組成為混合不同類型（學習成績、社交關係）的同質性（平均）組合，則為本設計之特色。如此做法的最大目的，在藉著團體隨熟悉而增加互動均自然過程中，使原本人際關係較有困難的學生（有可能是好成績學生，也有可能是成績不好的學生）與人際關係較好的學生，有發展友誼，得到模仿、認同或互動的機會。從而改善其社交關係及自我概念。而就班級來說，也相對因此可增加其士氣（凝聚力）。

## ㈡合作性學習

乃指混合不同學習能力之學生成為一個團隊,並藉著納入團體表現為部分成績之參考的做法,使學習輔導策略中所倡導的合作性學習(cooperative learning),能在人際關係與知識學習兩部分,都得到落實發展的機會。至於更詳細的內容,請參考第六節。

## 第四節　影響教室學習有關因素之探討㈠——教師領導

影響教室學習之有關因素可自幾方面來探討。教師部分包括領導方式(它影響到期望、學生動機、自我預期及教室氣氛、師生關係、學生成績)以及影響領導的因素,如訓練、資歷、性別等。學生部分包括性別、年級、社經地位、個人特質(智力、自我概念、內外控、性向、口語溝通方式);第三方面,是環境因素,如學校及班級大小,城鄉位置,圖書遊戲設備之情況。最後則是教學策略,如競爭性(個人成績間之比較)對合作性(團隊分數代替個人成績)之學習,單向認知資料之教導對雙(多)向社會性資料之互通等。本文將不包括第三方面之討論。

統整有關領導之研究中,雖然依次而有單層面、雙層面及多層面方面之講求。不過就主要因素而言,似乎可視為是一種由「民主」與否之探討,走向包括「工作(倡導)」,「情感(關懷)」二向度之組合,後來則加上對「情境」(教師之人格,學生之成熟度,任務之難易,關係之長短)因素之考量。歸納中外眾多之研究,在教師領導方式之有效性研究部分,似乎是以「民主式」(國內稱「統合式」);而後加入「情境」因素之方式為最有效的教室領導方式。表 12–1 以摘要。列舉之方式說明此一發展趨勢。

表 12-1　1940～1985 年間國內外有關有效教師領導方式研究之摘要表

| 研究者 | 時間 | 有效領導類型 | 說明 | 與班級學生之關係 |
|---|---|---|---|---|
| 1. Lewin, Lippitt, & White | 1943 | 民主型 | 教師領導團體作成決議，鼓勵發問，學生之參與度低 | —有助於學生學習態度，學業成就動機，生活適應及班級氣氛<br>—不適合權威性人格和較低年級學生<br>—教師之民主行為對學生之內控訓練成就動機及人格適應最為有效 |
| 2. 吳武典 | 民 67 | | | —學生較自發、進取、友善，較能獨立處理問題 |
| 3. Anderson & Brewer | 1945 | 統合型 | 教師徵求學生之意見與學生分擔管理之責任 | —此種領導方式最有助於師生關係 |
| 4. Fleishman & Harris 及其後發展之 LBDQ （領導行為描述問卷） | 1962 | 統合型 （Integrated） | 教師兼顧工作（任務）和關係（關懷）兩層面之需求 | —學生有較好的學習行為之表現 |
| 5. 黃恆 | 民 69 | 高倡導（權威）、高關懷 | | —高倡導高關懷（統合型）及低倡導高關懷（關係型）能影響積極的班級氣氛 |
| 6. 盧美貴 | 民 69 | 高倡導、高關懷 | 考慮交互作用，適時使用關懷及指導 | |

| 研究者 | 時間 | 有效領導類型 | 說明 | 與班級學生之關係 |
|---|---|---|---|---|
| 7. 陳密桃 | 民 70 | | | |
| 8. Getzole & Thelen | 1972 | 動態權衡型（transaction） | | |
| 9. Larkin | 1975 | 任務、權力、情感（低中高三層面） | 依情境之變化，在角色期望與個體需要間，取得平衡 | —「低任務高權力低情感」、「中高任務低權力低情感」及「中高任務中權力低情感」三種方式對同儕凝取最有效 |
| 10. Blairs, Jones, & Simpson | 1975 | 民主型 | 鼓勵學生共同參與教學計畫，樂於協助支持學生並給予客觀評價 | |
| 11. Redin | 1977 | 工作關係效能三層面論 | | —領導類型須依情境而定始能有效 |
| 12. Peterson | 1977 | 高結構、低參與型 | | —從認知學習而言，前者較適合順從型學生，後者較適合獨立型學生 |
| 13. Cronbach | 1977 | 團體控制型 | | —學生在情緒，學習成效及教材上，都有較好效果 |
| 14. Landy | 1978 | 倡導（權威）關懷及彈性 | 領導類型因年級（小學）不同而異 | —年級愈低年資愈淺之教師採關懷愈多。經驗愈多之教師，愈不彈性（改變教法） |
| 15. 張慧文 | 民 73 | 高倡導、高關懷 | | —統合型之領導方式最為理想，＊獨立型最差 |
| 16. 簡茂發 | 民 73 | 高倡導、高關懷 | | —此類型之領導可表現出積極而適當之態度，而使學生的生活適應良好 |

註：＊獨立型之領導意指低倡導低關懷。

表 12-2　民國 81~92 年有關班級輔導、班級經營研究碩、博士（*）論文摘要一覽表

| 序號 | 作者 | 時間 | 篇名 | 對象 | 研究法 | 統計法 | 結果 |
|------|------|------|------|------|--------|--------|------|
| 1. | 何長珠 | 民 81 | 國小班級中小團體動力輔導之實驗研究 | 33 所（桃竹苗地區）國小學生 1,435 人 | 不等組前後測設計 | | 1. 班級團輔（團諮，對國小學生之人格、自我概念有顯著正向影響。31 個班級中有 21 個有正向改變<br><br>2. 班級團輔（團諮）之實施，對班級氣氛有正向影響（如凝聚力、滿意度等）。惟在互動增加時，亦出現正向、負向（如摩擦、結黨性）關係均增加之現象<br><br>3. 教師性別及領導類型會影響國小學生之人格及班級氣氛，其中以男性優於女性而工作高關係與低工作高關係之領導類型，又最能影響學生及班級之正向改變<br><br>4. 就學生而言，年級對人格及班級氣氛均有顯著影響，小一滿意度最低。性別及組別（心理動力之分組）則僅有部分影響 |

| 序號 | 作者 | 時間 | 篇名 | 對象 | 研究法 | 統計法 | 結果 |
|---|---|---|---|---|---|---|---|
| 2. | 郭敏慧 | 民82 | 同儕輔導員對高中生班級輔導之效果研究——一個公立高中的實例 | 公立高中高二學生 | 不等組前後測設計 |  | 1.就同儕輔導員的訓練效果言：在班級輔導期間，越來越多學生感受到同儕輔導員們願意和同學分享感受和困擾。進行班級輔導時，多數學生覺得同儕輔導員們主動引導同學討論，少部分學生認為同儕輔導員採取自由討論方式較沒有魄力<br>2.就班級輔導的效果言：經由班級輔導，學生們可以彼此認識、分享學習和生活經驗、同學習越來越融洽、異性同學間相處的情形減少且可對班級產生認同 |
| 3. | 林本喬* | 民83 | 多重模式班級輔導方案對國小兒童的學習表現及身心適應之輔導效果 | 國小五年級兒童，實驗班級共32班，學生總數1,340生名；控制班共32班，生總數1,327生 | 實驗班級與控制班級兒童在實驗處理之前、後均施以「學習與閱讀書策略」、「國語文成就」、「數學能力」、「兒童焦 |  | 整體而言，多重模式班級輔導方案對國小的學童表現與身心適應的影響，大多支持本研究的假設。多重模式班級輔導方案對國小女生的協助要比男生大 |

| 序號 | 作者 | 時間 | 篇名 | 對象 | 研究法 | 統計法 | 結果 |
|---|---|---|---|---|---|---|---|
|  |  |  |  | 名。實驗教師包括國小級任或科任教師共32人 | 「學校態度」評量、所有班級任教師則擔任「班級行為」前、後測的評量 |  | 生涯班級輔導活動對實驗組成員具有正面的影響。成員對活動的滿意度高，並認為活動對其職業觀念及生涯發展有幫助 |
| 4. | 簡秀雯 | 民85 | 生涯班級輔導活動對國小兒童生涯成熟態度與職業自我概念輔導效果之研究 | 國小兩班六年級兒童為研究對象，其中一班為實驗組，另一班為控制組，實驗組接受12次的生涯班級輔導活動，每次活動的時間為80分鐘，控制組則無接受任何實驗處理 | 準實驗研究法 | 獨立樣本一因子共變數分析 |  |
| 5. | 楊士賢 | 民85 | 國民小學級任教師班級經營信念與班級經營效能關係之研究 | 國民小學五、六年級任教師和五、六年級學生為施測之級學生為施測 | 以「國民小學級任教師班級經營信念量表」及「國民小學級任教師班級經營」施測 | t考驗、單因子變異數分析、單因子多變量變 | 1.國小級任教師兼具中上程度的行為取向信念及人本取向信念，且人本取向信念強度顯著高於行為取向信念 |

| 序號 | 作者 | 時間 | 篇名 | 對象 | 研究法 | 統計法 | 結果 |
|---|---|---|---|---|---|---|---|
| | | | 研究 | 樣本正式施測、有效樣本級任教師364位、學生1,820位 | 「營效能量表」 | 異數分析、多元逐步迴歸分析 | 2.國小級任教師班級經營信念各層面取向並不一致<br>3.在教師人口變項中，不同任教年資的級任教師，在班級經營信念上，具有顯著差異；而不同性別、婚姻狀況、年齡、最高學歷的級任教師，在班級經營信念上，並無顯著差異 |
| 6. | 吳耀明 | 民86 | 現實治療取向班級輔導活動對國小兒童生活適應及生活態度輔導效果之研究 | 國小兩班五年級兒童為研究對象，其中一班為實驗組，另一班為控制組，實驗組接受10次的現實治療取向班級輔導活動，每次活動時間為80分鐘，控制組則無接受任何實驗處理 | 以「國小學童生活適應量表」和「國小兒童生活態度量表」進行前、後測及追蹤測量 | 獨立樣本二因子共變數分析 | 現實治療取向的班級輔導活動對國小兒童在「國小兒童生活態度量表」上的負責行為、正確行為具有顯著的持續性輔導效果。此外，根據成員在回饋資料上的分析，發現現實治療取向班級輔導活動對實驗組成員有正向影響。實驗組成員對活動滿意度高，並認為活動對其課業、自我成長、同儕關係及家庭關係方面有正向之改變 |

| 序號 | 作者 | 時間 | 篇名 | 對象 | 研究法 | 統計法 | 結果 |
|---|---|---|---|---|---|---|---|
| 7. | 陳馨蘭 | 民 86 | 教師人格特質、自我效能、學生行為信念與班級經營風格之相關研究 | 國民中小學教師 394 人 | 以「高登人格量表甲種」及自編之「教師自我效能量表」、「學生行為信念量表」、「班級經營風格量表」等評量表 | t 考驗、單因子變異數分析、相關分析、雙因子變異數分析、「班級經營風格」多元迴歸分析 | 教師的自我效能、學生行為信念、性別、任教學校、責任性情緒穩定性均能顯著預測教師的班級經營風格，然而以自我效能及責任性最具有預測力 |
| 8. | 郭明德* | 民 87 | 國小教師自我效能、班級經營策略與班級經營成效關係之研究 | 國民小學五年級級任教師 453 人及其班上學生 4,530 人為樣本 | 「國小教師班級經營知覺問卷」、「國小教師班級經營自我效能問卷」、「國小教師班級經營策略問卷」、「國語學業成就測驗」、「數學學業成就測驗」、國小學生班級知覺問卷及「國小教師班級經營晤談問卷」 | 多變項異數分析、單數分析、單因子變異數分析、二因子變異數分析、典型相關及逐步多元迴歸分析 | 1. 教師特質、教室情境、社區情境、學生特質與教師自我效能有顯著的典型相關 2. 國小教師「整體自我效能」分屬於中等程度，但在「一般教學效能」層面上偏低 |

| 序號 | 作者 | 時間 | 篇名 | 對象 | 研究法 | 統計法 | 結果 |
|---|---|---|---|---|---|---|---|
| 9. | 張以儒 | 民 90 | 綜合高中教師班級領導行為與班級經營效能關係之研究 | 採用問卷調查法，綜合高中 27 所綜合高中學校之 2,095 名學生為研究樣本，得有效問卷 1,514 份 | 利用編製之「教師領導行為量表」與「班級經營效能量表」來測量 | 標準差、t 考驗、單因子變異數分析、皮爾森積差相關、逐步多元迴歸分析 | 1. 目前綜合高中教師類型以「轉型」及「交易」型領導型為高，且以轉型領導現最良好，而非交易領導表現為最低<br>2. 綜合高中教師班級經營效能之表現良好，且以「親師關係」與「學生輔導」最佳，而在「班級常規」表現最差<br>3. 綜合高中教師班級經營效能因原學校類型、學校隸屬、學校位置及教師年齡、學歷、年資、婚姻狀況而有顯著差異<br>4. 綜合高中教師領導行為因原學校類型、學校隸屬及教師年齡、學歷、年資、婚姻狀況而有顯著差異結果<br>5. 教師的轉型、交易領導與班級經營效能關係密切。轉型領導、交易領導行為表現越佳，班級經營效能越好<br>6. 班級經營效能的關鍵因素是轉型與交易領導，其中以魅力關 |

| 序號 | 作者 | 時間 | 篇名 | 對象 | 研究法 | 統計法 | 結果 |
|---|---|---|---|---|---|---|---|
| | | | | | | | 懷、智能啟發、權變獎賞、積極例外管理對提升班級經營效能取有影響力 |
| 10. | 劉郁梅 | 民 90 | 國民小學級任教師之情緒智慧與班級經營效能關係之研究 | 國民小學的 289 位級任教師 | 以「國小教師情緒智慧」表及「國小班級經營效能量表」兩式 | 單因子變異數分析、皮爾遜積差相關、及多元逐步迴歸分析 | 1. 國民小學任教師背景變項中，不同性別、學歷的教師，在教師情緒智慧及班級經營效能上，有差異存在 2. 國民小學任教師的情緒智能與班級經營效能有正相關 3. 國民小學級任教師的情緒管理對整體班級經營效能最具預測力 |
| 11. | 林詹田 | 民 90 | 綜合高中教師信念與班級經營策略之相關研究 | 民國 88 年以前設立之公私立綜合高中教師為母群體（不含台北市及高雄市），經分層叢集取樣，計抽取 43 所學校，教師 422 位作為調 | | 多元迴歸分析 | 綜合高中教師信念對「班級經營策略」有顯著相關及影響 |

| 序號 | 作者 | 時間 | 篇名 | 對象 | 研究法 | 統計法 | 結果 |
|---|---|---|---|---|---|---|---|
| 12. | 吳明芳 | 民90 | 國民小學教師班級經營策略與班級經營效能關係之研究 | 國民小學五、六年級教師和五、六年級學生為施測樣本正式施測有效樣本教師119位，學生1,190位 | 以「國民小學班級經營策略量表」及「國民小學教師班級經營效能量表」 | T考驗、單因子變異數分析、單因子多變量變異數異數、雪費事後比較、皮爾遜積差相關、典型分析 | 1.教師人口變項中，不同性別、不同婚姻狀況、不同教師類型（「慈濟」教師、非「慈濟」教師）的國小教師，在班級經營效能上具有顯著差異；不同學歷、不同服務年資的國小教師班級經營效能上則無顯著差異<br>2.不同班級環境變項國小教師在整體及各向度的班級經營效能上，沒有顯著差異<br>3.班級經營策略與班級經營效能具有顯著相關 |
| 13. | 徐學正 | 民91 | 運用合作學習教學法與班級經營策略改進國中學生學習之行動研究 | 研究者本人與其任教的國一學生（研究者擔任導師）。研究階段依為研究初期、研 | 以質為主以量為輔的研究方式來進行資料的蒐集與分析 |  | 在班級的學習氣氛上，達到了以下幾項成果：(一)提高學生學習數學的興趣；(二)學生更願意表達自己的看法，也會尊重別人的看法；(三)學生會互相幫助，也更有團隊精神。在培養基本能力方 |

| 序號 | 作者 | 時間 | 篇名 | 對象 | 研究法 | 統計法 | 結果 |
|---|---|---|---|---|---|---|---|
| | | | | 究中期及研究後期三個時期 | | | 面，學生認為在經過合作學習之後認為自己的表達和與他人溝通分享的能力與自己對尊重、關懷與團隊合作的能力有明顯的進步 |
| 14. | 周盛勳 | 民91 | 班級輔導之情緒教育課程對國小六年級兒童之情緒智力、自我概念及生活適應之輔導效果 | 國小六年級65名兒童（實驗組33名；控制組32名） | 非隨機準實驗控制組前後測、追蹤測不等組設計 | | 情緒智力、自我概念及生活適應，具正向效果、大致不因性別不同而有差異。而在「情緒自我概念」立即效果及「人際情緒智力」延宕效果上呈現差異，根據實驗組與控制組男、女生在上項之平均得分，發現實驗課程之尤具正向輔導效果，突顯課程除適於一般班級教學，更適於女生的發展任務與需求 |
| 15. | 邱錦堂 | 民91 | 國中導師信念、班級經營策略對班級經營效能相關之研究 | 國中導師及學生正式施測的有效導師樣本183份、有效學生樣本1,113份 | 以「國中導師信念及班級經營策略量表」、「國中學生反應意見量表」為工具進行研究 | 次數分析、因素分析、相關分析、信度分析、t考驗、單因子變異數、二因子變異數 | 1.「導師職責信念」與「學校地區」、「年齡」、「婚姻狀況」、「導師年資」等變項達顯著差異 2.「開明領導信念」與「婚姻狀況」達顯著差異 3.「班級經營策略」分別與「導 |

| 序號 | 作者 | 時間 | 篇名 | 對象 | 研究法 | 統計法 | 結果 |
|---|---|---|---|---|---|---|---|
| | | | | | | 變異數、積差相關分析、逐步迴歸分析 | 師年資」、「任教年級」達顯著差異<br>4.「班級經營策略」分別與「導師領導信念」、「開明領導信念」成正相關<br>5.「班級經營效能」分別與「導師職責信念」、「開明領導信念」、「導師信念」成正相關<br>6.「班級經營效能」與「班級經營策略」成正相關<br>7.在威權管理與消極防堵信念方面女性導師的班級經營效能優於男性導師<br>8.「任教年級」、「團隊合作策略」、「學校規模」三變項對班級經營效能具有預測力 |
| 16. | 張國松 | 民91 | 國民小學班級團體動力與班級士氣之關係研究 | 國小中、高年級學生1,130人為樣本 | 以自編之「國民小學班級團體動力與班級士氣調查問卷」為工具 | t考驗、單因子變異數分析、Scheffe法多重比較、皮爾遜積差相關逐步迴歸分析 | 1.國小學生的團體動力與團體士氣與其背景變項有密切關聯。高年級學生在班級團體動力與班級士氣上表現比中年級學生為佳；女學生在班級團體動力為較強、班級士氣較高；中互動較強 |

| 序號 | 作者 | 時間 | 篇名 | 對象 | 研究法 | 統計法 | 結果 |
|---|---|---|---|---|---|---|---|
| | | | | | | 積差相關、多元逐步迴歸等統計方法 | 型學校學生表現較優；市區學校學生表現明顯優於鄉鎮學校與偏遠學校的學生<br>2.在市區的中型學校的女教師所任教的高年級女學生在暢通溝通管道的班級團體情境中班級團體動力與班級團體士氣為最佳<br>3.國小班級的團體動力與班級團體士氣具有密切關係，班級團體動力互動愈強，則班級士氣也愈高 |
| 17. | 張惟亮 | 民92 | 人際關係之班級輔導活動實施效果研究 | 國小五年級二班學生為75名學生為受試對象，將受試者隨機分派至實驗組與控制組、實驗組接受5週、每週2節、每節40分鐘、合計11節 | 以「兒童社交技巧量表」進行前、後測及追蹤測驗 | 單因子共變數分析 | 實驗組成員在接受人際關係班級輔導活動課程後，在社交技巧的各項能力如「建立友誼技巧」、「衝突因應技巧」等，均感受明顯的進步及改善，具正向的學習體驗 |

| 序號 | 作者 | 時間 | 篇名 | 對象 | 研究法 | 統計法 | 結果 |
|---|---|---|---|---|---|---|---|
| 18. | 蔡宛純 | 民92 | 兩性平等教育方案對國小學童班級輔導效果之研究 | 國小三年級學童兩班，一班為實驗組，一班為控制組。實驗組接受每週2次，共計12次，每次40分鐘 | 採二因子不相等組實驗組控制組前後測設計 | | 1. 在立即輔導效果方面：兩性平等教育方案對國小學童的性別角色具有顯著的立即輔導效果<br>2. 在長期輔導效果方面：兩性平等教育方案對國小學童的長期輔導效果。不同性別之實驗組的受試者於處理後，女學童在性別態度量表上的延宕後測分數顯著高於男學童，顯示女學童在性別態度上的表現比男學童更佳 |
| 19. | 謝旻桂 | 民92 | 現實治療之選擇理論取向班級輔導活動對國小高年級兒童輔導效果之研究 | 國小六年級之兩班兒童，一班為實驗組，一班為控制組。實驗組接受為期5週，每週2次控制組不接受實驗處理 | 準實驗研究法 | 獨立樣本二因子共變數分析 | 選擇理論取向班級輔導活動對國小兒童在「兒童心理需求滿足量表」之總量表及歸屬感分量表方面，組別與性別無顯著的交互作用存在，但立即與實驗控制組間的立即效果有顯著差異，至於在自由需求的分量表及性別的立即效果未達顯著者差異，持續性效果則達顯著者差異；求 |

| 序號 | 作者 | 時間 | 篇名 | 對象 | 研究法 | 統計法 | 結果 |
|---|---|---|---|---|---|---|---|
| | | | | | | | 權（權力）和樂趣等分量表的立即效果達顯著差異，性別間和持續效果則未達顯著差異 |
| 20. | 鄭玉疊 | 民 92 | 班級經營成長課程對國小新進教師班級經營能力影響之研究 | 234 位學年資在三年以內的國小新進教師為對象，有效樣本 198 位。以「班級經營成長課程」進行為期 4 個月 | 以「國小新進教師班級經營效能量表」及「國小新進教師班級經營困擾量表」做問卷調查 | 單因子與二因子共變數分析 | 國小新進教師整體班級經營效能、整體班級經營困擾，在組別、不同師資來源的比較效果無顯著差異；其在「教學品質提昇」效能領域的交互作用達到顯著差異：亦即師大師院與一般大學學程的國小新進教師的實驗組高於控制組；師大師院學程的國小新進教師、實驗組比控制組比親師溝通的困擾，實驗組低。在控制組中，實驗組的行政的困擾，師大師院與一般大學程的國小新進教師顯著的少於師大師院學程者 |

# 第五節 影響教室學習有關因素之探討㈡——合作性學習

　　Adams & Hamn（1990）在其《合作性學習》（*Cooperative Learning*）一書中認為，對今日之學生言，學校所學習的知識，必須連結到自足（self-efficient）和批判性思考兩種能力之培育，始足以應付外在日益複雜之環境。在此種要求下，「集結性合作之學習」（collaborative learning）以小團體的形式，聚集學生在一起，討論學習課題，交換不同意見並在教師督導下決定其學習過程，一種兼顧團體精神和個人學習之方式，應最能符合時代對教育之需求。Kraft（1985）也認為時勢所趨，往日由上而下的單一組織管理模式（學校─班級─個人）及教學方法（智力為決定因素演講式教學），已將逐漸被一種集結合作式的分擔管理，學生分類（組）以及父母參與之形式所取代。教學方式也會被日益走向混合能力，團隊合作，對話─決策─行為之策略所取代（Seaman & Seeman, 1976）。Goodlad（1984）稱此為「隱藏式課程」（hidden curriculum）。以下將就其有關因素，略做說明。

## 一、合作性學習的價值

　　合作性學習之定義已如前所述。至於其功效在研究上，Lew, Mesch, Johnson, & Johnson（1986）發現，合作性學習情境已被持續發現比傳統競爭性和個人性的學習，可引發更多建設性的交互作用和正向的人際關係（如 Johnson & Johnson, 1983；Madden & Salavin, 1983）。Marshall & Weinstein（1984）則發現採用合作性學習之團體，其學業成就、種族關係和學生的自我價值感均有正向發展。

　　Levine（1983）則自相反的角度來說明此類學習之價值。其研究發現傳統強調競爭（社會性比較）之學習；容易引發自卑、挫折、低成就

動機及人際敵對。即一般認為不利（disavantaged）的學生（也就是教室中低地位之學生）與有特權（高地位）的學生，放在一起競爭的學習環境中時，會有更多負向之比較。但在合作性學習之情境中，由於團隊合作成效取代了個人表現；競爭的壓力無形中相對抑低；對個別差異情況之容許如尊重，也無形中提高。Johnson, Johnson, & Scott（1978）之發現是在合作性學習之環境中，雖然瞭解某人在某科上是最好或最差的，但他們不一定選最好的學生來一起合作。此時如果再加上教師對智力採取一種非固定性之態度（不認為只有學習表現才是智力的定義），則對低成就學生而言的社會性比較，將可望更被其他成就（如社交、康樂、體能等）所平衡過來，而減低傳統教學中「成績至上」的標準。

Warring, Johnson, & Maruama（1985）關於合作性學習之研究，有如下三點發現(1)競爭未必會引發合夥人之間的吸引力（Bass & Dunteman, 1963），反之合作的範圍（情況）愈廣泛，人際間之吸引力也愈大（Deutsch, 1962；Johnson & Johnson, 1979）。(2)合作性學習團體所產生之關係，會延伸、擴展到教室中之非結構情境（遊戲、交友）和家庭（課外接觸）。(3)男女小學生間的友善關係，會正面加強，從而某種程度抑制了自然發展過程中所產生的對立和距離性。

Sharan & Shachar（1988）發現合作性 （或稱集結性，Collaborative）團體學習可使學生在教導別人的過程中，自己學習得更透徹。其證據為：

*1.*高低成就之學生，都因此而增加其學習成就。

*2.*少數民族學生，因此一直表現出好結果（學習及社交上）。

*3.*混合高、中、低能力分組之方式不會影響個人之進取性。

**4.合作學習之方案證明可以增進個人自尊、社交關係和對高成就學生之態度。**

*5.*學生自其中所學得之學習和人際技巧，可轉換至其他情境中（對同儕及教師）。

*6.*教師亦可藉合作學習來達到社交和學習目標（Ziegler, 1981）。

最後，Adams & Hamn（1990）之研究發現合作性學習對學生之好處，有如下三點：

　1. 合作性學習是一種任務導向的工作團體。這種團體一起思考、互相激盪之做法，不僅有利於學生個人創發性之發展，也同時增進了學生個人的社體性責任（Kohn, 1988）。

　2. 數種異質性團體之資源（思考方式、解決問題策略），均將有助於個別學生設定個人的學習策略（agenda）。

　3. 可引發學生成為一個主動的玩家（active player），特別對成績較差之學生及高智商低成就的學生而言。

　總結來說，合作（集結）性學習，由於強調學習過程中之合作和結果。某種程度上，也就抑低了傳統對成就競爭之偏重；遂使得各種類型之學習者（高、低成就，班上之明星，孤兒、被忽略的大多數），能在一種互容及群策群力之基礎下，從事個人潛能的開發；而**完成了教育上最理想的一種學習及評估系統──和自己比，以團隊之成就為個人成就之基**。這不但符合外在變動社會對現代公民之期望，也相對地提昇了學校教育之品質。因此，前途是非常樂觀可期的（Weiner & Andrews, 1987）。

## 二、合作性學習之要素

　合作性學習之實施，一般來說，有如下幾點教室條件。其一是改變現行之單向式座位安排之方式，使成為小組圍坐之結構（儘可能的情況下）。黃德祥（民 78）在調查影響小學生社會性態度及行為之文獻研究中，亦曾發現「排排坐」（Macpherson, 1984）是不利於學生的社會發展的（Koneya, 1986），面對面的座位安排，才能鼓勵不同學生間之接觸及合作之產生（Minuchin & Shapiro, 1983）。其二是教師須放棄權威性教學之方便性和權威性。轉而在教學設計中，忍耐學習速度和效率之減緩，以換取學生獲得成長和自我負責的機會。與此相關的第三點便是對班級秩序和噪音態度之改變，以及接納因活動、參與之進行而增加的混亂性。

最後，對於合作性學習之評量，因之不僅包括成績，還包括自我價值，規律，價值，表達能力及個人和團體之統合性成就方面。

在合作性學習中，教師的角色有五種(1)催化者，準備班級和學生，使此一設計能順利推動，實際做法上，Lew et al.（1986）之建議為在取得校方之共識後，教師可於學期開始後，訓練學生有關此方面之技巧（分組，合作之做法及計分）約 2 週之時間並建立基線（baseline）資料；然後在其餘的一學期中，每週抽 1～2 天的一節課之 20～30 分鐘進行此一性質之學習。並在同週找一天約 20～30 分鐘做考評和記錄，(2)檢查者，即在學習進行之過程中，繼續澄清和解說問題，(3)「讀」者，瞭解學生之問題，尋找意見和資料，(4)記錄者，以錄音、錄影或表格登錄之方式，摘要過程之要點，(5)鼓勵者，以口語和非口語之方式接納學生在學習中所遭遇之問題。並鼓勵以團體之方式，進行解決問題之努力。

欲使合作性學習成功，Adams & Hamn（1990）認為應注意幾點。其一是有真正的問題需要解決；其二是容忍發展之速度和練習做錯之可能，其三是分配設計工作任務成為是每一個學生不可自外之責任，這也被認為是合作性學習最大的貢獻——人與團體之合作（連結）會反過來對每一類的學生都有更大之影響（學習上的）。

## 三、合作學習示例

因為任務之結構和報酬制約之情況不同，至今已有四種不同的合作學習之方案被發展出來。其中以 Teams Games Tournaments（TGT），Student Teams and Achievement Divisions（STAD）兩種較為普遍，可應用到大部分的科目和年級中去。Team Assisted Instruction（TAI）以及Co-operative Integrated Reading and Composition（CIRC）則專係為特殊課程和年級而設計。因此將只介紹前兩種，作為舉例。

在 STAD 和 TGT 中，首先做的是新教材之介紹，然後把學生分為混合能力之編組；同一組中之學生必須保證每個人都學完應學之材料；STAD 的學生分別接受測驗，而 TGT 組則以口頭發問回答之方式與分組

能力相同之學生進行競爭。STAD 和 TGT 都是有效的教學策略，因為學生之學習成績得到增進；人際測量發現友誼和互相關懷之分數亦增加；最後，它可以促使學生對學校，對自我之表現及自我價值上之態度均得到改善。

　　Warring, Johnson, Maruyama, & Jonson（1985）曾做過類似之研究。在第一個研究中，受試者是 74 位六年級的國小學生，在實驗處理階段，接受每週 1 次，一次進行 55 分鐘共進行 11 次之合作學習方案。其內容包括合作學習（對成員教導某一觀點並達到一致性之解決方案），辯論及使成員競爭看誰能把某一教材教得最好（如個別化教學）三種方式。第二次研究之受試是 51 位四年級的學生，接受每次 55 分鐘，共進行 10 天的合作性學習方案。這兩種方案雖稍有差異，但研究結果顯示團體間之合作比團體間的競爭，能擴大更多正面的不同性別的和不同種族間之關係。

　　以上對合作學習之探討，無形中為如何增進班級氣氛或個人學習提供一個具體方向。誠如 Fraser & Fisher（1983）在對澳大利亞 16 個中學的科學教室所做觀察後的結論：教室氣氛與學生之學習能力，參與之程度，幫助別人之程度，教師個人之溝通方式以及教師對不同學生之期望和反應都有關。而 Schutz & Schutz（1988）之研究發現，亦為此論題下一結論：一種積極的教室氣氛有賴於學生間的相互支持，以及發揮對別人之影響力而來，在這種教室中，彼此間有很大之吸引力。常規之存在是支持完成學習任務和擴展個別差異之秘訣。溝通是開放和互通的，衝突能得到建設性之解決，對學習能高度參與。在這樣的教室中，師生是藉「合作」來完成某項任務，獲得積極的自我價值感和智能發展。

# 第六節　班級團體輔導方案之相關研究

　　近二十年來，台灣有關團體輔導（諮商）之研究，多半係採小團體（8～12 人）方式，自特定樣本中（如大學生、社交孤立小學生、少年犯）抽取實驗受試，然後依據某一理論（如理情治療有連麗紅，民 73；吳麗娟，民 74；陳慶福，民 74；吳櫻菁，民 76；完形治療有駱芳美，民 72；個人中心治療有洪麗喻，民 73；溝通分析有許慧玲，民 72；李分明，民 74 等）或技巧（如價值澄清有歐滄和，民 71；劉淑瑩，民 74；洪若和，民 76；自我肯定有許文明，民 78；楊基銓，民 74；角色扮演有陳月華，民 74；音樂治療有張玉珍，民 76；藝術治療有侯禎塘，民 76；系統減敏法有鄭英耀，民 74 等）實施連續若干次（通常是 8～10 次）的團體處理，並自人格（如田納西自我概念；愛德華人格測驗）；心理（如內外控測驗，自我實現量表，焦慮量表）及與其研究有關之測量（如社交孤立，學習成績等）中，決定實驗處理之效用。但是迄今之文獻中仍鮮見綜合理論與技術，混合優秀、常態與低成就學生或不同適應程度之受試；並於大班級之情境中，實驗此類心理設計之效果之研究。

　　有限之研究有林益三（民 73）之「同儕輔導對高二學業及人際適應困難學生之效果」；周麗玉（民 78）之「國中適配性班級工作體訓練效果研究」；以及何長珠，李詠吟（民 76）之「配對式同儕團體學習對國中生數學成績，學習態度及自我概念之影響」。本研究之設計，乃係承續文獻閱讀，個人教學所感及前述研究中所發現的班級學習情境學生彼此間互動之重要性而來。研究者之主要構想為：在動力組合各類組學生為學業成績，自我概念及特色好壞均有的真實小社會之情境中；若能輔之以心理及學習輔導有關之設計（如「家庭花園」、「班級動物園」、布偶劇之角色扮演、小老師行為改技術等），將最能催化同儕勢力朝向積極正面的發展；從而影響學生的成績，自我概念和班級氣氛之改善，

達成改進教學之理想。

　　由於此一構想牽涉廣雜且缺乏以往研究之佐證，故僅以阮美蘭（民69）的小團體諮商，劉春榮（民74）的代幣制，陳月華（民74）角色扮演及孫中瑜（民79）的學習輔導方案等四、五例來說明本方案設計時，所包括的若干資料之理論背景。

　　阮美蘭（民79）以北師附小四年級人際關係欠佳之兒童（實驗組8名，控制組8名）進行8次12小時的小團體活動，並以社交關係調查表，社會計量團體結構圖及自我評鑑表，考驗其結果。其研究發現為(1)在社會計量團體結構圖方面，實驗組的人緣地位指數，均獲得改善；(2)社會距離方面有改善，但未達顯著水準；(3)人緣地位分數部分，差異達.01顯著水準；(4)自我評鑑部分，差異亦達.01顯著水準。

　　劉春榮（民74）研究代幣制度對國小兒童適應行為班級氣氛及專業成績之成效研究之文獻中證實，代幣制對(1)改善學生不良適應行為（如離座，不當言語、哭泣、噪音），成效頗為明顯（O'leary & Bccker, 1967；Medland & Stachnik, 1972；Meyers, Artz, & Craighead, 1976）；(2)對增進學習活動，提高學業成績，有相當程度的正面作用（Steven, 1975；Feritor, Buckhold, Hanblin, & Smith, 1972；Iwatz & Bailey, 1974）；(3)與班級氣氛之改善似乎亦有影響（Getzels & Thelen, 1972；Alexander, Corbett, & Smigel, 1976；Boegle & Wasti, 1978）；(4)某些實驗，仍有不同之結果，值得進一步探討（Cross, 1981）。

　　陳月華（民74）自桃園東門國小四年級的13個班級中，隨機抽取4個班為實驗組及控制組（N＝216），並對實驗組實施為期2個月的角色扮演教學實驗。結果發現，實驗組在「兒童自我觀念量表」、「班級氣氛問卷」、「人際關係問卷」、「拓弄思語文創造測驗」、「兒童道德判斷測驗」、「生活規範成就測驗」上均有優於控制組之表現。

　　陳月華（民74）之文獻中並指出，角色扮演可以藉著課程安排，（Dixson, 1981），以小團體的方式進行。內容包括自我覺知（認識自己，關愛自己，表現真實之自己，培養自尊和自我的價值感），同理心

訓練（角色替代，角色示範等）及道德認知發展等部分。此一設計目前並已在美國大量推廣應用。在自我觀念部分，Picon（1976），Swink（1976），& Meerbaum（1977）都支持輔以角色扮演之課程活動，來有效改善兒童自我概念之可能。舉例來說，Picon 以三年級的學童為對象，在 6 週之實驗處理後，以 t 考驗分析受試者在前後測自我觀念分數上的改變情形。結果發現實驗和對照組有顯著差異。Wentink et al.（1975）以角色替代之訓練課程，來探究角色扮演法對兒童替代能力，利他和競爭關係上之影響。其結果顯示 96 名實驗組的學童，在接受實驗處理後，其感受他人情感的角色替代之能力顯著增加。Fischer & Garrison（1980）以 31 名學童為實驗對象，在 12 週的角色扮演實驗處理後，實驗組的社會計量地位顯著提高。Caliste（1980）之研究則指出角色扮演法，對改善班級氣氛有顯著效果。

　　孫中瑜（民 79）的「學習輔導方案對國小低成就兒童輔導效果之研究」是國內既有研究中與本作者之設計較為相似者。在文獻部分，孫氏介紹 Gerler, Kinney, & Anderson（1985）之觀點。彼等探討 1970 年以來，教育研究中有關影響學生學業成就之因素，發現欲提高低成就學生之成就，須處理兒童生活中變化多端之向度（如情感因素，知覺器官和心像介入因素，認知因素，人際因素以及行為因素），並實施多重策略，才能達到目標。Gerler（1982）並曾根據 Lazarus（1978）的多模處理模式之構思，以國小三、四年級之低成就學生為對象，設計出小團體輔導之介入策略。結果導致學生的教室行為有顯著增進，數學、語言及藝術課上之成績，亦有積極的增進效果。Bleuer（1987）更進一步將低成就的課程設計分為三類：基本策略（直接的學習技巧教導），支持策略（諮商）和雙重或多重的介入方法，孫中瑜（民 79）即根據此一模式，設計出其研究的綜合模式。

　　在其有關學習技巧的實驗研究之文獻回顧中，孫氏亦發現：有關學習技巧之教導或訓練課程，雖然有的單獨使用，有的結合行為改變技術或動機訓練，但其中大部分之研究多採團體諮商或討論之方式進行。且

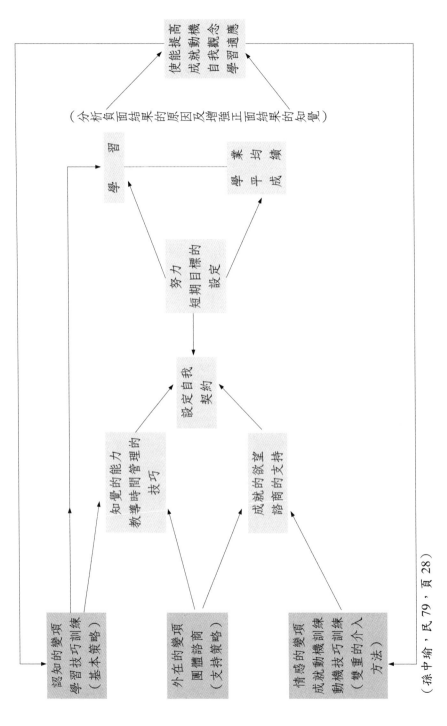

圖 12－1　學習輔導介入策略之綜合模式

（孫中瑜，民 79，頁 28）

結果亦大多支持綜合組之成效。故孫氏之研究，綜合學習技巧訓練，團體諮商及動機訓練，以求達到多管齊進之效果。

　　孫氏之研究對象為台北市螢橋國小的 52 名五年級和六年級之低成就學生。隨機分為實驗組和控制組，並對實驗組進行每週 1 次，每次 80 分鐘，共計 10 週的學習輔導。但結果發現對學生之成就動機，自我觀念，學習適應及學業成績，並未具有立即或長期的輔導效果。

# 第七節　班級團體輔導方案之實施步驟

　　本方案之實施依次有如下五個步驟──

　　㈠以天馬出版社所印行的社交關係評量電腦磁片，向選定之班級實施社交關係評量（題目可自定，如郊遊時，「我最喜歡邀約的同伴」或「準備考試時，一起讀書的同伴」，視該校之特殊文化而定），用座號填答和計分。電腦統計後的資料應可顯示──

　　*1.*班上每個學生的人際關係指數（IRSS）之高低。

　　*2.*依該班人際指數的平均數和標準差，分全班學生在人際關係上之位置為「好」、「普通」及「不好」三類（這部分要請教師自己做）。

　　*3.*自電腦報表中，瞭解本班小團體之數目及每一小團體所包含之人數（和其座號）。

　　*4.*勾選出人際指數最高的前三名之座號（即是通常所謂的「明星」）。在一張 A4 的白紙上以明星為中心，開始畫出其相關的互選圖──如第一號明星假設是 34 號，而其所選的同學座號為 2、38、7、41 時，則可畫成如下 A 的圖形。

　　然後再依次填上 34 號所選的 4 位同學各人所選的朋友座號，例如 B 的圖形。

　　B 圖表示以 34 號為中心的關係，其間的互選狀況強烈。這暗示了此一小團體的凝聚力強。又 7 號有一個選擇是落在 22 號。此 22 號如果又

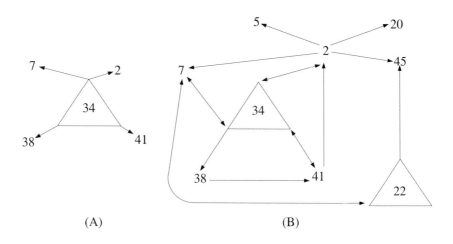

(A) (B)

是另一個小團體的中心，則此種關聯，將使得 2 個小團體之間，有了聯繫。又假設 22 號的情況屬人際關係不夠好的「孤獨兒」或「境界兒」（此處之「明星」、「孤獨兒」、「境界兒」均屬社交關係評量中之專有名詞，詳見說明）時，老師可以藉著畫出「明星」或「孤獨兒」的人際關係互選圖來迅速的瞭解到班上的動力分布情況。比如說，(1)三個團體的大小勢均力敵，而彼此之間沒有什麼連線時，表示這個班級的內在動力可能是緊張的（如果競爭的話）或是散漫而無法合作的。又如果(2)一個班級有兩個較大的小團體，一個包括 15 個人，另一個包括 12 個人，且二者之間有幾條線在連結。則這班的團結或合作狀況，一定比上一種情況好。

　　㈡依據前一次段考（或上學期的主科成績），換算本班學生在學習上的百分等級，而再度得到成績上「高」（以 H 代表）、「中等」（以 M 代表）或「低」（以 L 代表）的三種分類（也是以座號登記）。

　　㈢組合「人際關係」與「學習成績」上的三種分類，便可得到 9 種類型的學生，分別是

　　第 1 類型學生：屬成績及社交關係均好者。

　　第 2 類型學生：屬成績 H 社交關係普通者。

　　第 3 類型學生：屬成績 H 社交關係不好者。

第 4 類型學生：屬成績 M 社交關係好者。
第 5 類型學生：屬成績 M 社交關係普通者。
第 6 類型學生：屬成績 M 社交關係不好者。
第 7 類型學生：屬成績 L 社交關係好者。
第 8 類型學生：屬成績 L 社交關係普通者。
第 9 類型學生：屬成績 L 社交關係不好者。

登記表之格式，因之，可統整如下。

### 表 12-3　成績、社交關係交叉後的 9 種學生類型

| 社交關係指數 | 成績 H | 成績 M | 成績 L |
|---|---|---|---|
| 好 | 1 | 4 | 7 |
| 普通 | 2 | 5 | 8 |
| 不好 | 3 | 6 | 9 |

### 表 12-4　9 種學生類型之登錄

| 分類標準 | | 1 | | 2 | | 3 | | 4 | | 5 | | 6 | | 7 | | 8 | | 9 | |
|---|---|---|---|---|---|---|---|---|---|---|---|---|---|---|---|---|---|---|---|
| 成績 | H／M／L | H | 座號 | H | 座號 | H | 座號 | M | 座號 | M | 座號 | M | 座號 | L | 座號 | L | 座號 | L | 座號 |
| 社交關係 | 好／普通／不好 | 好 | | 普通 | | 不好 | | 好 | | 普通 | | 不好 | | 好 | | 普通 | | 不好 | |
| 總人數 | | | | | | | | | | | | | | | | | | | |

㈣這也是最困難的部分,即教師根據對學生既有的瞭解(如某人與某人不合),分配全班學生到 6〜8 人一組的小組之中,使各組均能成為平均混合的小組。因此一個 40 人的班,約可分為 7 組(考慮教室座位安排的實際限制,本作者建議 6 人一組為原則)。

㈤因當這個平均而又混合的小組分配完成後(老師仍是可以問一下「誰還想換組?」)。教師可以做三種工作,來催化團體的互動和產生。

**1. 把教室座位,按分組的方式安排並固定最少半學期**。(不要忘了學生最常發生交互作用的,常是其座位前後左右的人,而且人的熟悉需要一段時間才能達成)。如果以圖形表示,可以是這樣的。

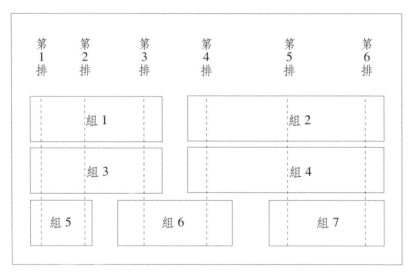

**圖 12-2　動力性班級座位之安排**

當然,這樣做的時候,視力、搗蛋學生之監控等一般安排座位時考慮到的原則,仍是可以併入考慮的。

2. 在增加凝聚力部分,**教師可利用每週一次一小時左右的時間**,對全班(以每組為單位)實施**某種與心理意義有關的小團體活動**,像畫「我的家」、扮演一個「最近發生的社會劇」等。如此做的理由乃因為接近、

開放、瞭解、喜歡等心理動力是依次漸近而成的，而有關感受、個人資料等材料又最能催化上述的心理作用之發生。

　　3.而在學習輔導上，最方便的就是推行「小老師制」以及實施「團體評量」（意指將團體的表現評分，納入為個人分數的一部分）。將予下節說明。

# 第八節　班級團體輔導方案之設計

　　要看到此一方案的成功，除了(1)先做好全班的動力性分組、安排座次，(2)找出每週一次（一小時）的團輔時間，設計出符合需要的方案活動外（見本書介紹方案設計的章節），另外還有兩件重要的工作，須一併介入處理，那就是小老師制度的實施，以及考評方式之配合。試分別說明如下。

## 一、小老師制度

　　小老師的概念行之已久，到底來源何在，已不可考。不過，站在輔導的立場，這種角色卻具有兩種功能。就「同儕輔導」的概念而言，它指的是一種協助老師來協助同學的工作。其對象有二，即老師和同學。從這種服務中，個人所得到的收穫，則是領導（影響）技巧之磨練和自我價值（正向自我概念）之增加。因之，在理論上，小老師制度具有自利利人的特質。

　　不幸的是，不論老師、小老師本人、小老師的家長乃至於受協助的同學，往往都曲解其用意或做法，而使得這個良法美意常易遭致質疑。

　　正確的做法，教師對小老師本身亦須付出職前訓練及在職督導之責，而對小老師及其家長，則須配合以教師事前的溝通，使其瞭解領導力之磨練對未來成功人生之重要性。

　　在班級團輔中的小老師制度，因之，就實類同於「群育」或「小團

體領導力訓練」的功能。在實施上，也可注意如下的幾點：

1. 每組可設定 2～3 位的小老師，以應付個別學生的需要。小老師之選擇，不一定是第 1 類學生最理想。參考實際狀況，一個社交關係好，但成績普通的第 4 類型學生，有時比成績好，但社交關係普通的第 2 類型學生，更能幫助成績或社交關係不好的學生（如第 9 類）。其理亦甚明，對第 9 類型學生來說，第 4 類型比第 2 類型學生要較不具有壓力，故心理上較易接近之故。

此外，小老師與受協助學生之配搭組合，方可視情況而做改變。如果 2 個人合得來，則如此發展出來的友誼更可以催化學習；如果合不來（3 週後），換個配搭試試看。

2. 小老師的第一次職前訓練，須在其對受協助同學執行任務前即實施。教師可利用一段空檔時間，召集這 10 位左右的小老師來，說明甄選的理由、標準、獎賞方式及工作的內容（其方式通常採一對一的配搭，在一週中協助、督察對方之作業情況約 2～3 次，各以 10 分鐘為原則）。並實際演練一次，使小老師對個人將扮演的角色，能有一個較清楚的輪廓。當然，在開始這部分工作之前，聯絡家長得其同意是先決條件。

3. 小老師的工作是否能成功，有賴於教師持續的檢核、協助和督導（每週一次半小時正式的或開放的討論機會）。一般來說，在經過 2、3 週後，多半的同儕輔導之關係已漸安定、確定下來。功效（或如果有問題的話）也慢慢展現。有必要時，可藉由回饋進行修正。

4. 大部分教師，都有時間匆迫不夠分配的壓力。因此，每週擠一小時出來給小老師，已經很難能可貴了，哪能再要求別的？

但如果不做此處建議的這個部分，小團體及小老師的功效，恐怕又將大打折扣。那就是，每週選一天與某小組（可輪流）一齊吃午飯，談談話。以便客觀檢核小老師所提出來的一些問題。

5. 如果去掉段考時間的該週，一學期中老師大約可與每組見面至少一次。

6. 如此下來，每週撥出 2 個小時，進行約 10 次，能使你成為真正與

學生有互動的老師。更重要的是，學生的自我概念、成績及班級士氣，都有可能達到顯著的增長（見本章文獻說明），這樣的教學實驗，應該是很值得一試的呢！

## 二、考評制度

根據團體動力學的理論，團體只有在面對外敵時，才會合作，而增加凝聚力。而且適當的競爭又是提昇生產力的必要條件。因此以組與組間的競爭，來激發其小組內在的凝聚（包括小老師的面子與好勝問題，受協助學生的緊張感），是設定考評制的基礎。其做法為決定某個百分比的分數為團體競爭的加分分數（如占全部成績的 1/10 等，或是總平均加 3-5 分）。然後以組為單位，以某科為競賽項目，排出全班各組在該科段考上團體平均分數及其第 1、2、3 名之等第。如此最後總平均為第 1 名者，其小組成員每人可加總平均若干分；而第 2、3 名組的加分，也是依此類推。

與成績競賽考評有關的，則是小老師與受協助學生間的關係影響所造成的各組之士氣與合作度。為使學生努力的方向，不祇在於成績，還包括關係、合作等群育項目，教師也可以擬定類似的學期競賽總平均加分法，使得努力合作的組和熱心協助同學的小老師，也仍能得到被增強的機會。

由於多數國小均設有「榮譽卡」制度，上述之獎評，也可與榮譽制結合，成為其來源之一。


# 第九節　實施時的注意事項


因為實施本方案的先決條件是學生有能力勾選自己喜歡來往的同學，因此至少一學期的相處經驗是很重要的。所以較理想的實施時間是一年級下學期開始時（或上學期的期末），或升上不同年級重新編班時。而

最不適合的年級在國小應是高年級，在國中則為三年級，主要的原因是動力狀態已經建立並固定，不易影響，並且也快畢業的緣故。

　　而對教師來說，他／她除了在教育理念上須先同意本設計所依據的理念，對年資較淺的老師（5年以內），本方案絕對是一個迅速、正確瞭解班上動力之策略，值得強力推薦。根據本作者的以往經驗，**當教師的領導類型屬民主統合型（高工作高關係）或工作型（高工作、低關係）時，傾向於最能接受此種教室教學及管理策略，並證實其有效**。而對關係型（高關係、低工作）的教師及疏離型（低工作、低關係）教師，則較採保留態度。究其原因，可能是由於前者較不喜歡結構強之教學策略，而後者則本來就什麼都不喜歡的緣故吧。

# 第十節　班級團體輔導方案舉隅

　　──有效學習之策略（徐彪峰，民81，未出版）。

　　雖然前面的章節中，曾處理到團體方案的設計事宜，但此處仍將舉出一個例子，供有心者參考。

## 有效學習之策略

　　*1.* 目標：

⑴能知道每一個人的學習方式是不盡相同的。

⑵能改進自己學習的方式和學習的態度。

⑶能愉快而有效的學習。

　　*2.* 時間：8次（每週最少1次，最多2次）。

　　*3.* 日期：⑴　　月　　日　⑵　　月　　日　⑶　　月　　日

　　　　　　　⑷　　月　　日　⑸　　月　　日　⑹　　月　　日

　　　　　　　⑺　　月　　日　⑻　　月　　日。

*4.*活動內容設計：

### 表 12-5　班級團輔之例——有效學習策略

| 做法（活動方式） | 準備事項 | 時間 | 預期效果 |
|---|---|---|---|
| *1.*調查全班前 20 名的同學名單<br>*2.*由同學們自行訪 2 位以上同學的讀書方法 | 紙、筆、成績紀錄簿 | 20' | 能改進學習方法和態度而達到愉快、有效的學習 |
| *1.*將全班編成 10 個小組，每組有 2 名功課較好（上、中）的同學<br>*2.*發表自己學習的方法及優缺點<br>*3.*總括最有效的學習方式，列表印發全班參考比較自己的學習方式與有效學習方式之異同 | *1.*編排坐位<br>*2.*討論時應發表的重點、內容<br>*3.*紀錄簿 | 20' | |
| *1.*列出自己的學習方式<br>*2.*有哪些同學的學習方式和你最接近、最可行<br>*3.*比較自己的學習方式與有效學習方式之異同<br>*4.*列出 3 點個人可改進之方向 | 選定 1-2 位和你學習方式最像的同學 | 20' | |
| *1.*找出 1-2 位同學作為你學習的榜樣（參照標準）<br>*2.*列出想找他之理由<br>*3.*老師根據 1 之答案及他項資料（班級動力分析社交關係圖），協助小朋友 | 找一位心目中的偶像 | 20' | |
| *1.*選定 1 位最要好，又最肯幫助你學習的人<br>*2.*拜訪他，並請求他協助你的困難之處 | *1.*找出自己困難的地方及要同學協助的地方<br>*2.*事先擬妥項目 | 20' | |
| *1.*和「良師益友」商討如何在一個月（或 6 週），練習達成有效學習 | *1.*找最容易達成目標的那一科為最優先 | 20' | |

| 做法（活動方式） | 準備事項 | 時間 | 預期效果 |
|---|---|---|---|
| 2.訂定自己預定達成的目標及獎懲辦法。交老師存檔 | 2.找第二困難的科目為第二優先 | | |
| 1.透過平時測驗，評估自己是否有進步，全班再度分組<br>2.找良師益友及老師調整契約內容並做討論 | 測驗卷（內含診斷性測驗） | 20' | |
| 1.測驗自己是否比以前進步<br>2.找出困難並和老師討論如何有效學習<br>3.結束活動，發表感言<br>4.檢討改進 | 定期考查 | 20' | |

（徐彪峰，民81，未出版）

　5.評估：

(1)中間評估（過程）：

①教師訪談並評估學生是否進步。

②自己認為是否進步。

(2)結束評估：

①比較第二、第三學月考查是否有進步。

②診斷其學習困難所在，補救教學及修訂下次努力方針。

附　錄

# 附錄 A

## 國內各大學開設之團體課程

（民 92 之資料，以有回覆學校之資料為例）

| 學校 | 年級 | 科目名稱 | 性質 | 節數 | 內容 | 主題 |
|------|------|---------|------|------|------|------|
| 政治大學 | 心碩一 | 團體諮商與心理治療專題 | 選修 | 3 | 1.講授與討論。<br>2.2人一組實際帶領團體6~8次並在課堂上討論。 | 團體動力；團體歷程；團體領導之技巧；團體事件之處理。 |
| 台北師大 | 心輔二 | 團體輔導 | 必修 | 2 | 以團體討論形式瞭解各團體輔導方式。 | |
| | 心輔三 | 團體動力學 | 選修 | 2 | 以討論、分享及練習方式學習團體溝通及帶領技巧。 | |
| | | 結構性團體諮商 | 選修 | 2 | 瞭解並發展團體方案設計並把原理及技巧知識帶入學校輔導。 | |
| | 碩士班 | 團體動力學 | 選修 | 2 | | |
| | | 團體心理治療研究 | 選修 | 3 | | |
| | | 團體諮商理論與技術 | 選修 | 3 | 瞭解團體諮商意義及理論，整合概念於實務工作情境中。 | |
| 彰師大 | 輔諮三 | 團體諮商 | 必修 | 2 | 以講述為主，透過團體諮商的影帶隨機分組討論為輔。6~8人分為一組設計團體方案，該組在班級中示範團體進行的過程。 | 認識各理論取向的團體諮商；學習團體諮商方案的設計。 |
| | 輔諮三 | 團體輔導 | 選修 | 2 | 瞭解團體輔導的演進與發展；瞭解團體諮商、團體輔導、與治 | 團體輔導常用之技術；團體輔導的策劃；兒童與青少年 |

| 學校 | 年級 | 科目名稱 | 性質 | 節數 | 內容 | 主題 |
|------|------|----------|------|------|------|------|
| | | | | | 療性團體諮商異同；認識團體（動力、意義、性質、結構、過程、任務等）。期末設計一份適用於中學的團體輔導方案。 | 的團體諮商；團體輔導方案的認識；專業倫理守則。 |
| | 輔諮四 | 團體諮商實習 | 必修 | 1 | 1. 校內：在課堂中以8～10人為一組，每個人輪流擔任領導者（每次諮商2人）、成員、觀察員（每次諮商1人），設計一個符合這一組成員所需要的團諮方案，進行8次，並錄影。課後領導者及觀察員需作記錄分析團體中之現象。<br>2. 校外：到國中（高中）帶領團體。每個團體有2個領導者，2個觀察員及1名督導。進行6次的團體諮商，在團體結束後，進行1個小時的討論與檢討。 | 訓練團諮方案設計之能力；應用（統整）所學之技巧。 |
| | 輔諮博 | 團體諮商專題研究 | 選修 | 3 | 1. 講授與討論。<br>2. 在授課教師的現場督導下，實際帶領一團體，並利用此實際經驗與學理交相印證與學習。 | 探究各種團體諮商的策略與技術、團體過程之重要課題、團體諮商的評鑑，與發展個人團體諮商實務的原則及風格。 |

| 學校 | 年級 | 科目名稱 | 性質 | 節數 | 內容 | 主題 |
|------|------|---------|------|------|------|------|
| | 輔諮博 | 進階團體諮商實務 | 選修 | 3 | 1. 團體實務實際操作並接受授課老師密集現場督導。<br>2. 其他成員做諮商團體的觀察員，並在督導帶領下現場討論。<br>3. 回饋討論。 | 由實際操作及密集現場督導中，增進對團體諮商實務工作的熟練。如能針對不同需求之團體成員形成系統化假設、運用適當策略和技術協助成員改變，並能催化團體過程與評估團體結果。 |
| 台北師院 | 初教系輔導組二 | 團體輔導與諮商 | 選修 | 2 | 分為理論認識及小團體實務體驗兩部分：<br>1. 在班級中以教師及同學分組報告方式，介紹心理團體之相關主題。<br>2. 全班分2組（6～12人一組），每週2小時，進行8次小團體。由輔導所研究生或同儕中志願者2人一組為團體領導者，每人作2次團體過程記錄。 | 心理團體導論；團體倫理；團體動力；團體的理論基礎；團體的領導者、成員，階段評估。 |
| 新竹師院 | 教育心理與輔導所碩一 | 團體諮商研究 | 選修 | 3 | 課堂上課、閱讀並批判團體研究之論文、參加至少12小時之校內或校外團體、帶領學校或社區至少16小時之團體、課堂demo帶領團體之錄影帶、自行設計團體方案。 | 療效因子；人際學習與團體凝聚力；治療師的基本任務與團體治療師的訓練；此時此地；移情議題與治療師的透明度；病人的篩選與治療團體初期；進階團體與問題病人；治療師的 |

| 學校 | 年級 | 科目名稱 | 性質 | 節數 | 內容 | 主題 |
|------|------|---------|------|------|------|------|
| | | | | | | 技術與特殊的治療團體;團體治療與會心團體。 |
| | 初教輔導組三 | 團體輔導與諮商 | 選修 | 2 | 課堂上課 6~7 人一組,輪流各帶領 1 次 1 小時之團體,參加校內或校外至少 12 小時之團體,期末團體方案設計。 | 團體動力;治療性力量與團體歷程;團體輔導之專業倫理守則;團體計畫;團體的開始;團體中常用之領導技術;目標與焦點;切斷與引出;活動之理念與設計;團體中期之引導;團體之結束;問題情境之處理;特殊族群團體輔導。 |
| 嘉義大學 | 國教所一 | 團體輔導理論與實務 | 選修 | 2 | 課堂講授與討論,以 2 人為一組別每週帶領團體(學校或社區)一次並在上課中分享。 | |
| 靜宜大學 | 青少年兒福二 | 社會團體工作 | 必修 | 3 | 7 人為一組成立小團體,進行 10 次,每次約 1 小時,每次由不同人為領導者及觀察者,並於每次課後繳交作業心得一份,且須完成個人期末小團體總報告。 | 團體各項理論與技巧、團體演練與記錄。 |
| | 青少年兒福三 | 群體動力 | 選修 | 3 | 群體動力的理論與相關內容介紹及實務的演練,在課堂上由老師親自指導小組成員,並於期末在課堂上公開演練。 | 群體動力的意義、功能、理論介紹;群體中之個體行為;團體行為之模式;輔導策略及技巧;領導與領袖實務演練。 |

| 學校 | 年級 | 科目名稱 | 性質 | 節數 | 內容 | 主題 |
|------|------|----------|------|------|------|------|
| | 青少年兒福三 | 團體輔導 | 選修 | 3 | 3-4 人為一組，由小組成員自訂團體主題，運用課程中所學實地演練，並於課堂中報告心得。 | 團體輔導基本概念；輔導專業道德與技巧；團體輔導不同階段的處理；人際關係訓練實例；團體輔導評量表格之使用。 |
| 東海大學 | 社工二 | 社會團體工作 | 必修 | 3 | 1. 透過課堂講解及操作，認識團體動力及社會團體工作基本概念。<br>2. 瞭解團體方案設計與運作的過程。<br>3. 實際經驗團體過程，學習觀察團體動力，並藉由參與過程，增進對自我的認識與帶領團體的能力。 | 一、團體動力：<br>1. 團體的基本概念。<br>2. 團體溝通與結構。<br>3. 團體的發展過程。<br>4. 團體凝聚力、衝突、權力與影響。<br>二、社會團體工作方案設計與帶領：<br>1. 社會團體工作的意義、歷史發展。<br>2. 團體工作的類型。<br>3. 團體的形成與準備。<br>4. 單元活動的設計與運用。<br>5. 基本領導技巧。<br>6. 團的各階段的任務與帶領。<br>7. 團體評估。<br>8. 價值與倫理議題。<br>9. 團的記錄。 |

# 附錄 B

●━━━━━━━━━━●

## 社交技巧量表

基本資料：

*1.*性　　別：①男　②女

*2.*學　　歷：①國中　②高中　③專科　④大學　⑤研究所以上

*3.*主修科：①文　②理　③法　④商　⑤工　⑥農　⑦醫

*4.*任　　教：①國小　②國中　③高中／職　④專科　⑤大學

*5.*年　　齡：① 15-19 歲　② 20-24 歲　③ 25-29 歲　④ 30-39 歲　⑤ 40 歲以上

| | 極同意 | 同意 | 無意見 | 不同意 | 極不同意 |
|---|---|---|---|---|---|
| *1.* 當別人對我傾訴煩惱時，我能專心傾聽 | □ | □ | □ | □ | □ |
| *2.* 我可以觀察對方話語中之情緒，並適度反映出來使對方覺得我瞭解他／她 | □ | □ | □ | □ | □ |
| *3.* 我可以用自己的話語，摘要複述對方談話之內容 | □ | □ | □ | □ | □ |
| *4.* 我能說出對方話語中隱含或暗示的部分，以協助他／她深入探索其問題 | □ | □ | □ | □ | □ |
| *5.* 我的態度言語，能傳達給對方一種真誠接納的感受 | □ | □ | □ | □ | □ |
| *6.* 我能適當表達個人正面的感受 | □ | □ | □ | □ | □ |
| *7.* 我能適當表達個人負面的感受 | □ | □ | □ | □ | □ |
| *8.* 當誤會發生時，我常選擇正面處理的解決方式，而不壓抑或找人訴怨 | □ | □ | □ | □ | □ |
| *9.* 維持人際關係和諧是最重要的，所以有時不惜委曲遷就 | □ | □ | □ | □ | □ |
| *10.* 我認為對衝突做正面處理是關係深入所必經之階段 | □ | □ | □ | □ | □ |
| *11.* 當別人讚美我時，為了禮尚往來我會也立刻回報一番 | □ | □ | □ | □ | □ |
| *12.* 當別人讚美我時，我雖然心裡高興，但不習慣表達出來 | □ | □ | □ | □ | □ |
| *13.* 當別人讚美我時，但我並不同意時，我表面還是很謝謝對方 | □ | □ | □ | □ | □ |
| *14.* 當別人肯定我的某項特質時，我通常能表達得讓對方瞭解我很喜歡這個回饋 | □ | □ | □ | □ | □ |

15.別人的讚美，對我反而是一種壓力 ☐ ☐ ☐ ☐ ☐

16.當別人在公開場合給予我負面回饋時，不論正確與否我 ☐ ☐ ☐ ☐ ☐
都會反應得非常強烈（哭泣、發怒）

17.當別人給予我批評或指教時，我可以冷靜、客觀地處理 ☐ ☐ ☐ ☐ ☐
它

18.當別人的回饋讓我難過時，我常會傾向於反擊對方 ☐ ☐ ☐ ☐ ☐

19.受到別人負面回饋時，我可以接納自己和別人的負面情 ☐ ☐ ☐ ☐ ☐
緒

20.我不能忍受自己是個有缺點的人（以實際反應為準） ☐ ☐ ☐ ☐ ☐

21.看到別人的優缺點，我通常都不會說出來，而只在內心 ☐ ☐ ☐ ☐ ☐
做評判

22.我常給予別人回饋，但我不太能接受別人對我給予的回 ☐ ☐ ☐ ☐ ☐
饋

23.我認為只有對知己才可以給予負面回饋，大部分的人都 ☐ ☐ ☐ ☐ ☐
只給予正面回饋

24.我沒有困難給予別人正面回饋，但都不太能給予別人負 ☐ ☐ ☐ ☐ ☐
面回饋

25.日常生活中，我能真誠而自然地給予他人正、負回饋並 ☐ ☐ ☐ ☐ ☐
得到不錯的結果

26.當拒絕別人時，我會覺得不安內疚並擔心別人會因此改 ☐ ☐ ☐ ☐ ☐
變對我之觀感

27.我可以溫和但決斷的處理他人不合理之要求 ☐ ☐ ☐ ☐ ☐

28.當拒絕別人時，我通常會把理由說出希望能因此減少對 ☐ ☐ ☐ ☐ ☐
方之誤會

29.當拒絕對方時，我傾向於找藉口，以減低對方的不舒服 ☐ ☐ ☐ ☐ ☐

30.「凡事堅持己見該拒絕就拒絕」是我心目中有原則的人 ☐ ☐ ☐ ☐ ☐
的行事指標

31.在尋求別人幫助或提出要求上，我沒有困難 ☐ ☐ ☐ ☐ ☐

32.我對自己所提出的要求沒有把握，所以習慣預留後路以 ☐ ☐ ☐ ☐ ☐
免彼此難堪

33.當我提出要求時通常會考慮到公平原則的問題（我曾幫 ☐ ☐ ☐ ☐ ☐
過你忙或我下次幫你忙等）

34.當別人拒絕我的請求時，我能考慮對方的立場，而不致 □ □ □ □ □
影響日後的關係

35.只要是合理的要求，不論對方的輩分（長、平、晚）， □ □ □ □ □
我通常都能表達提出

36.我同意最理想的解決問題方式，是協議（妥協） □ □ □ □ □

37.誤會發生時，我除了為自己解釋外，也會設想對方為什 □ □ □ □ □
麼如此做的原因

38.澄清誤會。有時是需要時間的，所以我願意忍受一段曖 □ □ □ □ □
昧情境

39.碰到不講理的對方，我能幫助自己，不做計較 □ □ □ □ □

40.吃虧就是占便宜 □ □ □ □ □

計分：

正向題計分（5.4.3.2.1）：1. 2. 3. 4. 5.；6. 7. 8.10.14.；17.18.25.27.28.；31.34.35.36.
37.；38.39.40.／23題

負向題計分（1.2.3.4.5）：9.11.12.13.15.；16.19.20.21.22.；23.24.26.29.30.；32.33.／17題

# 附錄 C

## 團體過程記錄

　　　年　　月　　日　　時

班級：　　　　組別：　　　　登錄表：　　　　次數：／　　　頁數編碼：／

| G 之名稱：<br>性質：結構／非結構 | 暖身活動： | 領導者： | 觀察員： | 督導： |
|---|---|---|---|---|

G 階段：(1)初期　　　(2)凝聚　　　(3)工作　　　(4)衝突　　　(5)結束

G 之整體動力：(1)沈默　　(2)抗拒　　(3)壟斷　　(4)攻擊　　(5)退縮　　(6)合作
　　　　　　　(7)順從　　(8)其他

1. 本次擬討論的主題及相關資料簡述：

(1)本次主題發生的時間、長度、背景



(2)L 之介入策略與技巧



(3)結果



(4)評估



2. 主題資料逐字登錄稿（10 分鐘為例，註明時段）：

| 時間 | 暖身活動名稱 | 實際過程（M 部分） | L 之介入 |
|---|---|---|---|
|  |  |  |  |

頁數：_____

| 時間 | 暖身活動名稱 | 實際過程（M 部分） | L 之介入 |
|---|---|---|---|
|  |  |  |  |

3.指導回饋：

| (1) |  |  |  |
|---|---|---|---|
| (2) |  |  |  |
| (3) |  |  |  |

# 附錄 C1

————————●————————

## 團體領導者自我評估與反思記錄表（由領導者填寫）

（摘自國立彰化師大　輔導與諮商學系　大四團體諮商實習課程）

| 領導所處理之事件 | 技術名稱 | 意圖 | 效果評估 | 發現 |
|---|---|---|---|---|
|  |  |  |  |  |

# 附錄 C2

• —————————— •

## 同儕督導團體過程記錄表（由同儕填寫）

（摘自國立彰化師大　輔導與諮商學系　大四團體諮商實習課程）

| 團體名稱 | | | |
|---|---|---|---|
| 單元名稱 | | | |
| 進行日期 | | | |
| 時間 | 分鐘 | 地點 | |
| 領導者 | | 觀察員 | |
| 成員 | | | |
| 過程摘要 | | | |
| | | | |
| 目標達成情形 | | | |
| | | | |
| 座位圖 | | | |
| | | | |

| 團體觀察 |
|---|
|  |

| 領導技巧實施與評估 |
|---|
|  |

| 方案的設計與實施評估 |
|---|
|  |

| 領導者自我整體評估與學習心得 |
|---|
|  |

# 附錄 D

## 團體滿意度量表

（黃惠惠，民 82）

說明：此表用於每次團體結束後，針對團體之感受與意見之評量用。

極不符合                                             極符合

| 1 | 2 | 3 | 4 | 5 | 6 | 7 | 8 | 9 | 10 |

*1.* 我能在這次團體中向別人表達我的看法。

| 1 | 2 | 3 | 4 | 5 | 6 | 7 | 8 | 9 | 10 |

2.我喜歡這次團體活動。

| 1 | 2 | 3 | 4 | 5 | 6 | 7 | 8 | 9 | 10 |

3.我覺得在這次團體活動中學會了更去關懷別人。

| 1 | 2 | 3 | 4 | 5 | 6 | 7 | 8 | 9 | 10 |

4.我對自己越來越瞭解了。

| 1 | 2 | 3 | 4 | 5 | 6 | 7 | 8 | 9 | 10 |

5.參加團體使我對我自己越來越有信心。

| 1 | 2 | 3 | 4 | 5 | 6 | 7 | 8 | 9 | 10 |

6.在這次團體中我樂意和其他人分享我的經驗。

| 1 | 2 | 3 | 4 | 5 | 6 | 7 | 8 | 9 | 10 |

7.我覺得這次的團體經驗很有意義。

| 1 | 2 | 3 | 4 | 5 | 6 | 7 | 8 | 9 | 10 |

8.我覺得這次聚會大家互相信任而坦誠。

| 1 | 2 | 3 | 4 | 5 | 6 | 7 | 8 | 9 | 10 |

9.我喜歡領導者的帶領方式。

| 1 | 2 | 3 | 4 | 5 | 6 | 7 | 8 | 9 | 10 |

10.我認為下一次可以改進的是：

| 1 | 2 | 3 | 4 | 5 | 6 | 7 | 8 | 9 | 10 |

（摘自：吳武典主編之《團體輔導手冊》，心理出版社）

# 附錄 E

## 團體感受卡

（呂勝瑛，頁 137-138）

*1.*信任　願意嘗試深層自我開放　　　　　　　　　　不願表達真正感受
1　　　　2　　　　3　　　　4　　　　5　　　　6　　　　7

*2.*目標　有清楚團體目標，並在互動中實踐之　　　　目標模糊無以為繼
1　　　　2　　　　3　　　　4　　　　5　　　　6　　　　7

*3.*參與感　成員間有開放性溝通　　　　　　產生小圈圈，某些人覺得被斥
1　　　　2　　　　3　　　　4　　　　5　　　　6　　　　7

*4.*溝通　此時此地　　　　　　　　　　　　那時—然後，高談闊論
1　　　　2　　　　3　　　　4　　　　5　　　　6　　　　7

*5.*催化　由所有成員負擔，大家都是領導者　　　依賴領導者或奪權
1　　　　2　　　　3　　　　4　　　　5　　　　6　　　　7

*6.*凝聚力強，互相分享認同，有一體感　　有距離隔閡，缺乏關懷及同理
1　　　　2　　　　3　　　　4　　　　5　　　　6　　　　7

*7.*衝突　在團體中討論及解決　　　　　　　　　　否認或忽略
1　　　　2　　　　3　　　　4　　　　5　　　　6　　　　7

*8.*回饋　願意接受並給予，有良好面質　　　防衛性抗拒，攻擊性質詢
1　　　　2　　　　3　　　　4　　　　5　　　　6　　　　7

*9.*負責　對自己行為負責並決定如何解決困擾　　埋怨他人不肯負責
1　　　　2　　　　3　　　　4　　　　5　　　　6　　　　7

*10.*建設性改變　抱著希望　　　　　　　　缺乏信心，覺得失望，無助
1　　　　2　　　　3　　　　4　　　　5　　　　6　　　　7

*11.*應用　將團體中之成果帶到生活中去解決　結束就是結束，很少想到團體
1　　　　2　　　　3　　　　4　　　　5　　　　6　　　　7

*12.*自我瞭解上新增加的部分
1　　　　2　　　　3　　　　4　　　　5　　　　6　　　　7

*13.*瞭解別人上新增加的部分
1　　　　2　　　　3　　　　4　　　　5　　　　6　　　　7

14.自我接納上新增加的部分

    1        2        3        4        5        6        7

15.對別人接納上新增加的部分

    1        2        3        4        5        6        7

16.自我肯定上新增加的部分

    1        2        3        4        5        6        7

17.自我改變上新增加的方向

    1        2        3        4        5        6        7

18.對此團體一般的滿意度

  很滿意，學到很多                            很不滿意，毫無收穫

    1        2        3        4        5        6        7

19.對本團體領導者，一般的滿意度

    1        2        3        4        5        6        7

20.對本團體設計上之建議

    1        2        3        4        5        6        7

（註：自 12 題至 20 題為本作者所增添）

# 附錄 F

●━━━━━━━●

## 團體領導技巧登錄表

| 聚會次數<br>技巧項目 | | 1 | 2 | 3 | 4 | 5 | 6 | 7 | 8 | 9 | 10 | 總　計 | |
|---|---|---|---|---|---|---|---|---|---|---|---|---|---|
| | | | | | | | | | | | | 次數 | 平均 |
| 反應技巧 | 1.積極傾聽 | | | | | | | | | | | | |
| | 2.同理心 | | | | | | | | | | | | |
| | 3.澄清 | | | | | | | | | | | | |
| | 4.摘述 | | | | | | | | | | | | |
| 交互作用技巧 | 5.支持 | | | | | | | | | | | | |
| | 6.解說 | | | | | | | | | | | | |
| | 7.連結 | | | | | | | | | | | | |
| | 8.執中 | | | | | | | | | | | | |
| | 9.阻止 | | | | | | | | | | | | |
| | 10.設限 | | | | | | | | | | | | |
| | 11.保護 | | | | | | | | | | | | |
| | 12.聽取眾意 | | | | | | | | | | | | |
| 行動的技巧 | 13.發問 | | | | | | | | | | | | |
| | 14.探測 | | | | | | | | | | | | |
| | 15.調律 | | | | | | | | | | | | |
| | 16.示範 | | | | | | | | | | | | |
| | 17.自我表露 | | | | | | | | | | | | |
| | 18.面質 | | | | | | | | | | | | |
| | 19.建議 | | | | | | | | | | | | |
| | 20.沈默 | | | | | | | | | | | | |

註：以劃記方式登記。

（Trotzer 原著，1979, 1999，何長珠改編）

# 附錄 G1

## Hills 互動矩陣

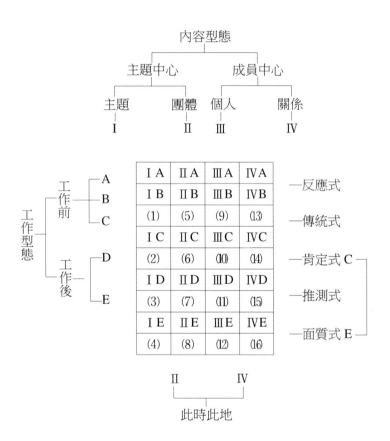

# 附錄 G2

## 團體互動登錄表

根據 Hills 的互動矩陣，團體互動之觀察可轉化為如下之格式。

| 聚會次數＼互動型態 | 1 | 2 | 3 | 4 | 5 | 6 | 7 | 8 | 9 | 10 | 總　計 |
|---|---|---|---|---|---|---|---|---|---|---|---|
| （Ⅰ）B | | | | | | | | | | | |
| （Ⅰ）C | | | | | | | | | | | |
| （Ⅰ）D | | | | | | | | | | | |
| （Ⅰ）E | | | | | | | | | | | |
| （Ⅱ）B | | | | | | | | | | | |
| （Ⅱ）C | | | | | | | | | | | |
| （Ⅱ）D | | | | | | | | | | | |
| （Ⅱ）E | | | | | | | | | | | |
| （Ⅲ）B | | | | | | | | | | | |
| （Ⅲ）C | | | | | | | | | | | |
| （Ⅲ）D | | | | | | | | | | | |
| （Ⅲ）E | | | | | | | | | | | |
| （Ⅳ）B | | | | | | | | | | | |
| （Ⅳ）C | | | | | | | | | | | |
| （Ⅳ）D | | | | | | | | | | | |
| （Ⅳ）E | | | | | | | | | | | |
| 總　計 | | | | | | | | | | | |

註：以劃記的形式呈現。

# 附錄 H

## 團體督導記錄表

年　　月　　日

一、督導者：1.性別：　　　　2.學歷：

　　　　　　3.經歷：(1)成員：　　　　(2)領導者：　　　(3)協同領導：

　　　　　　　　　　(4)督導：

　　　　　　4.諮商風格：

二、團體：1.名稱：

　　　　　2.次數：

三、督導項目：

　　　1.討論團體的主題（　　）

　　　2.討論團體的動力現象（10'）

　　　3.討論團體的發展階段（10'）

　　　4.討論團體的需要（10'）

　　　5.討論團體的成員需要（10'）

　　　6.討論配合需要，團體可做的事（　　）

　　　7.有關技巧之示範

　　　8.個人感受之分享（　　）

## 附錄 I

### 憤怒控制技巧之團諮訓練方案 A

（Morganett, 1990；郭倍甄譯，何長珠修訂）

表 11-6

| 活動名稱 | 主要活動 |
|---|---|
| *1.* 起航 | 暖身，規範設定，情緒與憤怒的中立意義，憤怒量表之評量。 |
| *2.* 覺察憤怒之線索 | 分享引發個人憤怒之來源及反應，討論「避免憤怒之方法」。 |
| *3.* 適當或不適當 | 教導以「我訊息」來適當表達個人憤怒之方法，填寫「憤怒日誌」。 |
| *4.* 憤怒控制的敘述句 | 檢討「憤怒日誌」的收穫，以角色扮演的方式練習使用「憤怒控制敘述句」。 |
| *5.* 憤怒之 ABC 理論 | 介紹事件—信念—感受間之關係，介紹複習「憤怒控制敘述句」。 |
| *6.* 改變憤怒的想法 | 建立「改變憤怒想法之工作清單」。 |
| *7.* 我為自己負責 | 分享「改變憤怒想法工作清單」，練習「自我負責敘述句」。 |
| *8.* 珍重再見 | 複習活動 7，並互相給予回饋。 |

## 一、前　言

　　憤怒是我們主要的情緒之一，不幸的是，它的出現常是以不適當的方式。許多人學到的都是不健康的處理生氣方法。當他們被激怒時就以壓抑自己來防止怒氣的爆發。由於成人通常沒有適當的憤怒處理模範；所以青少年並沒有機會學習這些技巧，因此產生了不適當且無效能的反應方式。

　　由研究的證據來看，我們應以更適當、有效的行為來代替那些不適當的憤怒處理方式。一些經研究證實有助於青少年處理憤怒的技巧有：自我教導、解決問題訓練、自我控制訓練。雖然有許多不一樣的技巧可以幫助青少年學習及訓練處理憤怒，但它們都是基於以下三個步驟：⑴覺察自己傷害性的（對自己及他人）行為；⑵學習替代這些傷害性行為的技巧；⑶練習這些新的、更適當的行為，直到在現實情境中能發生功用。經由這些新行為，青少年不論在學校、在家裡或在同儕中，都會更有效能，而且更快樂。

## 二、團體目標

1. 探討憤怒的原因及說明憤怒乃是一種情緒，無所謂好與壞。
2. 協助成員覺察憤怒之前的情境及生理上、認知上的線索，並界定自己被激怒時的反應模式。
3. 區分適當及不適當的憤怒反應，並且協助成員瞭解適當的反應常能帶來正向的影響。
4. 讓成員知道摹擬言辭陳述的方法，並且重新建構認知，以減低其憤怒的感覺。
5. 鼓勵成員對自己的思想、感覺、行為負責。

## 三、成員篩選及注意事項

下列類型成員適合考慮為參與本團體經驗，如：易受同儕影響、低挫折忍受度者、無法處理權威對象者、不善於口語表達者、低自我控制能力者以及瞭解憤怒有關之情緒或替代性做法者。許多憤怒的青少年已經經歷到非常多來自成人的懲罰，而他們並不知道在團體中將會經歷到什麼。所以需要運用一些初期活動來幫助成員發出安全感。其中很重要的一點是，讓成員明白許多他們經常使用的反應方式是不適當的，因此要改變是很困難的而且痛苦。有些青少年在團體中並不能夠顯出足夠的自我控制力及合作的態度，此時也許個別諮商對他們更有效。

| 第一次聚會：起航 |
|---|

## 一、目　標

1. 讓成員在團體中覺得舒服。
2. 選出適合團體進行的活動規則。
3. 釐清為何成員願意成為團體的一份子及對團體的期待。
4. 探索憤怒的原因並指出憤怒乃是一種情緒，並無好壞之分。

## 二、教　材

1. 唱片或錄音帶。
2. 憤怒情況量表。
3. 面紙。
4. 黑板或圖畫紙。

# 三、過 程

## ㈠暖 身

*1.*表達對成員的歡迎,並簡述團體的一般目標及特別目標。

*2.*拿出錄音帶,並解述錄音帶的一面是描述成員目前的樣子,而另一面說明對自己未來的期許。

*3.*發圖畫紙給成員,並指導他們在紙的一面記錄他們願意和成員分享的三個優點。提供一些可以反應不同長處的說法,例如:

(1)我是一個很不錯的球員。

(2)我有雙漂亮的眼睛。

(3)我可以接納自己犯的錯。

(4)我在 KTV 表演贏得一些獎品。

(5)我可以逗朋友開心。

*4.*當成員完成這項工作時,請成員翻到紙的背面寫下對自己將來的期望,例如:

(1)我希望成為一個好哥哥。

(2)我希望能和老師們相處得很好。

(3)我希望知道畢業後能做什麼。

(4)我希望成為一位演說家。

(5)我希望不再和人打架。

*5.*讓成員和他的夥伴分享以下的資料:姓名、優點及對團體的期望。並且告知成員在分享這些資料後,他們要介紹其夥伴給其他成員。

*6.*幾分鐘後,將團員集合。先示範如何分享自己的資料給團員,例如:「我的名字是郭××,郭老師。我電動玩具玩得很好,對處理數字我很在行。我希望將來能把歌唱得更好而且有更多時間和家人相處。我希望我能瞭解你們每一個人,並且幫助你們更有效的處理憤怒的情緒。」然後徵求自願者分享他的夥伴資料,直到每一個人都被介紹過為止。

## ㈡工作階段

*1.*介紹團體規範,並說明規範是為了幫助成員彼此尊重,例如:

(1)在團體發生的事、說的話都應留在團體,需保密。

(2)每個人都有權利放棄自己的發言權,意即:可以不參與某活動或活動中的某一部分。

(3)不可以在團體中爭吵。

(4)當別人說話時，其他成員需傾聽。

2. 要求成員想出其他的規範，並將這些規範列在黑板或壁報紙。

3. 接著提出憤怒的定義，並說明憤怒是人類的基本情緒，並無好壞之分，即使兒童或嬰兒在疲勞、寒冷、飢餓、受挫的時侯也都會表達出憤怒。憤怒有其正面功能，譬如狗會吠叫或咬人以保護自己；或者當別人不尊重我們、剝奪我們的東西時，我們會生氣。

4. 說明雖然憤怒本身是自然的，但我們必須學會如何表達情緒。若要學習更多表達憤怒的適當方法，則事先必須覺察什麼樣的情境會使我們憤怒。

### (三)結束階段

1. 分發憤怒情況量表給成員，說明量表的直行列出各種可能引起憤怒的情境；橫列列出和誰在一起最容易生氣。舉例說明量表的用法，如果可以，邀請成員每天記錄，如此就不會有遺漏。

2. 給每位成員正向的回饋，並謝謝他們的參與。例如：「小莉你分享了一些個人的事情，謝謝你對我們這麼信任。」或「立人，謝謝你提供對團體規範的意見，我真高興你成為團體的一份子。」

3. 詢問是否有人在團體結束前想說話，並預告下次活動的概要。再次提醒成員團體規範及下次聚會的時間。

---

### 第二次聚會：覺察憤怒的線索

## 一、目　標

1. 促進成員對憤怒情境、認知及心理線索的覺察。
2. 幫助成員釐清自己被激怒時的反應模式。

## 二、材　料

### 憤怒情境量表

姓名：＿＿＿＿＿＿＿＿＿＿＿＿＿＿　日期：＿＿＿＿＿＿＿＿＿＿＿

| 情況 | 媽媽 | 爸爸 | 姐妹 | 兄弟 | 朋友 | 老師 | 其他 |
|---|---|---|---|---|---|---|---|
| 得不到我想要的 | ☐ | ☐ | ☐ | ☐ | ☐ | ☐ | ☐ |
| 不公平的待遇 | ☐ | ☐ | ☐ | ☐ | ☐ | ☐ | ☐ |

| | | | | | | | |
|---|---|---|---|---|---|---|---|
| 喪失（友誼、機會等等） | ☐ | ☐ | ☐ | ☐ | ☐ | ☐ | ☐ |
| 打架 | ☐ | ☐ | ☐ | ☐ | ☐ | ☐ | ☐ |
| 不被尊敬 | ☐ | ☐ | ☐ | ☐ | ☐ | ☐ | ☐ |
| 不誠實 | ☐ | ☐ | ☐ | ☐ | ☐ | ☐ | ☐ |
| 被誤會 | ☐ | ☐ | ☐ | ☐ | ☐ | ☐ | ☐ |
| 其他（註明：＿＿＿＿） | ☐ | ☐ | ☐ | ☐ | ☐ | ☐ | ☐ |

## 三、過　程

### ㈠暖　身

1. 邀請成員分享他們已完成的憤怒情況量表。

   (1)你能否確定何種情境會使你得到最多的麻煩？這些情形是什麼？

   (2)你和誰相處時最容易生氣？

2. 請成員保留憤怒情況量表作為第五次團體之用。

### ㈡工作階段

1. 簡述本次團體之目標。

2. 在團體討論「憤怒不會立即發生」的事實。首先通常都會有一個引爆點，這個引爆點常會伴隨一連串的線索，有時候當你看見或聽見這些線索時，你會在使人憤怒的情境出現以前就感到生氣。舉例來說，如果你在某些課中常有麻煩，也許只要一想到這些課你就生氣。

3. 說明：這些線索不外乎情境的、認知的或生理的。鼓勵成員扮演偵探，試著去確認那些在憤怒發生之前可能的反應，並分類之。

   例如：

   (1)有人對你比一個下流的手勢。

   (2)看到一個不喜歡的人從玄關走來。

   (3)你的臉脹熱，而且握得很緊。

   (4)你心跳得很快。

   (5)你想起了別人在背後說你的壞話。

4. 邀請成員分享他們已注意到的線索以及應付生氣的方法。以下的問題可能對問題有幫助：

   (1)你生氣時都做些什麼事。

   (2)有哪些線索是你以前就注意到的？你認為在今天的團體後你會更注意這

些線索嗎？

5.幫助成員對「避免憤怒的方法」做腦力激盪，也許會產生如下的看法：

(1)不在乎這些情境或人。你可以離開那個情境或不去理會那些人。

(2)可考慮事情的後果。你可以問問自己：你的生氣反應將付出多少代價？然後想想什麼才是你該關心的。

(3)做五個深呼吸，或數 1～10，你讓自己有機會並能冷靜下來。這樣做後，也許就會覺得你需要有更堅強的反應。

(4)做冷靜的自我告示。你可以告訴自己「我可以控制自己」、「我可以處理這個情況」。讓成員知道你將在下次團體時瞭解他們避免憤怒反應的細節。

### ㈢結束階段

邀請成員探索可以事先知道的線索，如此他們就可以採取一些方法來控制他們憤怒的反應模式。詢問成員何種線索是他們想要去尋找的，以及他們認為團體中所討論的方法何者最有效。詢問團體在結束前是否有話想和成員分享，並預告下次團體的主題。再次提醒成員團體規範及下次團體聚會的時間。

## 第三次聚會：適當或不適當

## 一、目　標

1.提供學生對憤怒的適當反應或不適當的反應。

2.提供學生正確表達憤怒的方法。

3.舉例說明不適當的憤怒表達方式通常是無效的。

## 二、教　材

1.憤怒日誌的範本。

2.憤怒日誌。

## 三、過　程

### ㈠複　習

討論經由察覺自己的憤怒線索，學生學習到什麼？他是否能像一個偵探，知道哪些線索是他所察覺的？是否察覺到這些線索能帶來行為上的改變？

## ㈡工作階段

*1.* 簡短地說明此階段的目標。

*2.* 複習以下這個概念：因為憤怒是一個中性的情緒，所以它並無好壞之分，並且強調既然憤怒的情緒是中性的，我們如何去反應才能決定其為適當或不適當？

*3.* 請學生列出某些人們憤怒時會有的不適當行為，這些例子包括：對某人叫罵或吼叫、造成生理上的傷害、用說謊或欺騙來報仇。另一個不適當表達憤怒的方法是：將情緒壓入內心，傷害自己或變得沮喪。

*4.* 接下來，要求學生列出他們認為適當表現情緒的方式，並引導這個概念：如果你的憤怒是合理的，你可以誠實、直接的說出你的感受，其有一個方法就是使用「我訊息」。以下是兩個使用「我訊息」表達憤怒的感受而不必攻擊他人的範例：

(1)「我覺得生氣，因為你說你會在那個時間打電話來，但你卻沒有。」；而非「你黃牛，你每次說要打電話來都沒打」。

(2)「我很沮喪，因為你給我的報告打了一個很不好的成績，我要怎麼做才會比較好？」；而非「老師都是不公平的，老師最差勁了」。

*5.* 要求學生舉出在困難情境中的「我訊息」之用法。例如：被欺負、弟弟把錄音帶弄壞，以及諸如此類的情境。並且指出：傳達「我訊息」有一個共通點，那就是你必須為你的憤怒負責，以及避免責備他人。

*6.* 要求學生確認在上述討論過程的困難情境中，什麼他是認為適當表達情緒或不適當表達情緒所帶來的結果。舉例說明：如果你考得不好，而且還說：「老師都是不公平的，老師最差勁了！」此時，你的老師將不會替你更改分數。但是，如果你詢問老師怎麼做才會更好，以及平靜的討論，老師比較有可能為你更改分數。換句話說，適當的表達憤怒情緒將會使你獲得最好的利益。

## ㈢結束階段

*1.* 把「憤怒日誌」影印給每個學生，並詢問他是否願意使用這些日誌來記錄他們的感覺，以及幫助他們去選擇在憤怒的情境下要如何去反應。同時，和他們一起分享「憤怒日誌」，將有助學生瞭解做此作業的目標。

*2.* 詢問是否還有誰在團體結束之前，還要分享或是有事要提出來。並宣布下次聚會的活動名稱。最後，提醒守密的規則和下次聚會的時間。

## 憤怒日誌

說明：當你發現自己正處於被激怒的情境下，請你填以下的問題。

1. 是什麼樣的情境？有誰參與其中？

2. 在下列四種的憤怒的類型中，我的憤怒屬於哪一類？

   (1)被激怒。

   (2)沮喪。

   (3)非常憤怒。

   (4)大發脾氣一場。

3. 我會做出哪些舉動來反應？

4. 這樣的反應是正確？□或不正確？□為什麼？

5. 這樣的反應可能會造成什麼後果？而最後的結果是不是我想要的？

## 憤怒日誌（範例）

說明：當你發現自己正處於被激怒的情境下，請你填以下的問題。

1. 是什麼樣的情境？有誰參與其中？

   例子：我的數學老師撕破我的家庭作業，因為他說我的家庭作業太過草率。

2. 在下面四種憤怒的類型中，我的憤怒屬於哪一類？＿＿＿(3)＿＿＿

   (1)被激怒。

   (2)沮喪。

   (3)非常憤怒。

   (4)大發脾氣一場。

3. 我會做出哪些舉動來反應？

   例子：我會走出教室。

4. 這樣的反應是正確的？□或不正確的？□為什麼？

   例子：他將因為我走出去而更生氣。

5. 這樣的反應可能會造成什麼結果？而最後得到的結果是不是我想要？

   例子：老師仍然把成績打的很低，而且我會更加和永遠討厭數學。

## 第四次聚會：憤怒控制的敘述句

### 一、目　標

1. 舉例說明我們的內在語言是如何影響我們對於所處情境的感受。
2. 讓學生練習「憤怒控制敘述句」幫助他們控制憤怒。
3. 鼓勵學生在團體外適當的情境下練習使用「憤怒控制敘述句」。

### 二、教　材

1. 憤怒日誌。
2. 憤怒控制敘述句。
3. 憤怒控制的角色扮演表。

### 三、過　程

#### (一)複　習

1. 請學生討論他們從記錄「憤怒日誌」中學習到什麼？下列幾個問題有助於討論：
   (1)在什麼情境下，你會感到憤怒？
   (2)在那種情況下你有多憤怒？
   (3)當你不再填寫「憤怒日誌」時，你的憤怒情緒變得如何了？
   (4)你能在所有令你憤怒的情境下，使用「我訊息」來適當地處理你的憤怒嗎？如果不能，想一想，是什麼原因使你無法做到？
   (5)思考「憤怒」將會造成何種後果？這樣的後果是否將影響你決定最後如何行動？
   (6)你是否注意到：你的反應方式和你所希望的結果有無關聯？

#### (二)工作階段

1. 簡單說明這次聚會的目標。
2. 解釋使用「憤怒控制敘述句」是一種減少不當反應方式的方法，「憤怒控制敘述句」是積極、有幫助的自我語言，可以取代消極、具傷害性的自我語言。
3. 把「憤怒控制敘述句」發給學生，並詢問他們在憤怒的情境下，使用「憤怒控制敘述句」是否會有所改善？然後告訴他們：老師將指導一場角色扮

演，讓他們看看在憤怒的情緒中使用「憤怒控制敘述句」到底有沒有幫助？

4. 要求學生兩人一組，並給每一組一份「憤怒控制的角色扮演表」，請學生討論表上所列出的情境，然後當大家集合的時候，邀請自願者上台表演所指定的角色。

5. 將大家集合並邀請各組上台進行角色扮演，剛開始第一次不用「憤怒控制的敘述句」，後來才用。如果角色扮演遇到了難題，鼓勵其他成員提供其他的「憤怒控制述句」。每次角色扮演結束後，可以針對扮演者問下列幾個問題：

(1)在團體面前扮演這個角色的感覺。

(2)是否也曾有過這樣的情境？那時你怎麼做？

(3)使用「憤怒控制敘述句」會發生什麼事？

(4)你想你是否能把「憤怒控制敘述句」放在真實生活的情境中？

6. 指出不只在憤怒的情境下使用「憤怒控制敘述句」是有幫助的，就連進入情境之前或之後也有很大的幫助。指導學生用腦力激盪想出幾個例子：

(1)情境之前

　A.這將會使我沮喪，但我知道要如何處理。

　B.我將會想出一個辦法來控制它。

　C.試著不要那麼在意它。

　D.我以前也曾處理得很好啊！

(2)情境之後

　A.忘了吧！想它只會讓自己沮喪。

　B.經過這次後我會做得更好。

　C.一笑置之吧！它並沒有那麼嚴重啊！

　D.還好沒我想像得那麼糟！

　E.我把那件事處理得不錯嘛！

## (三)結束階段

1. 詢問學生從「憤怒控制敘述句」中學到了什麼？他們將會在這次聚會和下次聚會的這段時間內練習使用這項技巧嗎？什麼樣的情境是他們所能預測到的？鼓勵他繼續填寫自己的「憤怒日誌」。

2. 詢問是否還有人在團體結束之前還要說話，並告訴他們下次聚會的主題。最後再次提醒守密的規則和下次聚會的時間。

## 憤怒控制的角色扮演表

說明：把下面的情境看過，然後決定要用哪一個「憤怒控制敘述句」來幫助你處理。

**情境一**

學生甲：我要影印你的家庭作業，如果你不讓我影印，我要告訴老師你影印別人的作業。

學生乙：覺得沮喪，不知道要不要把自己的家庭作業給同學。

**情境二**

老師：我希望你出去到外面打球，否則你會影響我們班上課。

學生：覺得憤怒，而且哭著走到操場。

**情境三**

父親：你不能去看那場表演，你要打掃你的房間和洗你的衣服。

孩子：覺得很憤怒，因為父親曾給承諾要讓自己去看的。

**情境四**

校長：你因為在廁所抽煙，所以現在起兩個禮拜，你每天晚上都得留在學校裡。

學生：覺得很生氣，因為其他的同學也有抽，但沒抓到而不用接受任何的處罰。

**情境五**

學生：因為我家很窮，所以你對我有偏見，班上沒有人的作業會得這麼低分。

老師：覺得很挫折，因為學生的報告真的寫得很差。

## 控制憤怒的敘述句

說明：試著在你感到憤怒的時候記住使用這些敘述句，並且鼓勵成員創造出屬於自己的敘述句。

1. 保持冷靜，放鬆自己。
2. 只要我保持冷靜，我便是在控制我的憤怒。
3. 想想看你會得到什麼結果。
4. 你不用向別人證明你是對的。
5. 發怒是沒有用的。

6. 往積極面看吧！

7. 我不想讓這件事影響我。

8. 她那樣真是可恥！

9. 如果他老是被激怒，那麼他一定常常很不快樂。

10. 對他這種人所說的話不要那麼在乎。

11. 我不能期望別人都照著我所想的方式去做。

12. 我覺得我的肌肉好緊，我需要一點時間來放鬆。

13. 她以為我跟她一樣快發怒了，沒這麼容易。

14. 讓我們一起來解決這個難題，或許他有好點子。

15. 我不會被欺負，同時也不會失去我的權利。

16. 我現在正在控制我自己，我可以處理我的憤怒。

17. 我可以被激怒，但我不要讓它發生。

18. 慢下來，深呼吸。

19. 試著說服自己對別人尊敬些。

## 第五次聚會：憤怒之 ABC 理論

### 一、目　標

1. 鼓勵學生分享他們在憤怒時的反應。

2. 教導「情境不會影響情緒，思想才會」的事。

3. 鼓勵以更合適的思考來控制憤怒的情緒。

### 二、教　材

1. 憤怒感受日誌（Anger Log）。

2. 憤怒情境表（Anger Situations Form）。

3. 黑板或圖表。

### 三、過　程

#### ㈠複　習

1. 鼓勵成員分享使用「因應敘述句」的經驗，是否對自己有所助益？

2. 鼓勵成員分享其「憤怒感受日誌」之內容。

㈡**工作階段**

　　1.簡述此次團體之目標。

　　2.在黑板上列出三欄：A 欄寫出生氣情境，B 欄與 C 欄要學生依照自己的「憤怒情境表」上的內容，並填入當時的想法及感受。

　　3.以實例示範 A、B、C 之間的關係。

　　4.教導成員「A 不會導致 C，而 B 才會」。

　　5.教導成員若我們改變對某情境的想法我們的感受也會改變。

㈢**結束階段**

　　1.鼓勵成員留意思想與感受間的關聯，以及如何利用思考使行為更為有效。

　　2.詢問是否有人仍有話要說，並提醒遵守團體保密規則，告知下次聚會的時間及主題。

---

第六次聚會：改變憤怒的想法

---

## 一、目　標

　　1.進一步說明「思想的改變會導致感受的改變」此一理念。

　　2.學生在日常生活中藉著練習應用此技巧。

## 二、教　材

　　1.憤怒感受日誌（Anger Log）。

　　2.改變憤怒想法之工作單（Changing Angry Thinking Worksheet）。

## 三、過　程

㈠**複　習**

　　1.彼此分享各人對自己的感受「藉著改變思想以改變感受」之看法。

　　2.討論每個人的「憤怒感受日誌」之內容。

㈡**工作階段**

　　1.簡述此階段之團體目標。

　　2.發下「改變憤怒想法表格」告知此表格可助學生改變其憤怒時的思想，並舉實例演示如何填寫。

　　3.協助組員兩人分組合力完成每人的表格，並選擇真實的情境填寫。

　　4.表格填妥之後，回到大組中分享每個人的內容，並討論憤怒時的思想如何

影響當時的感受。

### ㈢結束階段

1. 發下「改變憤怒想法表格」鼓勵學生在團體之後使用，若有需要，也使用「憤怒感受日誌」。

2. 詢問是否有人仍有話要說，提醒成員遵守團體保密規則，並告知下次聚會的時間及主題。

改變憤怒想法之工作單

姓名：　　　　　　日期：

引言：寫下所遇到的憤怒情境及當時的想法及情緒感受。再寫下你可以如何改變想法以影響情緒。

情境：

發生的事是：

我如何想：

我的感受是：

想法可如何改變：

### 第七次聚會：我為自己負責

### 一、目　標

1. 協助學生明白每人都要為他（她）自己的想法、感受與行為負責任。

2. 鼓勵學生公開地陳述他們對自己的憤怒負責。

### 二、教　材

1. 改變憤怒想法之工作單。

2. 憤怒感受日誌（Anger Log）。

3. 一面鏡子。

### 三、過　程

#### ㈠複　習

鼓勵學生分享「改變憤怒想法表格」內已做好了的家庭作業，檢查是否藉著改變思想確實可以改變情緒。

### ㈡工作階段

1. 鼓勵學生分享「改變憤怒想法表格」已做好了的家庭作業，檢查是否藉著改變思想確實改變情緒。

2. 簡述下列事實：情境可能是由別人所引發的，但感受卻是自己所決定的。接受這個事實就表示接受「自我責任」。

3. 讓學生圍坐成一小圓圈，藉著將鏡子來回地傳送，使每人有發言的機會。

4. 把鏡子傳到另一手中之前，要先練習完成一、二句「自我責任的句子」，如：

   ・我為自己今天的憤怒情緒負責，因為昨晚太晚睡。

   ・我為自己的憤怒情緒負責，因為我自己太晚才出門，所以才生司機的氣。

5. 傳鏡活動進行到每個人都輪過一次為止。

6. 領導者問成員下列問題：

   ・當你說出「自我負責」的句子，你的感受如何？

   ・當別人在說話時，你的感受為何？當自己在陳述「自我負責」句子時，自己的感受又是如何？

   ・你認為說出「自我負責」句子會在將來如何影響你？

   ・你認為一般人為何不為自己的思想、感受負責？

### ㈢結束階段

1. 鼓勵學生繼續填寫「憤怒感受日誌」（Anger Log）。

2. 詢問是否仍有人有話要說，並提醒遵守團體保密原則，告知下次聚會的時間及主題（下次聚會的主題是回顧團體的收穫與珍重再見）。

第八次聚會：珍重再見

## 一、目　標

1. 回顧前七次的團體活動內容。

2. 讓成員明白並接受即將結束的事實。

3. 說明道別的重要以及使成員瞭解團體關係即將結束。

## 二、材　料

1. 憤怒感受日誌（Anger Log）。

2.回饋卡。

3.筆。

4.營養小點心。

## 三、過　程

### (一)複　習

1.詢問成員第七次團體的「我負責句子」是否在他們的生活中發生功效？邀請成員分享上週的「憤怒感受日誌」的內容並將鼓勵他們所做出的努力。

2.複習每階段的重點，分享彼此的收穫。

3.依每階段的重點，設問題詢問成員藉此協助成員回想收穫。

### (二)工作階段

1.指出「天下沒有不散的筵席」之事實，鼓勵學生分享此時分離的感受。

2.討論道別的重要性，道別可協助人們處理關係結束時的傷感，並說明將用寫卡片的方式互相道別。

3.說明如何寫回饋卡，以彼此予以回饋。回饋卡的內容可以是：我對你的希望，以及告訴對方他已達到的成長與改變。

4.發下畫圖用具，給成員時間製作回饋卡，並彼此交換卡片。

### (三)團體結束

1.感謝學生的參與並提醒他們遵守保密原則。告訴學生們，在團體結束後，你仍樂意幫助他們，並且你希望團體中建立的友誼能繼續下去。

2.若團體氣氛適合不妨來個團體擁抱（group hug），之後分享小點心。

# 附錄 J

## 憤怒控制技巧之團諮訓練方案 B

（徐大偉，2000）

| 活動名稱 | 主要活動 |
|---|---|
| 活動前──定向輔導 | ＊說明團體方案的有關事宜。<br>＊實施有關研究問卷之前測。 |
| 1. 相見歡 | ＊介紹生氣情緒經驗、方案目標。<br>＊讓學生熟悉情緒詞句。 |
| 2. 我的生氣 | ＊使學生瞭解生氣情緒是如何發生的。 |
| 3. 生氣的故事 | ＊認識理情治療 ABC 理論並分享生氣情境的事件、想法與行動。 |
| 4. 換個角度想──改變生氣的想法 | ＊覺察個人與他人表達情緒的方式與其中之異同。 |
| 5. 我的自我內言 | ＊瞭解自我內言並學習正向的自我內言。 |
| 6. 生氣與放鬆──輕鬆一下 | ＊體驗生氣與放鬆之間的意義。 |
| 7. 積極的傾聽與人際溝通 | ＊增進成員積極傾聽的能力。 |
| 8. 我──訊息（建設性表達生氣）與解決問題 | ＊學習我──訊息與你──訊息。<br>＊瞭解自我肯定的意義。<br>＊提高解決問題的能力。 |
| 9. 心動不如馬上行動──擬定全盤的情緒自我管理計畫 | ＊引導成員回顧過去、現在與未來，並擬定生氣管理計畫。 |
| 10. 練習與應用 | ＊引導成員複習學過的技巧。 |
| 11. 又是嶄新的開始──結束是另一個階段的開始 | ＊整合經驗。<br>＊結束團體。 |

## 一、前　言

　　本研究的生氣情緒管理團體方案是綜合了 Novaco（1977, 1979）生氣管理模式內涵的理論與技術，配合自我管理的技巧，由研究者自行設計一套針對高生氣情緒

學生的生氣情緒管理團體方案,學生藉由對生氣的意義、原因、功能等的認識,學習認知改變、減少非理性信念、增進生氣因應的技巧、降低生氣程度、做建設性的生氣表達,採用團體的形式及過程,幫助學生達到生氣情緒自我管理的目標。

團體方案共分 11 個單元,透過講述、討論、技巧練習、角色扮演、家庭作業等方式,每週上課 1 次,每次 2 小時,第 10 次是採工作坊的方式進行 6 小時的練習與生氣情緒深度探索,共計 11 次 26 小時。

## 二、團體目標

1. 將各種訓練技巧安排成有系統的訓練步驟,遵循認知準備、技巧獲得、應用練習三大階段,並結合自我管理的理論與技術,成為完整的架構,因此前後貫串,符合邏輯,容易瞭解和學習。

2. 強調自我管理的學習目標,因此鼓勵兒童運用自我觀察、自我評估、自我增強的技巧和態度。

3. 教導技巧學習:自我教導、肌肉放鬆、積極地傾聽、我訊息、自我管理、問題解決、建設性表達等。

4. 透過每次的進度有系統請成員完成家庭作業,希望能將團體內學到的技巧運用在真實的生活中。

## 三、成員篩選及注意事項

選取「國小學生生氣程度量表」之生氣程度得分在平均數半個標準差以上,及經過「國小學生生氣特質評定量表」(老師評定)、「國小學生生氣社交量表」(同儕評量)結果評定之國小五年級學生。經研究者接案晤談、邀請等步驟,確定有意願全程參加且明確知道團體活動進行方式、願意參與聚會活動、做家庭作業及遵守團體規範與研究者訂定契約。同時為顧及學生的智力程度、認知發展可能會影響其實驗結果,故研究者參考其在瑞文氏智力測驗的分數,等級均在 PR40 以上(智力中等),可視為等組的性質,再由研究者隨機抽籤為實驗組成員 15 名(男生 9 位,女生 6 位),控制組 15 名(男生 8 位,女生 7 位)。實驗組接受為期 11 週的「生氣情緒管理團體方案」的實驗處理,控制組則未接受任何處理。

## 第一次聚會：相見歡

### 一、目　標

　1.增進成員間的熟悉與團體融洽的氣氛。

　2.引發成員參與團體的動機與期待。

　3.澄清團體目標。

　4.討論團體規範並訂定契約鼓勵成員承擔責任。

　5.討論增強方式。

　6.讓學生熟悉情緒詞句。

### 二、教　材

　1.家庭作業填寫「生氣情緒自我監控記錄」表。

　2.填寫反應回饋表。

### 三、過　程

　1.暖身活動：致歡迎詞、見面活動。

　2.討論：分享參加活動的動機及期望。

　3.說明：介紹生氣情緒經驗、方案目標。

　4.討論：訂定團體契約。

　5.討論：增強方式之討論。

　6.講述、發表：情緒轉盤——練習用言詞描述情緒和事件。

　7.經驗分享：分享時刻——說出活動的內容和感受，並填寫反應回饋表。

## 第二次聚會：我的生氣

### 一、目　標

　1.瞭解生氣管理的概念。

　2.瞭解自我管理的意義。

　3.瞭解生氣的意義及可能產生的結果。

　4.瞭解生氣時的生理反應。

　5.瞭解生氣強度的差異。

6.瞭解生氣是怎麼發生的。

## 二、教　材

1.家庭作業填寫「生氣情緒自我監控記錄」表。

2.填寫反應回饋表。

## 三、過　程

1.回饋：複習檢討。

2.說故事：暖身活動——你是 1 個大暴龍。

3.說明：生氣能控制嗎？

4.講述：簡介自我管理。

5.分析、發表：為什麼會生氣？

6.說明：生氣情緒觀測站。

7.討論：生氣颱風。

8.討論：生氣怎麼發生的？

9.家庭作業：填寫「生氣情緒自我監控記錄」表。

10.經驗分享：說出活動內容和感受，並填寫反應回饋表。

### 第三次聚會：生氣的故事

## 一、目　標

1.認識理情治療 ABC 理論並分辨生氣情境的事件、想法和行動。

2.瞭解生氣發生歷程。

3.學會區辨生氣與攻擊。

## 二、教　材

1.家庭作業填寫「生氣情緒自我監控記錄」表。

2.填寫反應回饋表。

## 三、過　程

1.回饋：檢討複習。

2.彩繪：暖身活動——心的顏色。

3.說明：生氣情緒 ABC。

4.歸納說明：你是這樣想的嗎？

5.說明、發表：這樣的行為對嗎？

6.家庭作業填寫「生氣情緒自我監控記錄」表。

7.經驗分享：說出活動內容和感受，並填寫反應回饋表。

## 第四次聚會：換個角度想——改變生氣的想法

### 一、目　標

1.瞭解個人表達情緒的方式各有不同。

2.覺察自己想法中一些信念，思想的改變會導致感受的改變。

3.瞭解自我批評、要求對自己的傷害。

4.瞭解責難別人、要求別人帶來的影響。

5.練習駁斥非理性信念。

6.能站在不同的立場，說出彼此的想法。

### 二、教　材

1.家庭作業填寫「生氣情緒自我監控記錄」表。

2.填寫反應回饋表。

### 三、過　程

1.回饋：複習檢討。

2.畫圖、分享：暖紙活動——面對你的情緒。

3.討論：顯微鏡。

4.說明、練習：駁斥非理性信念。

5.家庭作業填寫「生氣情緒自我監控記錄」表。

6.經驗分享：說出活動內容和感受，並填寫反應回饋表。

## 第五次聚會：我的自我內言

### 一、目　標

1.瞭解正面及負面的自我陳述，並分辨自我內言對自己的影響。

2.瞭解因應生氣事件的自我內言。

3.瞭解自我教導的意義，並學習正向的自我內言。

## 二、教　材

1.家庭作業：填寫「處理生氣情緒情形記錄表」。

2.填寫反應回饋表。

## 三、過　程

1.回饋：複習檢討。

2.說明、思考：什麼是自我內言？

3.舉例、歸納：面對生氣吧！

4.說明：說出「正面的自我內言」──自我教導法。

5.家庭作業：填寫「處理生氣情緒情形記錄表」。

6.經驗分享：說出活動內容和感受，並填寫反應回饋表。

### 第六次聚會：生氣與放鬆──輕鬆一下

## 一、目　標

1.瞭解並學習深呼吸對生氣時自我放鬆的意義。

2.瞭解放鬆訓練的意義和功用。

3.學習肌肉放鬆方法。

4.在假設的情境下，運用自我教導和放鬆練習，達到減緩生氣的情緒。

5.學習幽默技巧輕鬆面對生氣。

## 二、教　材

1.家庭作業：填寫「肌肉放鬆訓練記錄表」。

2.填寫反應回饋表。

## 三、過　程

1.回饋：複習檢討。

2.遊戲：暖身活動──傳電遊戲。

3.練習：深吸呼──自然的放鬆訓練。

4.說明：教導放鬆訓練的意義。

5.示範：示範學習。

6.練習：練習肌肉放鬆。

7.家庭作業：填寫「肌肉放鬆訓練記錄表」。

8.經驗分享：說出活動內容和感受，並填寫反應回饋表。

---

### 第七次聚會：積極的傾聽與人際溝通

## 一、目　標

1.增進覺察自己的生理反應。

2.瞭解傾聽的重要性。

3.學習積極傾聽與一般傾聽別人說話的不同。

4.增進成員積極傾聽的能力。

5.瞭解解決衝突情境的方法。

## 二、教　材

1.家庭作業：閱讀積極傾聽資料。

2.填寫反應回饋表。

## 三、過　程

1.回饋：複習檢討。

2.遊戲：暖身活動——鏡中人。

3.實地操作：覺察行動。

4.說故事：故事接龍。

5.討論、分享：聽語心聲——多站在別人的立場仔細傾聽別人的想法。

6.角色扮演：積極傾聽——比平常更用心去聽，正視別人的問題。

7.討論：衝突處理終結者。

8.家庭作業：閱讀積極傾聽資料。

9.經驗分享：說出活動內容和感受，並填寫反應回饋表。

---

### 第八次聚會：我——訊息（建設性表達生氣）與解決問題

## 一、目　標

1.學習我——訊息與你——訊息。

2.學會如何健康的處理情緒。

3.瞭解自我肯定的意義。

4.瞭解並學習自我肯定的行為技巧。

5.提高解決問題的能力。

## 二、教　材

1.家庭作業：填寫「生氣情緒自我監控記錄」表。

2.填寫反應回饋表。

## 三、過　程

1.回饋：複習檢討。

2.遊戲：暖身活動──請你來說我。

3.角色扮演：我──訊息與你──訊息。

4.說明：認識我訊息。

5.練習：健康的處理情緒。

6.說明：自我肯定是什麼？

7.講述：面對生氣，信心百分百！

8.說明、舉例：動動腦──問題解決模式。

9.家庭作業填寫「生氣情緒自我監控記錄」表。

10.經驗分享：說出活動內容和感受，並填寫反應回饋表。

---

### 第九次聚會：心動不如馬上行動──擬定全盤的情緒自我管理計畫

## 一、目　標

1.引導成員回顧過去、現在與未來，並定好未來的夢想。

2.擬定生氣管理計畫。

3.協助成員瞭解每個人都要為他自己的想法、感受與行為負責任。

4.瞭解舊態復萌的預防與處理方法。

## 二、教　材

1.家庭作業：填寫「生氣情緒自我監控記錄」表及預防復發計畫表。

2.填寫反應回饋表。

## 三、過　程

1. 回饋：複習檢討。
2. 分享：暖身活動──分享自己的過程現在和未來的情形。
3. 說明：做情緒的主人。
4. 講述及發表：為自己的想法、感受與行為負責。
5. 討論、發表：舊態復萌的預防。
6. 家庭作業：填寫「生氣情緒自我監控記錄」表及預防復發計畫表。
7. 經驗分享：說出活動內容和感受，並填寫反應回饋表。

### 第十次聚會：練習與應用與解決問題

## 一、目　標

1. 複習學過的技巧。
2. 學習控制生氣的正面反應。
3. 練習生理喚起線索覺察技巧。
4. 將學習之技巧運用到輕生氣事件上。
5. 將學過之技巧運用到中度生氣事件上。
6. 練習「生氣控制敘述句」控制生氣情緒。

## 二、教　材

填寫反應回饋表。

## 三、過　程

1. 有獎徵答：暖身活動──有獎徵答。
2. 舉例說明：這樣做對嗎？
3. 操作練習：排階層表。
4. 角色扮演：複習生理線索的線索。
5. 情境演練：階層練習。
6. 肌肉放鬆：肌肉放鬆法。
7. 討論、分享：預防接種㈠──成員彼此分享想法及如何因應生氣的技巧。
8. 操作練習：放鬆練習。

9.情境演練：情境演練㈠──練習「生氣控制敘述句」控制氣憤情緒。

10.討論：預防接種㈡──成員彼此分享面對別人批評指責時的想法及因應技巧。

11.操作練習：情境演練㈡──練習各種技巧因應生氣，強調積極傾聽及我訊息。

12.經驗分享：說出活動內容和感受，並填寫反應回饋表。

> ## 第十一次聚會：又是嶄新的開始──結束是另一個階段的開始

## 一、目　標

1.整合經驗。

2.結束團體。

## 二、過　程

1.經驗分享：暖身活動──成員每人說出一句最想對團體說的話，其他成員給予回饋。

2.講述：總結團體內容，促成行動。

3.發表：祝福與道別。

4.家庭作業：請成員結合理論與實際，繼續持續所學之技巧，應用於日常生活中。

# 附錄 K

· ● ·

## 憤怒控制技巧之團諮訓練方案 C

（蘇世修，2003）

| 活動名稱 | 主要活動 |
|---|---|
| 1. 歡喜相見<br>（目標設立階段） | ＊領導者與成員相互認識增加彼此熟悉感。<br>＊建立團體目標。 |
| 2. 設定目標<br>（目標設立階段） | ＊問題重新建構。<br>＊探索個人目標並協助其發展行動目標。 |
| 3. 成功寶藏之旅<br>（成功經驗探索階段） | ＊探索成功經驗與資源。<br>＊使用 5E 技術（Murphy, 1997）。 |
| 4. 萬能鎖<br>（成功經驗探索階段） | ＊以個體及團體資源增加解決問題的能力。 |
| 5. 迎向挑戰<br>（克服挑戰階段） | ＊探索問題情境。<br>＊做些不同的事以邁向問題解決之途。<br>＊策略──焦點解決。 |
| 6. 再接再厲<br>（克服挑戰階段） | ＊成員累積更多的例外與成功經驗，協助其克服挑戰。 |
| 7. 展望未來<br>（鞏固改變階段） | ＊治療產生解決，成員找到解決之鑰，產生「滾雪球效應」。 |
| 8. 歡喜慶功<br>（鞏固改變階段） | ＊鼓勵維持成長改變。<br>＊安排追蹤聚會。 |
| 9. 更上層樓<br>（鞏固改變階段） | ＊解決問題，累積成功經驗，創造「滾雪效應」。 |

## 一、前　言

　　本方案係研究者蒐集國內外與「生氣情緒管理」以及焦點解決取向諮商、焦點解決取向團體的理論與技術等相關文獻，針對國中二年級男學生設計一個總共 8 個單元，每單元 2 小時的「焦點解決取向團體」的「國中生生氣情緒管理」團體方案，並藉由 2 次的試探研究，調整修改方案內容，於 8 次團體之後增加一次追蹤團體。以期能設計一個有助於國中生管理生氣情緒，降低生氣的程度、提昇成員生氣

情緒因應技巧，以增進成員師生、親子、同儕關係的輔導團體。

　　本方案兼具有焦點解決以個案為中心的理念以及心理教育性質的「治療產生解決」的概念。協助成員在特定的議題中學習到適合的因應策略。但是提供的內容仍以成員本身的成功經驗為主，輔以補充的教材。

## 二、團體目標

　　*1.*每次的團體中都重複的設立目標、探索成功經驗、發展策略以建立團體共通語言，協助成員熟悉焦點解決取向對於解決問題的技巧概念。

　　*2.*協助成員探索自己在生氣管理上的成功與例外的經驗。以 5E 技術（Murphy, 1997）協助成員深入探索自己的成功經驗與資源，進而學習並擴充自己與他人的成功經驗以達到自己的改變目標。

　　*3.*協助成員發現自己在生氣情緒管理上最常遇見的障礙。

　　*4.*協助成員統整改變經驗、並發展出未來可用的策略。

## 三、成員篩選及注意事項

　　研究者分別邀請 78 名成員進行團體前晤談，讓同學瞭解本團體的性質、目的、進行方式，以及評估同學的改變動機、是否適合參加團體，並瞭解同學之改變目標。本團體對象為國中生，許多同學剛開始可能因為習慣自己的生氣模式，並不清楚自己是否要生氣管理。於是本團體的團體前晤談除與自願參加團體者建立關係、協助瞭解生氣經驗、塑造改變氣氛、探索改變動機、係問句協助來談者思索自己生氣經驗，以引起來談者的改變動機。經由試探性研究與正式研究前的篩選晤談，發現有些原本經由同伴提名而接受約談，本身沒有強烈意願的同學，晤談後變成自願的消費者。

$$\boxed{\text{第一次聚會：歡喜相見}}$$

## 一、目　標

　　*1.*領導者與成員相互認識、增加互動與熟悉感。

　　*2.*澄清團體目的、性質與進行式。

　　*3.*建立團體規範以利活動進行。

　　*4.*生氣問題一般化與外化。

　　*5.*建立團體目標。

## 二、教 材

1. 附件一：我們的約定。
2. 色筆、白紙。

## 三、過 程

### ㈠暖身——相見歡

1. 領導者自我介紹並對成員表示歡迎。
2. 成員自我介紹，包含：「姓名、班級、興趣」。
3. 成員說明參加團體的動機；領導者適時讚美成員參加的勇氣：「你是怎麼讓自己決定參加的呢？」暗示成員是自己決定要讓改變發生的。
4. 領導者以「我們如何讓這個團體有效的進行？」引導討論「我們的約定（附件一）」形成團體規範。
5. 領導者說明這是一個探索自己與他人過去成功的經驗、發展行動並努力執行計畫、追求改變而且彼此分享與相互支持、鼓勵的團體。

### ㈡工作階段——生氣情緒放大鏡

1. 進行「畫我的生氣」：請成員畫出自己的生氣像。
2. 「生氣面面觀」：請成員發表「生氣經驗中發現到生氣的好處」，領導者在黑板上寫下來。
3. 接著請成員分享「生氣的壞處」，領導者在黑板上寫下來。
4. 討論「既然生氣有好處，也有壞處，為什麼要管理生氣？」
5. 討論「什麼才是有效的管理生氣？」
6. 領導者協助成員探索其生氣背後可能的意義。
7. 領導者引導成員探索生氣引發其情緒、行為、人際系統中的循環模式。
8. 統整成員的理解與經驗，以「我們參加生氣管理團體的目標是什麼?」討論以「打破生氣循環模式」為改變目標以建立改變動機。

### ㈢結束階段

＊休息

1. 成員填寫「單元回饋以及生氣管理記錄」。
2. 成員回想本次團體學習到的心得。
3. 領導者整理對成員的讚美與作業。

＊讚美

*1.* 成員依序分享本次活動的心得與改變。

*2.* 成員互相讚美。

＊作業

*1.* 發下作業單：請成員回去觀察並記錄「下一次團體前讓自己生氣的情境」、「當時的反應與行為」。

*2.* 成員回去思考：「當你參加這一個團體後，你在生氣的管理上有改變了，你的改變對誰有影響？誰會是第一個注意到了呢？」、「他會注意到你有什麼不同？」

## 第二次聚會：設定目標

### 一、目　標

*1.* 協助成員增加熟悉感，活絡團體氣氛。

*2.* 協助成員重新建構氣憤情緒。

*3.* 以水晶球技術協助成員具體化目標。

*4.* 以關係問句協助成員探討個人行動目標。

### 二、教　材

*1.* 填寫「單元饋單以及生氣管理記錄」。

*2.* 抽籤用的撲克牌。

*3.* 一張中間繪有一面鏡子的紙。

*4.* 筆。

### 三、過　程

#### ㈠暖身──生氣故事

*1.* 暖身活動：每名成員抽一張撲克牌，相同號碼的搶先互喊對方姓名、增加成員彼此的熟悉度。

*2.* 團體重新命名，以「參加完這個團體後，我們將看到自己是什麼樣子？」統整成員意見為團體重新命名（此次成員命名為「輕鬆自在團體」）。

*3.* 請成員分享自己最近的生氣事件與當時的反應，領導者問探索自己處理的成功經驗。並請成員相互讚美與回饋。

*4.* 領導者適時的協助成員重新建構生氣的意義、協助成員探索潛在目標及資

源。

5.領導者整理成員分享生氣經驗中與生氣管理有關的共同性主題與所有成員進一步討論，鼓勵成員彼此的話。並進而發展一些有關「生氣管理」的主題，適時的在本次團體或以後的團體討論。

## ㈡工作階段——意若思鏡

1.發給成員一張中間繪有一面鏡子的紙、筆。領導者說明：「假設這是一個哈利波特故事中，他看過的鏡子，在鏡中可以看到你的未來以及任何你想要看到的，現在請你看看當時生氣對你的控制變的好小的時候，你自己改變了，請寫出你在鏡中看到你自己改變後的樣子」。

2.請成員分享：「改變後誰會第一個注意到？」、「注意到你會有什麼不同呢？」

3.以「意若思鏡」中最後的問題「本週我將做些什麼可以讓他發現我有一些改變呢？」協助成員探討下一次活動前將做些什麼好讓自己往想要改變的方向前一些？

## ㈢結束階段

＊休息

1.成員填寫「單元回饋單以及生氣管理記錄」。

2.成員回想本次團體學習到的心得。

3.領導者整理對成員的讚美與作業。

＊讚美

1.成員依序分享本次活動心得與改變。

2.成員互相讚美。

3.領導者讚美成員的資源。

＊作業

1.你曾經做過些什麼是有助於你達成這個目標？或是可以讓你的分數往目標靠近一點？

2.你認為你有哪些能力、優點、不錯的技巧可以幫助你達成這一個目標？

---

### 第三次聚會：成功寶藏之旅

---

## 一、目　標

1.協助成員探索自己成功經驗以及自己做的不錯的地方。

2.針對團體目標協助成員擴充自己與學習他人的成功經驗。

3.協助成員訂定個人過程目標與發展行動策略。

## 二、教　材

*1.*畫好的寶藏圖。

*2.*單元回饋單以及生氣管理記錄

## 三、過　程

### ㈠暖身——成功寶藏圖

*1.* 發給成員一張寶藏圖，必須另一張寶藏圖配對，配對完後，兩位成員討論出自己處理生氣情緒的「關卡」（可以是師生關係、同學關係、親子關係中的事件）並要想出「通關密碼」（也就是自己處理經驗中最棒的經驗）並寫在寶藏堆（自己優點與資源）中，才算尋寶成功。

*2.* 請成員分享自己的寶藏，領導者適時的以探索例外的「5E 原則」協助成員探索自己做了些什麼不錯的事情。

*3.* 請成者分享自己的寶藏的同時，也就是成員分享處理生氣的成功經驗時，領導者統整出一些主題，適時的與所有的成員討論如：「生氣時生理的徵候」、「生氣時如何與對方安全的分開」、「如何適宜的向對方表達自己的生氣？」引導成員彼此的對話與成功經驗分享。

### ㈡工作階段——邁向目標

*1.* 請成員分享上週的作業：「改變的目標」以及目前在評是（0-10 分）上的分數。

*2.* 領導者問：「你的目標在何時曾經有出現、發生過？」、「你當時做了些什麼？」協助成員探索在目標上的成功經驗。

*3.* 領導者問成員：「下次團體前你要做些什麼好讓自己能夠再多進一分？」協助成員發展過程目標。

*4.* 領導者以「良好過程目標原則」幫助成員調整個人目標符合正向的、特定、過程描述、個人可控制等原則。

### ㈢結束階段

＊休息

*1.* 成員填寫「單元回饋單以及生氣管理記錄」。

*2.* 成員回想本次團體學習到的心得。

*3.*領導者整理對成員的讚美與作業。

＊讚美

　*1.*本次活動的心得與改變。

　*2.*成員互相讚美。

　*3.*領導者讚美成員的資源。

＊作業

　*1.*請成員宣讀本週的行動計畫：「透過今天的團體我看到今天做的很棒的
　　部分有……」

　*2.*發下訪問單，請成員訪問別人（長輩、同學、朋友）「在他們的經驗
　　中，你什麼時候曾經有表現過生氣但管理（處理）的不錯的？」、「你
　　當時的表現是怎樣讓他們覺得不錯的？」

---

### 第四次聚會：萬能鎖

## 一、目　標

　*1.*協助成員經驗到正向改變的發生並擔負改變的責任。

　*2.*成員分享「例外的經驗」促進自尊。

　*3.*協助成員學習欣賞他人的經驗、能力。

　*4.*成員能統整自己與他人經驗為解決問題之鑰。

## 二、教　材

　*1.*一張畫有萬能鎖與皮包的圖。

　*2.*填寫「單元回饋單以及生氣管理記錄」。

## 三、過　程

### ㈠暖身——尋找萬能鎖

　*1.*發給每位成員一張畫有萬能鎖或是皮包的圖，互相尋找配對的皮包及鎖，
　　配對完必須各說一樣「自己處理生氣的優點」才算配對完成。兩人一組，
　　結束時能互相讚美。

　*2.*邀請成員分享上週問身邊其他人有關「自己曾有的成功管理生氣情緒的經
　　驗」。

　*3.*成員分享時，邀請其他成員回饋該成員做的不錯的地方。領導者同時寫在

黑板上，引導成員探討該成員使用以及自己認為以後可以參考的策略。

4. 邀請成員結合這次與上次團體中探討成功的經驗，整理出自己與其他人使用的資源與能力，並在團體中分享：「我將如何運用這些資源與能力」，並在團體中分享：「我將如何運用這些資源與能力在管理自己的生氣情緒」並將心得寫在自己的那一張萬能鎖的圖上。

### ㈡工作階段——邁向目標

1. 成員分享這一週目標完成的心得、自己的改變經驗。領導者適時以評量問句：「0」代表完全沒有到達目標、「10」代表已到達預設的目標、「現在是幾分？」。

2. 對有進展的成員以「你怎麼做到的？」鼓勵多做一些。

3. 對表示維持原狀的成員說：「你做了些什麼沒讓情況更糟？」

4. 對表示分數退步的成員以「以前什麼時候狀況有比較好一點？」、「你以前在相同的狀況下做了些什麼好讓情況可以好一些？」、「經由這一次活動的討論，你想你可以做些什麼好讓你能向目標進一點？」

5. 領導者同時以評量問句「下一次活動前要到幾分？」、「思考今天學習到的，你將要做些什麼以達到理想的分數？」發展本週的行動目標，領導者協助修正為符合良好目標的敘述。

### ㈢結束階段

\* 休息

1. 成員填寫「單元回饋單以及生氣管理記錄」。

2. 成員回想本次團體學習到的心得。

3. 領導者整理對成員的讚美與作業。

\* 讚美

1. 成員依序分享本次活動心得與改變。

2. 成員互相讚美。

3. 領導者讚美成員的資源。

\* 作業

1. 成員宣讀本週的目標，並鼓勵執行。

2. 請成員注意在處理憤情緒過程中遭遇到哪些障礙？下一週主題分享。

## 第五次聚會：迎向挑戰

### 一、目　標

1. 協助成員重定目標或擴充目標。
2. 成員於討論中得到克服生氣管理上的方法。
3. 學習使用更多新而有效的因應方式解決問題。

### 二、教　材

1. 海報。
2. 填寫「單元回饋單以及生氣管理記錄」。

### 三、過　程

#### (一)暖身——面對障礙

1. 暖身活動：成員圍成一圈，先傳一樣物品，每人都要接觸到。再加一樣物品，以最短的時間每位成員者都要傳到。再加一樣物品，同樣要求以最短的時間完成。
2. 請成員分享在遊戲時當面對越來越難的挑戰的感受與想法。
3. 成員在海報紙上寫下自己的障礙，並將海報貼在牆上看這障礙有多高。
4. 請成員分享在生氣情緒管理上的障礙，或是改變過程中較困難的情境。發生在什麼時候？和誰有關？發生了什麼事？
5. 領導者問「這個障礙以前何時沒有發生過？」、「你當時做了些什麼？」協助成員尋找例外經驗。
6. 每位成員皆享過程中，邀請其他成員回饋這位成員的能力與資，領導者問：「你們看到他面對障礙時做了什麼不錯的地方？」、「當他做了些什麼，事情會有些不同？」邀請成員回饋他們覺得該成員可以做哪些有效的因應行為。

#### (二)工作階段——邁向目標

1. 成員分享這一週的改變經驗。領導者問成員：「你覺得自己哪一部分做的很棒？」、「你是怎麼做到的？」協助成員尋找、建立成功經驗。
2. 領導者以評量問句協助成員整理自己的改變經驗：「0」代表完全沒有到目標、「10」代表已達到目標、「你上一週預計到幾分，現在是幾

分？」。

3. 對有進展的成員以「你怎麼做到的？」鼓勵多做一些。再以評量問句、目標問句協助發展其他目標。

4. 對表示維持原狀的成員說：「做了些什麼沒讓情況更糟？」

5. 對表示分數退步的成員說：「你似乎碰到些挑戰，今天的活動中，你有哪些想法與計畫幫助你克服障礙？」

6. 當成員對策略猶疑、無法決定採用哪一策略時，以擇平衡單協助成員決定本週的策略。

7. 以評量問句「下一次活動前要到幾分？」協助成員就在團體中抉擇的策略來發展本週的行動目標，並向團體夥伴說明。

### (三)結束階段

＊休息

1. 成員填寫「單元回饋單以及生氣管理記錄」。

2. 成員回想本次團體學習到的心得。

3. 領導者整理對成員的讚美與作業。

＊讚美

1. 成員依序分享本次活動心得與改變。

2. 成員互相讚美。

3. 領導者讚美成員的資源。

＊作業

1. 成員宣讀本週的行動目標，彼此鼓勵執行。

2. 回去請教遭遇到相同障礙的其他人（同學、長輩）他們在遇到相同情況時是如何的有效處理？

---

第六次聚會：再接再厲

---

## 一、目　標

1. 協助成員統整面對挑戰時的成功經驗。

2. 成員於討論中得到新而有效解決的方法。

3. 學習使用更多新的因應方式解決問題。

4. 以評量的技術計畫新的行動目標。

## 二、教　材

1. 填寫「單元回饋單以及生氣管理記錄」。
2. 團體作業單。（附件二）

## 三、過　程

### (一)暖身——他山之石

1. 暖身活動：跨馬、依次調整高度。請成員分享跳躍障礙的心得、感受。
2. 請成員分享上面對有關生氣情緒管理上的障礙時有效處理的經驗。
3. 請成員到上一週貼的海報上，重寫障礙的內容或是調整障礙的高度並分享上週克服障礙的經驗。
4. 領導者以評量問句對挑戰高度下降成員以「似乎遇到一些挑戰了，你從今天的討論中有什麼新的想法與計畫可以讓你在下一次團體前挑戰將會降一些？會降到哪裡？」請成員上台調整。成員分享時，領導者問其他成員：「他做了些什麼使得事情有些不同？」協助成員統整他人成功經驗。
5. 領導者逐一問成員：「你從這些討論中學習到什麼解決問題的方法？」協助成員整理學習心得。

### (二)工作階段——邁向目標

請成員統整並分享他人的成功經驗中適合自己的部分；列出可行的策略。對有困難的成員，領導者協助成員將學習到的新、舊策略以平衡單的方式發展本週的行動目標。

### (三)結束階段

＊休息
1. 成員填寫「單元回饋單以及生氣管理記錄」。
2. 成員回想本次團體學習到的心得。
3. 領導者整理對成員的讚美與作業。

＊讚美
1. 成員依序分享本次活動心得與改變。
2. 成員互相讚美。
3. 領導者讚美成員的資源。

＊作業
1. 成員宣讀本週行動目標，鼓勵執行。

2.「展望未來，可能遇到的挑戰是什麼？」

### 第七次聚會：展望未來

## 一、目　標

1. 成員預測可能面對的挑戰。
2. 統整學習經驗，發展未來面對挑戰的策略。

## 二、過　程

### ㈠暖身——回到未來

1. 成員分享面對挑戰的成功經驗，領導者以：「你覺得自己哪一部分做得很不錯？」並請其他成員回饋看到做得不錯的部分，協助成員探索自己的成功經驗。

2. 領導者統整成員在分享過程中觸及到些未來管理生氣可能碰到的困境，以假設解決問句如：「在生長時的哪一些想法幫助自己能管理生氣管理的更好？」進行腦力激盪，以協助成員探索自己的想法、面對生氣的態度。並藉此強化成員面對挑戰時的判斷、抉擇能力。

3. 成員分享辯論後的心得。

### ㈡工作階段——邁向目標

1. 請成員分享自己未來可能會面臨的挑戰以及從今天活動中學到的經驗與策略。

2. 領導者預告團體將在下一週結束，以評量問句：「0」代表完全沒有持續改變、「10」代表已達到持續改變、「現在是在幾分？」、「團體要結束了，當這團體對你是有幫助的；那麼團體結束前你想要到幾分？」、「你還將做些什麼以達到你想要的目標分數？」。幫助成員計畫在團體結束前要做些什麼達到自己改變的目標。

### ㈢結束階段

＊休息

1. 成員填寫「單元回饋單以及生氣管理記錄」。
2. 成員回想本次團體學習到的心得。
3. 領導者整理對成員的讚美與作業。

＊讚美

*1.*成員依序分享本次活動心得與改變。

*2.*成員互相讚美。

*3.*領導者讚美成員的資源。

＊作業

*1.*面對以後可能的挑戰我將做些什麼預維持改變。

*2.*統整自己參加團體後的改變經驗。

> ### 第八次聚會：鞏固改變；歡喜慶功

## 一、目　標

*1.*鞏固學習能力與因應技巧。

*2.*成員統整自己的改變歷程。

*3.*統整學習經驗，發展未來持續改變的策略。

*4.*成員彼此祝福、鼓勵。

## 二、教　材

*1.*一至十的數字卡。

*2.*「輕鬆自在契約」。

## 三、過　程

### ㈠暖身──偶像有約

*1.*「偶像有約」：成員輪流當偶像。坐在椅子上成員訪問該名成員。

*2.*請受訪成員敘述自己的改變情形，領導者邀請其他成員也可以參考訪問單訪問：「追蹤問句」如：問「如果有人問你怎麼做到的，你會怎麼說？」、「你將如何維持這個改變？」以及回饋該成員做的最棒，令自己印象深刻的地方。

### ㈡工作階段──與未來有約

*1.*請成員在一至十的數字卡上，說出自己在進入此團體時的分數以及當初第3次活動時所設定理想目標，並給自己在團體結束時的改變評分。

*2.*請成員統整並分享個己未來的改變目標與計畫並寫在「輕鬆自在契約」上。

*3.*預告在1個月後的返校日將會有聚會屆時會將「輕鬆自在契約」寄給同學

先檢核自己的改變。

4.成員宣讀自己的「輕鬆自在契約」。

### (三)結束階段

＊結束與讚美

1.成員回想本次團體學習到的心得。

2.領導者整理對成員的讚美、成員彼此讚美。

3.領導者鼓勵成員朝目標努力。

4.填寫單回饋單。

---

## 第九次聚會：更上層樓

## 一、目　標

1.實施追蹤測量。

2.鞏固學習能力與因應技巧。

3.統整學習經驗，發展未來持續改變的策略。

4.成員彼此祝福、鼓勵。

## 二、過　程

### (一)暖身──歡喜重逢

1.領導者表示歡迎說明本次團體目的。

2.實施追蹤測量。

### (二)工作階段──未來不是夢

1.請受訪成員敘述自己的改變情形，領導者邀請其他成員回饋。

2.請成員統整並分享自己在「輕鬆自在契約」上執行的情形。

3.統整面對問題新的成功經驗。

4.發展未來面對問題的策略。

### (三)結束階段

＊結束與讚美

1.成員回想團體的心得與收穫。

2.成員回想本次團體學習到的心得。

3.領導者整理對成員的讚美、成員彼此讚美。

4.領導者鼓勵成員朝目標努力。

**附件一**

我們的約定

我們是有勇氣的探索者：在團體中拿出勇氣，開放自己；主動、積極的分享自己的經驗與想法。

我們是積極的行動者：盡力的去設定並執行每星期的目標以達到改變。

我們是好的傾聽與回饋者：尊重其他夥伴的發言，在他人談話時能仔細安靜地聆聽，並能給於真誠的回饋。

我們是熱誠的鼓勵者：樂於給於其他同伴正向的鼓勵與肯定。

我們是負責的參與者：不遲到、不任意請假。若請假須在下次聚會前向老師瞭解上一次團體活動內容並完成該週的作業與目標。

我們是忠誠的保密者：不把團體中發生的事情以及成員分享的內容與團體外其人討論。

立約成員簽名：

見證人：

立約時間：民國　　　年　　　月　　　日

**附件二**

看到別人成功的克服生氣管理中最難的部分，我覺得我可以做些什麼以克服我的困難？

### 迎向挑戰策略單

| 採用的策略 | 動機強度 | 成功信心 | 有效性 | 有無資源 | 總分 |
|---|---|---|---|---|---|
| | | | | | |
| | | | | | |
| | | | | | |
| | | | | | |
| | | | | | |
| | | | | | |
| | | | | | |

展望未來，可能遇到的挑戰是什麼呢？

# 附錄 L

•————————————•

## 心理團體領導者之倫理檢核表

前言：為協助團體領導者有一簡要的團體倫理檢核依據，作者特蒐集並綜合國內外有關機構與學者之研究（AACD, 1984； ASGW, 1989, 1991； Corey, M. & G. Corey, 1992； Corey, 1994； Taylor, R. & Gazda, G., 1991；王淑敏，民 81；王智弘，未發表；牛格正，民 73, 80；李泰山，民 75；吳昭容，民 77），並輔之以個人實務上之經驗，統整而成為下列之表格，以供實務工作者之核檢和參考。

| 一、專業訓練部分 | |
|---|---|
| 1.<br>知<br>識 | (1)瞭解影響小團體動力的主要變項及運作方式（結構、凝聚、溝通、決策等）。<br>(2)瞭解領導者、成員之類型、技巧與團體階段之問題處理策略。<br>(3)瞭解團體的組成，方案設計與評估等之內容與做法。 |
| 2.<br>經<br>驗 | (4)有參與不同類型之團體（包括基本的自我成長及進階的特定主題之團體）為成員（包括做觀察員）、領導者（包括協同領導）及督導（包括被督導）之經驗（以錄音、錄影及文字轉錄之方式進行者）。<br>(5)在諮商員訓練的養成教育中，此部分經驗應被納入為課程內容來做考慮（Yalom 亦指出在其調查中，有60～70%的訓練方案提供類似訓練。其中 1/2 的方案屬於強制性的要求）。至於做領導者之受督導時數，對諮商及心理教育工作者而言，約為 30 小時（Corey, Corey, & Callanan, 1993）。<br>(6)再度，以高階學生來做學生經驗性團體之領導是比由任課教師擔任領導者更合適之做法。<br>(7)個人成長：Yalom（1985）強調團體領導者有瞭解個人隱微的移情和反移情線索之必要性，本作者亦根據個人經驗，建議此方面之從業者，有最少連續 10～15 次，每次 2 小時左右被專業工作者進行個別諮商，瞭解個人人格重要特質、移情、反移情之引發因素，及情結問題之處理的經驗。<br>(8)工作坊：不定期但持續參與相關係性質之工作坊或研討會之經驗。<br>(9)研究、教學及發表上之經驗。 |
| 二、相關能力部分 | |
| 3.<br>人<br>性 | (10)瞭解團體領導者的信念與行為在諮商倫理的迷思。<br>(11)瞭解人性的基本需要及表現方式（如愛與關係，自利／利他之關係等）。<br>(12)瞭解人際關係中之重要主題（如公平、互惠、表達力、自我肯定）及其在互動上之影響。 |

| | |
|---|---|
| 4.背景 | ⒀探討組織中諮商師常見的倫理衝突。<br>⒁瞭解團體倫理的一般內容（如資格、保密、成員、權利、轉介等）。<br>⒂瞭解個人所屬專業結構之特殊倫理規範。<br>⒃特定成員（如酒癮、亂倫）、文化（如地區、教育）及不適合成員（如精神病發作期間之當事人、危機仲裁時之當事人等）之內涵。 |
| 三、團體實施部分 | |
| 5.方案之設計 | ⒄客觀設定具體目標（包括對象、時間、長度、方式、場所、招募、收費、評估等）之能力。<br>⒅設計依文獻和理念邏輯架構而定出之團體方案計畫。 |
| 6.成員之甄選 | ⒆決定招募之方式，取得所在組織最大合作之可能。<br>⒇處理志願／強迫的問題。<br>㉑儘量完成簡短的組成前之篩選。 |
| 7.始業輔導 | ㉒說明團體的目標、做法及參與心理團體的可能利弊（心理上之冒險）。<br>㉓告知成員之權利（如退出團體、開放的程序）與限制（保密、發展關係及退費之規定等）。<br>㉔如需錄音／影或做研究，宜取得成員之口頭／文字同意書。<br>㉕說明有關團體的一些迷思，以協助對團體的瞭解也是不錯的做法（Kottler, 1982）。<br>㉖定立團體契約，如守秘、守時，尊重自己及他人的發言權，以及鼓勵成員於團體結束前，儘量講出個人重要感受（以免累積未盡事務）。 |
| 8.技術運用 | ㉗原則上，領導者只帶領個人有經驗，並有把握的技巧（或在督導之協助許可下，嘗試使用）。<br>㉘生理或心理上（如身體接觸、面質、秘密會串等）較冒險或深入之活動，原則上須在團體較後（成熟）階段才出現。<br>㉙當團體出現應深入而無法深入，或深入後又退回前一階段時，皆表示團體動力進入一較具挑戰的階段。此時，最好的做法是尋求同儕諮詢或資深者之輔導。當二者皆無可能時，最起碼也應在團體中正面處理此事（「立即性」的做法），以避免個人及團體的防衛機轉，同時「卡住」。<br>㉚團體中有某人受到 1 或 2 人或全體的圍攻或團體趁某人缺席而出現負面回饋，或某人總在向團體道歉時，皆是成員可能受傷的情況；領導者要能警覺，而做出挺身而出的中立立場。<br>㉛由於領導者與成員總代表著權力的兩個方面；因之在團體過程中，偶爾 1 次的缺席，往往可以看出團體動力的另外一些資料（因此領導者的偶一缺席，並非「不倫理」，但宜於事後說明）。 |

| | |
|---|---|
| | ㉜注意團體中形成的小團體（彼等潛伏著滋生友誼或衝突之可能）及其對正在進行之團體之影響（以公開化為原則）。 |
| | ㉝於協同領導之情境或兼為當事人之個別諮商及團諮領導者或與當事人之個別諮商員之間，如有衝突的部分出現時，宜尋求協議式之處理（如在兩次聚會中間安排討論機會），以免困惑當事人。 |
| | ㉞當事人之攻擊，如係針對領導者而來，領導者最不適合的做法是解釋、澄清；比較理想的做法是同理、反映。 |
| | ㉟團體中難免出現倫理的兩難式情境；此時，可以採用 Dan Hoose & Paradise（1979）所設計的問題取向的倫理決定模式來尋求決議。 |
| | ㊱面質技巧之使用宜考慮兩種做法，其一為適當的關係之建立，其二為假設式語氣之使用及客觀事實之引用。 |
| 9.<br>保<br>密 | ㊲保密的提醒，不是第一次團體的任務，應使之成為成員的習慣（如每次提醒）。 |
| | ㊳保密的限制，除了與法令及當事人權益有關外，也與領導者及當事人的個性型態有關。因此，於提醒「保密，有話當面講」、「只在團體中講；團體外，須有三人以上之成員在場，且須於下次聚會時，簡要報告情況」等原則時，同樣重要的原則是每個人應自訂其開放的尺度並負起相對的責任。 |
| | ㊴當團體成員間因為對領導者產生抗拒，而不願開放某些部分之資料時，部分成員私下所做出的保密承諾（即不讓領導者知道某些事）原則上是許可的但不是最適當的。此時，如果有某人仍持反對立場，團體本身宜尋求協議之道，而不是以眾意決的方式，使該成員被迫放棄原先主張。 |
| | ㊵領導者難免要引用某些個案的例子來協助成員的學習。此時之原則，除了匿名以外，如果擔心聽眾會做出正確的猜人反應；則須更大的幅度的改變當事人之資料，務使資料本身中立化為原則。 |
| 10.<br>雙<br>重<br>關<br>係 | ㊶領導者、協同領導者及成員，三者之間均不鼓勵有超出團體所規範關係之關係（如好友、男友關係及對立或衝突之關係）。尤其在團體進行之階段為然。 |
| | ㊷契約關係結束後（如團體或個別諮商），當兩人能以平等（而非操縱）之關係來往時，這種情況通常無法加以約束（但如 APA 等機構，則有二年內不宜來往之說明）。惟身居較有影響力之一方者（如領導者或諮商員）之準則，為不以個人之利益及心理需要，去傷害、妨礙對方人格之成長為前提。 |
| | ㊸當領導者覺察到團體中之某人，出現強烈的性吸引或討厭等負面情緒時，宜公開處理。使可能的移情，因透明化之做法而得到控制及消減。 |
| | ㊹領導者應覺察個人需要別人肯定部分之資料，以免驅使整個團體為領導者而瘋狂或陷入與其他領導者間敵對（潛意識衝突）之情境（Forester-miller & Duncan, 1990）。 |
| | ㊺當領導者察覺團體中之某人須要加做個別諮商時，如果只是一、兩次的情況，可以由領導者兼為諮商員。如果當事人的問題須長期處理，則宜考慮適當之轉介。不過，當然以取得當事人之同意為前提。轉介之名單可以由領導者推薦或經由其他專業管道獲得。 |

| 11.觀察、研究與評估 | (46)領導者進行與此團體活動有關的任何性質之評估（正式、非正式），均宜先向團體介紹並說明。一般的原則是得到口頭或文字之同意書。並註明該部分資料使用之目的、方式、存放與銷毀之辦法。有需要時並須註明，如果出版時之保密做法為何。 |
|---|---|
| | (47)觀察員參與及非參與式之觀察及記錄，均為訓練團體領導者之重要過程。惟使用此方面之資料於課堂討論時，須敏覺於資料本身或當事人之敏感性。較安全之做法，是使觀察員及其團體共同決定可用為討論之範圍。 |
| | (48)小團體的研究，由於人數上的限制，在量的統計方法所得之改變之證據，其解釋力及類化的周延性，均頗有限制。改善之道，除了介入過程的互動之評估，增加多角度回饋（當事人之重要他人，團體外之人際關係）；增加對當事人主觀資料之質性分析（如感受卡等）外，如何自個案研究的角度來切入為團體評估之一種來源，應是可見的趨勢（陳若璋、王麗雯，民 76；潘正德，民 84）。 |
| | (49)團體研究評估時之時間，多為團體結束後之當時或一個月之內。即使有追蹤評估，時間距離也往往不長（一到三個月左右）。如何能建立一個半年到一年所蒐集的追蹤評估網絡是研究法上值得加強的倫理觀點。 |
| | (50)小團體研究結果之類推性說明之不夠周延（如以幾個遊戲治療個案研究之成效，來聲稱遊戲治療之有效），是目前此範疇內一個相當大的「非倫理」現象，如何在結論討論上不忘附加限制，是很重要的立場。 |

總結來說，Gumaer & Martin（1990）所提出的 GROUP ETHICT 的模式似可作為本評量表的結尾句，那就是一位團體領導者應——

*1.* G（etting）：做好準備。

*2.* R（eviewing theory）：回顧文獻及研究。

*3.* O（rganizing）：組織及設計。

*4.* U（nderstanding）：瞭解接納的立場。

*5.* P（roviding）：提供資訊及專業發展。

*6.* E（ngaging the group and evaluation）：參與團體並做評估。

7. T（raining in use of techniques）：技術部分的訓練。

8. H（elping group to work）：協助團體發生工作效能。

9. I（dentifying individual work）：確定成員個人可達成的任務。

*10.* C（ounseling, confronting，confidentiality and consultation）：諮商、面質、諮詢及守密。

*11.* T（opping the group）：協助團體，以達其巔峰。

至於對文獻部分，有興趣深入的讀者，可參考如下著作——

## (一)中文部分

王智弘（民86）：台灣地區助人專業實際人員倫理信念、行為及兩難困境之研究。國科會（研究中）。

王淑敏（民81）：國內團體工作者專業倫理建立之現況困境與改進之途徑。諮商與輔導，84，2-5。

牛格正（民80）：諮商專業倫理，五南圖書出版公司，第9章（領導團體的倫理問題）。

李泰山（民75）：領導團體須注意的倫理問題，輔導月刊，23(1)，頁43-47。

吳昭容（民77）：團體催化員的道德守則與訓練計畫，測驗與輔導，頁1438-1440。

董力華（民80）：運用團體技術的倫理問題，諮商與輔導，80，頁39-41。

黃月霞（民80）：團體諮商。五南圖書出版公司，頁293-294。

楊淳斐（民86）：大專院校輔導教師倫理信念與行為之調整研究，彰化師大輔研所碩士論文，頁26-28。

潘正德（民84）：團體動力學，心理出版社，第12章（團體工作的專業倫理）。

侯素棉（民84）：團體諮商中的倫理問題，諮商與輔導，111，頁19-23。

吳珍（民84）：團體領導者的信念與行為在諮商的若干迷思，諮商與輔導，1，頁8-1。

林家興（民88）：組織中諮商師常見的心理衝突，學生輔導，61，頁108-113。

歐陽儀（民90）：諮商督導倫理（上），諮商與輔導，192，頁2-5。

歐陽儀（民91）：諮商督導倫理（下），諮商與輔導，193，頁9-13。

鄭雅薇（民91）：團體諮商中之「保密」課題，諮商與輔導，194，頁8-11。

## (二)英文部分

Gorey, G., Corey, M., & Callanan, P. (1993): *Issues and Ethics in the Helping Professions.* Brooks/Cole. 325-349.

Forester-Miller, H. & Duncan, J. A. (1990). The ethics of dual relationships in the training of group counselors, *Journal of Specialists in Group Work*, 15(2), 88-93.

Gumaer, J. & Martin, D. (1990). A multimodal for training knowledge and skill competencies, *Journal of Specialists in Groups Work*, 15(2), 94-103.

Huey, W. C. (1992). The revised 1992 Ethical Standards for School Counselor, *School Counselor*, 40(2), 89-92.

Jacobs, Ed. E. (1994): *Group Counseling.* Strategies & Skills Brooks/Cole, 589-602.

Kottler, J. A. (1982): Unethical behaviors we all do and pretend we do not. *Journal of Specialists in Group Work*, 7(3), 182-186.

Yalom, I. (1985): *The Theory and Practice of Groups Psychotherapy.* Basic Books.

# 附錄 M

## 焦點解決團體諮商研究碩、博士（＊）論文摘要一覽（表 11-7）

| 序號 | 作者 | 時間 | 篇名 | 對象 | 研究法 | 統計法 | 結果 |
|---|---|---|---|---|---|---|---|
| 1. | 羅華倩 | 民89 | 焦點解決取向團體諮商對高職害羞學生輔導效果之研究 | 16名高一、二年級害羞困擾的學生性別與年級將受試者隨機分派成實驗組和控制組。實驗組接受為期8週，每週2個小時，共16小時的焦點解決取向團體諮商；控制組則不作處理 | 等組前後測及追蹤測量的實驗設計 | 以單因子共變數分析 | 1.對害羞高職學生之害羞行為表現、認知反應、情緒反應及生理反應等依變項具有立即輔導效果；但對於內在自我意識、公眾自我意識、社會焦慮、人際關係、社會自信及人際勇氣等依變項之立即輔導不顯著。<br>2.實驗處理4週後，在害羞行為表現、情緒反應、生理反應及人際勇氣上具有顯著追蹤輔導效果；在害羞認知反應、內在自我意識、公眾自我意識、社會焦慮、人際關係及社會自信之追蹤輔導效果不顯著。 |
| 2. | 林佩郁 | 民91 | 焦點解決取向團體諮商對國小單親兒童輔導效果之研究 | 國小16名五、六年級單親兒童依性別將受試者隨機分派至實驗組與控 | 以「父母及親子關係意見量表」、「兒童自我觀念量表」 | 單因子共變數分析 | 團體成員及其導師訪談和領導者之觀察中發現，成員在實驗處理後，能對有關家庭關係方面的信念重新 |

| 序號 | 作者 | 時間 | 篇名 | 對象 | 研究法 | 統計法 | 結果 |
|------|------|------|------|------|--------|--------|------|
| | | | | 制組。實驗組及成員接受 10 擾量表」測次的焦點解決量受試者取向團體諮前、後及追商,而控制組蹤測量則不做任何處理 | 及「行為困擾量表」測次的焦點解決受試者團體諮前、後及追蹤測量 | | 建構,建立較正向的看法及信念;增強對自我的肯定,發現本身所擁有的資源,對本身持有更多正向的概念;並且能減少行為上之困擾。 |
| 3. | 蘇士修 | 民92 | 焦點解決取向團體諮商對國中男生生氣情緒管理效之研究 | 國中 16 名男生為對象,採簡單隨機分成實驗組與控制組。實驗組接受為期 8 週每週 2 小時的實驗處理,並在 4 週後進行 1 次追蹤輔導團體,總共 18 小時的實驗處理。控制組則不做任何的處理 | 修訂了 Spi-elberger et al. (1985) 的「生氣表達量表」與「生氣特質量表」。分別於實驗團體前、後立即施測,並於團體結束後 4 週實施追蹤測量 | 單因子共變數分析、百分比差異 Z 考驗分析 | 1. 焦點解決取向團體對國中男生生氣特質、生氣事件反應、生氣當場因應、生氣事後因應與控制生氣表達有明顯的立即效果。但對於生氣攻擊與生氣壓抑之立即輔導效果不顯著。 2. 實驗處理 4 週後在生氣特質、生氣事件反應、生氣當場因應、生氣事後因應與控制生氣表達有明顯的追蹤效果。但對於生氣攻擊與生氣壓抑之追蹤輔導效果不顯著。 3. 焦點解決團體的未來導向、目標導向、行動導向和探索例外與成功經驗等,激發了成員改變的動機與行動力。成員在強調改變的團體氣氛中彼此分享、學習,致 |

| 序號 | 作者 | 時間 | 篇名 | 對象 | 研究法 | 統計法 | 結果 |
|------|------|------|------|------|--------|--------|------|
| | | | | | | | 使在生氣管理技巧和焦點解決取向的解決問題模式上有正向改變。 |
| 4. | 邱秀鳳 | 民92 | 焦點解決取向團體方案對國小學生生氣情緒之影響研究 | 國小五年級的12位學生為研究對象。學童隨機分派至實驗組和控制組，其中實驗組接受「焦點解決取向團體方案」，該方案包括6次聚會及1次追蹤聚會，而控制組則不予以任何處理 | 以「國小學生生氣程度量表」、「國小學生生氣表達量表」進行前測、後測及追蹤測量 | 單因子共變數分析 | 1. 焦點解決取向團體方案對國小學生生氣程度之影響：在降低國小學生生氣程度具有立即性效果、在降低國小學生生氣程度具有持續性效果。<br>2. 焦點解決取向團體方案對國小學生生氣表達方式之影響：在減少國小學生生氣表達之「語言表達」、「動作表達」、「放在心裡」；在增進國小學生生氣表達之「控制生氣」具有立即性輔導效果；但在降低國小學生生氣表達之「間接方式」不具有立即性效果。 |

# 附錄 N

·───────·

## 認知團體諮商研究碩、博士（＊）論文摘要一覽（表 11−8）

| 序號 | 作者 | 時間 | 篇名 | 對象 | 研究法 | 統計法 | 結果 |
|---|---|---|---|---|---|---|---|
| *1.* | 陳韻如 | 民83 | 理情團體諮商對國中人際孤立學生理性思考、自我概念及人際關係效果之研究 | 國中二年級29位人際孤立且非理性信念偏高的學生為樣本 | 「個人信念量表」、林邦傑（民71）所修訂之「田納西自我概念量表」、劉焜輝（民69）所編著之「社交測量表」及研究者自編的各項調查表 | 雙因子共變數分析 | 1.對增進國中人際孤立學生之理性思考、自我概念及人際關係有顯著實驗與追蹤效果。2.不同性別與不同實驗處理之交互作用在理性思考、自我概念及人際關係三方面均未達顯著差異。3.對國中人際孤立學生各方面的輔導效果，均不受性別影響，男女生接受團體訓練的效果沒有差異。 |
| *2.* | 袁美雲 | 民85 | 理情團體諮商對國小教師理性信念及情緒穩定之諮商效果研究 | 一所國小全體老師經「理性信念量表」前測後，選取其總分居全體平均數以下，為高非理性信念，且有意願全程參與團體者20名。實驗組共接受12次，每次 | 等組前後測實驗設計 | 單因子共變數分析 | 在國小教師理性信念之「贊許」、「自我預期」、「完美」、「依賴」、「改變性」上，具有立即及追蹤諮商效果。在國小教師理性信念總分及「責備」上，具有立即諮商效果，追蹤諮商效果則不顯著。在理性信念之「憂慮」上，立即諮商效 |

| 序號 | 作者 | 時間 | 篇名 | 對象 | 研究法 | 統計法 | 結果 |
|------|------|------|------|------|--------|--------|------|
| | | | | 平均約 90 分鐘的理情團體諮商，控制組則不接受任何實驗處理 | | | 果及追蹤諮商效果皆未達顯著。 |
| 3. | 陳貞夙 | 民86 | 生涯團體輔導對犯罪青少年生涯信念、生涯自我效能輔導效果 | 法院 32 名少年為對象，分成實驗組 16 名，控制組 16 名。其中實驗組受試者接受每週 2 次，每次 90 分鐘，共 12 次 18 小時的生涯團體輔導，控制組則不接受任何處理，而實驗組成員參加 13.5 小時以上者有 9 位，其餘未達13.5 小時的實驗組成員視為流失之成員 | 「青少年生涯信念量表」、「青少年自我效能預期量表」等量表 | 單因子共變數分析 | 1. 不同性別的犯罪青少年在生涯信念各層面、生涯自我效能沒有顯著差異。<br>2. 不同教育程度的犯罪青少年在生涯信念各層面、生涯自我效能沒有顯著差異。<br>3. 生涯團體輔導對犯罪青少年的生涯信念、生涯自我效能之輔導效果皆不顯著。 |
| 4. | 孫幸慈 | 民86 | 認知行為取向團體諮商對國小父母離異兒童之親子關係信念、情緒 | 國小20名四、五年級父母離異兒童為對象，依年級、性別及父母離異年限將受試者隨機分派成實驗組和控制組，其中實驗組接受每週 2 | 「親子關係信念量表」、「兒童情緒感受量表」、「行為困擾量表」、「兒童語句完成問卷」 | 單因子共變數分析、語句完成以百分比和卡方考驗分析、測量 | 認知行為取向的團體諮商對國小父母離異兒童的譴責父親、希望父母複合、譴責母親、自我譴責、害怕被拋棄與譏笑以及同儕迴避等信念；自卑自貶、快樂滿足、孤單寂寞、生氣憤怒、罪惡感、緊張害怕等 |

| 序號 | 作者 | 時間 | 篇名 | 對象 | 研究法 | 統計法 | 結果 |
|---|---|---|---|---|---|---|---|
| | | | | 次，每次90分鐘，共12次控制組則在團體結束後第10週進行相同團體諮商國小 10 | | | 情緒；自我關懷、身心發展、學校生活、家庭生活、人際關係等困擾均未具立即性輔導效果。 |
| 5. | 曾秋琪 | 民86 | 理情團體諮商對國小低學業成就生學業自我概念之影響 | 名三年級學生其中有 5 男 5 女，使其接受以提昇學業自我概念為目的的 12 個活動單元，共 計 1,080 分鐘的理情團體諮商方案，控制組則不接受任何處理 | 「兒童學業自我概念量表」和「兒童信念量表」，進行前、後測及追蹤測量 | 獨立樣本單因子共變數分析 | 1. 對降低國小低成就生的非理性信念兼具立即和追蹤諮商效果。<br>2. 對降低國小低成就生的非理性信念之「逃避困難」兼具有立即和追蹤的諮商效果。<br>3. 對降低國小低成就生的非理性信念之「無法改變」有立即諮商效果，但未具追蹤諮商效果。<br>4. 對提昇國小低成就生的學業自我概念有立即諮商效果，但未具追蹤諮商效果。<br>5. 對提昇國小低成就生的學業自我概念之「師生互動」有立即諮商效果，但未具追蹤諮商效果。<br>6. 對提昇國小低成就生的學業自我概念之「學校經驗」不具立即諮商效果， |

| 序號 | 作者 | 時間 | 篇名 | 對象 | 研究法 | 統計法 | 結果 |
|---|---|---|---|---|---|---|---|
| | | | | | | | 但具有追蹤諮商效果。<br>7. 對提昇國小低成就生的學業自我概念之「能力知覺」不具立即諮商效果，也未具追蹤諮商效果。 |
| *6.* | 林玉彬 | 民89 | 認知行為取向團體諮商對國小害羞兒童輔導效果之研究 | 國小五、六年級 24 名害羞兒童依男女生害羞的比例，將受試者依性別分層隨機分派到實驗組和控制組。實驗組成員接受 12 次活動，每次時間 85 分鐘至 2 時 45 分不等的團體輔導活動，控制組則不加以處理 | 以「個人感受量表」、「兒童自我觀念量表」、「兒童社交技巧量表」（學生用與教師用）測量 | 單因子共變數分析 | 1. 對國小害羞兒童整體社交技巧的增進，具有立即和延宕的輔導效果。學生自評的「正向肯定」、「同理心」與教師評量的「主動參與」、「自我肯定」均具有立即輔導效果；而教師評量的「自我肯定」，依然維持延宕的效果，但「正向肯定」、「同理心」與「主動參與」的輔導效果並沒有持續，不具延宕效果。<br>2. 能幫助成員從團體中學到當生活情境遭遇問題或困難時，懂得分析找出自己內在的負向內言，並以正向內言因應之；能在上台或人際情境中減輕焦慮或緊張；並學 |

| 序號 | 作者 | 時間 | 篇名 | 對象 | 研究法 | 統計法 | 結果 |
|------|------|------|------|------|--------|--------|------|
| | | | | | | | 到與他人建立友誼的方式，在生活中交了更多好朋友；經由活動的進行，成員對自己更有自信、更加肯定自己。 |
| 7. | 徐大偉 | 民89 | 理情團體諮商對國小學生生氣情緒及生氣情緒管理團體方案成效之研究 | 國小 30 位五年級學生為樣本，隨機分派為實驗組與控制組各 15 名 | 使用「國小學生生氣程度量表」、「非理性信念量表」、「國小學生生氣表達量表」進行調查 | 單因子變異數分析、t 檢定、皮爾遜積差相關、多元逐步回歸 | 1.不同生氣對象、生氣事件種類、非理性信念在生氣程度、生氣表達有顯著差異。<br>2.不同性別在生氣程度上沒有顯著差異，但在生氣表達上有顯著差異。<br>3.本方案能降低生氣程度、減少非理性信念的產生、能作有建設性的生氣表達，且效果持續達 6 週之久。 |
| 8. | 李孟真 | 民89 | 「理情U型自尊模式」親職團體方案對國中家長教養態度親子關係及其子女自尊之影響研究 | 國中共40名家長（母親），實驗組接受為期 10 週、每週 2.5 小時 | 量化資料方面係以母親所填之「母親自陳管教行為量表」、「父母教養態度量表」、「親職教育問卷」，及其青少年子女所填之「自我態度量表」、 | 獨立樣本單因子共變數分析 | 1.「平權獨立」、「權威依賴」管教行為並無效果。<br>2.提昇母親的教養自信心有顯著效果。<br>3.改善母親對子女行為的歸因並無效果。<br>4.母親接納、瞭解子女行為的態度並無效果。<br>5.增進母親的教養知識有顯著效果。 |

| 序號 | 作者 | 時間 | 篇名 | 對象 | 研究法 | 統計法 | 結果 |
|---|---|---|---|---|---|---|---|
| | | | | 「母親教養方式問卷」、「親子關係量表」 | | | 6.青少年子女所知覺的母親關懷、權威教養方式並無效果。 |
| 9. | 江振亨 | 民89 | 認知行為團體療法對濫用葯物者輔導成效之研究 | 吸食、施打毒品而判刑之受刑人 16 名，隨機分派至實驗組 8 名，控制組 8 名，其中實驗組接受每週 1 次，每次 2-3 小時，共 10 個單元 | 採等組前、後測及追蹤測量實驗設計 | 單因子單變量共變數分析 | 對實驗組受試者的理性信念與內在抑制力能增進，尤其是在改善認知扭曲、消極逃避、心理成癮等非理性信念及對於增進自我控制、自律、道德觀、延宕需求尋求等有顯著的立即與追蹤治療效果。此外，對於受試者的自我支持、自重感、心理健康具有立即性的實驗效果，但其追蹤輔導效果卻未達顯著。 |
| 10. | 林梅鳳* | 民90 | 認知行為治療團體對憂鬱症患者的衝擊與治療效果之研究 | 精神科門診醫師轉介的 8 名憂鬱症個案，共 12 次 | 採歷程研究和質的研究法 | | 所有個案從團體獲得助益性衝擊最多、阻礙性衝擊次之、中立性衝擊最少。其中助益性衝擊以正常個案最多、其次為輕鬱個案、中鬱和重鬱個案更為次之；而阻礙性衝擊則是相反；團體都維持約 10-20 ％的中立性衝擊量。 |
| 11. | 沈鈺珍 | 民91 | 「理情U型自尊」團體方案對國小低自尊兒童、自尊、理性 | 國小五年級低自尊兒童，共 38 位受試者，並將之隨機分配為實驗 | 以「兒童自我態度量表」（測自尊）、「兒童理性觀念測 | 獨立樣本單因子單變項共變數分析 | 1.對於提昇「整體自尊」及「身體自尊」、「社會自尊」、「家庭自尊」、「學業自尊」、「一 |

| 序號 | 作者 | 時間 | 篇名 | 對象 | 研究法 | 統計法 | 結果 |
|---|---|---|---|---|---|---|---|
| | | | 思考、情緒智力之輔導效果研究 | 組和控制組。實驗組進行每次 40 分鐘，每週 1 次，為期 12 週 | 驗」（測理情知識習得）、「兒童信念量表」（測非理性信念）及「兒童情緒思維自陳量表」（測情緒智力）為評量工具，所有的受試者進行前測與後測的評量 | | 般自尊」之效果並不顯著。<br>2.提昇低自尊兒童理情知識有顯著的效果。<br>3.減少低自尊兒童的非理性信念有顯著的效果。<br>4.減少「受挫反應」及「過度焦慮」2個非理性信念有顯著的效果。<br>5.減少「認可需求」、「高自我期許」、「責備傾向」、「情緒外控」、「逃避問題」、「改變的無助感」、「依賴」及「完美主義」等8個非理性信念之效果並不顯著。 |
| 12. | 鄭曉楓 | 民91 | 認知行為取向團體輔導對國小攻擊傾向兒童之攻擊及攻擊行為影響效果研究 | 初探性研究係觀察 2 位國小四年級男童；實驗性研究係以一所國小四年級 12 名具有攻擊性的男生為對象，分成實驗組與控制組，每組各 6 名，其中實驗組接受 1 週 2 次，每次 40 分鐘，共 14 次 | 準實驗設計 | | 認知行為取向團體對國小攻擊傾向兒童之攻擊信念及兒童之自評攻擊行為均不具立即輔導效果，也未具追蹤輔導效果。 |

| 序號 | 作者 | 時間 | 篇名 | 對象 | 研究法 | 統計法 | 結果 |
|---|---|---|---|---|---|---|---|
| 13. | 莫惠玲 | 民92 | 理情團體輔導對單親兒童自我概念輔導效果之研究 | 國小五、六年級的學生 | 隨機分成實驗組和控制組。採實驗組─控制組前、後測設計。實驗組接受每週 2 次，每次60分鐘，共12次的輔導；控制組則無任何處理 | 獨立樣本單因子共變數分析進行統計分析 | 對提昇單親兒童的自我概念不具立即輔導效果，也未具追蹤輔導效果。 |

## 民國 82～92 年團體諮商書目

一、

| | |
|---|---|
| 名 | 團體諮商／黃月霞著 |
| 版本項 | 初版 |
| 出版項 | 台北市：五南，1991〔民 80〕 |
| 附註 | 附錄：*1.*團體輔導的專案倫理法則；*2.*生活技巧訓練團體實例。 |
| 其他著者 | 黃月霞著 |
| 索書號 | 178.4 4471 |

二、

| | |
|---|---|
| 題名 | 諮商實務一／蕭文策劃製作 |
| 著者 | 蕭文 |
| 出版項 | 1995 |
| | 台北市：心理，1995 附學習手冊 1 冊 |
| 面數高廣 | 捲卡式帶（每捲約 40 分）：有聲，彩色；1/2 吋 |
| 資料類型 | 錄影資料 |
| 內容註 | *1.*諮商技巧／自我瞭解；*2.*異性人際社交技巧／同性戀；*3.*性騷擾／考試焦慮；*4.*抗拒個案處理／偷竊；*5.*藥物濫用／憂鬱症；*6.*自殺個案的認識與處理／哀傷諮商；*7.*感轉移個案的識別與處理／情感反轉移；*8.*團體諮商／班級輔導；*9.*個案研討／自我督導模式的應用；*10.*如何使用及解釋測驗／教師心理衛生。 |

三、

| | |
|---|---|
| 題名 | 兩性教育與生涯規劃：團體諮商主題工作坊／李郁文、邱美華著 |
| 著者 | 李郁文 |
| 版本項 | 三版 |
| 出版項 | 台北市：桂冠，2001〔民 90〕 |
| 其他著者 | 邱美華 |
| 其他題名 | 團體諮商主題工作坊 |

四、

| | |
|---|---|
| *題名* | 團體諮商的理論與實務 = Theory and practice of group counseling eng / Gerald Corey 著；張景然，吳芝儀譯 |
| *著者* | 寇利（Corey, Gerald）著 |
| *版本項* | 初版 |
| *出版項* | 1988 |
| | 台北市：揚智，1995〔民 84〕 |
| *其他著者* | 吳芝儀譯 |
| | 張景然譯 |
| *其他題名* | Theory and practice of group counseling eng |
| *譯自* | Theory and practice of group counseling |

五、

| | |
|---|---|
| *題名* | 團體諮商研究／楊妙芬授課；國立屏東師範學院初等教育研究所〔編〕 |
| *出版項* | 屏東市：國立屏東師範學院初等教育研究所，1994〔民 83〕 |
| *其他著者* | 楊妙芬 |
| | 國立屏東師範學院初等教育研究所 |

六、

| | |
|---|---|
| *題名* | 團體諮商實務／吳秀碧著 |
| *著者* | 吳秀碧著 |
| *版本項* | 再版二刷 |
| *出版項* | 1998 |
| | 高雄市：復文，〔民 87〕 |

七、

| | |
|---|---|
| *題名* | 大團體動力：理念、結構與現象／夏林清著 |
| *著者* | 夏林清 |
| *版本項* | 初版 |
| *出版項* | 2002 |
| | 台北市：五南，2002〔民 91〕 |

八、

| | |
|---|---|
| *題名* | 小團體動力學／林昆輝著 |
| *著者* | 林昆輝 |
| *版本項* | 初版 |
| *出版項* | 1999 |
| | 台北市：揚智文化，1999〔民88〕 |

九、

| | |
|---|---|
| *名* | 兒童諮商團體：理念與方案／廖鳳池等作 |
| *著者* | 廖鳳池 |
| *版本項* | 初版 |
| *出版項* | 2002 |
| | 台北市：心理，2002 |

十、

| | |
|---|---|
| *題名* | 兒童諮商團體：理念與方案／廖鳳池等作 |
| *版本項* | 初版 |
| *出版項* | 台北市：心理，2002〔民91〕 |

十一、

| | |
|---|---|
| *題名* | 青少年團體諮商：生活技巧方案／Rosemarie Smead Morganett 原著；張子正等譯 |
| *著者* | 摩根內特（Morganett, Rosemarie Smead） Morganett, Rosemarie Smead |
| *版本項* | 初版 |
| *出版項* | 1998 |

十二、

| | |
|---|---|
| *題名* | 團體動力與團體輔導／徐西森著 |
| *著者* | 徐西森 |
| *版本項* | 初版 |
| *出版項* | 1997 |

台北市：心理，1997〔民 86〕

十三、

| | |
|---|---|
| *題名* | 團體動力學／潘正德編著 |
| *著者* | 潘正德（心理學） |
| *版本項* | 再版 |
| *出版項* | 1999 |
| | 台北市：心理，1999〔民 88〕 |

十四、

| | |
|---|---|
| *題名* | 團體動力學／宋鎮照著 |
| *著者* | 宋鎮照 |
| *版本項* | 初版 |
| *出版項* | 2000 |
| | 台北市：五南，民 89 |

十五、

| | |
|---|---|
| *題名* | 人際互動團體心理治療：住院病人模式／亞羅姆（Irvin D. Yalom）著；陳登義譯 |
| *著者* | 亞羅姆（Yalom, Irvin D., 1931-） |
| | Yalom, Irvin D., 1931- |
| *版本項* | 初版 |
| *出版項* | 2001 |

十六、

| | |
|---|---|
| *題名* | 小團體領導指南／Marilyn Bates, Clarence D. Johnson, Kenneth E. Blaker；曾華源，滕清芬譯 |
| *著者* | 貝茨（Bates, Marilyn）著 |
| | Bates, Marilyn |
| *版本項* | 初版 |
| *出版項* | 1988 |
| | 台北市：張老師，1988〔民 77〕 |

十七、

| | |
|---|---|
| *題名* | 少年犯罪防治：少年團體工作策略之研究／吳嫦娥，劉雅芬研究 |
| *著者* | 吳嫦娥 |
| *出版項* | 1989 |
| | 台北市：台北市少年輔導委員會，民 78 |
| *叢書名* | 輔導研究報告；5 |

十八、

| | |
|---|---|
| *題名* | 青少年團體治療：認知行為互動取向／Rose, Sheldon D.著；翟宗悌譯 |
| *著者* | 羅斯（Rose, Sheldon D.） |
| *版本項* | 初版 |
| *出版項* | 2001 |

十九、

| | |
|---|---|
| *題名* | 開放性教師團體發展歷程與結果之計質研究／蔡稔惠著 |
| *著者* | 蔡稔惠著 |
| *出版項* | 1991 |
| | 台北市：師大書苑，民 80 |

二十、

| | |
|---|---|
| *題名* | 團體心理治療／Sophia Vinogradov, Irvin D. Yalom 原著；鄧惠泉，湯華盛譯 |
| *著者* | Vinogradov, Sophia |
| *版本項* | 初版 |
| *出版項* | 台北市：五南，2001〔民 90〕 |

二十一、

| | |
|---|---|
| *題名* | 團體心理治療的理論與實務／亞羅姆（Irvin D. Yalom）著；方紫薇，馬宗潔等譯 |
| *著者* | 亞羅姆（Yalom, Irvid D.） |

Yalom, Irvin D.

*版本項*　　初版

*出版項*　　2001

## 二十二、

*題名*　　團體治療與敏感度訓練：歷史概念與方法／John B. P. Shabber,
　　　　　M. David Galinsky 著；夏林清，麥麗蓉合譯

*著者*　　夏費（Shaffer, John B. P., 1934- ）著

*版本項*　　再版

*出版項*　　1988

## 二十三、

*題名*　　團體輔導：理論與實務／楊極東著

*著者*　　楊極東著

*版本項*　　初版二刷

*出版項*　　1992

## 二十四、

*題名*　　團體輔導工作／林振春，王秋絨合著

*著者*　　林振春著

*出版項*　　1992

　　　　　台北市：師大書苑，民81

## 二十五、

*題名*　　學習團體的理論與研究／林瑞欽著

*著者*　　林瑞欽著

*出版項*　　1993

　　　　　高雄市：復文，民82

## 二十六、

*題名*　　藝術治療團體：實務工作手冊／Marian Leibmann 著；賴念華譯

*著者*　　利伯安（Liebmann, Marian, 1942- ）

　　　　　Liebmann, Marian, 1942-

| | |
|---|---|
| *版本項* | 初版 |
| *出版項* | 台北市：心理，2002 |

二十七、

| | |
|---|---|
| *題名* | 讓我們更親近：靈活運用團體技巧／David L. Williamson著；曾麗娟譯 |
| *著者* | 威廉森（Williamson, David L.）著 |
| *版本項* | 初版六刷 |
| *出版項* | 1992 |
| | 台北市：張老師，民81 |

二十八、

| | |
|---|---|
| *題名* | 團體歷程中口語行為與團體效果之研究：Hill 口語互動矩{217b5e}的驗證與使用／潘正德著 |
| *著者* | 潘正德著 |
| *版本項* | 初版 |
| *出版項* | 1999 |
| | 中壢市：中原大學人文與教育學院，1999〔民88〕 |

二十九、

| | |
|---|---|
| *題名* | 諮商理論。技術與實務／潘正德著 |
| *著者* | 潘正德 |
| *出版項* | 1994 |
| | 台北市：心理，1994〔民83〕（2000二刷） |

# ・中文參考書目・（按年代排列）

陳珠璋（民 53）：行為異常兒童團體心理治療之經驗及其應用。台北市東門國小及台北市兒童心理衛生中心合編：**兒童心理衛生研究第 4 輯**。

朱秉欣（民 64）：**怎樣改善人際關係（坦誠團體的理論與技術）**。光啟出版社。

邱清泰、林淑美（民 66）：團體諮商對男女社交關係不良之大學男生之行為改變效果之評量。**中華心理月刊**，19，頁 91-96。

邱錦昌（民 66）：學校如何實施團體諮商。**國教之聲**，10(7)，頁 3-9。

張四向（民 66）：團體的理論與技術。**輔導月刊**，14：1/2，頁 5-6。

劉焜輝（民 66）：**團體輔導研究**。漢文書店。

北市金華中學（民 67）：英數科低成就學生之團體諮商實驗研究。**輔導月刊**，15：1/2，頁 99-105。

宋湘玲、林幸台、鄭熙彥（民 67）：**學校輔導工作的理論與實施**。文鶴出版有限公司。

周軒擇（民 67）：團體諮商中的角色扮演。**輔導月刊**，14(12)，頁 9-11。

邱清泰、林淑美（民 67）：使用錄影機於團體諮商過程中對於男女社交關係不良之大學男生之行為改變效果之評量。**輔導月刊**，14(12)，頁 15-20。

南門國中指導活動中心（民 67）：對於不美滿家庭的學生之團體諮商實驗報告。**輔導月刊**，15：1/2。

張四向（民 67）：性教育的團體諮商。**輔導月刊**，14：9-11，頁 13-15。

何長珠（民 68）：認知與認知行為兩種不同團體諮商歷程對大學生人際關係技巧訓練效果之評量。**輔導學報**，2，頁 59-94。

吳就君（民 68）：**分享我們的團體經驗**。作者發行。

宋湘玲（民 68）：團體諮商在國民中學之應用。**輔導學報**，2，頁 27-38。

林家興（民 68）：**會心團體經驗對自我實現的影響**。政大碩士論文。

邱清泰等（民 68）：團體諮商在中國之淺談。**輔導月刊**，16：1/2，頁 49-59。

陳淑娟（民 68）：「團體諮商活動」與「辯論方式」在國中班級指導活動上之應用。**輔導月刊**，15：9/10，頁 5-11。

潘正德（民 68）：從團體諮商歷程看團體動態與催化員的引導技術。**輔導月刊**，

15：9/10，頁 1-4。

何長珠（民 69）：人際關係訓練對大學輔導系學生自我實現效果之影響。**輔導學報**，3，頁 111-125。

何長珠譯（民 69）：諮商員與團體。大洋出版社。

吳武典（民 69）：團體的理論與技術。載於中國市政專校：**青少年與心理**，頁 127-142。

李執中（民 69）：大學生成長團體的研究。台大心理研究所碩士論文。

林永興（民 69）：會心團體與人際關係訓練。天馬出版社。

劉焜輝（民 69）：社交測量指導手冊。天馬出版社。

劉德生（民 69）：團體諮商對國中生自我接納之影響（論文摘要）。**台灣師大教育研究所集刊**，22，頁 555-564。

潘正德（民 69）：談學校團體諮商。**張老師月刊**，6(1)，頁 22-25。

蔡伊佑（民 69）：團體諮商在宜寧中學。**張老師月刊**，6(3)，頁 36-40。

呂勝瑛（民 70）：成長團體的理論與實際。遠流出版社。

阮美蘭（民 70）：小型團體諮商對改善兒童人際關係效果之實驗研究。**台北師院學報**，9，頁 69-112。

林瑞欽（民 70）：學習團體互動過程中的自我表露行為研究。師大輔導研究所碩士論文。

洪有義（民 70）：團體諮商探尋。**張老師月刊**，7：5/6，頁 6-8。

夏林清（民 70）：如何設計與帶領結構性團體。**張老師月刊**，7：5/6。

陳麗娟（民 70）：團體諮商綜觀。**張老師月刊**，7：5/6，頁 49-53。

歐用生、林瑞欽譯（民 70）：價值澄清法的原理與技巧。省立新竹師專。

何長珠編譯（民 71）：有效的諮商員。大洋出版社。

林安全（民 71）：孤獨學生團體諮商結構式活動。**輔導月刊**，18：7/8，頁 17-18。

張老師中心（民 71）：團體催化員訓練課程配當表。張老師中心（未發表）。

張老師主編（民 71）：團體領導者訓練實務。張老師出版社。

黃德祥（民 71）：簡介一個團體諮商結構模式：哈曼德的父母離婚中學生的團體諮商。**輔導月刊**，19：2，頁 22-34。

劉焜輝、汪慧瑜（民 71）：輔導論文精選（下）（頁 455-459）。天馬出版社。

謝明昆（民 71）：國中階段育幼院少年人格適應輔導效果之研究。教育學院輔導研究所。

洪有義主編（民 72）：價值澄清法。心理出版社。

黃德祥（民 72）：各種團體諮商模式之比較對照及統整，**輔導月刊**，19：2，頁
　　22-34。

盧台華、王秀如、莊麗貞編（民72）：**最新國中輔導活動單元設計**。心理出版社。

牛格正（民 73）：團體諮商中倫理問題之探討，**輔導學報**，7，頁 1-19。

何長珠（民 73）：認知行為及折衷式團體諮商對焦慮之影響：豐原高中心理團體
　　輔導實驗研究報告。**輔導學報**，7，頁 109-130。

林振春編譯（民 73）：**團體領導者實務工作手冊**。心理出版社。

林益三（民 73）：輔導人員在團體諮商中之反應及其人格特質之研究。**測驗年刊**，
　　31，頁 129-148。

張月良（民 73）：團體諮商的方向和目的。**輔導月刊**，20(2)，頁 10-13。

張進上（民 73）：現實治療法的輔導效果。**台南師院學報**，17，頁 279-308。

羅俊昌（民 73）：增進專科學校學生人際關係之輔導實際研究。教育學院輔導研
　　究所碩士論文。

吳秀碧（民 74, 89）：**團體輔導的理論與實務**。品高圖書出版社。

陳秀蓉（民 74）：小團體諮商在春暉密集輔導上之應用。**教與學**，頁 16-19。

楊淑娟（民 74）：護校學生成長團體之實驗。教育學院輔導研究所碩士論文。

牛格正（民 75）：專業諮商技術訓練模式之評介。國立台灣教育學院，**輔導學報**，
　　9，頁 205-238。

王文秀（民 75）：適配論在高中同儕團體輔導之應用效果研究。台灣師大教育與
　　心理輔導研究所碩士論文。

何淑晃（民 75）：問題解決團體訓練對專科學生人格適應與創造力之影響。台灣
　　教育學院輔導研究所碩士論文。

李泰山（民 75）：溝通分析團體對專科學生自我狀態與人際關係之影響。台灣教
　　育學院輔導研究所碩士論文。

林靜子（民 75）：理情團體諮商對國民小學適應欠佳兒童效果之研究。**花蓮師專
　　學報**，17，頁 191-265。

張等展（民 75）：現實治療架構團體對專科違反校規學生輔導效果之研究。台灣
　　教育學院輔導研究所碩士論文。

陳貴龍譯（民 75）：使用團體諮商心得以增進團體成員經驗。**輔導月刊**，23(1)，
　　頁 119-121。

團體輔導講義彙編（民 75）。北市教師研習中心。

劉英台（民 75）：國中生人際問題解決態度與相關變項之關係暨「人際問題解決

小團體輔導方案」效果研究。台灣師大教育與心理輔導研究所。

劉璐琍（民75）：團體輔導對國小低學業成就兒童自我概念及社會適應之影響研究。東吳社會研究所碩士論文。

鄭文宗、陳財順（民75）：團體諮商對人際關係欠佳學生之影響之研究。人文學報，11，頁51-59。

韓楷檉（民75）：團體諮商過程中衝突的探討。輔導月刊，22(4)，頁23-32。

吳櫻菁（民76）：合理情緒教育對國小高年級學生之應用效果。彰化師大輔導研究所。

陳若璋、李瑞玲（民76）：團體諮商與心理治療的回顧評論。中華心理衛生學刊，3(2)，頁179-215。

陳珠璋（民76）：團體心理治療卅年經驗。中華心理衛生學刊，3(1)，頁9-13。

楊文貴（民76）：阿德勒氏兒童團體諮商實施初探。諮商與輔導，16，頁5-8。

王川玉（民77）：行為自我控制的團體諮商對國中生學習行為的影響。輔導月刊，24：10/11，頁2-13。

吳就君（民77）：領導行為影響團體結果之研究。衛生教育語文集刊，2，頁150-182。

曾華源、滕青芬合譯（民77）：小團體領導指南。張老師出版社。

曾麗娟譯（民77）：讓我們更親近：靈活運用團體技巧。張老師出版社。

楊妙芬（民77）：運用團體諮商幫助濫用藥物青少年。屏東師院學報，1，頁419-442。

潘正德（民77）：一般性團體諮商、認知模式、團體諮商對五專內向性適應欠佳的效果。光武學報，13，頁353-417。

潘正德編譯（民77, 88）：團體動力。心理出版社。

周麗玉（民78）：國中生適配性班級工作團體訓練效果研究。台灣師大教育與心理輔導研究所碩士論文。

段秀玲（民78）：團體諮商對人際關係欠佳學生影響之研究。諮商與輔導，37，頁35-40。

胡錦雲（民78）：寂寞感與其相關因素及輔導效果研究。國立台灣師範大學教育心理與輔導研究所。

許永雄（民78）：國小五、六年級學童社交關係的團體諮商研究效果。特教園丁，5(1)，頁12-20。

楊文貴（民78）：阿德勒團體諮商對國小適應欠佳兒童的輔導效果研究。台北師

專學報，2，頁 25-70。

潘正德（民 78）：團體諮商的研究理論。輔導月刊，25：9/10，頁 36-43。

王淑敏（79）：學校內生涯團體諮商之實施。中等教育，41(1)，頁 36-43。

林永見（民 79）：價值澄清團體對五專嚴重達規學生道德判斷與自我概念影響之研究。光武學報，15，頁 375-427。

馬長齡（民 79）：團體諮商概論。社會福利，87，頁 7-13。國小怎樣實施團體輔導（民 79）。台北市教育局。

陳玉蘭（民 79）：電話諮商函件諮商與小團體諮商之實施。教育文萃，20，頁 218-229。

潘正德（民 79）：一般性團諮、認知模式團體諮商對五專一年級內向性適應欠佳學生的效果研究。光武學報，15，頁 443-513。

謝麗紅（民 79）：多重模式團體諮商對父母離異兒童家庭關係信念、自我觀念及行為困擾輔導效果之研究。彰化師大輔導研究所碩士論文。

牛格正（民 80）：諮商專業倫理。五南圖書出版公司。

王智弘（民 80）：在諮商心理學上的臨床督導訓練。教育部，學生輔導通訊，I7，頁 40-41。

林香君（民 80）：生涯未定向類型與團體諮商策略交互作用效果之研究。台灣師大教育與心理輔導研究所。

林燦南（民 80）：鬆弛訓練課程對減低國中生考試焦慮之實驗效果。彰化師大輔導研究所碩士論文。

黃月霞（民 80）：團體諮商。五南圖書出版公司。

黃月霞著（民 80, 90）：團體諮商。五南圖書出版公司。

楊文貴、賈紅鶯（民 80）：團體諮商對師院生心理狀態的影響之研究。台北師院學報，4，頁 461-486。

葉莉薇（民 80）：父母離婚兒童團體諮商過程。健康教育，68，頁 42-47。

廖鳳池（民 80）：認知性自我管理團體諮商對師專生情緒適應效果之實驗研究。初等教育學報，4，頁 279-318。

蔡稔惠（民 80）：開放性教師團體發展歷程與結果之計質研究。

蔡稔惠（民 80）：開放性教師團體發展歷程與結果之質的研究。師大書苑。

鄭小萍（民 80）：國小五年級兒童「同理心訓練方案」輔導效果之研究。台灣師大教育與心理輔導研究所碩士論文。

王碧霞（民 81）：團體諮商倫理中保密問題之探討。學生輔導通訊，20，頁

74-79。

吳秀碧（民 81）：美國當前諮商訓練督導的主要模式和類別。教育部，學生輔導通訊，18，頁 11-16。

林本喬（民 81）：國小父母離婚兒童團體諮商之輔導效果。嘉義師院學報，6，頁 89-128。

林振春、黃秋絨（民 81）：團體輔導工作。師大書苑。

林素妃（民 81）：增進學習技巧的團體輔導對學習適應欠佳兒童的影響效果研究。彰化師大輔導研究所。

張莉莉（民 81）：團體輔導對國中生攻擊行為輔導效果之研究。彰化師大輔導研究所碩士論文。

張寶珠（民 81）：後設認知訓練團體對國中低英語閱讀能力學生之輔導效果研究。台灣師大教育與心理輔導研究所碩士論文。

梁翠梅（民 81）：壓力免疫訓練對國小高壓力兒童輔導效果之研究。彰化師大輔導研究所碩士論文。

陳均姝（民 81）：小團體諮商對離婚婦女影響效果之研究。彰化師大輔導研究所。

陳恆霖（民 81）：社會技巧訓練影響犯罪少年社會技巧、社會焦慮之實驗研究。彰化師大輔導研究所碩士論文。

陳錫銘（民 81）：認知行為團體諮商簡介。諮商與輔導，83，頁 10-13。

曾端真（民 81）：憂鬱症青少年的認知治療團體諮商。諮商與輔導，頁 73-77，41-47。

曾麗娟譯（民 81）：讓我們更親近──靈活運用團體技巧。張老師出版社。

楊極東（民 81）：團體輔導。五南圖書出版公司。

劉姿吟（民 81）：父母效能系統訓練方案效果之研究。彰化師大輔導研究所碩士論文。

潘素卿（民 81）：台中師院輔導組「團體輔導與諮商」課程的設計與評估。台中師院學報，6，頁 117-157。

謝麗紅（民 81）：團體諮商對離異者自我觀念、親子關係、社會適應輔導效果之研究。輔導學報，15，頁 223-286。

吳百能（民 82）：懷舊團體諮商對增進老年人生活適應的應用。諮商與輔導，96，頁 44-46。

吳珍梅（民 82）：問題解決訓練團體對國小教師問題之解決態度與工作壓力的影響。彰化師大輔導研究所。

周淑玲（民82）：自我肯定訓練對國中害羞學生影響成效之研究。高雄師大教育研究所碩士論文。

林忻慧（民82）：現實治療對高中學生心理成熟度與適應能力之效果研究。高雄師大教育研究所碩士論文。

林瑞欽（民82）：學習團體的理論與研究。復文出版社。

姜錢珠（民82）：社會技巧訓練對增進國中生社會技巧、社會自尊與人際關係之研究。國立高雄師範大學教育研究所碩士論文。

洪榮照（民82）：協同領導在團體諮商的功能。國教輔導，32(4)，頁48-51。

莊智芳（民82）：焦慮處理課程對國一生考試焦慮的處理效果之研究。高雄師大教育研究所碩士論文。

黃惠惠（民82）：團體輔導工作概論。張老師出版社。

楊慧松（民82）：溝通分析實驗課程對高中記過生自尊與生活適應影響之研究。高雄師大教育研究所碩士論文。

林雲龍（民83）：團體諮商對學習適應欠佳兒童輔導效果之研究。台南師院學生學刊，15，頁54-74。

侯素棉（民83）：阿德勒學派團體諮商方法影響國中生自卑感及偏差行為之實驗研究。彰化師大輔導研究所碩士論文。

夏林清（民83）：結構與非結構小團體過程之比較。教育部訓委會六年計畫研究報報告。

夏林清著（民83）：大團體動力。張老師出版社。

張景然（民83）：心理劇在團體諮商之應用。世界新聞傳播學院學報，4，頁401-420。

黃淑珍（民83）：問題解決策略訓練對大學生解決問題能力、因應方式及心理健康的影響效果之研究。彰化師大輔導研究所。

潘正德（民83）：諮商理論技術與實務。心理出版社。

方紫薇（民84）：教師氣憤情緒管理訓練之成效。中華輔導學報，3，頁127-175。

吳櫻菁（民84）：老人團體諮商與心理治療。諮商與輔導，111，頁28-32。

侯素棉（民84）：團體諮商中的倫理問題。諮商與輔導，111，頁19-23。

張景然、吳芝儀譯（民84）：團體諮商的理論與實務。揚智出版社。

張麗君（民84）：如何實施老年人的團諮。諮商與輔導，111，頁33-38。

劉安真、黃慧涵、梁淑娟、顏妃伶譯、程小蘋校訂（民84）：團體諮商——策略與技巧。五南圖書出版公司。

蔡俊良（民 84）：轉換期中年人的特徵與團體諮商策略。諮商與輔導，111，頁 24-27。

蕭文（民 84）：諮商實務。心理出版社。

羅廷瑛（民 84）：「重新作決定」團體諮商對國小單親男童忠誠性衝突、社會焦慮及生命腳本諮商效果之研究。台灣師範大學教育心理研究所碩士論文。

洪若和（民 85）：團體諮商對原住民單親學童自我概念與行為適應之影響。原住民教育季刊，3，頁 49-74。五南圖書出版公司。

許瑛珰（民 85）：完形治療理論之界限概念在團體諮商中的應用。學生輔導通訊，44，頁 104-113。

陳姚如（民 85）：團體諮商方案對受虐兒童之處理效果研究。彰化師範大學輔導研究所碩士論文。彰化師範大學輔導研究所博士論文。

王川玉（民 86）：團體諮商的概念與技術。板中學報，2，頁 177-188。

何長珠（民 86）：心理團體的理論與實際，五南圖書出版公司。

吳嘉瑜（民 86）：團體中的此時此地。諮商與輔導，141，頁 15-22。

吳麗雲（民 86）：人際歷程取向團體諮商對不安全依附類型大學生人際困擾輔導效果之研究。彰化師範大學輔導研究所碩士論文。

徐西森（民 86）：團體動力與團體輔導。心理出版社。

翁毓秀（民 86）：單親母親親職壓力團體諮商方案效果研究——Meichenbaum 理論的應用。彰化師範大學輔導研究所博士論文。

張玉鈴（民 86）：心理劇團體諮商模式理念與應用。諮商輔導文粹，2，頁 103-122。

張德聰（民 86）：焦點集中解決治療（SFT）於團體輔導（諮商）之應用。北縣教育，79，62-74 頁。

陳玉蘭（民 86）：理情生計團體諮商對高雄師大學生之實驗研究，中華輔導學報，5，頁 150-183。

吳秀碧（民 87）：團體諮商實務。復文出版社。

呂素芳（民 87）：個人建構取向生涯團體諮商方案對專科生生涯建構系統、決定歷程。國立高雄師範大學輔導研究所碩士論文。

李文瑄（民 87）：在團體互動過程中「似精神病性焦慮」的體驗。諮商與輔導，153，頁 22-24。

李旻陽（民 87）：團體諮商中領導者的自我揭露。輔導季刊，34：3，頁 17-21。

李雪禎（民 87）：團體諮商技巧——面質。諮商與輔導，149，頁 47-48。

李順銓、林秀環（民 87）：老年人團體諮商——在成人教育識字班中的應用。北縣成教：**輔導季刊**，10，頁 27-31。

侯淑英、張明永、蘇以青（民 87）：自我成長團體有效因素之探討。**高雄醫科學期誌**，14：12，頁 770-778。

張子正等譯、何長珠校訂（民 87）：青少年團體諮商——**生活技巧方案**。五南圖書出版公司。

張中理譯（民 87）：團體診療歷程與實務。五南圖書出版公司。

許韶玲（民 87）：受督導者督導前準備訓練方案的擬定及其實施對諮商督導過程的影響之研究。

許韶玲（民 87）：領導者對團體成員隱喻溝通的認識與處理。**諮商與輔導**，149，頁 25-28。

黃詩君（民 87）：現實治療團體對國小兒童在心理需求之輔導效果研究。新竹師範學院國民教育研究所碩士論文。

方惠生（民 88）：認知行為團體諮商在兒童輔導上的應用。**班級經營**，4：2，頁 43-50。

林昆輝（民 88）：**小團體動力學**。揚智出版社。

張寶珠（民 88）：從 drop-out 現象中發現團體動力——接受完整團體督導歷程。**中等教育**，50：2，頁 140-143。

黃彩雲（民 88）：父母離異兒童對父母離異事件歸因與因應之研究——以一個團體諮商歷程為例。新竹師院國民教育研究論文集，4，頁 209-227。

潘正德（民 88）：不同理論取向團體的口語互動行為分析與團體效果研究。**中原學報**，27：2，頁 95-122。

潘正德（民 88）：**團體動力學**。心理出版社。

謝麗紅、鄭麗芬（民 88）：準諮商員團體諮商領導能力狀況調查研究。**輔導學報**，20，頁 57-81。

謝麗紅（民 88）：團體諮商實習課程對準諮商員團體諮商領導能力訓練效果之分析研究。**中華輔導學報**，7，頁 245-272。

蘇完女（民 88）：團體治療中的情感轉移和情感反轉移現象之探討。**諮商與輔導**，159，頁 3-8。

王麗斐、林美珠（民 89）：團體治療性因素量表之發展與編製。**中華輔導學報**，9，頁 1-24。

江振亨（民 89）：認知行為團體療法對濫用藥物者輔導成效之研究。中正大學犯

罪防治研究所碩士論文。

呂素芳（民89）：如何慎選評估團體成效的方法。諮商與輔導，174，頁8-12。

宋鎮照（民89）：團體動力學。五南圖書出版公司。

李玉卿（民89）：國小害羞兒童在遊戲治療團體中互動及改變歷程之分析研究。高雄師範大學教育研究所碩士論文。

李孟真（民89）：「理情U型自尊模式」親職團體方案對國中家長教養態度親子關係及其子女自尊之影響研究。台灣師範大學教育心理與輔導研究所碩士論文。

周庭芳（民89）：觀察者在團體歷程評估過程中的必要性。諮商與輔導，174，頁17-20。

林玉彬（民89）：認知行為取向團體諮商對國小害羞兒童輔導效果之研究。台南師範學院國民教育研究所碩士論文。

邱獻輝（民89）：青少年家長「親子溝通諮詢團體」之效果研究。國立台灣師範大學教育心理與輔導研究所碩士論文。

洪寶蓮（民89）：團體輔導效果探討。諮商與輔導，174，頁2-7。

徐大偉（民89）：國小學生生氣情緒及生氣情緒管理團體方案成效之研究。高雄師範大學教育研究所博士論文。

徐畢卿（民89）：現實導向團體治療在輕中度阿茲海默氏症的應用。長期照護雜誌，4：2，頁66-77。

張素貞（民89）：依附理論在團體諮商中的應用。諮商與輔導，171，頁14-18。

陳瑞成（民89）：現實治療團體諮商對地震受災兒童的心理輔導歷程。教師之友，41：1，頁33-40。

潘正德、游淑華（民89）：團體歷程中成員特質、活動反應、領導能力知覺與治療因素之相關研究。中原學報，28：4，頁103-114。

謝雯鈴（民89）：女性生涯團體諮商對技職校院學生生涯相關態度之輔導效果研究。國立高雄師範大學輔導研究所碩士論文。

謝麗紅（民89）：團體成員滿意度與團體目標達成度之評估。諮商與輔導，174，頁13-16。

謝麗紅（民89）：團體過程中工作同盟的變化及其與團體結果之關係研究。輔導學報，21，頁63-92。

謝麗紅（民89）：團體過程中領導者與成員之口語互動。諮商與輔導，171，頁2-5。

簡正鎰（民 89）：Rogers 會心團體本土化之我見，學生輔導通訊，69，頁 88-103。

羅華倩（民 89）：焦點解決短期諮商在團體諮商中的運用。國教天地，139，頁 47-52。

饒夢霞、陳志豪（民 89）：青少年同儕支持團體在悲傷輔導上的應用。諮商與輔導，177，頁 7-12。

范幸玲（民 90）：完形團體的介紹與應用──一個小團體經驗的分享。諮商輔導文粹，6，頁 119-130。

唐育瑜（民 90）：同理心團體訓練對父母離異兒童人際關係之研究。台北市立師範學院國民教育研究所碩士論文。

徐惠娟（民 90）：青少年團體諮商實務。輔導通訊，65，頁 51-57。

高明薇（民 90）：完形團體的過程與介入技巧。諮商與輔導，183，頁 9-11。

張英熙、吳珍（民 90）：特殊兒童家長支持團體效果初探。特殊教育，80，頁 30-34。

張景然（民 90）：準團體諮商員的迷思與衍生的問題。諮商與輔導，185，頁 2-7。

張景然（民 90）：團體諮商的規劃和實施：第二年的督導報告。輔導季刊，37：3，頁 37-46。

許志彰、李芃娟（民 90）：團體諮商對國小偷竊兒童自我概念與自我控制影響效果之研究。初等教育學報（台南師範），14，頁 215-257。

許志彰（民 90）：團體諮商對國小偷竊兒童自我概念與自我控制影響效果之研究。台南師範學院國民教育研究所碩士論文。

陳奕良（民 90）：薩堤爾模式團體方案對青年情侶輔導效果之研究。高雄師範大學輔導研究所碩士論文。

陳登義譯（民 90）：人際互動團體治療──住院病人模式。

陳麗文（民 90）：高風險家庭父母效能訓練團體研究──以犯罪少年家庭為例。嘉義大學家庭教育研究所碩士論文。

楊宇彥（民 90）：團體結束時的情感反應與處置。諮商與輔導，185，頁 17-20。

廖豔雪（民 90）：失智症患者家屬支持團體之 Hill 互動矩陣分析。國防醫學院護理研究所碩士論文。

劉春男（民 90）：情緒管理團體輔導對國小兒童輔導效果之研究。台南師範學院國民教育研究所碩士論文。

蔡錦德（民 90）：阿德勒式團體在低收入戶青少年輔導的運用與實務。輔導通訊，68，頁 36-41。

李郁文、邱美華（民 90）：兩性教育與生涯規劃——團體諮商主題工作坊。桂冠出版社。

林梅鳳（民 90）：認知行為治療團體對憂鬱症患者的衝擊與治療效果之研究。彰化師範大學輔導研究所博士論文。

吳佳玲（民 90）：老人互助團體功能提昇之實驗研究——以埔里鎮老人團體為例。暨南國際大學社會政策與社會工作碩士論文。

周鳳琪（民 90）：國中適應不良學生參與探索諮商團體之效益研究。台灣師範大學公民訓育研究所碩士論文。

李文瑄（民 90）：人際關係圖譜——動力團體治療新論－1－。諮商與輔導，181，頁 26-28。

李文瑄（民 90）：人際關係圖譜——動力團體治療新論－2－。諮商與輔導，182，頁 31-34。

李文瑄（民 90）：人際關係圖譜——動力團體治療新論－3－。諮商與輔導，183，頁 29-32。

李文瑄（民 90）：人際關係圖譜——動力團體治療新論－4－。諮商與輔導，184，頁 24-27。

李文瑄（民 90）：人際關係圖譜——動力團體治療新論－5－。諮商與輔導，185，頁 28-31。

李文瑄（民 90）：人際關係圖譜——動力團體治療新論－6－。諮商與輔導，186，頁 26-29。

李文瑄（民 90）：人際關係圖譜——動力團體治療新論－7－。諮商與輔導，187，頁 26-29。

李文瑄（民 90）：人際關係圖譜——動力團體治療新論－8－。諮商與輔導，189，頁 34-36。

李文瑄（民 90）：人際關係圖譜——動力團體治療新論－9－。諮商與輔導，190，頁 30-33。

李文瑄（民 90）：人際關係圖譜——動力團體治療新論－10－。諮商與輔導，191，頁 32-34。

李文瑄（民 90）：人際關係圖譜——動力團體治療新論－11－。諮商與輔導，192，頁 39-41。

鄭凰君（民 90）：夢的團體諮商初探，諮商與輔導，185，頁 14-16。

鄧惠泉、湯華盛（民 90）：團體心理治療。五南圖書出版公司。

賴念華（民 90）：小團體中表達性治療的個人工作模式。測驗輔導，167，頁 3516-3522。

簡文英（民 90）：團體諮商中的改變因子——團體治療因素探討，諮商與輔導，185，頁 8-13。

蘇完女（民 90）：以「未完成事件」為主題之團體諮商的治療因素、改變機制以及成員的改變。彰化師範大學輔導與諮商研究所博士論文。

王理書（民 91）：隱喻故事治療團體——結合敘事傾向與 Eriksonian 隱喻治療的嘗試，諮商與輔導，201，頁 35-38。

余幸怡（民 91）：團體發展及其相關因素之探討。諮商與輔導，194，頁 12-15。

吳麗雲（民 91）：人際歷程取向團體諮商——以不安全依附類型大學生人際困擾輔導為例（上），諮商與輔導，198，頁 29-33。

李雪禎（民 91）：團體諮商技巧——面質。諮商與輔導，194，頁 25-26。

沈鈺珍（民 91）：「理情 U 型自尊」團體方案對國小低自尊兒童自尊、理性思考、情緒智力之輔導效果研究。台灣師範大學教育心理與輔導研究所碩士論文。

周志建（民 91）：團體行為與團體動力之解析——以一個團體的觀察為例。諮商與輔導，194，頁 22-24。

林佩郁（民 91）：焦點解決取向團體諮商對國小單親兒童輔導效果之研究。彰化師範大學輔導與諮商研究所碩士論文。

夏林清（民 91）：大團體動力、理念、結構與現象。五南圖書出版公司。

張麗玉（民 91）：支持團體對愛滋病患者的社會心理調適影響之研究。暨南國際大學社會政策與社會工作研究所碩士論文。

張麗鳳（民 91）：團體結束階段的動力與領導者的介入策略。諮商與輔導，196，頁 32-36。

陳奕良（民 91）：比較團體歷程觀察方法並評估可行性。諮商與輔導，194，頁 19-21。

陳麗娟（民 91）：社會適應欠佳兒童在阿德勒諮商團體中改變歷程之研究。屏東師範學院教育心理與輔導研究所碩士論文。

詹淑瑗（民 91）：「完形取向團體方案」對國小害羞兒童輔導效果之分析研究。台北師範學院教育心理與輔導研究所碩士論文。

廖鳳池等（民 91）：兒童諮商團體理念與方案。心理出版社。

管秋雄（民 91）：論團體治療因素——凝聚力，中州學報，15，頁 163-170。

劉福鎔（民 91）：團體衝突現象——辨識與處理。諮商與輔導，195，頁 20-24。

鄭曉楓（民 91）：認知行為取向團體輔導對國小攻擊傾向兒童之攻擊及攻擊行為影響效果研究信念。新竹師範學院國民教育研究所論文。

賴念華（民 91）：藝術治療——實務工作者手冊。心理出版社。

賴美英（民 91）：性別因素對團體領導者的產生及團體決策之影響。諮商與輔導，194，16-18 頁。

謝麗紅（民 91）：團體諮商方案設計與實例。五南圖書出版公司。

謝麗紅（民 91）：團體發展歷程之分析研究——以結構與非結構成長團體為例。教育與心理研究，25（上），頁 195-214。

簡文英（民 91）：薩提爾模式親職成長團體對國中生家長輔導效果之研究。高雄師範大學輔導研究所碩士論文。

王文秀、施香如、沙大荔譯（民 92）：臨床督導工作的理論與實務。張老師文化事業股份有限公司。

卓文君、黃進南（民 92）：諮商實習生接受個別督導經驗調查：以高雄師範大學輔導研究所為例(1)，應用心理研究，18，頁 179-206。

邱瓊瑩（民 92）：社交技巧訓練團體對國小兒童社交技巧與人際關係之影響研究。新竹師範學院輔導教學研究所碩士論文。

姜智惠（民 92）：國小攻擊傾向兒童在阿德勒取向團體遊戲治療之轉變歷程研究。新竹師範學院國民教育研究所碩士論文。

莫惠玲（民 92）：理情團體輔導對單親兒童自我概念輔導效果之研究。新竹師範學院輔導教學研究所碩士論文。

許韶玲（民 92）：督導者知覺受督導者影響諮商督導過程之因素。應用心理研究，18，頁 113-145。

劉袖琪（民 92）：父母離異兒童在完形學派遊戲治療之輔導歷程研究。新竹師範學院輔導教學研究所碩士論文。

蕭同仁（民 92）：現實治療團體對少年藥物濫用者處理效果之研究。靜宜大學青少年兒童福利研究所碩士論文。

蘇世修（民 92）：焦點解決取向團體諮商對國中男生生氣情緒管理效果之研究。台灣師範大學教育心理與輔導研究所碩士論文。

謝麗紅（民 91, 92）：團體諮商方案設計與實例。五南圖書出版公司。

何長珠（民 92）：團體諮商——心理團體的理論與實務，五南圖書出版公司（出版中）。

## ·英文參考書目· （按作者筆劃排列）

Bradford, Leland P. (1978). *Group Formation and Development* (2nd Eds.). La Jolla, California: Eads Avenue.

Bartlett, W. E. (1983). A multidimensional framework for the analysis of supervision in counseling. *The Counseling Psychologist, 11*, 9-18.

Blocher, D. H. (1983). Toward a cognitive developmental approach to counseling supervision. *The Counseling Psychologist, 11*, 27-34.

Borders, L. D. (1989). A pragmatic agenda for developmental supervision research. *Counselor Education and Supervision, 29*, 16-24.

Capps, H. E. (1998). *A comparison of the effeet of life seview and reminiscence group counseling on depression, life satisfaction and self-esteem of older persene*, DAI-A 59/03.

Cater, L. F. (1970). Evaluating the performance of individuals as members of small groups, In C G. Kemp (Ed.). *Perspectives on the group process*. Houghton Mifflin Company.

Coe, D. M. (2000). *Solution-oriented group counseling in community mental health: An outcome study*, DAI-A 61/10.

Cohen, R. J. (1979). Malpractice: *A guide for mental health professionals*. N. Y.: Free Press.

Corey, Gerald (1990). *Theory and Pratice of Group Counseling*. (3rd Eds.). California: Brooks/Cole.

Donigian, J. & Malnatic, R. (1987). *Critical incidents in Group Therapy*. California : Brooks/Cole.

Fall, K. A. & Levitov, J. E. (Eds) (2000). *Modern Applications to group work*, NOVA Science Publishers, Inc.

Feindler, E. & Ecton, R. B. (1986). *Adolescent Anger Control: Gonvention-Behavioral Techniques*. New York: Pergamon Press.

Feindler, E. L. (1979). *Cognitive and behavioral approaches to anger control training in explosive adolescents*. Unpublished doctoral dissertation, West Virginia University.

Feindler, E. L., Marriott, S. A., & Iwats, M. (1980). An anger control training program for junior high delinquents. Paper at 14th *Annual convention of Association for the Advacement of Behavior Therapy*. New York.

Feindler, E. L., Marriott, S. A., & Iwats, M. (1984). Group anger coutrol training for junior high school delinquents. *Cognitive Therapy and Research, 8(3)*, 299-311.

Forsyth, Donelson R. (1990). *Group Dynamics*. (2nd Eds.). California: Brooks/Cole.

Fraleigh, P. W. & Buchheimer, A. (1969). The use of peer groups in practicum supervision. *Counselor Education and Supervision, 8*, 284-288.

Garfield, S. L. (1986). Research on client variables in psychotherapy. In S.L. Garfield & A.E. Bergin (Eds.), *Handbook of psychotherapy and behavior change* (3rd Eds). New York: John Wiley & Sons.

Garvin, C. (1981). *Contemporary group work*. Englewood Cliffs, N. J.: Prentice-Hall, Inc.

Garvin, Charles D. (1981). *Contemporary Group Work*. Englewood Cliffs, N. J.: Prentice-Hall.

Gazda, George M. (1989). *Group Counseling: A Developmental Approach*. (4th Ed.).MA: Allyn and Bacon.

Gerstern, J. S. (1992). *The group counseling skills of adventure-based counselors: A survey examining nelwant group counseling skills, perceived group counseling skill competency levels and group counseling experience*, DAI-A 53/06.

Gladding, Samuel T. (1991, 2002). *Group Work: A Counseling Specialty*. New York: Macmillan.

Graham, R. J. (1997). *School counselors perceptions of their job role and functions,* DAI-A 58/12.

Greenberg-Edelstein, Ruth R. (1986). *The Nurturance Phenomenon: roots of group psychotherapy*. Connecticut: Appleton-Century-Crofts.

Hayes, R. L. (1990). Developmental group supervision. *The Journal for Specialists in Group Work, 15*, 225-238.

Henry Kellerman, Ph. D. (1979). *Group Psychotherapy and Personality: Intersecting Structures*. New York: Grune & Stratton.

Hess, A. K. & Hess, K. A. (1983). Psychotherapy supervision: a survey of internship training practices. *Professional Psychology: Research Practice, 14*, 504-513.

Hoang, P. D. (1996). *Attitudes of southeast asia unmigrant students toward counseling,* DAI-A 57/05.

Holloway, E. L. & Johnston, R. (1985). Group supervision: Widely practiced but poorly understood. *Counselor Education and Supervision, 24,* 332-340.

Hopkins, L. T. (1954). *The Emerging Self in School and Home,* Harper & Row, Publishers, 186-189.

Hubbard, W. D. (2003). *A comparison and treatment outcome for moderate and severe male spousal abusers who participated in a 12-week court-ordered outpalient group counseling program.* DAI-B 61/04.

Jacobs, Ed. E. (1994). *Group Counseling Strategies & Skills.* Brooks/Cole.

Jenkins, D.H. (1948). Feedback and group self-evaluation. *Journal of Social Issues,* 50-60.

Kemp, Gratton C. (1970). *Perspectives on the Group Process: A Foundation Counseling with Groups.* Boston: Houghton Mifflin.

Keyton, J. (1993). Group termination: Completing the study of group development. *J. of Small Group Research, 24(1),* 84-100.

Ladish, C. (1993). *Group treatment for depressed ederly: A comparison of cognitive-behavioral and supportive approaches,* D. A. I. 54(12), 6464 (University microfilm No. AA (94-14786).

LeCroy, Craig W. (1994). *Handbook of Child and Adolescent Treatment Manuals.* New York: Lexington Books.

Levy, L. H. (1983). Evaluation of Students in Clinical Psychotherapy Programs: A program evaluation perspective, Professional Psychology: *Research and practice, 14,* 497-503.

Lieberman, M. A. change induction in small groups. *Annual Review of Psychology, 1976, 27,* 217-250.

Lieberman, Morton A., Yalom, Irvin D., & Miles, Matthew B. (1990). *Encounter Groups: First Facts.*

Lorge, I. (1955). Groupness of the group. *Journal, of Educational Psychology.* 449-456.

Lubin, B., Wilson, C. D., Petren, S. & Polk, A. (1996). *Research on group Treatment Methods,* greenwood Press.

Lundgren, D. C. & Knight, D. J. Trainer style and member attitude toward trainer and group in T-goup. *Small Group Behavior, 1977, 8,* 47-64.

Miel, A. (1970). A group studies itself, In c. G. Kemp (Ed.). *Perspectives on the Group Process*, Houghton Mifflin Company.

Miller, J. R. (1999). *A social learning perspective toward the prevention of dating violence: An evaluation of a group counseling model*. DAI-B 60/06.

Moyses, C. D. (1982) *The effects of three treatment approaches on locus of control of incarcerated females*, DAI-A 43/03.

Mullan, Hugh. & Rosenbaum, Max (1978). *Group Psychotherapy*. New York: The Free Press.

Munson, C. E. (1983). *An introduction to clinical social work supervision*. New York: the Haworth Press.

Nance, S. M. (1991). *An examination of the cognitive complexity of group counseling Trainees*, DAI-A 53/05.

Napier, Rodney W. & Gershenfeld Matti K. (1983). *Making Groups Work: A Guide for Leaders*. Massachusetts: Houghton Mifflin.

Norton, M. A. (1997). *The effects of direct versus Socratic cognitive therapies on battered woman with PTSD*, DAI-A 58/03.

Newsome, W. S. (2002). *The effectiveness and utility of solution-focused brief therapy with at-risk junior high school students:* DAI-A 63/07.

Page, Richard C. & Berkow Daniel N. (1994). *Creating contact, choosing relationship: the dynamics of unstructured group therapy*. San Francisco, Coliformia: International Authors, B. V.

Palmer, J. (1976). Program matic and nonprogramatic aspects of successful intervention in Harland, A. T. (Ed.). *Choosing conrectional options that works: Defining the demand, and evaluating the supply*, 131-182.

Rust, B. J. (1989). *Characteristics and supervision enyspases of academic field and dual supewisors with beginning counst Trainese*, DAI-A 50/11.

Shaffer, John B. P. (1974). *Models of Group Therapy and Sensitivity Training*. Englewood Cliffs, N. J.: Prentice-Hall.

Shapiro, J. L. & Bernadett-Shapiro, S. (1985). Group look to 2001: Hal or haven (from isolation)? *Journal for Specialists in Group Work*, *10*, 83-87.

Shecter, N. F . (1997). *School counselove and small group counseling: Levels of training. Perceptions of effectiveness and actual practice*, DAI-A 58/09.

Speckhart, D. S. (1999). *An investigation of the experiential component in group leader trainees acquisition of here and now intervention skills,* DAI-B 60/08.

Stewart, M. S. (1999). *The effects of school-based counseling intervention and adolescent stress: An exploratory study.*

Stone, J. N. (1998). *Containing the contagion: A case history of suicidal gestuies and self-hauning behaviors among 13 and 14 year old midale school goils,* DAI-B/59-05.

Trotze, James Pr. (1977). *Counselor and the Group: Intergrating Theory, Training, and Practice.* Beleiont Califormia: Wadsworth.

——(1999). *Counselor and the Group: Intergrating Theory, Training, and Practice.* Talyor & Francis.

Townsend, N. C. (1994). *An outcome evaluation of project smile: a school-based early intervention for at-risk youth,* DAI-B 55/10.

Wiggins, J. D. & Carroll, M. R. (1993): Back to the basics: Perceived and actual needs of group leaders. *Journal of specialists in group Work,* 18(1), 24-28.

Yalom, Irvin D. (1970). *The Theory and Practice of Group Psychtherapy.* (3rd Eds.). New Youk: Basic Books.

Yalom, Irvin D. (1995). *The Theory and Practice of Group Psychtherapy.* (4th Eds.). Basic Book: New York Books.

Zimmick, R. (1999). *Basic and advance group counseling skills as a core and theory- based curriculum,* DAI-A 60/08.

# ·作者索引（中文）·

方紫薇　238, 307, 447, 457

牛格正　9, 427, 431, 453, 455

王秀英　75

王智弘　183-184, 427, 431, 455

朱秉欣　5, 451

朱經明　325

何長珠　119, 186, 246, 252, 322, 326,
　349, 381, 385, 451-453, 459

何長珠譯　7, 452

吳秀碧　7, 186, 188, 444, 453, 456, 458

吳清山　323-324

吳就君　241-243, 451, 454

呂勝瑛　186-187, 247, 379, 452

李明濱、吳英璋　241

李執中　254, 452

李瑞玲　252, 254, 293, 454

汪慧瑜　7, 9, 452

阮美蘭　322, 350, 452

林承實　241

林振春、王秋絨　200, 229

林振春　116, 186, 187, 200, 229, 241,
　244, 246, 448, 453, 456

林淑美　254, 451

林瑞欽　241, 448, 452, 457

林蕙英　74

邱清泰　254, 451

范美珠　75

夏林清　33-34, 55, 149, 151, 317, 444,
　448, 452, 457, 463

孫中瑜　350-351

徐大偉　254, 401, 460

張月艮　85

郭美滿　74-75

陳月華　322, 349, 350

陳禹　7

陳若璋　252, 254, 293, 454

黃月霞　4, 6, 7, 55, 245, 431, 443, 455

黃月霞譯　245

黃木春　325

黃惠惠　7, 86, 186, 244, 245, 247, 309,
　317, 378, 457

黃德祥　323-324, 326, 346, 452, 453

黃曬莉　46

楊中芳　46-47

楊國樞　55-57

劉春榮　322, 350

劉焜輝　5, 9, 451, 452

劉德生　254, 452

葉明華　57

潘正德　33, 55, 241, 254, 431, 446, 449,
　451, 452, 454, 455, 457, 459, 460

鄭瑞澤　60

燕國材　55

謝美娥　254

謝麗紅　128, 241, 242, 254, 295, 317,
　455, 456, 459, 460, 464

簡茂發、洪寶蓮　323-324
簡茂發　323-325

# ·作者索引（英文）·

## A

Adams & Hamn　344, 346, 347

Agazarion　64

Allen　7

Allport　15

Appley & Winder　14, 17

## B

Bass, Avolio, & Goldheim　87

Bauman　188

Beck　177

Bednar & Battersby　238

Bednar & Kaul　241

Bennis & Shepard　153-154

Bernard & Goodyear　175, 177, 179

Bleuer　351

Blocher　465

Blodgett, Schmidt, & Scudder　234

Bonner　14

Borders　177, 189, 196, 465

Boyd　177

Bradford, Stock, & Horwitz　159

Brubaker　324

## C

Caliste　351

Cardoza　324

Carkhuff & Berenson　183

Car Rogers　152

Cartwright & Zander　3, 86

Chaiklin, Munson, Shreiber, & Framk　182

Cooper & Gustafson　182

Corey & Corey　181, 186

Corey　4, 7, 55, 96, 98, 103, 127, 141, 158, 188, 245, 427, 431, 444, 465

Crocker & Mc Graw　88

## D

Daniels, Mines, & Gressard　235

Dies　252-253

Donigian & Malnati　163

## F

Festinger　4, 43

Feindler & Guttman　307-308

Fischer & Garrison　351

Forsyth　3, 41, 86, 87, 466

Fraser & Fisher　348

Frew　17

**G**

Gains　64
Gazda　6, 20, 21, 49, 55, 64, 66, 72, 81,
　　126, 158, 186, 207, 212, 427, 466
Gazda, Duncan Meadows　6
Gerety　324
Gerler, Kinney, & Anderson　351
Gerler　351
Gibb　85, 89
Gladding　11-12, 14, 25, 35, 79, 98, 466
Goldman　7
Goodlad　344
Goodyear & Bradley　183
Gudykunst & Kim　47

**H**

Hackney & Goodyear　177
Halpin & Winer　87
Hanren, Warner, & Smith　158
Hare　3
Hartup　325
Hayes　62, 466
Hayes, Stoltenberg　184
Helping skills　76
Hess　466
Hill　246, 449, 461
Hillerbrand　179
Hollander　86
Holloway & Johnston　183

Hopkins　149, 467
House　100, 235

**J**

Jackman & Jensen　51
Jacobs et al　35
Jenkins　232, 467
Johnson, Johnson, & Scott　345

**K**

Kadushin　179
Kaplan　234
Kellerman　153-155, 222, 466
Kelman　51
Kemp, Mill　149
Kemp　149, 229, 231, 465, 467
Keyton　224, 242, 467
Kleinberg　325
Kraft　344
Krumboltz　233

**L**

Leszcz　66
Levine　344
Levy　229, 467
Lew et al　347
Lewin　100, 149-151, 322
Liberman et al　140, 186, 241
Liberman（1973）　244
Liddle　182
Lidewell　154

Littrell et al　178

Longanbill & Stoltenberg　184

**M**

Macklen & Strauss　16

Mahler　94-95,　158,　204,　207,　209, 211-214

Marks & Hixon　182

Marshall & Weinstein　344

Mcknown, Stranger　15

Meerbaum　351

Millman & Goldman　14

Morrow　324

Munich & Astrachan　50

Munson　231, 468

**N**

Napier & Gershenfeld　244

Norcross & Stevenson　238

Nyguist & Spence　88

**O**

Ohlsen et al　20

Orton　183

**P**

Patterson　64, 177

Picon　351

Pottick　14

**R**

Ribher　241

Rio　177

**S**

Saltmarsh, Fenkine, & Fisher　12

Sansbury　179

Sattler　44

Schmertz　154

Schutz & Schutz　348

Schutz　140, 158, 218

Shaffer & Galinsky　15

Shaffer & Galmok　51

Shambaugh　4

Sharan & Shachar　345

Shaw　3

Shuan　324, 326

Shulman　180

Snow　76, 77

Snow & Carpo　76

Sorrentino & Boutillier　89

Sternikbee, Dixon, & Ponterevoto　234

Stogdill　3, 87-89

Stoltenberg & Delworth　178

Stoltenberg　178

Swink　351

**T**

Tindall & Salmon　67

Tolbert　151

Trotzer　7,　25,　34,　67,　79,　89,　98,　130-132, 158, 201, 244, 246, 252, 381

Tuckman　4, 21, 24, 41, 154

Turner　3

**U**

Unger　64

**V**

Vander Kolk　23, 40, 199

**W**

Walster, Walster, & Berseheid　42

Warring, Johnson, & Maruama　345

Wentink et al　351

Williams　324

Wolf & Schwartz　66

Wolpe　75, 177

Wolpe, Knopp, & Garfield　177

**Y**

Yalom　25, 35, 37, 102, 115, 124, 138, 139,　158,　186,　189,　241,　431,　446, 446-448, 467, 469

**Z**

Zajonc　33

Zucker　46

# ·關鍵字索引（中文）·

## 二畫

TRAC 模式　11

人格的人際向度　130, 132

人際知覺　61, 81

人際信任發展模式　47

## 三畫

工作團體　346, 454

## 四畫

不工作現象　181

不工作階段　181

中度改變者　141

公平原則　42

反團體之角色　41

反轉移及依賴　42

心理分析團體　73, 100, 102

心理分析學派觀點的團體階段發展論
　153

心理受傷者　141

心理團體　3-8, 12-14, 20, 38, 43, 50, 55,
　58, 66, 67, 69, 72, 81, 85, 100-102, 137,
　140, 143, 144, 149, 151, 158, 161, 206,
　222, 229, 230, 299, 316, 317, 326, 427,
　453

之目標　4

之任務　12

的區分　6

的領導者　102, 299

的範圍　5

的歷史發展　14

的類型　72

心理劇團體　13, 102, 222, 458

月暈效應　61

## 五畫

主動傾聽　48, 92, 98, 104

主觀效應　61

他人取向　60

外控性與內控性　56

平行關係　177

民主型　99, 101, 102, 323, 324

生命──週期模式　155

目標團體　12

## 六畫

交互作用　3-6, 11, 13, 36, 40, 44, 50, 67,
　89-94, 98, 102, 114, 124, 125, 135, 136,
　143, 149, 150, 153, 178, 180, 187, 188,
　191, 194, 230, 295, 317, 323-326, 344,
　356, 455

任務團體　13, 79

同理 7, 48-50, 62, 66, 98, 101, 102, 178, 191, 192, 308

同質性 35, 127, 327

同儕控制 42

同儕團體 184-187, 323, 349, 453

同儕團體督導 184, 186

合作性學習 328, 344-348

成人團體諮商 75

成員自我評量問卷 245

成員滿意度量表 242

有效成員／無效成員 139, 140

老人團體諮商 457

自我肯定訓練 299, 457

自我開放 4, 23, 48, 49, 60, 103, 104, 115, 125, 193, 251

自我團體 12

自我撫育 224

自願團體 12

行為趨勢 56

作對及批判式的對質 42

七畫

志願 26, 89, 137, 186, 211, 212, 264

投射 56, 61-64, 135, 153

改變憤怒想法之工作單 397-398

求同性與求異性 56

角色 3, 6, 9, 13, 27, 35, 37, 40, 41, 43, 50, 57, 58, 85, 86, 89, 91, 93-95, 98, 102, 103, 114, 115, 123-126, 128-130, 145, 154, 155, 158, 175, 177, 178, 195, 200, 205, 221, 223, 231, 317, 347, 358

八畫

並列 61

供應者 102, 138, 221

協助者 128-129

受諮商者 123, 128, 129, 207, 208

和諧 4, 40, 43, 46, 55, 57, 58, 137, 138, 155, 213

坦誠團體 140-141, 451

直線──前進模式 154

社會我 63-64, 144

社會性認知 60-61, 81

社會顯微鏡 66

非口語溝通 49

九畫

客觀檢核 179, 358

負面改變者 141

十畫

個人中心學派觀點的團體階段發展論 152

修正過的晤談 177

家庭團體諮商 74

家族取向 57-58

旁觀學習 115, 179

班級團體的動力性輔導 327

記錄者 347

訓練團體 11, 100, 114, 187, 245, 443, 456, 461, 464

退出者 141

馬拉松團體　13
高度學習者　141

## 十一畫

動態權衡型　330
參與性觀察者　91
問題檢核表　202
強迫志願　211-212
強迫參與　211
強烈情緒之表達　42
控制憤怒的敘述句　395
敏感團體　13
異質性　35, 208, 209, 213, 346
移情　66, 136, 153, 187, 188, 223
統合型　324, 360
規範　3-4, 6, 35, 40-42, 44, 50, 67, 102,
　　221, 231, 387, 388
規範的因素分析　42
規範的特質　41
規範的類型　41
閉鎖式團體　212

## 十二畫

傑哈瑞窗戶　66, 317
場地論　15
發展性模式　64, 177, 178
結果性評估　229-230, 234
結構　3-4, 6, 7, 22, 28, 66, 87, 94, 123,
　　127, 186, 221, 252, 293, 294, 314, 444,
　　463
結構性團體輔導活動　326

評估　40, 90, 98, 175, 187, 200, 229-232,
　　234, 235, 247, 362
　　之向度　235
　　之原則　233
　　之模式　235
開放式團體　212, 213
開放的程度（疆界）　42
集結式學習　179
集結性合作之學習　344

## 十三畫

催化者　40, 93, 94, 318, 347
會心團體　10, 264, 451, 452, 461
概念化模式　179
溝通　6, 22, 35, 40, 48, 50, 62, 68, 86, 90,
　　102, 192, 209, 210, 215, 220, 221, 230,
　　231, 324, 348, 357, 459
督導　27, 86, 99, 103, 104, 114, 136, 173,
　　175, 177-181, 186-189, 192-194, 196,
　　232, 245, 246, 293, 344, 357, 358, 461
督導的理論架構　176
經驗性的學習　215
遊戲治療　187, 215-217, 460, 464
道德治療　14
頓悟　73, 78
鼓勵者　347, 425

## 十四畫

團體　3-7, 9-14, 20, 21, 23-29, 31, 33-38,
　　40-46, 49, 50, 55, 56, 58, 60-64, 66-68,
　　75, 76, 79, 83, 85, 86, 88-96, 99-104,

114, 115, 121, 123-125, 127-129, 131,
133, 136-138, 140, 141, 143-145, 147,
149, 151-155, 158-163, 173, 179-181,
185-197, 199-225, 227, 229-232, 234,
235, 238, 241, 242, 244-247, 249,
251-254, 264, 291-295, 297, 299, 305,
307, 308, 314, 315-319, 321-328,
344-351, 353, 354, 356-360, 365, 373,
375, 376, 378, 381, 383, 384, 386-391,
393, 394, 397-400, 402, 403, 410,
412-418, 420-425, 427, 431, 443-449,
451-464

大小　3, 213

目標測定量表　242

成員　24, 28, 41, 85, 86, 100, 115,
121, 123-126, 128, 130, 131, 133,
154, 179, 187, 188, 195, 201, 205,
207, 230, 232, 238, 246, 317, 318,
453, 459, 460

成員的角色　128

成員之角色類型　130

成員的性質　124

行為量表　244

性格　85

治療　4-5, 90, 123, 447, 448, 459,
460-463

互動系統　150

心理氣氛　150

　的心理學基礎　64

　的心理學模式　60

文化脈絡　55

交互作用　93, 295

行政系統　150

的社會理論　60

特質　3, 101

規範系統　150

活動評量表　241

團體動力　4, 11, 31, 33, 34-38, 40, 41,
50, 55, 88, 98, 104, 114, 115, 130, 131,
133, 137, 153, 222, 231, 232, 234, 251,
252, 292, 293, 317, 321, 322, 324, 326,
359, 445, 454, 458, 459, 463

　之內容　40

　的影響變項　35

　的歷史發展　38

團體督導活動　167

團體督導概要表　183

團體經驗評估問卷　241

團體過程　6, 23, 25, 85, 90, 91, 94-96,
99, 104, 124, 129, 135, 149, 153, 181,
187, 205-208, 210, 212, 213, 215, 241,
247, 254, 318, 373, 376, 457, 460

團體過程與督導　181

團體輔導　4-5, 7-9, 29, 79, 241, 254,
263, 293, 305-307, 319, 321-323, 325,
326, 349, 351, 353, 357, 360, 378, 443,
445, 448, 451, 453-458, 460, 461, 464

團體輔導模式　9

團體領導人員特質評量表　244

團體領導技巧登錄表　244, 247, 381

團體領導者之角色　93, 135

團體領導者之功能與角色　89

團體諮商　4-9, 26-28, 40, 49, 74-77, 79,
90, 93-95, 103-104, 114, 124-126, 128,

129, 158, 173, 179, 186, 196, 204-208, 211, 212, 214, 215, 246, 249, 251, 254, 255, 293, 295, 299, 321, 322, 350, 351, 353, 376, 431, 432, 443-445, 451-464

團體諮商的研究　249, 251, 263, 295, 299, 455

維持者　41

語言訊息　48

語意分析法　45

認知―感受結構表　68

領導力　13, 58, 85, 87-89, 98-100, 123, 138, 144, 158, 160, 162, 173, 175, 179, 184, 196, 220, 223, 245, 246, 317, 357

　的行為觀點　87

　的特質觀點　88

　訓練模式　103

領導者行為描述問卷　87

### 十五畫

憤怒之 ABC 理論　396

憤怒控制的角色扮演表　393-395

暫時的改變　4

潛在性的個案　202

調停　91

摘述　48, 92

### 十六畫

凝聚力　4, 22, 35, 43, 44, 46, 47, 50, 126, 127, 137, 158, 162, 200, 209, 212, 213, 231, 241, 251, 252, 318, 324, 327, 353,

356, 359, 463

　文化脈絡　46

　之指標　43

　測量方法　38

　測量策略　45

霍桑效應　34

### 十七畫

檢查者　347

檢核者　128, 130

連結　26, 36, 37, 48, 64, 67, 92, 98, 99, 101, 114, 162, 184, 193, 194, 221, 224, 232, 344, 347, 354

隱喻分析法　46

隱藏式課程　344

### 十八畫

轉移認知的現象　151

### 十九畫

關係取向　57-58

### 二十畫

鐘擺模式　155

### 二十二畫

權威取向　58

讀者　35, 72, 175, 185, 315, 316, 430

# ・關鍵字索引（英文）・

Adams & Hamn (1990) (ch12-5): 344; (ch12-5): 346; (ch12-5): 347

Bleuer (1987) (ch12-6): 351

Brubaker (1982) (ch12-2): 324

Caliste (1980) (ch12-5): 351

Cardoza (1989) (ch12-2): 324

Fischer & Garrison (1980) (ch12-6): 351

Fraser & Fisher (1983) (ch12-5): 348

Gerety (1980) (ch12-2): 324

Gerler (1982) (ch12-6): 351

Gerler, Kinney, & Anderson (1985) (ch12-6): 351

Goodlad (1984) (ch12-5): 344

Hartup (1983) (ch12-2): 325

Johnson, Johnson, & Scott (1978) (chl2-5): 345

Kleinberg (1989) (chl2-2): 325

Kraft (1985) (chl2-5): 344

Levine (1983) (chl2-5): 344

Lew, et al. (1986) (ch12-5): 347

Marshall & Weinstein (1984) (ch12-5): 344

Meerbaum (1977) (ch12-6): 351

Morrow (1983) (ch12-2): 324

Picon (1976) (ch12-6): 351

Schutz & Schutz (1988) (ch12-5): 348

Sharan & Shachar (1988) (ch12-5): 345

Shuan (1980) (ch12-3): 324, 326

Swink (1976) (ch12-6): 351

Warring, Johnson, & Maruama (1985) (ch12-5): 345

Wentink et al (1975) (ch12-6): 351

Williams (1981) (ch12-2): 324

國家圖書館出版品預行編目資料

團體諮商：心理團體的理論與實務／何長珠
著. --三版. --臺北市：五南, 2020.06
　面；公分.
　ISBN 978-986-522-015-0 (平裝)
1. 團體諮商
178.4　　　　　　　　　　109006333

1B93

# 團體諮商：心理團體的理論與實務

作　　　者 — 何長珠（50）

發 行 人 — 楊榮川

總 經 理 — 楊士清

總 編 輯 — 楊秀麗

副總編輯 — 王俐文

責任編輯 — 金明芬

封面設計 — 姚孝慈

出 版 者 — 五南圖書出版股份有限公司

地　　址：106台北市大安區和平東路二段339號4樓

電　　話：(02)2705-5066　　傳　　真：(02)2706-6100

網　　址：http://www.wunan.com.tw

電子郵件：wunan@wunan.com.tw

劃撥帳號：01068953

戶　　名：五南圖書出版股份有限公司

法律顧問　林勝安律師事務所　林勝安律師

出版日期　1997年 3 月初版一刷
　　　　　2003年 9 月二版一刷
　　　　　2020年 6 月三版一刷

定　　價　新臺幣550元

# 經典永恆・名著常在

## 五十週年的獻禮——經典名著文庫

五南，五十年了，半個世紀，人生旅程的一大半，走過來了。

思索著，邁向百年的未來歷程，能為知識界、文化學術界作些什麼？

在速食文化的生態下，有什麼值得讓人雋永品味的？

歷代經典・當今名著，經過時間的洗禮，千錘百鍊，流傳至今，光芒耀人；

不僅使我們能領悟前人的智慧，同時也增深加廣我們思考的深度與視野。

我們決心投入巨資，有計畫的系統梳選，成立「經典名著文庫」，

希望收入古今中外思想性的、充滿睿智與獨見的經典、名著。

這是一項理想性的、永續性的巨大出版工程。

不在意讀者的眾寡，只考慮它的學術價值，力求完整展現先哲思想的軌跡；

為知識界開啟一片智慧之窗，營造一座百花綻放的世界文明公園，

任君遨遊、取菁吸蜜、嘉惠學子！